住房和城乡建设部课题研究报告

国外住房发展报告

FOREIGN HOUSING
DEVELOPMENT REPORT

沈綵文　温禾　主编

亚太建设科技信息研究院有限公司

第 6 辑

2018

中国建筑工业出版社

图书在版编目（CIP）数据

国外住房发展报告2018 / 沈绠文，温禾主编.
—北京：中国建筑工业出版社，2019.4
ISBN 978-7-112-23519-3

Ⅰ.①国… Ⅱ.①沈…②温… Ⅲ.①住宅经济－
经济发展－研究报告－世界－2018 Ⅳ.①F299.1

中国版本图书馆CIP数据核字（2019）第053611号

责任编辑：周方圆 封 毅
责任校对：王 瑞

国外住房发展报告2018
沈绠文 温禾 主编
亚太建设科技信息研究院有限公司
*
中国建筑工业出版社出版、发行（北京海淀三里河路9号）
各地新华书店、建筑书店经销
北京锋尚制版有限公司制版
北京富诚彩色印刷有限公司印刷
*
开本：787×1092毫米 1/16 印张：23¼ 字数：471千字
2019年4月第一版 2019年4月第一次印刷
定价：**98.00元**
ISBN 978-7-112-23519-3
（33808）

版权所有 翻印必究
如有印装质量问题，可寄本社退换
（邮政编码100037）

编委会

主　　编：沈綵文　温　禾
副 主 编：张一航　石荣珺
编写成员：崔鹏飞　郑　丹　郑英嘉　张蕊子　金　艳　陈　瑛
　　　　　　崔景深　俞凌燕　向祉赟　戴　烜　谢丽宇

前 言

住房是重要的民生问题，也是重要的经济和社会问题。改革开放以来，我国城镇住房建设快速发展，居民居住条件明显改善，城镇住房制度改革取得了很大成效。

当前，我国正处在全面建设小康社会的关键时期和深化改革开放、加快转变经济发展方式的攻坚时期，住房发展面临着很多新情况、新问题，住房领域的一些深层次矛盾也逐渐暴露出来。解决这些问题，既需要立足我国国情，也需要放眼世界，汲取他们在解决住房问题方面的经验，避免他们走过的一些弯路，对完善我国住房政策体系将大有裨益。

本书是亚太建设科技信息研究院有限公司（中国建设科技集团）接受住房和城乡建设部住房改革与发展司委托开展的课题研究。该成果以2013~2017年完成的课题研究为基础，补充了11个国家最新的统计数据；在"综述·专论篇"部分对国外住房现状和管理经验进行分析，并全面总结了国际住房租赁市场；在"国家篇"部分充实了各国住房发展的最新进展及最新的住房政策和机构变革；在"统计篇"部分横向对比了多国住房相关数据。在课题研究过程中，住房和城乡建设部住房改革与发展司全程给予了具体指导，同时一些高校和科研单位相关专家也给予了大力支持，特此表示感谢！

本成果涉及面较广，资料搜集难度较大，且限于水平，成果中错误与不当之处在所难免，恳请读者批评指正。

课题组

2018年12月

目录

前言

第1部分 | 综述·专论篇

1 国外住房发展现状与管理经验分析 ·················· 002

  1.1 住房建设与城市发展 ·················· 002
  1.2 住房现状 ·················· 002
  1.3 住房支付能力和市场 ·················· 005
  1.4 住房保障机制 ·················· 006
  1.5 住房金融 ·················· 008
  1.6 国外装配式住宅发展现状 ·················· 010
  1.7 住房节能技术发展与对策 ·················· 011

2 国际私人租赁住房市场 ·················· 014

  2.1 私人租赁住房领域 ·················· 014
  2.2 政府针对租赁市场的措施 ·················· 021
  2.3 租金限制和租客保护 ·················· 024
  2.4 大型私有租赁机构 ·················· 026

第2部分 | 国家篇

1 法国 ·················· 030

1.1	住房基本情况	030
1.2	社会住房状况	037
1.3	住房市场	041
1.4	住房管理机构	048
1.5	住房政策	048
1.6	住房补贴与税收	050
1.7	住房可持续发展	053

2 德国 · · · · · · 056

2.1	德国住房现状	056
2.2	德国住房建设	059
2.3	住房市场与租赁住房市场结构	062
2.4	住房成本	067
2.5	住房政策与立法	072
2.6	住房贷款	078
2.7	住房可持续发展	080

3 俄罗斯 · · · · · · 082

3.1	住房基本情况	082
3.2	住房投资与建设	084
3.3	联邦管理机构——建设和居住公用事业部	087
3.4	发展规划	088
3.5	住房财政保障机制的运行模式	091
3.6	住房维修与改造	095
3.7	住房的可持续发展	096

主要参考文献 · · · · · · 098

4 英国 · · · · · · 099

4.1	住房现状	099

4.2	住房建设与标准	108
4.3	住房消费	111
4.4	住房金融与税制	116
4.5	住房保障机制	118
4.6	住房新政与新规	121
4.7	住房可持续发展	123

5 巴西 ··· 130

5.1	巴西住房基本情况	130
5.2	巴西住房主管部门和主要政策	137
5.3	巴西住房金融机制	140
5.4	巴西公共住房发展的经验与教训	142
5.5	巴西绿色住房和建筑节能政策	142

6 美国 ··· 146

6.1	基本情况	146
6.2	住房建设与市场	154
6.3	住房租赁市场	160
6.4	住房消费	163
6.5	可持续的住房金融发展战略	167
6.6	住房政策与保障计划	169
6.7	住房税制	174
6.8	住房可持续发展	175

7 印度 ··· 177

7.1	住房基本情况	179
7.2	住房发展管理机构	182
7.3	保障性住房基本情况	184
7.4	住房主要金融机构	189

  7.5 住房及保障房主要政策沿革 ··· 194
  7.6 住房可持续发展 ··· 196

8　日本 ·· 198

  8.1 住房基本情况 ··· 198
  8.2 住房消费 ··· 207
  8.3 住房金融 ··· 208
  8.4 住房税制 ··· 209
  8.5 公共租赁住房制度 ··· 209
  8.6 公务员住房情况 ·· 209
  8.7 住房政策 ··· 212
  8.8 住房可持续发展 ··· 214

9　韩国 ·· 216

  9.1 住房基本情况 ··· 216
  9.2 住房建设与居住标准 ·· 219
  9.3 国家住房发展管理体制 ·· 225
  9.4 住房政策与新政新规 ·· 226
  9.5 住房消费与金融税制 ·· 233
  9.6 城市改造与住区规划 ·· 239

10　新加坡 ··· 241

  10.1 住房基本情况 ··· 241
  10.2 住房建设 ··· 250
  10.3 住房发展管理体制 ·· 255
  10.4 住房政策与立法 ·· 257
  10.5 住房金融与税制 ·· 262
  10.6 新加坡住房可持续发展 ··· 263

11 南非 ······ 274

- 11.1 基本情况 ······ 274
- 11.2 住房构成 ······ 278
- 11.3 住房建设情况 ······ 280
- 11.4 国家住房政策与法规 ······ 282
- 11.5 国家住房发展管理体制 ······ 283
- 11.6 金融与税制 ······ 285
- 11.7 国家住房保障体系 ······ 287
- 11.8 住房可持续发展 ······ 290

第3部分 | 统计篇

1 经济与社会发展 ······ 296

- 1.1 国内生产总值 ······ 296
- 1.2 国民收入与生活消费水平 ······ 298
- 1.3 国土面积与人口 ······ 302
- 1.4 城市化与人口老龄化 ······ 305

2 住房建设投资与建设量 ······ 309

- 2.1 住房投资情况 ······ 309
- 2.2 住宅相关产业的生产诱发效果（以2015年日本为例）······ 313
- 2.3 住房建设量 ······ 313

3 现有住房状况与标准 ······ 317

- 3.1 住房存量、空置率和自有率 ······ 317
- 3.2 住房面积 ······ 321

3.3　住房使用与满意度 ··· 322
　　3.4　住房标准 ··· 328

4　社会住房发展 ·· 330
　　4.1　社会住房量 ·· 330
　　4.2　社会住房支出与租金 ··· 333
　　4.3　社会住房评价 ·· 338

5　住房家庭负担能力与市场 ··· 339
　　5.1　住房负担能力 ·· 339
　　5.2　住房市场 ··· 346

6　住房金融 ·· 353
　　6.1　住房贷款 ··· 353
　　6.2　住房财税政策 ·· 357

7　住房能耗与住房管理 ··· 358
　　7.1　住宅能源消耗 ·· 358
　　7.2　住宅寿命 ··· 359

第1部分 | 综述·专论篇

1 国外住房发展现状与管理经验分析
2 国际私人租赁住房市场

1 国外住房发展现状与管理经验分析

1.1 住房建设与城市发展

城市化率迅速增长之前的一个阶段,经济发展和居民生活水平提高均较缓慢,与此相应,住房供需矛盾不突出,住房建设量较少。城市化率迅速增长阶段(城市化率大致从30%提高到70%),住房建设量迅速增长。城市化率迅速增长阶段结束后,城市化率与住房建设量增长均逐渐放缓。根据经济发达国家住房发展资料,日本、韩国、德国以及美国、英国住房发展情况看,城市化率在达到大约70%(日本是72%,韩国是74%,原西德是72%,英国是77%)之前住房建设量迅速增长,此后城市化率与住房建设量的增长均逐渐放缓。

在城市化率迅速提升阶段结束后,住房建设量逐渐下降,但仍维持在一定水平。住房发展的主要拉动因素是人口与家庭结构的变化以及住房更新改造与可持续发展的要求。美国近5年住房竣工量在70万套左右(1972年曾达到237万套),德国15万~17万套(1973年曾达到71.42万套),英国14万~22万套(1966~1970年曾达到38万套),日本80万~90万套(1973年曾达到191万套)。

1.2 住房现状

1.2.1 住房存量

《日本住宅经济数据集》2016年的统计报告显示,在部分发达国家中,德国存量住房中的出租住房占比最高,达到54.3%,美国、英国、法国、日本四个国家的存量住房中,出租住房的占比相似,均在34.7%~37.1%(表1-1-1)。

1.2.2 住房建筑面积

在部分经济发达国家中,美国的住房平均面积最高,其中自有住房的套均面积达到157.2m^2(2013年),德国与英国相同,2013年自有住房的套均面积均为108.5m^2。日本的出租住房套均面积最低,仅为45.9m^2。

经济发达国家的人均住房建筑面积在40~60m^2,而日本关东大都市圈的人均住房

部分国家住房存量结构（按所有权划分）[①]　　　　　表1-1-1

国家	总计	自有住房	出租住房	其中	
				民间出租	公营出租
美国	100.0%	65.3%	34.7%	29.9%	4.8%
英国	100.0%	64.4%	35.6%	18.1%	17.5%
德国	100.0%	45.7%	54.3%	—	—
法国	100.0%	57.9%	37.1%	20.7%	16.4%
日本	100.0%	61.7%	35.5%	28.0%	5.4%

建筑面积仅为33.9m²，中国当前一线、二线、三四线城市人均住房建筑面积分别为25.9m²、32.0m²、33.5m²，一二线城市住房供给相对偏紧（图1-1-1）。

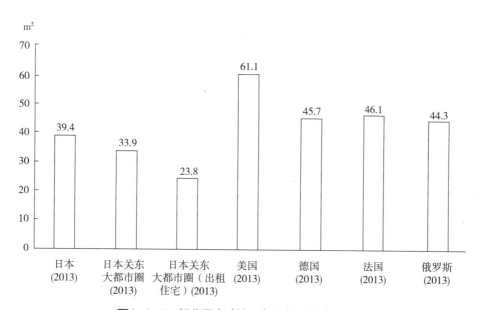

图1-1-1　部分国家（地区）人均住房建筑面积

1.2.3　住房建设标准

20世纪70、80年代后，经济发达国家从节约能源和可持续发展角度出发，对住房功能不断提出新的要求。以日本为例，住宅都市整备公团所设计的住房每隔几年就提高一次性能标准。1973年提出对防水、隔热、隔声、换气、耐久性、安全性等要求，1981年增加了对内外

[①] 数据来源：《日本住宅经济数据集2016》，表1-1-1中民间出租、公营出租的翻译来自于原文翻译，民间住宅即市场租赁，公营住宅即社会租赁。

装修和材料性能的要求，1993年又增加了对节能、维修性等方面的要求。《日本居住生活基本计划（2006~2015年）》规定：住房功能标准包括抗震性、防火性、防盗性、耐久性、维修管理的方便性、保温性、室内空气环境、采光、隔声、高龄人的方便性等多方面的要求。

除了住房功能外，发达国家及发展中国家也都不同程度地对居住环境提出了要求。《日本居住生活基本计划》提出了四个方面的居住环境要求：①安全性（地震、火灾和自然灾害的安全性，日常生活的安全性，防止环境障碍）；②美观（绿化、街景等）；③可持续性（周边的可持续性，环境负荷）；④日常生活的方便性（高龄人、抚养儿童家庭的方便性、无障碍设施等）。此外，一些国家以"可持续发展为目标"提出了本国的可持续建筑评价标准，对建筑整体的环境表现进行综合评价，如英国的BREEAM、美国的LEED、日本的CASBEE、加拿大的GBT00L等。

1.2.4 住房投资占GDP比例

据联合国对世界70多个国家的调查，二战后各国住房建设投资占国内生产总值（GDP）的比例大致在3%~8%。日本1973年曾达到8.7%峰值，其他国家的峰值都未超过8%。

2015年，德国、法国的住房投资占GDP的比重较高，分别为5.9%和5.8%，美国、日本、印度的住房投资占比都在3%左右，英国较2012年相比，住房投资比重提升了0.3%（图1-1-2）。

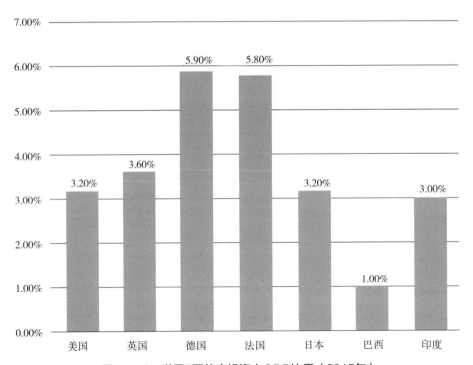

图1-1-2 世界7国住房投资占GDP比重（2015年）

资料来源：《日本住宅经济数据集2016》

1.3 住房支付能力和市场

国际普查机构Demographia将住房支付能力（市场销售价格中间值/家庭税前年总收入中间值）分为四类：房价为收入的3倍及以下为"可负担"，4倍或以下为"中度不可负担"，5倍或以下为"较严重不可负担"，超过5倍为"严重不可负担"，并对一些国家的城市进行了14次调查[①]。第14次调查选取了日本、新西兰、英国、美国、中国香港等9个国家和地区的92个城市进行住房市场数据的调查。调查表明，被调查的92个城市中，严重不可负担的有28个（表1-1-2、图1-1-3）。

国际住房支付能力调查406个城市房价收入比（2017年） 表1-1-2

国家（地区）	3.0及以下	3.1~4.0	4.1~5.0	5.1及以上	城市数量	房价收入比
澳大利亚	0	0	0	5	5	6.6
加拿大	0	2	2	2	6	4.3
爱尔兰	0	0	1	0	1	4.8
日本	0	1	1	0	2	4.2
新西兰	0	0	0	1	1	8.8
新加坡	0	0	1	0	1	4.8
英国	0	1	14	6	21	4.6
美国	10	20	11	13	54	3.8
中国香港	0	0	0	1	1	19.4
总计	10	24	30	28	92	4.2

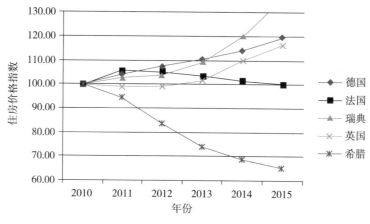

图1-1-3　世界5国住房价格指数（2010~2015年）（2010=100）

数据来源：Eurostat 2016

[①] 13th Annual Demographia International Housing Affordability Survey: 2016

由于希腊经济危机的原因，2006~2015年，希腊房价连续下降了约35%，希腊银行年度报告显示，希腊房价从2017年第四季度起趋于回暖。英国房价在2013~2016年持续快速增长，为遏制房地产市场升温过快，英国央行已经采取了相关措施，对借款人是否有偿贷能力进行更加严格的审核。

1.4 住房保障机制

保障性住房政策是住房相关的重要组成部分，它关系到中低收入群体的住房问题，受到各国政府的普遍重视。

1.4.1 法律法规先行

法律法规先行，是经济发达国家和一些发展中国家解决中低收入人群住房问题的一大明显特点。美国自20世纪30年代开始先后出台了《住宅抵押贷款法》《国家住房法》《住宅与城市发展法》《住宅和社区发展法》《住宅与经济复苏法》等近30部法案，对低收入群体的住房保障做出了相关规定。英国1949年以后先后出台了《住宅法》《住宅补贴法》《住宅租金和补贴法》《社会保险和住房福利法》《租赁改革、住宅和城市发展法》等。德国在为低收入家庭住房提供公共福利住房方面有《住宅法》，在住房补贴方面有《房租补贴法》，房屋租赁市场有《租房法》，这些法案为公共住房政策的实施提供了法律支持。日本20世纪50年代以后，先后出台了《住宅金融公库法》《公营住宅法》《住宅公团法》《地方住宅供给公社法》《住宅建设计划法》《居住生活基本法》等形成了日本公共住房建设的法律体系。韩国重要的相关法律有《住房供应法》《住房建设促进法》《租赁住房建设促进法》《租赁住房法》等。南非1996年通过的《宪法》明确规定"保障每一公民的基本人权"，其中规定"人人有权获得适当居所"。1997年颁布《住房法》，1998年颁布《住房消费者保护措施法》，1999年颁布《租赁住房法》，2008年颁布《社会住房法》等。

1.4.2 保障住房供应方式

1）建设廉价租赁房

政府投资为低收入群体和特殊群体建设廉价租赁房是各国都采取的一项措施。这类住房的供应对象一般有三类：一是需要提供社会救助的低收入家庭或特殊困难家庭；二是政府或其他公共组织的雇员；三是政府认定的有必要提供廉租房的其他群体。廉租房是在住房供求矛盾尖锐、住房严重短缺的环境下产生的，为较快地提高住房供应量，缓解住房短缺作出了贡献。但这种建房模式也带来了巨大的政府财政压力，同时在一定程度上抑制私人房地产开发商的作用，不利于调动私人住房投资的积极性。因此在一些经济发达国家，随着经济的发展和居民生活水平的提高，政府对这类住房的投入减少，住房数量逐渐下降。

2）住房补贴

住房补贴有两种：一种是面向需求者的补贴，另一种是面向生产者的补贴。

（1）向需求方提供房租补贴。这是一种应用面比较广、面向低收入人群的一种住房保障措施。几乎所有发达国家和越来越多的发展中国家都不同程度地采取这种补贴方式，帮助支付能力有限的低收入家庭在住房市场上租赁到合适的住房。美国房租补贴的具体实施办法是推行租金证明计划和租金优惠券计划，以后这两项计划将合并为租房选择券计划。美国相关政策规定，为收入低于地区平均水平50%的人群提供租房券，其中75%的租房券提供给低于地区平均收入水平50%的人群。补贴幅度是市场房租与家庭收入30%之间的差额部分。英国对中低收入的租房者提供房租补贴。中低收入家庭租住地方政府或住房协会提供的公共住房，政府根据租房户具体情况给予一定数额的房租补贴；符合住房保障条件的家庭租住私营机构提供的租赁房，一定比例的租金由当地政府相关机构直接支付给房屋出租人。法国实行各种住房补贴，其中社会住房补贴在2012年达到182亿欧元。

（2）向供应方提供补贴。德国除了政府直接建设社会住房外，采取的主要方式是政府通过资助私人企业、住房合作社或个人，促进私有租赁房的建设。私人或企业经过详细测算后可与政府商定政府资助额度和限制期限（向低收入居民出租的期限）。政府资助额越高，限制期越长。在限制期内，社会住房按照不高于政府规定上限的租金水平，向符合条件的居民出租。限制期满后，产权人不再承担将其作为社会住房出租的义务，可在市场上自由出租和出售。

法国的住房补贴中，利率优惠、税率优惠、投资补贴和经营补贴都是针对住房生产服务方的补贴。英国地方政府通过规划促使私营开发商提供公共住房，同时给予优惠政策。1990年《城乡规划法案》106条（简称S106）规定，房地产商有义务根据已知的房屋需求从房屋总建筑量中拿出20%~50%作为公共住房。据协议，房地产商为获得开发许可，须以提供一定比例的公共住房为代价，将其以优惠的价格整体出售给注册社会住房业主，由其进行统一管理和分配。通过S106协议方式，房地产商不但能获得开发许可，亦能获得一些优惠政策，诸如土地成本补贴等。

日本公共住房三大支柱——"公库""公营""公团"的资金来源，都离不开财政投入。2000年前，住宅金融公库的主要资金来源是财政投资及融资（退休公积金、邮政存款、简易保险等）；公营住宅主要是利用税款进行住房建设，维修、管理费的不足部分也以税款填补，公团住宅也接受一部分税款补助。

1.4.3 房地产市场调控机制

各国为稳定住房市场所采取的措施可分为三大类：

1）**加大住房供应，改善供应结构**。近年来，俄罗斯增加经济型住房建设，对遏制房价过快上涨发挥了重要作用。新加坡80%左右的人居住在政府组屋，既改善住房供应结构，又解决了大部分国民的住房问题。日本也很重视调节住房供应结构,并将增加中小户型普通商品房供应作为平抑房价的一项措施。韩国加快公寓住房建设,较好地满足中低收入者的住房需求,又由于公寓住房价格受到政府的适度调控,也有利于降低平均房价。美国、英国、德国、法国等国也都曾采取过类似的措施。

2)**运用利率杠杆抑制房地产泡沫,稳定房价**。美国通过利率对房地产市场进行了有效的调节。在经济遭受周期性衰退和"9·11"事件后,美联储从2001年初开始13次降息,并一度将利率维持在1%长达一年。在美联储多次降息后,住房抵押贷款利率降到30多年来的最低水平,极大地刺激了人们的购房热情,截至2005年底,美国住房销售量连续5年创下历史最高。随后,为了控制通货膨胀和防止住房市场泡沫化,美联储又曾连续2年17次提息,导致从2005年底开始出现调整,房地产市场明显降温。

3)**加大房地产税收力度抑制房地产投机**。税收是调节国民收入分配的重要工具。加大房地产在占有、使用、交易、持有各环节,特别是非自用住宅交易的税收力度,能有效地抑制房地产投机。

韩国对持有的包括土地、建筑物等不动产,全部征收财产税。针对不同的课税对象采取不同的财产税税率(表1-1-3)。

住宅财产税的税率 表1-1-3

对象	标准	税率
住宅	低于6千万韩币	0.1%
	6千万~1.5亿韩币	6万韩币+超过6千万部分×0.15%
	1.5亿~3亿元韩币	19.5万韩币+(超过1.5亿韩币部分×0.25%)
	超过3亿元韩币	57万元+超过3亿元部分×0.4%
	别墅	4%

注:财产税=市场标准价×公正市场价额比率×税率
资料来源:韩国国税厅官网http://www.nts.go.kr/

1.5 住房金融

1.5.1 房贷规模

房贷规模是一个国家住房金融发达程度的重要标志之一。经济发达国家的房贷规模都比较大。英国2014年未偿还住房贷款占家庭可支配收入的比率最高,达到116.4%;美国的未偿还房贷占家庭可支配收入的比率从2005年的110%降到了2014年的89.3%;德国约为

66.7%（2015年），较为稳定（表1-1-4）。

4国及欧盟28国未偿还住房贷款占家庭可支配收入比率（单位：%） 表1-1-4

国家	2005年	2010年	2011年	2012年	2013年	2014年	2015年
法国	44.1	59.7	61.6	62.9	64.6	66.4	67.5
德国	75.2	67.9	66.0	65.6	65.5	66.0	66.7
英国	117.6	123.6	126.1	117.5	119.2	116.4	104.2
美国	110.1	97.5	98.8	84.6	82.1	89.3	—
欧盟28国	70.3	79.1	79.3	79.2	78.7	77.9	—

数据来源：Hypostat 2016 A review of Europe's mortgage and housing markets；European Mortgage Federation National Experts，European Central Bank，National Central Banks，Federal Reserve

1.5.2 住房建设融资模式

1）资本市场的融资模式

美国的房地产金融发展市场发达、体系健全、产品丰富，利用证券化融资的模式一般可在短期内迅速筹集住房资金，并能够满足住房生产和消费对资金的长期性需求。在美国，房地产金融市场分为一级市场和二级市场。一级市场由储蓄机构、商业银行、抵押银行、人寿保险公司和其他商业金融机构构成，直接为家庭或企业提供抵押贷款业务。二级市场主要是从事买卖抵押贷款的市场，市场机构通过发行债券或其他类型的债务工具筹集其购买贷款所需资金。英国中央和地方政府发行债券。2010~2011年，HCA发放的债券不到10亿英镑，2011~2012年15亿英镑，2012~2013上半年HCA通过实名债券、合成债券融资19.75亿英镑，其中私募债券为2.74亿英镑。在日本，根据地方自治法、地方财政法规定，经国家批准后地方公共团体可以发行地方债，以此保证财政基础薄弱的地方公共团体的财源。

2）PPP模式

PPP（Public-Private-Partnership）模式又称公共私营合作制，源于英国，是在英国政府意图增加基础设施建设方面的预算，却又无力支付的背景下发展起来的。在英国，最主要的PPP模式是私人主动融资模式（Private Finance Initiative，PFI），偏重于强调社会资金的主动介入，政府的目的在于获取有效的服务，而并非最终的设施所有权。私人主动融资是由私人部门和公共部门合作建立一个具体项目的特殊功能公司，在一个25~30年的合同下运营，财政部向地方政府提供私人主动融资信贷，但只能用于支付资本金、设施管理费用、全寿命费用和资金成本。PFI由1998年引进到住宅领域，1999年起开始实施，主要是当项目需要资金相对较大时采用PFI。在PFI模式下，地方政府将与私营机构签订一个长期的服务合约，开发商需要将住房按绿皮书规定的《安居房标准》进行维修或者新建，同时长期提供保障房的一系列相关服务。而这些服务是PFI项目成功的关键：其中包括收取租金，空置房管理，安置和等待名单管理，居民咨询，房屋修理和房产管理等。英国的PFI保障房项目主要由社区和地方政府部（DCLG），然后由家庭与社区管理局（HCA）统一管理。

3）民间与政府相结合的融资模式

日本在混合型的房地产融资模式下，民间金融机构和政府金融机构并存，共同经办房地产信贷业务，以保证政府住房政策、法令和计划的贯彻实施。以住宅金融公库为代表的官方金融机构是日本住房信贷市场中重要供给者；财政投资性贷款是住房信贷资金的主要来源，它可以作为住房资金来源转化为住房建设投资，同时还可以向住房金融公库提供住房信贷基金，住房公库将取得的资金对需要购建住房的家庭提供优惠贷款。随着金融市场的成熟与发达，20世纪80年代，日本混合型住房金融中，政府财政的作用逐渐增强。由财政机构向邮政储蓄、年金保险、国民年金、简易人寿公司等吸收资金，然后通过财政性贷款计划，把一部分资金贷给住宅建设公司，转化为住宅建设投资；一部分采取间接融资方式，为住宅金融公库提供住宅信贷资金。

4）其他融资模式

英国机构投资模式（Institutional investors）：机构投资者就是许多西方国家管理长期储蓄的专业化的金融机构。这些机构管理着养老基金、人寿保险基金和投资基金或单位信托基金。英国养老基金投资房地产范围：①直接投资；②间接投资，包括：有限合伙、地产信托、入股开发商。英国养老金基金主要是间接投资房地产，直接投资比例仅为6%。

法国企业住房保障融资——"住房行动"，是指企业参与建设住房，缴纳"企业建造住房基金"，这项基金以前叫作"1%住房基金"，已有60年历史，起初因企业缴纳的PEEC占工资总额的1%而得名。不论公司业务、公司形式、征税制度或经营结果，都必须缴纳。现在"住房行动"在城市更新、社会住房发展，甚至在地方政府推行住房政策中扮演着越来越重要的角色。全国城市更新所（ANRU）几乎所有的经费都来自于"住房行动"所筹集的资金，此外房地产协会（AFL）也得益于"住房行动"，实施促进住宅区社会融合的举措。

1.6 国外装配式住宅发展现状

美国预应力预制构件应用较广。美国装配式住宅盛行于20世纪70年代。1976年，美国国会通过了国家工业化住宅建造及安全法案，同年出台一系列严格的行业规范标准，一直沿用至今。除注重质量，美国现在的装配式住宅更加注重美观、舒适性及个性化。在美国大城市住宅的结构类型以混凝土装配式和钢结构装配式住宅为主,在小城镇多以轻钢结构、木结构住宅体系为主。美国住宅用构件和部品的标准化、系列化、专业化、商品化、社会化程度很高,几乎达到100%。用户可通过产品目录买到所需的产品。这些构件结构性能好,有很大通用性,也易于机械化生产。美国在产业化发展住宅产业的零售方面,其特点还有:①符合标准产品一般通过专业零售渠道进入市场;②消费者可以选购或个性化定制;③直销模式逐渐显露;④工厂生产商的产品有15%～25%的销售是直接针对建筑商;⑤大建筑商并购生产商或建立伙伴关系大量购买住宅组件,通过扩大规模,降低成本;⑥多类型装配式住宅分包商,与多个生产商进行活动住宅、模块住宅、大板住宅等交易的销售业务。

日本于1968年就提出了装配式住宅的概念。1990年推出采用部件化、工业化生产方式、高生产效率、住宅内部结构可变、适应居民多种不同需求的中高层住宅生产体系。在推进规模化和产业化结构调整进程中,日本住宅产业经历了从标准化、多样化、工业化到集约化、信息化的不断演变和完善的过程。日本政府强有力的干预和支持对住宅产业的发展起到了重要作用;通过立法来确保预制混凝土结构的质量,坚持技术创新,制定了一系列住宅建设工业化的方针、政策,建立统一的模数标准,化解了标准化、大批量生产和住宅多样化之间的矛盾。

德国的装配式住宅主要采取叠合板、混凝土、剪力墙结构体系,采用构件装配式与混凝土结构,耐久性较好。德国是世界上建筑能耗降低幅度最快的国家,近几年更是提出发展零能耗的被动式建筑。从大幅度的节能到被动式建筑,德国都采取了装配式住宅来实施,装配式住宅与节能标准相互之间充分融合。形成强大的预制装配式建筑产业链:高校、研究机构和企业研发提供技术支持,建筑、结构、水暖电协作配套,施工企业与机械设备供应商合作密切,机械设备、材料和物流先进,摆脱了固定模数尺寸限制。

新加坡装配式建筑以剪力墙结构为主。该国80%的住宅由政府建造,组屋项目强制装配化,装配率达到70%,大部分为塔式或板式混凝土多高层建筑,装配式施工技术主要应用于组屋建设。

1.7 住房节能技术发展与对策

1.7.1 建立住房节能的政府管理体制和机构

美国由能源部负责全国的能源节约工作。主要职责是:处理有关能源问题制定综合性能源政策,组成完成上述任务的机构;制定并实行以节能为重点的能源的综合性战略;制定能取得能源平衡的综合性的能源研究和开发计划,把太阳能、地热等可再生能源的利用技术的商业化作为重点。

法国的能源节约厅1974年设在工业研究部(现为工商业家庭工业部)内的能源总局下

面，是法国唯一的推行节能的机关。其职责是：制定和实施长远的节能政策；起草节能措施，为实行强制的、奖励的措施编写法律草案；对节能产品、设备、实验、新技术研究和应用等进行援助；对国民和企业进行宣传教育；促进能源的合理利用，为新能源（地热、太阳能）的有效利用进行实验研究。

英国负责节能的政府部门是环境、食品和农村事务部，职责是制定相关节能政策和法规，管理政府对能效投资的资金，但不对节能项目进行直接的组织管理。除制定最低节能标准外，还采取了税收杠杆政策限制用能，对新建项目进行设计节能审查及施工抽查，确保工程符合节能要求。与此同时，政府还提出统一的设备能耗分级标准，并拨款资助建筑节能咨询机构为设计、施工单位和业主提供咨询服务等一系列的政策和经济措施。

2001年初日本中央政府机构改革后，改由经济产业省资源能源厅对日本全国节能工作实行统一管理。

1.7.2 制定建筑节能法规和法律

各国政府主要采取两方面的措施：一方面是通过颁布相关的节能法律推动节能工作的顺利进行；另一方面还制定了一系列的建筑节能规范标准等文件，其应用对象主要是新建筑。许多国家都有强制性的节能法令。如美国制定了一系列节能法规：《新建筑节能暂行标准》《新建筑节能设计及评价标准》《节能规范》等。

德国政府制定了新建建筑的能耗新标准，规范了锅炉等供暖设备的节能技术指标和建筑材料的保温性能等。按照新法规，建筑的允许能耗要比2002年前的能耗水平下降30%左右。在新的法规中，住房建筑在安装中的质量也成为一个重要的参数，建筑技术包括对建筑密封性的要求也在新的节能建筑法规中予以规范。消费者在购买住宅时，建筑开发商必须出具一份"能源消耗证明"。该证明需清楚列出该住宅每年的能耗，提高建筑的能耗透明度。

法国也先后颁布并实行了强制性的节能法规。此外，以经济补助、减免税率、贷款等经济手段鼓励新建建筑节能，促进节能建筑市场占有率的攀升。

1.7.3 对既有住宅的节能改造

由于居民对居住质量要求的提高，德国对原东德地区的板式建筑开始实施大规模的住宅改造。不仅是节能方面，而是对建筑物的室内外及周围环境甚至道路进行全方位的改造，涉及室内环境和室内管网、节能与节水、建筑区（小区）周边环境三个方面。一些项目还会采用太阳能热水、供暖甚至光伏电池，新风系统和热回收装置。这同时可以为住宅公司带来额外的政府专项优惠贷款。德国既有住宅改造各方主体及相互关系见图1-1-4。

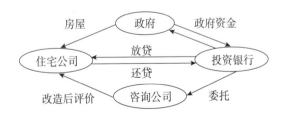

图1-1-4 德国既有住宅改造各方主体及相互关系

1.7.4 供热锅炉管理及补贴

德国规定了更细致的标准效率,通过选取5个不同负荷下的锅炉效率进行加权平均,确定锅炉的标准效率。英国通过选取满负荷效率和30%的符合效率进行计算,得到生活和商业供热锅炉的标准效率。相应的效率导则规定家用锅炉不论是比例调节方式的锅炉还是开关调节方式的锅炉,也不论是常规锅炉还是冷凝锅炉,都将标准分为A~G共7级。所有其他国家的家用锅炉产品要进入英国市场,必须进行测试分级。

冷凝式锅炉的热效率比常规锅炉高15%~20%,但投资成本要高50%~100%,即便发达国家高收入的家庭也通常认为较为昂贵。因此,日本、英国等一些发达国家在财政上安排资金,在信贷、物价、税收上对节能的部门、产业、产品实行优惠政策,推动、鼓励节能工作的开展。

2　国际私人租赁住房市场

美国近10年的住房自有率一直在56%~70%浮动，始终有1/3左右的家庭通过租赁市场满足居住需求；在德国、瑞典等欧洲国家，租房率接近50%。诚然，中国租赁市场还未成熟，市场上专业租赁机构占有房源比例依然较小，房屋租售比较低，带来房屋租赁利润率较低等现象。放眼世界大势，国际房屋租赁市场也在变化。国际货币基金组织IMF在2018年4月的《世界经济展望》中指出，2016年中开始的全球经济回暖已变得更为广泛、更为强劲[①]。全球金融危机以来，房价上涨一直是许多国家经济复苏的一个特征。但在许多发达经济体宽松的货币政策环境下，近期也出现了房价上升。租房依旧是城市民众居住的主要途径，在2008年金融和经济危机之后，在总体预算限制下，住房政策落实从政府手中（例如社会住房拥有补贴，房屋所有权的财政补贴等）分配到的资源更少，从而提高了私有住宅租赁市场的重要性。私人租赁房屋在住房市场上扮演着重要角色，为一部分不愿意或无法进入自住市场或无法进入社会住房市场的人口提供住房选择。如果住房市场的私人租赁选择得到改善，一部分人口可以得到更好的服务。

2.1　私人租赁住房领域

全球35个市场经济国家组成的政府间国际组织——经济合作与发展组织（OECD）2014年有关私人住房租赁领域的一项研究对比显示[②]，加强社会租赁住房（social rented housing）建设并不代表私人住房租赁领域规模会减少。反之，放开社会租赁住房约束并不代表私人租赁领域会有提升，政府对社会保障租房的政策力度和本国的私人住房租赁领域比例没有直接联系，同样，高比例的私人租赁住房并不代表这个国家住房市场就一定会不稳定，也不一定代表平均租金会偏高（图1-2-1）。

---

① http://www.imf.org/external/index.htm.

② de Boer, R. and R. Bitetti（2014）, "A Revival of the Private Rental Sector of the Housing Market?: Lessons from Germany, Finland, the Czech Republic and the Netherlands", OECD Economics Department Working Papers, No. 1170, OECD Publishing, Paris. Page 8.

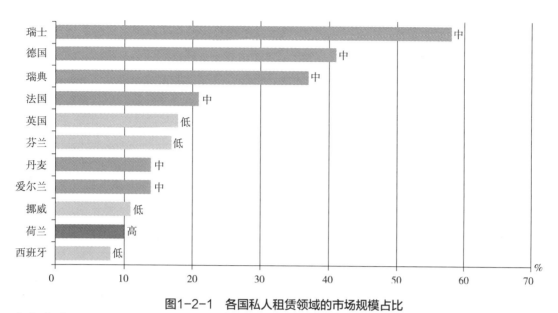

图1-2-1 各国私人租赁领域的市场规模占比

数据来源:de Boer, R. and R. Bitetti(2014),"A Revival of the Private Rental Sector of the Housing Market?: Lessons from Germany, Finland, the Czech Republic and the Netherlands", OECD Economics Department Working Papers, No. 1170, OECD Publishing, Paris.

私人住房租赁领域(Private Rental Sector,PRS)是英国社区与地方政府部(Ministry of Housing, Communities & Local Government)主要使用的一个分类,其分类指代在住房市场中,除去自有住房、由社会公共机构注册持有的有社会保障性质的出租房以及从地区政府直接出租的房屋的部分。经合组织指出,私人住房租赁领域可以被定义为"寻求利润的"租赁住房市场部分(for-profit part of the rental market)[1]。从这一定义看,自有自住房追求的不是出租的利润,而是更多地将房屋作为耐用消费品,有自己住的功能或者追求其本身价值。而社会保障性质的房屋出租则不以追求利润为主要目的,所以也不能算是私人住房租赁领域。

在大多数国家,私人住房租赁领域(PRS)的定义是基于房屋产权持有者之间的区别。例如在荷兰,判断房屋是否是私人住房租赁是根据提供房屋者的性质。除了国家或非营利组织等不以盈利为目的的房屋租赁,其他所有的房屋租赁都被视为私人住房租赁(PRS)的一部分。但是在一些国家(如丹麦),区分社会租赁和私人租赁的区别则是在合同上体现。此外,住宅的使用可以区分社会和私人住房;在德国,租金是否接受国家补贴决定它是否被视为私人

---

[1] de Boer, R. and R. Bitetti(2014),"A Revival of the Private Rental Sector of the Housing Market?: Lessons from Germany, Finland, the Czech Republic and the Netherlands", OECD Economics Department Working Papers, No. 1170, OECD Publishing, Paris. Page 10.

住房租赁，因为房客租住私人住房时，如果接受国家房租补贴则使得租房有社会保障性质，因此在德国讨论是否是私人住房领域时，不考虑法律上房屋所有者的状态（表1-2-1）。

各国私人租赁住房的分类　　　　　　　　　　　　　表1-2-1

按照房东和房屋所有权分	按照租赁类型、租赁合同分类	按照租客实际使用分类
澳大利亚	丹麦	芬兰
奥地利	法国	爱尔兰
荷兰	西班牙	德国
挪威		
瑞典		
瑞士		
英国		

2017年澳大利亚住房和城市发展研究所的横向研究[①]数据中显示，在大多数研究选取的发达国家中，私有自住的比例也都超过50%，社会保障性住房的占比不算太高。德国私人租赁规模有所回落，但是依旧是最高。英国则呈现私有自住和社会性保障性住房双高的情况，但是私人租赁领域正在增加，而美国则基本没有社会保障性住房，市场基本由私人租赁（Private Rental Sector——PRS）和大型租赁企业（Large Corporate Landlords——LCLs）两个部分组成。荷兰是一个特殊情况，荷兰政府拥有大量受到社会补贴的住房以供出租，这样的房屋全部归住房协会（Housing Associations）持有，300万租赁房屋中75%的市场份额都是社会住房[②]（图1-2-2）。

1）德国

德国是经合组织（OECD）发达国家中私人租赁规模占比最高的国家，总体而言德国租赁住房体系较为平衡并且稳定。政府在做到保障租客权益的同时，也采取多样化措施限制租金上涨。房客在满足条件情况下可以申请额外租金补贴，对德国人来说，常年租住房屋是很正常的。联邦政府政策也争取在住户和房东利益之间达到平衡状态，在整体房价并没有失控

---

① Martin, C., Hulse, K. and Pawson, H. with Hayden, A., Kofner, S., Schwartz, A. and Stephens, M.（2017）The changing institutions of private rental housing: an international review, AHURI Final Report No. 292, Australian Housing and Urban Research Institute Limited, Melbourne, http://www.ahuri.edu.au/research/final-reports/292, doi: 10.18408/ahuri-7112201.

② https://www.government.nl/topics/housing/housing-associations 荷兰政府网站 latest access: 2018/6/23.

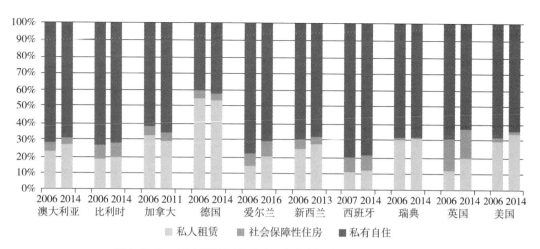

图1-2-2　10个发达国家私人租赁领域和其他租住方式占比

数据来源：Martin, C., Hulse, K. and Pawson, H. with Hayden, A., Kofner, S., Schwartz, A, and Stephens, M.（2017）The Changing institutions of private rental housing: and international review, AHURI Final Report No. 292, Australian Housing and Urban Research Institute Limited, Melbourne

的情况下，出租也被认为是稳定的投资获益。如果房东需要将房屋修缮并且出租，政府也提供相当多的政策补助、税收减免以加大房屋市场供给。这一系列政策导致德国的私有住宅自住率很低，2017年才达到46.1%。

德国的住房和租房市场主要分为以下几类：自己居住的私有房屋、租赁住宅、私人小规模的租赁住宅提供商、大型专业租赁住房提供商、地方性的住房提供者以及德国特殊的住房合作社。这样多样化的私有租赁住宅提供保障了多元需求可以得到满足。2011年，德国共有4 050万套公寓，其中，有2 200万的出租公寓，在这里65%由私人的住房持有者持有出租（约1 450万套公寓）。与其他大多数国家相比，德国的住房存量是一个私人住房投入租房市场比例较高的，呈现小规模化的市场结构。剩下的35%出租住房（约790万套）由专业大型公寓供应商所有，其中，290万套是公共机构提供的房屋，比如地区政府等；260万套是专业的私人公司运作的房屋；还有210万套通过住房合作社（Genossenschaftlich Wohnen）形式出租[1]。

德国的社会性保障住房正在逐渐减少，目前只有大约4%的住房是社会保障住房，德国政府的目标是通过补贴等方式，将对住房的社会化保障完全市场化，慢慢取消政府和政府背景

---

[1] Deutscher Bundestag "Dritter Bericht Der Bundesregierung Über Die Wohnungs-Und Immobilienwirtschaft in Deutschland Und Wohngeld- Und Mietenbericht 2016," July 28, 2017, page 14. Berlin. 2016年德国议会有关住房和房产市场的第三次联邦政府报告以及住房补贴—租金报告。

的公司自己管理社会保障房的做法，所以社会保障住房在此不多涉及。

欧洲央行的低利率政策也适用于德国，但是优良的贷款条件就目前而言并没有导致私有住宅拥有率与租赁市场规模有根本的变化，租住依然是德国城市居民的首选。德国城市住房拥有率与乡村有显著的差异，乡村地区住房拥有率比城市高得多，小城市的住房拥有率又比大城市要高得多。

2）英国

根据英国政府2017年发布的英国住房整体情况报告①，英国的住房市场近年来供应量不足、价格高企的问题越来越严重，英国政府的主要策略也在提高供应量和提高房屋价格的可负担性上，政府同时也鼓励私有房屋购买。英国2000~2010年，每年建造新住房14.4万套，每年比20世纪70年代少建设10万套，供应紧张问题在伦敦尤其严重。与此同时，私有自住住房的拥有率增加，数量从1981年的1 050万套提高到了2015年的1 470万套，2015年私人租赁市场上则大约有500万套房，比1981年的200万套增长不少。与此同时，社会保障住房则从1981年的550万套减少到400万套。私人租赁住房市场的占比自2006年以来稳定增长（图1-2-3）。

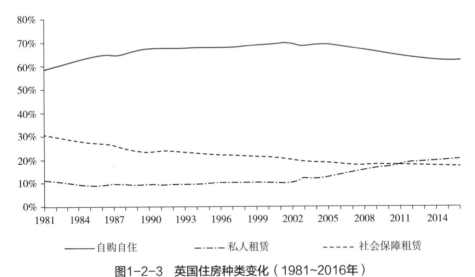

图1-2-3　英国住房种类变化（1981~2016年）
数据来源：DCLG, Live tables on dwelling stock（including vacant）, Table 104, April

在租赁住房价格上，大多数城市的租赁住房价格和收入上涨基本一致。但是在伦敦，2006~2016年租赁住房租金的增长（32%）大大超过了收入增长（16%）。英国政府也已经

---

① Murphie, Aileen, Mark Burkett, Alex Knight et.cl. "Housing in England: Overview," London, January 18, 2017. The National Audit Office, UK.

认识到英国住房市场所面临的问题，英国政府最新于2017年出版的住房白皮书即"改进我们失效的住房市场（Fixing our broken housing market）"[①]。英国政府也提出一系列政策，以求重新引导市场。除了国内的原因，英国将于2019年3月29日正式彻底退出欧盟，退出欧盟这一重大决定对英国住房市场的影响还不得而知。

3）美国

根据哈佛大学2017年的美国租赁住房报告（America's rental housing 2017）[②]，在租赁住房10年规模增长后，自2016年起增长大幅度放缓，预计2017年增长幅度甚至会有一定下降。在近些年的租赁市场增长背后，是自2004年以来的自住房数量降低。其中，经济危机中大量业主丧失抵押品赎回权，也就是房屋被银行收回是重要的原因，但是随着整体经济情况的好转，人们又开始购买自己的住房。研究小组预计，未来10年每年租户增长为50万户左右，租赁房屋这样的生活方式在以购置房产为主流的美国已经重新赢回了认可，一些有能力自己购买房屋的家庭也考虑长期租住房屋。2006年，年收入10万美金以上的家庭或者单户中，只有12%租赁房屋居住，在2016年，这比例上升到了18%，290万租户是这一高收入群体人群。但是，总体而言，租赁依然是低收入家庭的主要居住方式，53%的年收入低于3.5万美金的人居住在租住的房屋中，60%的收入低于1.5万美金的低收入群体租住房屋（图1-2-4）。

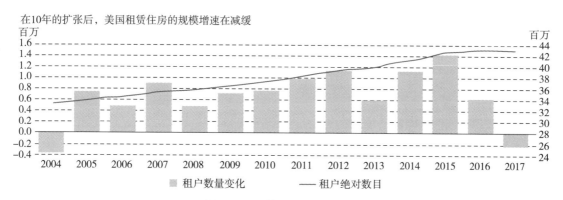

图1-2-4　美国租赁住房规模

注：2017年的数据为第二季度、第三季度的平均值。

数据来源：JCHS tabulations of US Census Bureau，Housing Vacancy Survey

---

[①] Majesty, Her. Secretary of State for Communities and Local Government "Fixing Our Broken Housing Market," February 7, 2017, 1–106.

[②] "America'S Rental Housing." Edited by Marcia Fernald, December 7, 2017, 1–44. Joint Center for Housing Studies of Harvard University.

租赁房屋在各个类型家庭中分布也越来越广泛，租户中有33%是带孩子的家庭，37%的租户是单独居住的人，占比最高。研究也显示，租户中有47%都是少数族群，每四个租户中有一个是国外出生的新移民，租赁住房对新移民有着特殊的意义。从总数来看，美国租赁住房的户数已经超过总户数的三分之一（图1-2-5）。

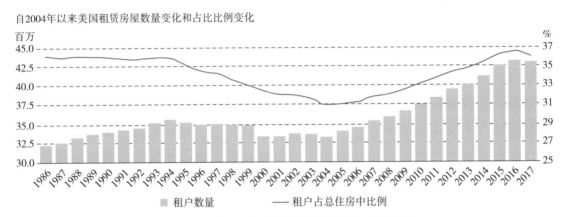

图1-2-5　美国租赁住房数量变化和占比比例变化

注：2017年的数据为第二季度、第三季度的平均值

数据来源：JCHS tabulations of US Census Bureau，Housing Vacancy Survey

美国的租赁市场价格也在增加。月租金1 500美金以上的房屋已经超过了所有租赁房屋的40%，而这一比例在2001年只有15%；每月650美元租金以下的租赁房屋目前占比只有9%，2001年的占比则将近23%。后续报告将会涉及美国对租赁房屋的政策，值得一提的是，低收入群体在快速上涨的租金面前依然脆弱，这也是美国政府和市场面临的挑战。

4）荷兰

荷兰政府对住房市场有较强的管理。私人拥有自住占比较高（59%），租赁房屋占住房市场总量的41%左右。私人租赁住房占整个租赁市场的23%、住房市场的10%[①]。

在荷兰，阻碍私人租赁市场发展的第一个重要原因就是强制的租金价格限制，政府对新房和旧房屋的租金价格有严格的限制措施，只有6.5%的出租房屋不在政府的限制内，占总住房市场的2.5%。租金限制使得私房房东利润较低，降低了租赁市场的私房供给。第二点是大量由政府拥有的非营利住房协会（Housing Associations）的社会保障房屋在租赁市场中占比超过75%，私人租赁市场规模较小，荷兰的社会保障房屋比例是所有经合组织国家

---

① de Boer，R. and R. Bitetti（2014），"A Revival of the Private Rental Sector of the Housing Market?: Lessons from Germany，Finland，the Czech Republic and the Netherlands"，OECD Economics Department Working Papers，No. 1170，OECD Publishing，Paris. Page 17.

（OECD）最高的。在私人租赁市场几乎都是年轻人或者对住房有短期需求的人，或者无法购买房屋以及没有权利获得社会保障住房的人。住房联合会会建设高品质租赁房屋，并且以非营利为目的，租金受到规范限制。当然，这一制度也会导致住房系统效率低下，需求得不到满足等问题。政府正在逐步将住房联合会的工作重心转移到帮助真正需要帮助的社会弱势群体住房问题上，放开一些限制，使得市场逐渐发挥作用。

传统的荷兰租赁合同是永久性的（即无限期），但有迹象表明，近年来临时租赁合同的数量大幅增加。荷兰的住房政策似乎也顺应这样的趋势，放松了对允许临时租用条件的管制[1]。这样的趋势也是市场逐渐自由化的表现。

2.2 政府针对租赁市场的措施

2.2.1 加大供给及个人贷款担保计划

在租赁市场房屋供不应求的情况下，房租价格升高。政府可以通过各种措施增加供给方式，缓和市场紧张，减缓房租价格升高趋势。或者政府直接对低收入租房者进行补贴，以兼顾公平。2017年6月英国下议院有关建设未来私人租赁住房市场的报告中，认为加大供给可以通过政府措施实现供给增加、吸引大型租赁机构投资以及给予房东激励实现[2]。政府措施方面，英国设立了"为租而建基金"（Build to Rent Fund，2012~2016），以及借贷担保计划（Debt Guarantee Scheme）以及私人租赁房屋特别行动委员会（PRS taskforce）。"为租而建基金"旨在用10亿英镑的资金，刺激大型机构建设1万套新房屋以供出租，基金资金采取竞标补助方式，项目超过100个租赁住宅单位都可以竞标，基金将负担其不超过50%的建设资金。2013年，第一轮项目竞标完成，最终9个项目合同花落8个开发商手里。第一轮资金总额达1.23亿英镑。但是，在竞标过程中，推测由于私人住宅市场回暖的原因，有大量一开始参与项目竞标的开发商退出了竞标。第二轮竞标最终在2015年完成。

除此之外，政府还设立了35亿英镑的个人借贷担保计划。政府将会支持私人借贷建设新房屋以供长期出租，政府帮助私人降低借贷成本，降低私人资产风险，计划在2014年正式得以公布。为了更好地实施一系列计划，政府在2013年4月~2015年3月设立了私人租赁房屋特别行动委员会（PRS taskforce）。政府尝试增加土地供应，并且如果其购买后的用途为租赁减少私人住宅购买税。

---

[1] Huisman, Carla Jacqueline. "A Silent Shift? the Precarisation of the Dutch Rental Housing Market.." Journal of Housing and the Built Environment：HBE 31, no. 1（2016）.

[2] Bate, Alex. Building the New Private Rented Sector: Issues and Prospects（England）, London: The House of Commons Library research, BRIEFING PAPER, 2017.

2.2.2 保守的住房贷款政策

相比于英国，德国政府处理供给问题时则较为谨慎。由于德国严格的租客保护制度，购买新房租赁经常被视为一项稳定的投资。德国施行保守的住房贷款政策，只有拥有有效收入证明、优良的信用、稳定的收入来源才可以申请住房贷款。在德国住房市场上，自住住房并未受到财政政策大力刺激，而抵押贷款的金融规定是谨慎的。总体而言，国家政策保持中性不偏袒的倾向。抵押贷款利息在德国自有住房部门不可抵扣，因为出于税收目的，住房被视为消费品。因此，德国政府对估算出的租金收入部分不征税，也不适用任何扣减，也没有对资本收益的税收[1]。

德国拥有大量的租赁公寓主要归功于个人私人所有者以及住房公司和合作社的参与，也包括政府公共资助以及完全由政府支付的免费住房。自由开放的租赁市场也对社会住房供应作出了相当大的贡献。大多数低收入家庭，包括三分之二的所有住房福利受益者，都住在政府免费支付的自由租赁市场上供应的出租房中。更重要的是，政府尽力给住房建设投资提供良好的条件。土地紧张是一个根本性的问题。政府土地利用计划更改程序繁琐，各大城市都在致力于积极激活现有建设用地，地方政府的土地政策目前很难适应需求量巨大的住宅土地市场。

2.2.3 严格的租金和租客保护政策

对于荷兰而言，严格的租金和租客保护政策（具体政策下文详述）导致了房东建设住房投入租赁市场的积极性不高。如果政策不得到根本改变，租赁市场的供给很难得到明显增加。有关租金上涨和其他租金的规定导致价格水平的不确定性增加，但是它们为住户创造了强大的锁定效应：住房联合会住房中28%的家庭在入住社会住房时收入超过收入限额的34 220欧元。荷兰经济政策分析局早些时候的研究表明，这些受监管的租金形成了相当可观的每年大约80亿欧元的隐性补贴，或每月每个租赁住宅200多欧元的隐形补贴。搬迁会导致高收入家庭不再有资格获得社会住房。因此，政府为所有受监管的住房提出了更高的最高租金上涨幅度[2]。

2.2.4 住房补贴及住房代金券

美国的国家住房政策重点则不在于租赁市场规模的扩大，更多的还是在于如何更好地补助低收入人群的租赁支出以及通过贷款支持公民拥有自己的住房[3]。因为大片区政府保障住房中经常出现的居住空间分异、高犯罪率等问题，政府补助低收入人群租赁指出的资金比过去

---

[1] de Boer, Rik, and Rosamaria Bitetti. "A Revival of the Private Rental Sector of the Housing Market?." Vol. 1170, October 28, 2014. doi:10.1787/5jxv9f32j0zp-en. Page 48.

[2] de Boer, Rik, and Rosamaria Bitetti. "A Revival of the Private Rental Sector of the Housing Market?." Vol. 1170, October 28, 2014. doi:10.1787/5jxv9f32j0zp-en. Page 25.

[3] Olsen, Edgar O., and Jeffrey E Zabel. "United_States_Housing_Policies," September 29, 2014, 1–102.

要多①。大约210万个家庭获得联邦租户援助，120万受益于以项目为基础的援助，补贴特定建筑物的租金②。2016年这些项目中联邦纳税人的成本约为300亿美元③。

1974年，尼克松政府为保障穷人可以在私人住房领域获取适当的住房，提出了住房和社区发展法案的第8条（Housing and Community Development Act），该法案授权联邦政府对租户给予租金补贴或者代金券。联邦政府不会将援助受益人置于政府建造的住房项目中，而会提供一张补贴租用私人拥有的房屋的凭证。政策获得了自由派和保守派两方面的支持：自由派拥护该项政策是因为他们认为贫困家庭无法承担体面的市场房价。保守派拥护代金券，因为它似乎是一种以市场为基础的方法来指导私营部门实现公共政策目标。

但住房代金券也造成了许多与公共住房相同的问题，包括长期依赖政府导致的持续贫困。尽管传统的联邦福利政策在1996年进行了改革，鼓励工作和自给自足，但是此法案依然对补助接受者的居住年限没有做出规定，接受者可以永久居住。有的时候，这一法案的金额并不小，例如，2017年纽约市房屋管理局一套两卧室公寓的代金券价值高达1 768美元④。

尽管初始收入中位数的80%以下的人有资格参加该计划，但代金券优先于最贫穷的申请人。根据法律，75%的代金券必须发放给位于区域收入中位数30%后或收入更少的家庭。当地住房当局可以进一步针对最贫穷的申请人，而且很多都是。结果是，代金券非常倾向于非常低收入的单亲家庭。大部分领取住房代金券的人也可以领取到各种其他开放式的联邦福利，包括食品券、医疗补助和收入所得税抵免，这些福利共同构成对单亲家庭的长期福利支持。由于租金规定是收入的30%，如果收到代金券的家庭工资增加超过一定数额，会导致租金大幅上涨，因此其实法案对个人提高收入并寻求个人发展产生了强烈的抑制作用。相反，未补贴的住房市场支持健康的社会结构，因为它们激励并促使个人前进。私人市场奖励努力和成就，让人们有机会在更好的社区居住更好的家园。

鉴于公共住房项目贫困家庭高度集中造成了明显的犯罪和贫困，法案第八条的受益家庭应该更广泛地分散在城市各个区域。但是设想的良好愿景并没有发生，这一类租户已经集中在特定的建筑物和某些城市地区。马里兰州的前民主党参议员芭芭拉·米库尔斯基指出，代金券已取代"垂直的水平居民区"。

对于执行第八条法案的租户来说，政府将其租金份额直接分配到业主的银行账户中，并且在低收入地区，政府支付的租金往往会超过市场租金。因为该法案规定，住房代金券持有

---

① https://www.downsizinggovernment.org/hud/public-housing-rental-subsidies Howard Husock.
② Center on Budget and Policy Priorities,"Fact Sheet: Federal Rental Assistance,"August 31, 2015.
③ Budget of the U.S. Government, Fiscal Year 2017, Analytical Perspectives（Washington: Government Printing Office, 2016）, Table 29-1.
④ New York City Housing Authority,"Voucher Payment Standards and Utility Standards,"January 1, 2017.

者可以支付整个大都市区的平均租金，而一些低收入地区的住房市场租金则低于平均水平，代金券持有人依然要支付与平均租金相同的房租。

布什政府曾经试图冻结传统的第8部分代金券的资金，并推动全国2 000多家地方住房机构减少代金券的发放。虽然法案最初由共和党提出，但民主党人一直为此辩护，阻止削减和改革，奥巴马上台后成功推动了住房代金券的扩张[1]。

2.3 租金限制和租客保护

政府通过各项措施刺激房东投资，加大市场供给的同时，也需要保障租客的权益，以保证市场的稳定，维持平衡。这一点，德国的经验是最值得注意，荷兰的做法则更为偏向房客，但是其较小的私人租赁市场规模使得严格的房客保护不太影响整个市场。英美两国则更多地由市场定价，租金价格基本由市场决定，房客权益也没德国和荷兰的强，可以看到与德国和荷兰明显的不同。

德国采取的一系列措施很好地平衡了政府、租客和房东的需求。德国通过设定地区参照房租（Mietspiegel），给出指导价格，允许房租有一定比例的上下浮动。参照房租的设定随着房屋情况的变化而变化，并且参照了过去4年的房租变化水平。其次，德国对长租合同有3年内20%的租金上浮限制。灵活的租金限制规定并不会对投资有明显的限制，同时也鼓励房东将家中空置房屋进行修缮出租，提高整体房屋质量和供给数量，政府也给予一定补助，修缮后的房租可以提高等级，获得新的房租参照标准。

但是由于最近大城市的房屋紧张，德国也出现了新的问题。房东可以在中断旧合同，开始新租赁合同的时候用购买新家具或者少许修缮的方式大幅度提高租金。一些地区的条例规定，即使是新合同也不可以提高20%的租金，但是由于市场供不应求，所以几乎没有新房客会把自己可能的房东告上法庭，房东可以不选择不接受新价格的房客。一些城市住宅房屋空置率很低，根据柏林勃兰登堡统计局的最新数据[2]，柏林整体的住宅数量约为193.23万套。空置房屋官方没有公布数据，但德国独立研究机构Empirica估计，柏林的空置房屋截至2017年底大约为1.8万套[3]。这意味着柏林房屋空置率不到1%，租赁的流动率极低，从数据上也体现

---

[1] Howard Husock. Public Housing and Rental Subsidies
https://www.downsizinggovernment.org/hud/public-housing-rental-subsidies#_edn20.

[2] https://www.statistik-berlin-brandenburg.de/pms/2018/18-06-19.pdf 柏林-勃兰登堡统计局 Amt fuer statistic Berlin-Brandenburg. latest access: 2018/6/24.

[3] https://www.rbb24.de/politik/beitrag/2018/05/zahlen-leerstand-wohnungen-berlin.html Experten gehen von niedriger Rate aus – Wohnungsleerstand in Berlin nicht offiziell erfasst.

了柏林房屋租赁市场是卖方市场的事实，租金限制起到的作用越来越有限。但是，一旦租约签订，房东处于弱势地位。房东从法律上很难赶走房客，除非有合理理由证明需要房屋，比如家庭有人迁入需要自住。一般来说，租约都是无限期限的，如果房屋不再出租房东需要提前6个月通知房客。

荷兰的房屋租赁管理和德国相似，但是荷兰对租客的保护更严格。租客可以无条件停止租约，但是房东没有这样的权力。对于房东而言，找到一个租客通常意味着长期稳定的收入，政府、投资者和租客都认可这样长期合作的方式。因为荷兰有完善的法律系统，强大的租客保护也不会对房东造成太大的障碍，房东合法权利依旧会得到保障。但是，荷兰的整体租金控制政策也有一些可能的负面影响[①]。租赁市场中，管制和未管制部门之间存在很大差异。由于法规适用于93%的租赁住房，因此国家政府几乎对所有租赁价格进行强制管制。对于新租赁和现有合同中的租金增加都有规定。最高租金、初始租金都是根据住宅客观情况设定的，包括尺寸、便利设施、能源效率和邻里因素，但住所的位置或市场价值并不重要。专家和投资者表示，在市场紧张的地区，这种初始租金管制是一个障碍，初期租金制度在全国大部分地区并不构成问题，因为最高租金远高于市场上可以要求的租金。在过去的10年里通常和通胀一致，自2013年以来房租涨幅超过通货膨胀率后，对于每月租金高于681欧元的住宅才出现"不受管制"或"自由化的租赁住房"，初始租金设置和年度增加的规则不再适用。这些不受监管的住宅只占总租赁市场的6.5%。

荷兰目前的情况导致了管制和无管制的租赁市场之间出现了分裂的市场，两者间的差异也较大，受管制部门的租金设定保护很高，无管制部门也没有租金设置保护。因此，投资者和专家认为荷兰市场的受监管部分太大，因为约681欧元的租金不是可以由低收入人群提供的租金。受监管部门居民中超过70%的收入低于33 000欧元——净月收入约为1 900欧元，对于这些家庭而言，超过600欧元的租金将难以承受。无论收入如何，受监管住房的居民都受到强烈保护，新合同和现有合同以及同一类型单元的租金也有很大差异：即使是在一栋大楼内也可能存在不同的租金水平，具体取决于是旧合同还是新合同，目前荷兰的制度大大限制了私人租赁市场的规模和发展。

德国和荷兰两个西欧国家在租客保护和租金约束上的特点与英国和美国两个国家截然不同。在英国，社会保障性质的租赁房屋与荷兰、德国租赁房屋一致，租客享有完整的权益。但是，涉及私人租赁房屋市场，英国对租客的保护政策力度较为薄弱。根据研究，在实际操

---

① de Boer, Rik, and Rosamaria Bitetti. "A Revival of the Private Rental Sector of the Housing Market?." Vol. 1170, October 28, 2014. doi:10.1787/5jxv9f32j0zp-en. Page 25.

作中，英国私人租赁房东占据强势地位①。房东有权和房客签订短期租约，租约一般都是6个月的短租，甚至1个月的短租，对于低收入群体而言，时时刻刻存在被赶出房屋的危险，对于租金的限制基本上没有强制性的法规，市场自由度很大。

相似的，美国大多数情况下对租金也没有限制，租约也大多数是半年或者一年的时长，可能在一些州会有一些地方法律限制租金过快上涨，或者对于在建造和运营过程中有税收减免的租赁房屋有一些限制②。值得注意的是，美国房屋出租援助供求之间的差距仍在扩大。扭转这一趋势需要加大力度保护受援家庭和个人，建设新的负担得起的租金，并扩大优惠券和其他形式的援助。更为迫切的是，高成本都市区缺乏负担得起的租赁房屋可能会使低收入家庭面临更大的住房不稳定性，被驱逐和无家可归的风险③。

2.4 大型私有租赁机构

租赁市场上，在英国、德国、美国，除了私人屋所有者将房屋出租以外，也有一些大型的私有租赁机构在市场上活跃，这些机构虽然是私人拥有，但是大多数都有政府的参与或者政府寻求与其合作，政府可以借此平衡和调控租房市场。荷兰的私人租赁市场规模较小，不存在有规模的私有租赁机构（表1-2-2）。

美国的大型私人租赁公司有悠久的历史，1973年特朗普集团（Trump Corporation）就已经在纽约拥有1.4万套公寓。目前美国拥有单位最多的大型租赁公司是Mid-America Apartments，这是两家20世纪70年代成立的公司于2016年合并的结果。第二大私人租赁公司Starwood Capital则是在美国20世纪80年代储蓄和贷款危机后成长。

美国大型租赁机构在金融危机房价崩溃后成长迅速，尤其是在大规模的房屋抵押被银行收回后，私募基金利用其资金优势、估值技术，大批收购优质房地产。自2012年起，美国私募基金至少购买了20万套以上的住房，美国的私人股权投资和投资管理公司黑石集团（Blackstone Group, NYSE：BX）在2013年的一段时间内每周花费1亿美元收购住房。2016年，美国最大的7个大型租赁机构每家都拥有大约17万套住房，这些大机构之间也在互

---

① Fitzpatrick, S. and H. Pawson (2013), "Ending Security of Tenure for Social Renters: Transitioning to 'Ambulance Service' Social Housing?", in Housing Studies (2013), DOI: 10.1080/02673037.2013.803043.

② Oxley, Michael. "The Private Rented Housing Sector: the UK and Ideas From Other Countries," Presentation on Social Market Foundation Seminar. Thursday 23rd March 2017, Cambridge Centre for Housing Planning Research, Department of Land Economy, University of Cambridge.

③ "America'S Rental Housing." Edited by Marcia Fernald, December 7, 2017, 1-44. Joint Center for Housing Studies of Harvard University Page 32.

相合并，造成强者越强的局面[1]。

美国、德国、英国部分大型私人租赁机构　　　　表1-2-2

美国		德国		英国	
Mid-America Apartments (MAA)	99 939套公寓	Vonovia	333 000套公寓	Grainger	8 600住宅
Starwood Capital	85 500套公寓	Deutsche Wohnen	158 000套公寓	L&Q PRS*	1 500住宅
Invitation Homes (including Starwood Waypoint)	82 000套独栋别墅	Grand City Apartments	83 000套公寓	Annington Homes	1 400住宅
Equity Apartments	78 000套公寓	Akelius Residential	20 000套公寓在德国（46 500世界范围）	Folio London*	950住宅
Avalon Bay Communities	74 500套公寓			A2 Dominion Group	850住宅
Hunt Companies	62 000套公寓				
Edward Rose	61 500套公寓				
Lincoln Property Company	60 000套公寓				

数据来源：Subsidiary of a housing association；'dwelling'refers to PRS dwellings only.

在德国，大型专业租赁住房提供商（Private professionelle Anbieter von Mietwohnungen）在租赁住房市场上有举足轻重的地位[2]。根据2011年的数据，机构拥有租赁房屋达到286万套，占所有商业性质租赁住房总数786万套的近三分之一，是德国租赁房屋类别中占比最大的一个。这些机构大多数都以有限责任公司或股份公司的形式存在。

但是，受到历史因素影响，大型租赁机构房屋的区域分布并不均匀（图1-2-6）。南部的巴登府登堡（Baden-Württemberg）的大型租赁机构比例只有5.4%，但是在柏林（Berlin）比例高达29.6%。德国北部地区和东德地区比例较高，但是德国西南部联邦州，比如萨尔兰州（Saarland）、黑森州（Hessen）的比例只有5%~7%。同时，大型租赁机构的比例随着区域人口的增加而增加。若一个乡镇或者区人口少于5 000，那么平均大型租赁机构

---

[1] Martin, Chris, Kath Hulse, and Hal Pawson. "The Changing Institutions of Private Rental Housing: an International Review," Australian Housing and Urban Research Institute Limited, 2018. doi:10.18408/ahuri-7112201.

[2] Deutscher Bundestag. "Dritter Bericht Der Bundesregierung Über Die Wohnungs-Und Immobilienwirtschaft in Deutschland Und Wohngeld- Und Mietenbericht 2016, July 28, 2017, 1-198.

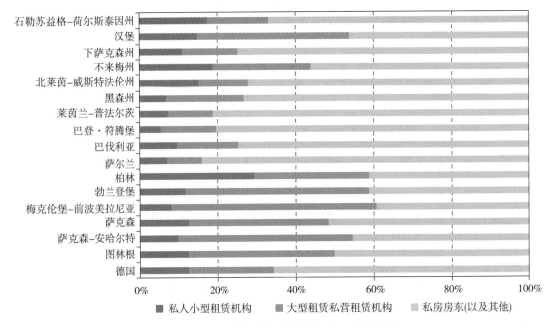

图1-2-6 德国租赁住房类型比例（按联邦州）
数据来源：Gebäude-und Wohnungszählung 2011

房屋比例大约在4%；如果人口在5万~10万，则可以达到10%；人口20万以上的城市中比例则可以达到19%。

和美国类似，德国的一些大型租赁机构也被私募基金收购，一些较小的租赁机构也通过并购的方式扩大规模，一些住房企业也成为上市公司。目前，德国最大的房屋租赁机构Vonovia，于2017年初就拥有35万套住房，同时也在德国DAX上市。排名第二的Deutsche Wohnen于2016年拥有15.8万套住房左右。上市的房屋租赁公司大约拥有89万套住房，大多数这些住房都位于城市，很大一部分是过去的社会保障住房被私人机构所收购。上市也是住房机构取得资金并且继续扩张的方式。

在英国，政府加强对机构租赁投资的支持。政府将会给予房东补贴，给予税收优惠，在规划审批方面中降低对可负担住房的要求，帮助企业承担部分风险。近年来的努力有一些效果，英国财产联合会（British Property Federation-BPF）于2016年宣布，2015年10月~2016年10月共有22 293个在建单位，比2015增加了214%，共计35 121个单位获得了规划许可。投资者是开发商和机构投资者的混合体[1]。

---

[1] Martin, Chris, Kath Hulse, and Hal Pawson. "The Changing Institutions of Private Rental Housing: an International Review," Australian Housing and Urban Research Institute Limited, 2018. doi:10.18408/ahuri-7112201.

第 2 部分 ｜ 国家篇

1　法国
2　德国
3　俄罗斯
4　英国
5　巴西
6　美国
7　印度
8　日本
9　韩国
10　新加坡
11　南非

1 法国

GDP：24 654.5亿美元（2016年）

人均GDP：42 013.29美元（2016年）

国土面积：549 087 km²

人　　口：64 720 690人

人口密度：118人／km²

城市化率：80.5%

1.1 住房基本情况

1.1.1 住房存量与结构

截至2016年12月31日，法国本土拥有3 572万套家庭住房。30年来，该数值年增长率为1.1%。截至2017年，法国的100套住房中，有82套是家庭主要住宅[①]，10套是家庭第二套住房或临时住房，8套是空置住房。

目前法国主要住房的数量是2 916万套。10个家庭中有6个拥有他们的主要住房。法国的主要住房在20世纪90年代初~21世纪00年代中期以来一直保持着1.2%~1.5%的增长率。2006年以后其增长率下降，2007年后每年以约0.8%的速度增长。

2016年，第二套住房在住房总量中所占的比例相比较2015年略有下降。空置住房在住房总量中所占的比率比2015年略有上升（表2-1-1、图2-1-1）。

---

① 家庭主要住房：Logement principal（法语），指家庭主要居住的住房，与之对应的是家庭二套住房或临时住房（度假住房）。

法国住房总量与结构（单位：千套）　　　　表2-1-1

	2007	2008	2009	2010	2011	2012	2013	2014	2015	2016
主要住房	26 986	27 263	27 528	27 780	28 034	28 269	28 495	28 701	28 909	29 161
别墅	15 341	15 523	15 687	15 833	15 981	16 109	16 233	16 346	16 459	16 583
公寓	11 645	11 740	11 840	11 948	12 054	12 160	12 262	12 356	12 450	12 578
空置/待售住房	2 088	2 181	2 288	2 387	2 472	2 573	2 675	2 777	2 880	2 995
别墅	1 004	1 049	1 100	1 148	1 193	1 242	1 291	1 340	1 390	1 465
公寓	1 084	1 132	1 188	1 239	1 279	1 332	1 384	1 437	1 490	1 530
第二套住房	3 107	3 126	3 127	3 138	3 157	3 196	3 234	3 270	3 307	3 395
别墅	1 903	1 894	1 873	1 863	1 864	1 878	1 891	1 903	1 914	1 923
公寓	1 204	1 232	1 255	1 275	1 292	1 318	1 343	1 368	1 393	1 472
住房总计	32 181	32 570	32 943	33 306	33 663	34 038	34 404	34 749	35 097	35 720
别墅	18 248	18 466	18 660	18 844	19 038	19 229	19 415	19 588	19 763	20 060
公寓	13 933	14 104	14 283	14 462	14 625	14 809	14 989	15 161	15 334	15 660

数据来源：法国国家统计与经济研究所insee; SOeS, estimation anuuelle du parc de logement

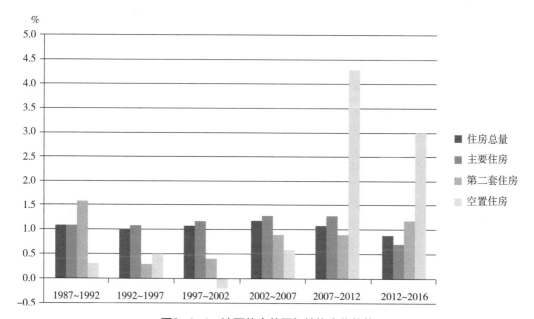

图2-1-1　法国住房总量与结构变化趋势

数据来源：法国国家统计与经济研究所insee; SOeS, estimation anuuelle du parc de logement

2016年，个人住房占住房总量的56%：这是大多数主要住房以及第二住房。在1999~2008年快速增长后，近年来其份额略有下降。事实上，由于建筑技术的发展，集体住房①的数量增长速度超过了个人住房。自2013年以来，集体住房的建造数量高于个人住房，而2008年之前则相反（图2-1-2）。

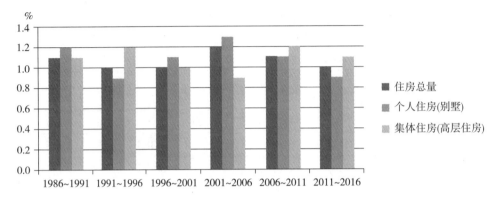

图2-1-2　法国不同类型住房的变化趋势

数据来源：法国国家统计与经济研究所insee; SOeS, estimation anuuelle du parc de logement

1.1.2　住房产权

从住房产权来看，拥有产权住房的家庭所占比例明显上升，2005为56.8%，而2010年增至57.6%，随后2016年稳定在57.9%。拥有产权住房的家庭中，约65%的房主无需还贷，剩下的35%的房主仍在还贷。从租房市场来看，约17.0%的家庭居住社会住房，该比例10年来保持平稳；私有租房市场也保持稳定，约22.8%的家庭租住私有住房（表2-1-2）。

法国家庭主要住房的产权占比分布（单位：%）　　　表2-1-2

	2006	2007	2008	2009	2010	2011	2012	2013	2014	2015	2016
房主	57.1	57.3	57.4	57.6	57.6	57.6	57.6	57.7	57.7	57.7	57.9
无需还贷	37.6	38.1	38.6	39.0	39.4	39.7	40.1	40.4	40.8	41.1	37.8
仍需还贷	19.5	19.2	18.9	18.5	18.2	17.9	17.6	17.2	16.9	16.6	20.1
租户	39.2	39.2	39.1	39.0	39.1	39.1	39.2	39.2	39.3	39.3	39.8
社会住房	17.6	17.5	17.5	17.5	17.5	17.5	17.5	17.5	17.6	17.6	17.0
私人住房	21.7	21.6	21.6	21.6	21.6	21.6	21.7	21.7	21.7	21.8	22.8
其他	3.7	3.6	3.5	3.4	3.3	3.2	3.2	3.1	3.0	3.0	2.3
住房总数（千户）	26 666	26 986	27 263	27 528	27 780	28 034	28 269	28 495	28 701	28 909	29 161

数据来源：法国国家统计与经济研究所; SOeS, estimation anuuelle du parc de logement.

---

① 集体住房：logement collectif（法语），指大规模集中建造的高层住房，与之对应的是个人住房logemnt individuel（法语），指独栋别墅等住房。

1.1.3 住房划分

为方便管理,根据各地区住房供需情况,法国在全国范围内将住房划分为四个等级,分别为:

(1)A-bis地区(Zone A Bis):这是住房供应最为紧张的地区,包括巴黎市以及其周边的29个"小圈"(la petite couronne)城市,远远供不应求。

(2)A地区(Zone A):住房需求极为旺盛的地区,供不应求矛盾突出。包括法兰西岛(Ile de France)、天蓝海岸和日内瓦居民区法属部分。

(3)B1地区(Zone B1):住房需求相当大,主要是25万人口以上的居民密集地带。巴黎市周边由塞纳马恩省(la Seine-et-Marne,77省)、伊夫林纳省(les Yvelines,78省)、埃松省(l'Essonne,91省)和瓦尔兹河谷省(le Val-d'Oise,95省)四个被称为首都外"大圈地区"(la grande couronne)的地段。另外是一些生活水平较高的城市,例如安西(Annecy)、香槟利(Chambery)、巴约纳(Bayonne)、圣马洛(Saint-Malo)、拉罗歇尔(La Rochelle)、海外省以及科西嘉岛等。

(4)B2地区(Zone B2):这里的住房供求基本平衡,位于人口在5万以上的其他市镇、B1地区和法兰西岛边缘地带。

(5)C地区(Zone C):住房需求相对低下,位于上述部分余下的其他地带。法国建筑与住居法典《Code de la Construction et de l'Habitation》第R111-2条第4款规定,新建房屋必须满足人均面积14m^2和人均体积33m^3。若居住人数超过4人,则每增加一人,人均面积和人均体积至少增加10m^2和23m^3。并将住房按房间数和最小面积划分为T1~T7七个等级。同时规定新建别墅的最小面积为30m^2,翻新别墅的最小面积为27m^2(表2-1-3)。

法国住房面积划分　　　　　　表2-1-3

类型	房间数	新建住房的最小面积	翻新住房的最小面积	类型	房间数	新建住房的最小面积	翻新住房的最小面积
T1	1	18m^2	16m^2	T4	4	73m^2	66m^2
T1 n°2	1	30m^2	27m^2	T5	5	88m^2	79m^2
T2	2	46m^2	41m^2	T6	6	99m^2	89m^2
T3	3	60m^2	54m^2	T7	7	114m^2	103m^2

数据来源:《法国建筑与住居法典》(Code de la Construction et de l'Habitation)

1.1.4 家庭数量及构成

根据2014年全国人口普查,法国家庭总数约为28 044万户,其中单人家庭约984万户,由一对夫妇组成的家庭约1 449万户,单亲家庭约236万户,组合家庭约1 335万户(表2-1-4)。

法国家庭数量及构成　　　　　表2-1-4

	1982		1990		1999		2009		2014	
	千户	单位%	千户	单位%	千户	单位%	千户	单位%	千户	单位%
家庭构成										
一名男性	1 663.5	8.5	2 171.4	10.1	2 964.0	12.4	3 767.1	14.0	4 193.8	15.0
一名女性	3 148.0	16.1	3 673.8	17.1	4 416.1	18.5	5 295.3	19.7	5 654.2	20.2
双亲家庭无孩	4 556.2	23.3	5 099.9	23.7	5 904.3	24.8	7 032.8	26.2	7 254.4	25.9
双亲家庭有孩	7 702.2	39.3	7 838.6	36.4	7 502.5	31.5	7 274.5	27.1	7 242.8	25.8
其中有十八岁以下孩子的双亲家庭	6 382.6	32.6	6 243.5	29.0	5 919.5	24.9	5 908.5	22.0	5 909.6	21.1
单亲家庭	1 012.0	5.2	1 432.4	6.6	1 753.6	7.4	2 132.3	7.9	2 364.1	8.4
其中有十八岁以下孩子的单亲家庭	600.9	3.1	783.7	3.6	1 043.4	4.4	1 374.7	5.1	1 516.1	5.4
组合家庭										
组合家庭总数	1 507.0	7.7	1 326.1	6.2	1 267.6	5.3	1 364.0	5.1	1 335.1	4.8
其中有十八岁以下孩子的组合家庭	564.7	2.9	387.0	1.8	378.8	1.6	331.8	1.2	315.7	1.1
家庭总数	19 588.9	100.0	21 542.1	100.0	23 808.1	100.0	26 866.0	100.0	28 044.4	100.0

注:组合家庭:指由两个以上家庭或几个单独人员综合组成的家庭。
数据范围:法国本土
数据来源:法国国家统计局,2014年人口普查

1.1.5 住房平均面积

法国住房平均面积不断增加,自1978年的77m^2增长至21世纪初超过90m^2。平均面积的增长主要归根于个人独栋别墅面积的增长,而公寓面积几乎保持不变。同时,住房的平均居

住人数有所下降，1984年平均每套住房居住2.7人，而2016年平均每套住房居住2.2人。根据国家统计与经济研究所（Insee）的预测，2030年平均每套住房将居住2.0人。法国有270万家庭的居住条件处于拥挤状态。私有住房的拥挤情况近年来有所降低，但是集体住房的拥挤态势却日趋紧张。1973年有15%的家庭认为他们的住居面积不足或严重不足，然而在2016年，这一数字降为6.4%。近半数的家庭表示希望更换更大的住房（表2-1-5、表2-1-6）。

2016年法国住房平均面积、平均房间数量和平均居住人数统计　　表2-1-5

项目	住房类型	全法	农村地区	10万人口以下的城市地区	10万人口以上的城市地区	巴黎大区
住房平均面积（单位：m²）	总体	91	114	94.2	81.5	71.0
	别墅	112.5	117.5	109.4	111.5	107.9
	公寓	64	70.2	64.5	63.4	60.6
住房平均房间数量（单位：间）	总体	4.0	4.9	4.2	3.6	3.2
	别墅	4.9	4.7	4.8	4.9	4.9
	公寓	2.9	3.2	3.2	2.9	2.8
住房平均居住人数（单位：人）	总体	2.2	2.4	2.2	2.1	2.4
	别墅	2.5	2.5	2.4	2.5	2.9
	公寓	2.0	1.8	1.8	1.8	2.1

数据范围：法国本土
数据来源：法国国家统计与经济研究所

1984年来法国住房平均面积、平均房间数量和平均居住人数统计　　表2-1-6

		1984	1988	1992	1996	2001	2006	2016
根据住房数量计算								
住房平均面积（单位：m²）	总体	82.0	80.4	86.4	88.1	89.6	91.2	91
	别墅	96.4	100.0	102.5	105.4	108.1	111.1	112.5
	高层住房（公寓）	65.1	66.0	66.1	65.8	65.2	65.6	64
住房平均房间数量（单位：间）	总体	3.8	3.9	4.0	4.0	4.0	4.0	4.0
	别墅	4.4	4.6	4.7	4.8	4.8	4.8	4.9
	高层住房（公寓）	3.0	3.1	3.0	3.0	3.0	2.9	2.9
住房平均居住人数（单位：人）	总体	2.7	2.6	2.5	2.5	2.4	2.3	2.2
	别墅	2.9	2.9	2.8	2.7	2.6	2.5	2.5
	高层住房（公寓）	2.4	2.3	2.2	2.2	2.1	2.0	2.0

续表

		1984	1988	1992	1996	2001	2006	2016
根据人均计算								
人均住房面积（单位：m²）	总体	30.7	32.4	34.1	35.5	37.5	40.2	40.3
	别墅	33.1	34.8	36.9	38.7	41.2	44.3	45.0
	高层住房（公寓）	27.3	28.7	29.7	30.3	31.3	33.5	32.5
人均住房房间数量（单位：间）	总体	1.4	1.5	1.6	1.6	1.7	1.8	1.8
	别墅	1.5	1.6	1.7	1.8	1.8	1.9	2.0
	高层住房（公寓）	1.3	1.3	1.4	1.4	1.4	1.5	1.5

数据范围：法国本土

数据来源：法国国家统计与经济研究所

1.1.6 住房条件与设施

40年来，法国住房的设施条件和卫生状况得到明显改善。到2013年，几乎所有住房都配备了基础卫生设施。然而，在1970年，仍有25%的住房没有淋浴设施和马桶。

法国住房卫生设施不配套情况已经基本消除。在2015年的一项调查中，约80%的住房没有出现任何设施方面的问题。3.4%的住房出现两项以上的严重问题。2015年约有1%的住房没有配备自来水、洗浴设备或马桶。2015年，法国本土99%的住房都配备厨房、内部厕所和浴室，该比例30年来不断增加，但保证住房舒适的其他设施仍有不足：2015年，1.4%的住房墙面严重受损，5.9%的住房存在漏水的现象，9.6%的住户存在暖气不足或房屋隔热差的问题。总的来说，超过半数的家庭称没有下列9项住房问题：拥挤，无浴室，无厕所，无热水，无供暖，面积过小，供暖困难，潮湿，噪声等。但是近30%的家庭称仅有其中一项问题，20%称有两项或更多问题（表2-1-7，图2-1-3）。

法国居民住宅存在的问题（单位：%）　　　　　　表2-1-7

	1992	1996	2001	2006	2015
墙面严重受损	nd	2.3	1.1	1.0	1.4
漏水	nd	nd	6.3	5.1	5.9
暖气不足或隔热差	nd	nd	5.9	9.1	9.6
无厨房	0.8	0.5	0.4	0.4	0.2
无浴室	4.2	2.4	1.3	0.7	0.7
无厕所	3.4	2.7	1.3	0.6	0.1

续表

	1992	1996	2001	2006	2015
电路未嵌入墙体	nd	4.4	2.9	2.2	1.4
电源插座无接地线	nd	nd	2.4	2.0	1.6
无热水或无自来水	3.1	2.0	1.1	0.7	0.5
主要住房数量（万套）	2 213.0	2 328.6	2 452.5	2 666.6	28 909

nd：无可用数据

数据范围：法国本土

数据来源：法国国家统计与经济研究所

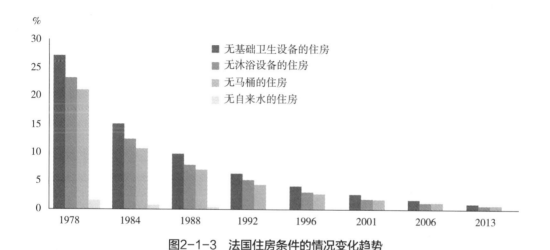

图2-1-3　法国住房条件的情况变化趋势

1.2　社会住房状况

社会住房是指由法国低租金住房机构（HLM）或其他社会住房出租机构（如地产合资公司SEM）面向社会出租的住房。目前法国共有755家HLM机构。这些住房的租金制定遵守低租金住房机构（HLM）制定的关于社会住房租金的规定。该类住房接受低收入人群申请，租金是同类私人住宅租金平均值的二分之一。居住在社会住房的家庭中有60%的家庭月收入低于2 100欧元（三口之家）。建造和补贴社会住房的资金来源分为三大部分。75%来自法国信托投资银行的资助（法国信托投资银行是法国一家公共金融机构，代表公众利益从事各种长期投资，以促进经济增长。），15%来自社会住房管理机构的投资，10%来自国家和地方政府的投资。2016年，法国社会住房获得投资金额162.5亿欧元，收取租金208亿欧元。2016年，法国约有11 000套社会住房获得资助，约有48.5万份住房申请获得批准。

2016年法国社会住房总数为499万套，其中有约30万套为普通服务型老年公寓。2016年社会住房的总数比2015年增加了约20万套（增长率为4%）。在2015年的4 760 500套社会住房中，45 730 400套用于出租，83 500套为空置房，29 900套由各组织机构进行管理，73 700套为免除租金的住宅。约84%的社会住房为高层住房，约16%的社会住房为独栋房屋。最近10年建设的住房倾向于小型非高层住房（表2-1-8，表2-1-9，表2-1-10）。

2016年法国社会住房数量和构成（单位：%） 表2-1-8

	2011	2012	2013	2014	2015	2016
住房种类						
别墅	15.4	15.6	15.8	15.8	16.0	15.9
公寓	84.6	84.4	84.2	84.2	84.0	84.1
住房大小						
一室或两室	23.6	23.9	24.3	24.5	24.4	24.3
三室或四室	65.9	66.0	66.5	66.5	66.7	66.8
五室及以上	10.4	10.2	9.2	9.0	8.9	8.9
社会机构类别						
社会住房机构办公室（Office public d'HLM）	47.7	47.2	47.0	46.6	47.5	47.7
社会住房公司	42.1	42.2	42.2	41.8	43.2	43.1
混合经济公司	7.6	7.7	7.8	7.8	6.2	6.1
其他	2.6	2.4	2.9	2.9	3.1	3.1
空房率	3.2	3.2	3.2	3.0	3.1	3.2
其中长期空房率[①]	nd	nd	1.7	1.6	1.6	1.9
新迁入房客的住房比例	9.8	9.8	9.9	9.7	9.5	9.5
新投入出租的住房（千住房）	97.5	87.2	88.8	81.8	89.3	89.3
其中新住房(%)	76.9	79.4	77.3	72.0	77.8	78
住房总数（万套）	457.6	465.2	472.8	468.5	476.1	499.9

①：三个月以上的空置
nd：无可用数据
数据范围：法国，除马约特（海外省）
数据来源：法国环境、能源和海洋部，统计与观察服务网站（SOeS），*RPLS*

2016年法国社会住房存量（单位：套）　　　　　表2-1-9

社会住房构成情况		社会住房数量
供出租的	已租出	4 555 600
	未租出	142 200
空置住房		95 700
组织机构管理		36 500
有偿或无偿居住		84 500
社会住房总数		4 914 500
SEM未签约住房		84 800
社会住房总数		4 999 300

数据来源：法国环境、能源和海洋部，统计与观察服务网站（SOeS）

2016年社会住房空置率和搬迁率（或流动率）　　　　　表2-1-10

地区	2016年已出租或待出租的空置住房	空置率（%）				搬迁率（%）	
		所有住房		空置超过3个月			
		2017	2016	2017	2016	2016	2015
法国本土总计	4 548 165	3.0	3.2	1.5	1.6	9.8	9.7
法国海外省总计	149 659	3.2	3.6	2.0	2.0	8.3	8.5
全法国总计	4 697 824	3.0	3.3	1.6	1.6	9.8	9.7

数据来源：法国环境、能源和海洋部，统计与观察服务网站（SOeS）

社会住房遍布法国各地，但主要集中在有着工业历史的地区。一半的社会住房位于大巴黎大区、北部—加来海峡大区、罗讷—阿尔卑斯大区和普罗旺斯—阿尔卑斯—蓝色海岸大区。24%的社会住房位于敏感城市带（Zone urbaine sensible（ZUS）。27%的社会住房建造于1990年后。2014年至今有12.5万套社会住房被重新修缮（表2-1-11、图2-1-4）。

法国新建社会住房数量统计（单位：套）　　　　　表2-1-11

	2005	2006	2007	2008	2009	2010
法国本土	29 428	36 454	37 412	43 498	53 414	56 675
全法国	31 783	38 812	38 665	45 212	55 450	59 635
	2011	2012	2013	2014	2015	2016
法国本土	63 445	61 944	55 176	63 356	67 250	64 577
全法国	66 668	65 437	59 659	67 719	71 448	68 412

数据来源：法国环境、能源和海洋部，统计与观察服务网站（SOeS）

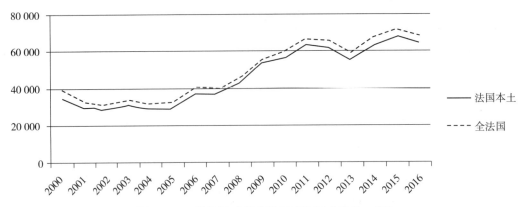

图2-1-4 法国社会住房数量变化图（单位：套）
数据来源：法国环境、能源和海洋部，统计与观察服务网站（SOeS）

据社会住房联合会（l'Unionsociale pour l'habitat）2014年对社会住房调查显示：社会住房数量在1950~1980年增长迅速，社会住房租户占家庭总数比例逐年增加，从1984~2013年租户占比总体来看比较稳定，一直保持在15%左右（图2-1-5）。

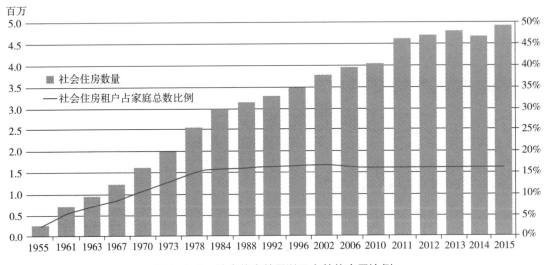

图2-1-5 社会住房数量以及占总住房量比例

社会住房的租金为三个等级（表2-1-12）。

（1）对于低收入家庭的租金为4.56~5.97欧元／m²，此类家庭可申请PLAI型住房补助（集中补助租金PLAI：PrêtsLocatif Aidéd'Intégration）。

（2）对于低收入至中等收入之间的家庭租金为5.14~6.70欧元／m²，此类家庭可申请PLUS型住房补助（社会用途租金PLUS：PrêtsLocatifsà Usage Social）。

（3）对于中等收入家庭的租金为7.71~13.07欧元／m²，此类家庭可申请PLS型住房补助（社会租金PLS：PrêtsLocatifs Social）。

2016年法国各地区社会住房平均租金统计表　　　　表2-1-12

地区	平均租金（欧元/m²）	2015~2016年涨幅
Auvergne-Rhône-Alpes（84）	5.53	+0.8
Bourgogne-Franche-Comté（27）	5.14	+0.5
Bretagne（53）	5.19	+0.4
Centre-Val de Loire（24）	5.15	+0.5
Corse（94）	5.57	+0.5
Grand Est（44）	5.23	+0.5
Hauts-de-France（32）	5.41	+0.5
Ile-de-France（11）	6.7	+1.6
Normandie（28）	5.19	+0.6
Nouvelle-Aquitaine（75）	5.32	+0.6
Occitanie（76）	5.48	+0.5
Pays-de-la-Loire（52）	5.2	+0.5
Provence-Alpes-Côte d'Azur（93）	5.72	+0.5
法国本土	5.69	+0.8

数据来源：法国环境、能源和海洋部，统计与观察服务网站（SOeS）

1.3　住房市场

近10年来，法国住房消费占国民生产总值的比重一直保持在21%~22%。受2008年经济危机的重挫，2009年法国房地产市场进入低谷，2010年调整后才得以恢复，但在2012年后又开始下行。总的来说，由于法国经济、投资和消费的不景气，住房消费未来将持续走低。

2016年，法国房地产买卖市场有了大幅回升[1]。随着消费者对住房的购买需求的增值，也

---

[1] http://www.statistiques.developpement-durable.gouv.fr/logement-construction/r/marches-logementpromotionimmobiliere.html?tx_ttnews%5Btt_news%5D=20124&cHash=b46f28ed89731fa1abfa49f05598ec0b.

2016年市场上的新建住房供应数量比2015年增加了16.1%，为119 000套。2016年新建住房成交数量为13 000套，比2015年上涨了20.6%（图2-1-6）。

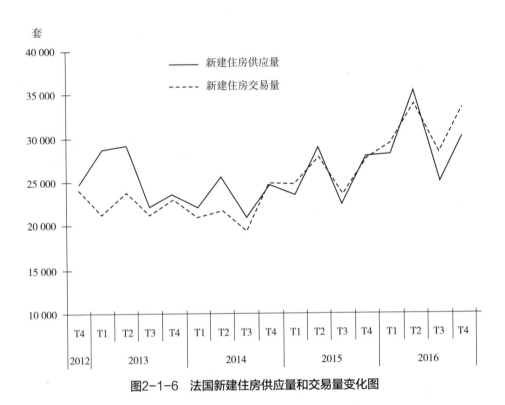

图2-1-6 法国新建住房供应量和交易量变化图

由于近年来法国住房政策和法规的频繁改革，特别是2015年夏天在巴黎实行的房租限价措施，使AirBnB等网络租房途径日益流行（房东更愿意把房子放到网络平台上短期出租给游客以求获得更多的租金而不愿意将房子长期出租给同一个租客），巴黎及全国住房租赁市场继续保持低迷态势（表2-1-13）。2015年法国全境对平均租金增长率为-1.1%，巴黎大区为-0.8%。

2016年，法国住房成交量比2015年上涨20.6%，达到13万套，表明法国房地产市场开始从低迷走向活跃。2016年公寓住宅的成交量比2015年上涨26%，成交价格与2015年相比变化不大，仅有2%的价格增长，平均成交价格为3 970欧元/m^2。2016年的别墅的成交量比2015年上涨了31%，价格比2015年上涨了4.7%，为平均26.1万欧元／栋（图2-1-7、图2-1-8）。

表2-1-13 法国新房销售情况

年份	个人住房（独栋别墅）				公寓				全部		
	供应量	成交量	余量	平均价格（欧元/套）	供应量	成交量	余量	平均价格（欧元/m²）	供应量	成交量	余量
2016	10 225	10 795	8 904	261 184	113 294	119 605	96 421	3 970	123 519	130 400	105 325
2015	8 278	8 237	8 960	249 315	91 929	94 301	90 326	3 892	100 207	102 538	99 286
2014	8 392	7 419	10 491	253 182	85 113	79 531	95 192	3 867	93 505	86 950	105 683
2013	10 994	8 801	10 962	247 716	92 778	80 514	93 162	3 877	103 772	89 315	104 124
2012	11 955	8 531	10 550	250 506	106 805	80 373	85 561	3 874	118 760	88 904	96 111
2011	12 119	10 272	8 651	246 369	111 169	94 728	64 173	3 782	123 288	105 000	72 824
2010	12 842	12 752	8 770	239 463	97 427	102 533	50 560	3 572	110 269	115 285	59 330
2009	10 728	12 761	10 341	243 446	66 552	93 041	58 880	3 368	77 280	105 802	69 221
2008	13 985	10 727	15 362	250 098	77 641	67 780	94 425	3 345	91 626	78 507	109 787
2007	19 527	16 478	14 201	250 540	127 835	110 539	87 866	3 273	147 362	127 017	102 067
2006	19 668	16 535	11 134	243 203	129 846	109 429	67 506	3 070	149 514	125 964	78 640
2005	18 560	18 432	8 181	220 507	113 197	102 991	44 590	2 850	131 757	121 423	52 771

数据来源：http://www.statistiques.developpement-durable.gouv.fr/

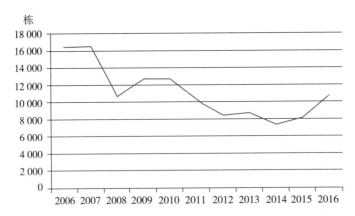

图2-1-7　10年来法国新独栋别墅成交的数量（单位：栋）
数据来源：法国环境、能源和海洋部，统计与观察服务网站（SOeS）数据库，新住房商业调查

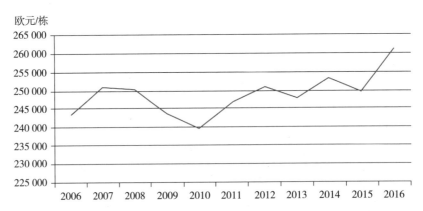

图2-1-8　10年来法国新独栋别墅成交价格（单位：欧元/栋）
数据来源：法国环境、能源和海洋部，统计与观察服务网站（SOeS）数据库，新住房商业调查。

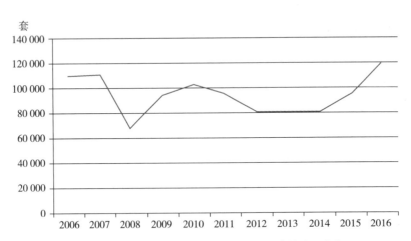

图2-1-9　10年来法国新公寓成交数量（单位：套）
数据来源：法国环境、能源和海洋部，统计与观察服务网站（SOeS）数据库，新住房商业调查

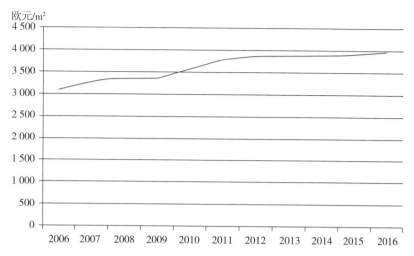

图2-1-10　10年来法国新公寓交易平均价格（单位：欧元/m²）

数据来源：法国环境、能源和海洋部，统计与观察服务网站（SOeS）数据库，新住房商业调查

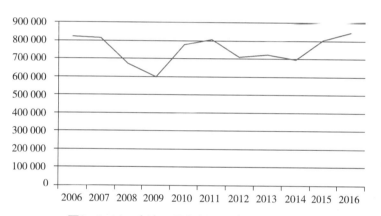

图2-1-11　全法二手房交易量（单位：套）

数据来源：CGEDD d'après DGFiP（MEDOC）et bases notariales

2016年法国各大城市房地产平均价格　　表2-1-14

城市	公寓平均成交价格（欧元／m²）	别墅平均成交价格（欧元／m²）	公寓平均租金（欧元／m²）
巴黎	9 017	9 665	26.4
马赛	2 419	3 180	11.7
里昂	3 898	4 147	12.2
图卢兹	2 783	3 079	11.4
尼斯	4 076	4 643	14.8
南特	2 842	3 109	11.1
斯特拉斯堡	2 702	2 649	11.3
蒙彼利埃	2 700	2 854	12.5

续表

城市	公寓平均成交价格（欧元／m²）	别墅平均成交价格（欧元／m²）	公寓平均租金（欧元／m²）
波尔多	4 269	3 907	12.4
里尔	2 602	2 180	13.0
雷恩	2 645	3 362	10.9
兰斯	2 008	1 952	9.8
阿勒弗尔	1 641	1 737	9.3
圣艾蒂安	923	1 503	7.2
土伦	2 343	3 000	10.7
格勒诺布尔	2 191	2 454	10.8
第戎	1 925	2 296	10.3
昂热	1 876	2 022	9.7
维勒班	2 937	2 969	11.6
尼姆	1 691	2 204	9.1

数据来源：http://www.meilleursagents.com/prix-immobilier/

2012年，为限制房租上涨，法国政府出台了关于房租上涨的政令，在38个城市内实行，惠及40%的法国居民。这道政令的规定很简单，即在租给新的房客时，或是租约改变时，房租上涨金额比例不能超过房租年度变化参考指数（IRL）的涨幅。这个指数每个季度由国家统计及经济研究所（INSEE）计算和公布（表2-1-15）。例如，租金为500欧元的一间公寓，房东在2014年第四季度的涨价金额不能超过500×0.37%=1.85欧元。另外还有两种调整房租的可能：一是在续租时房东应至少提前6个月决定调整房租，二是房东可在跟租客达成特别协议的情况下，对房屋装修后进行价格调整。当房客遇到房东过分提高房租时，可以诉诸调解委员会。

法国房租年度变化参考指数（IRL）　　表2-1-15

年份	季度	房租参照指数（IRL）	房租参照指数环比增长率
2016	4	125.5	+0.18
2016	3	125.33	+0.06
2016	2	125.25	0.00
2016	1	125.26	+0.06
2015	4	125.28	−0.01
2015	3	125.26	0.02

续表

年份	季度	房租参照指数（IRL）	房租参照指数环比增长率
2015	2	125.25	0.08
2015	1	125.19	0.15
2014	4	125.29	0.37
2014	3	125.24	0.47
2014	2	125.15	0.57
2014	1	125	0.6
2013	4	124.83	0.69
2013	3	124.66	0.9
2013	2	124.44	1.2
2013	1	124.25	1.54
2012	4	123.97	1.88
2012	3	123.55	2.15
2012	2	122.96	2.2
2012	1	122.37	2.24
2011	4	121.68	2.11
2011	3	120.95	1.9
2011	2	120.31	1.73
2011	1	119.69	1.6
2010	4	119.17	1.45
2010	3	118.7	1.1
2010	2	118.26	0.57
2010	1	117.81	0.09

数据来源：法国国家统计与经济研究所 https：//www.anil.org/outils/indices-et-plafonds/tableau-de-lirl/

2014年3月24日生效的《住房出租买卖管理与城建翻修规划法》（ALUR）颁布1年之后，这套法律中涉及房租管理的措施于2015年8月1日在巴黎以"试行的名义"实行有关房租管理的规定。房租管理措施主要规定：在签署新的租约或更新租约（双方默认的租约延期不属于这种情况）时，房租不能超过"房租参考价"的20%，也不能比"参考价"低30%。届时巴黎所有的房东和房客都可在巴黎地区房租观察所（OLAP）的网站上查询首都按每个街区的住房类型、特点、房间数量、建房年代、空房或带家具等行情制定的房租最低和最高参考价。

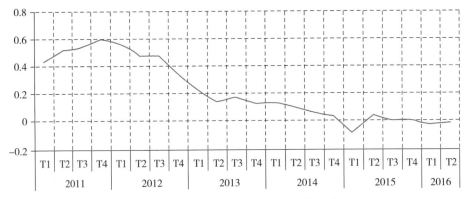

图2-1-12 法国房租年度变化参考指数（IRL）走势图

1.4 住房管理机构

内容详见《国外住房发展报告2017第5辑》第55~56页。

1.5 住房政策

1.5.1 政策沿革

内容详见《国外住房发展报告2014第2辑》第43~47页。

1.5.2 社会住房发展的2015-2018计划书

内容详见《国外住房发展报告2016第4辑》第101~103页。

1.5.3 《住房出租买卖管理与城建翻修规划法》（ALUR法2014）

内容详见《国外住房发展报告2017第5辑》第56~58页。

1.5.4 2017年政府住房战略

领土内联部部长雅克·梅扎德（Jacques Mezard）和国土安全部部长朱利安·德奥曼迪（Julien Denormandie）于2017年9月20日发布了政府的"住房战略"。该战略包含了三个主要目标：

目标1：建设更多、更好、更便宜的住房，引发"供应冲击"。

（1）针对目前处于低迷状态的土地市场，对出售土地的资本收益会实施特殊的税收优惠。目前，土地税并没有起到提高土地交易量的作用，因为它鼓励了土地拥有者保留他们的土地（在拥有土地22年后，该土地的资本收益可以免税），而新系统则与这种规定相反。新系统将应用在2020年前签订的住房建设协议，规定用于建造社会住房的销售津贴为100%，中间住房为85%，而其他住房则为70%。对于企业而言，出售商业物业转变为出售住宅所得的资本收益的税率下调的19%的规定还将持续延长时限。

（2）除了与安全有关的承诺外，也承诺"零新技术建设标准"（Zero New Technical Standards in Construction）。此外，所有建筑法规将以成果目标（非方式目标）形式编写，高级建筑委员会的任务是起草一份简化的标准清单。

（3）将制定出一个更好地呼吁与滥用程序作斗争的框架文件，特别是针对处于低迷状态的土地市场地区。首先，通过限制申请无限制上诉理由程序的可能性来减缓程序流程时长。第二，目前在一审纠纷中平均审判案件时长为2年，调整审判案件的时长也是方式之一。此外，对滥用程序的制裁也将加强。

目标2：满足每个人的需要，保护最弱势的群体。

（1）对于住在私人住宅的租户，将订立一个1~10个月的不可续期的具体的租房协议；而对于签订了职业培训计划、学徒合同或处在工作实习的租户，租房协议则不设保证金。为了简化租户和房东的手续，电子版的租赁协议也将同时出台。

（2）对于公屋租户，将每6年对新入住的租客做家庭情况的审查，目的在于配合住户的实际需要，优化房屋的使用占用情况。

（3）对于购房者来说，特别针对有着很大压力地区的无息贷款和Pinel体系的延续无疑对他们给予了很大的帮助。此外，有针对性的新体系的实施可以使低收入者更容易售出他们的住宅，这一举措将使出售的住房数量增加四倍。

（4）5年内将建造8万所房屋给有需求的年轻人及学生群体。新的Visale租赁押金体系意味着所有的学生租户无需进行经济状况调查就可以免除租赁押金。

（5）对于那些需要紧急避难所的人，政府实施了"住房优先"（Housing First）计划。从2018年开始，将加快建设低收入住房。计划每年将建设4万套超低收入者住房（PLAI）；在整个5年期内，总共将有1万套住房投入使用，并调动4万套私人住房（通过租赁中介系统，通过在低收入住房领域运营部门的干预，确保租户和房东之间的关系）满足住房需求。此外，政府也将加强对于想将紧急住房变为永久住宅的人的帮助。

目标3：改善生活条件

（1）将全国城市更新项目（National Urban Renewal Programme）的预算由50亿欧元增加到100亿欧元，用于解决450个贫困率最高的地区的各种城市更新中出现的问题。通过改善住房条件、提供优质公共服务和促进经济发展等方式使得城市可以有更大的社会多样性。

（2）通过从法国中央政府、地区和地方当局的国有金融机构Caisse des designations（代表法国中央政府、地区和地方当局执行各类公共利益任务的国有金融机构）调动具体资源，加快在中型城镇中心的房屋改造和升级。

1.6 住房补贴与税收

1.6.1 住房补贴

2016年,法国的住房补贴总额(包含住房援助福利,经营和投资补贴,利率和税收优惠)为417亿欧元,占GDP的1.9%。2016年,住房补贴发放金额比2015年增长了2.6%,主要是由于税收支出增加所致。住房补贴只覆盖于房屋租赁领域,其中社会住房租赁占41.1%、私人房屋租赁占30.0%。国家是住房补贴的主要承担者:214亿欧元,占住房补贴总额的51.7%;社会机构是住房补贴的第二大贡献者,占住房补贴总额的44.7%。

考虑到住房在经济和社会中的重要性,法国一直采取各种性质的补贴措施:

1)"零利率贷款"(PTZ+:Prêt àtaux zéro)政策:法国政府于2011年1月1日出台的PTZ+——新"零利率贷款"政策,其规定:"零利率贷款"贷款条件:2年内没有任何房产者第一次购买待建的房产(包括工程许可证或房产所在地皮费);购买未曾有人居住过的新房;由非居住用途的建筑改建成的住房(与待建的房产性质相似);翻新老房(一切房屋所必需的费用)。

政策规定:在所有贷款还清之前,业主必须以此住房作为自己的主要居所。但若出现以下特殊情况,业主有权将该住房出租:①工作地点与住房相距超过50km或超过1.5h路程;②与己分担税务的家庭成员去世;②离婚或PACS(同居合约)解除;③残疾;④失业超过1年。

在还贷期限终止之前欲售出房产,就必须立即清偿所有贷款。而之后贷款者若要再购置新房,则可继续享受"零利率贷款"政策(新购房仍要满足之前的条件)。

"零利率贷款"的申请没有收入限制,但还贷期限却与申请者的收入、房屋的居住人数和房屋所在区域有关。申请者的收入越高,所能获得的还贷期限就越短。

2016年"零利率贷款"向116 745套住房发放了贷款,其中新建住房为90 249套(77%),旧住房为24 289套(21%),社会住房屋(HLM)为2 207套(2%),总金额为75.357亿欧元。2016年,法国本土发放了114 943项PTZ贷款,总贷款额为7 401.8百万欧元。法国海外省发放了1 802项PTZ贷款,金额为13.39亿欧元。

法国政府"2016年金融法"第107条的精神通过2015年12月29日"2015-1813号法令"已得到执行。它简化了"零利率住房贷款"(le Prêt àtaux zéro,简称为PTZ)规章,大幅度加宽了享受者的范围。总的来说,2016年"零利率贷款"的增长受以下几个方面的影响:

(1)"零利率贷款"可为购买或兴建新房者解决最高40%的经费;

(2)放宽经济收入上限标准,允许更多家庭享受优惠;

(3)根据经济收入情况,偿还"零利率贷款"的年限至少可以推迟5年,还可能达到10年或15年;住户只要居住满6年,无论贷款是否已经还清,有权将房屋出租。

（4）零利率住房贷款今后适用在全国范围购买需要工程整修的旧房；

"全国住房信息局"（l'Anil）已对"2016年1月1日起零售利率贷款"方案有详细分析。

2）"住宅储蓄"制度（Epargnelogement）：人们在银行开立CEL账户或参加PEL住宅储蓄计划。CEL账户是一种存取自由的储蓄账户，从开立该账户后的第18个月开始，账户所有人可以得到最高1 144欧元的国家津贴；PEL住宅储蓄计划，个人可以与银行订立合同，在一个不短于4年的确定期限内每个月都向其在银行的账户存入一定金额，该期限到期后，合同订立者可以得到最高1 525欧的国家津贴，并享受优待利率贷款。

3）社会用途租金（PLUS：PrêtsLocatifsà Usage Social），它是用于资助典型的最高限额低租金住宅，大约62%的法国居民可以获得；

4）社会租金（PLS：PrêtsLocatifs Social）：用于资助那些收入超过PLUS租户30%的家庭，大约70%的法国家庭可以获得；

5）中等租金（PLI：PrêtsLocatifsIntermédiaire）：用于资助购买中等价格住房的家庭，这些价格处于社会租赁房和自由市场价格间，任何人都可以申请，没有收入限额；

6）集中补助租金（PLAI：PrêtsLocatif Aidéd'Intégration），是为那些特别困难的家庭所提供的补贴，其家庭收入是PLUS租户收入最高限额的60%；

7）"援助购买产权贷款"（PAP：PrêtsAidésà l'accessionà laPpropriété），对购买新房和二手房、收入微薄家庭提供的补贴，且配以"零利率贷款（prêtà0%）"政策；

8）个人住房补助（APL）：个人住房补贴（APL）旨在帮助当事人减轻房租负担，或减轻购房的月还贷款，因为它既适应租房子住的房客，也适合购买了房子的房东。但"个人住房补贴"（APL）仅对租赁"社会住房屋"（HLM）者，以及租住房东与国家有签约合同的私人住宅（le logement conventionnel）者开放；该合同对房屋的租金以及出租年限都有规定。从2016年7月1日起，如果租金超过一定限度时，个人住房补助（APL）将减少。从2016年10月1日开始，发放补助金时会将房产情况考虑在内。相反，政府放弃了改变"住房个人化补助"计算标准的打算，因为这将影响25岁以下青年从业者的利益（表2-1-16、表2-1-17）。

2016年法国巴黎及近郊地区各类住房补贴标准（单位：欧元/年）　　表2-1-16

家庭人口数量	家庭最高收入			
	A等补贴	B等补贴	C等补贴	D等补贴
1	12 733	23 146	30 090	41 663
2	20 756	34 593	44 971	62 267
3	27 207	45 347	58 951	74 849

续表

家庭人口数量	家庭最高收入			
	A等补贴	B等补贴	C等补贴	D等补贴
4	29 781	54 141	70 383	89 656
5	35 427	64 417	83 742	106 135
6	39 868	72 483	94 232	119 435
增加一人	+4 442	+8 077	+10 500	+13 307

数据来源：LES PLAFONDS DE RESSOURCES LOCATIFS

各类租金最高限额（2016年）（单位：欧元/m²）　　　　表2-1-17

PLAI 援助租金贷款	PLUS 公共住宅租赁补贴	PLS 社会租金贷款	PLI 中等租金贷款
5.94	6.66	13.08	9.65

数据来源：LOYER MAXIMUM DE ZONE PLS POUR LES LOGEMENTS FINANCÉS EN 2016

在1990~2016年，法国政府所发放补助金个人补贴、贷款买房补贴和租房补贴、减税、减息、贷款等各类补贴，占GDP的比重从1.6%增长到2.5%。20多年来住房补贴以平均每年4.6%的速度增长，2016年补助金额高达417亿欧元，领取补助金人数达600万。住房补贴作为行政机关解决众多家庭住房问题的重要措施，涉及房屋的租赁、建设、购买以及修缮工程。近一半的住房补贴是直接发放给需要支付住房费用的家庭和促进社会住房供应的社会机构。另一半补贴主要是税收补助（低税率增值税、税收抵免、减税等）或低息贷款（表2-1-18）。

法国不同种类住房补贴的发放金额（单位：百万欧元，%）　　　　表2-1-18

	2011	2012	2013	2014	2015	2016	2016年各种补助的所占比率
社会补助（消费者）	18 826	19 318	20 061	20 480	20 762	20 906	50.1%
开发补助（生产者）	178	194	223	211	181	193	0.5%
投资补助（生产者）	3 641	3 352	3 575	3 450	2.961	3 137	7.5%
税收优惠	16 476	14 999	14 519	13 735	14.373	15 215	36.5%
其中给予消费者的税收优惠	1 707	1 494	1 499	1 337	1 816	1 862	4.5%
其中给予其中生产者税收优惠	14 769	13 506	13 020	12 398	12 557	13 352	32.0%

续表

	2011	2012	2013	2014	2015	2016	2016年各种补助的所占比率
定价优惠（生产者）	4 972	3 482	2 678	3 014	2 386	2 277	5.5%
总的住房补助	44 093	41 346	41 056	40 890	40 663	41 728	100.0%
年增长率（单位：%）	0.3%	-6.2%	-0.7%	-0.4%	-1.4%	2.6%	

数据来源：Compte du logement 2016，Rapport de la commission，des comptes du logement

1.6.2 住房类税收

1）税收种类

具体内容见《国外住房发展报告2015第3辑》第57~59页。

2）2016年以来税收变化

（1）巴黎房产转让税率提高

"房产转让税"（les droits de mutation）习惯被误称作"公证人费"（les frais de notaire），这笔由公证人负责替购房人交给国库的税及手续费里，公证人费仅占一部分。

依据"国家2014年金融法"2013-1278条法令规定，各省有权将房产转让税的税率提高。据此，2016年1月1日起，巴黎的房产交易转让税额将由过去占房产（包括住房、办公室或商务用房）售价的3.8%提升到4.5%。

例如：一个售价27.93万欧元的35m^{2}套间，需要外加的"房产转让税"按过去标准计算为1.9551万欧元，现今上升到2.1506万欧元。

目前，全国几乎全部地区都已将这项税提高，仅剩5个省还仍然维持在3.8%的水平。

（2）法兰西岛地区出台新税

自2016年1月1日起，在法兰西岛范围内销售办事处和商业楼宇，有一项0.6%的新税需要付。另外，国民议会通过了租值升值1%，作为直接地方税的基础。在住房紧张的地区，供建筑房屋的地皮"土地附加税"（la surtaxefoncière）将会有所降低。

1.7 住房可持续发展

1.7.1 建筑节能

内容详见《国外住房发展报告2017第5辑》第64~68页。

1.7.2 老年人住宅

法国针对不同自理能力的老人，推出不同类型的养老机构。

（1）老人可独立生活：可独立生活的老人是指可以自己进行日常生活所需活动，接待这些老人的有如表2-1-19所示机构。

表2-1-19

机构种类	所提供服务
普通服务型老年公寓（Logements-foyers/résidence autonomie）	非营利性机构，无医疗设施，也被称为老人公寓（RPA），提供租赁房间或公寓（单间或两间）。提供公共设施及服务，例如餐厅、洗衣店、娱乐活动等，老人实际为租房房客。接受60岁以上自理能力在4~6度的老人
服务型住区（Résidences services）	无医疗设施，提供出租或出售酒店式公寓内部的单独公寓（单间或多间），该种机构提供豪华的公共设施和服务，例如饭店、图书馆、家政服务等。月租金在500~900欧元
乡村老人之家（Marpa）	公司或私人投资的乡村老人之家。无医疗设施，该类机构规模较小，提供公寓出租（单间或多间），提供公共设施和服务，例如饭店、家政服务、娱乐活动等

（2）老人无法独立生活，依赖他人照料：老人若是逐渐丧失自理能力，需要定期医疗看护，可以入住医疗型老年公寓（EHPAD）。这些机构配备医疗设施，提供单独房间住宿和医疗服务，提供公共设施、服务，例如饭店、家政、娱乐活动等。

（3）老人完全无法生活自理：无法自己完成日常生活的活动，例如洗澡、吃饭等，需要持续的医疗看护，可由如表2-1-20所示医疗机构接待。

表2-1-20

机构种类	所提供服务
中长期护理院	为生活完全不能自理的60岁以上老年人开设的医疗服务机构，此机构挂靠在医院旗下，提供个人单间住宿，要进入该机构一般是在住院或医治结束恢复服务后
阿兹海默综合症或相似病症的特殊医疗护理院	通过收容服务的特殊医疗机构，提供符合建筑设计适应性规范的单人房住宿，合格的护理人员，家庭的参与和特殊照顾

此外，面对为生活起居而需要得到帮助或需要定期看护护理，因而在一定程度上生活无法自理的人群，实行生活自理补贴（Apa）。

2016年法国老年住宅数量（单位：套） 表2-1-21

普通服务型老年公寓（Logements-foyers）	2 400	乡村老人之家（Marpa）	5 003
服务型住区（Résidences services）	20 186	其他	1 800
医疗型老年公寓（EHPAD）	8 032	所有老年设施的住宿	38 883
中长期护理院（ULSD）	1 462		

1.7.3 装配式住宅

法国是世界上推行装配式建筑最早的国家之一,1959~1970年开始发展,20世纪80年代后成体系,是世界上推行建筑工业化最早的国家之一,走过了一条以全装配式大板和工具式模板现浇工艺为标准的建筑工业化的道路。法国在装配式住宅领域推广"构造体系",同时推行构件生产与施工分离的原则,发展面向全行业的通用构配件的商品生产。法国装配式建筑的特点是以预制装配式混凝土结构为主,钢结构、木结构为辅。法国的装配式住宅多采用框架或者板柱体系,焊接、螺栓连接等均采用干法作业,结构构件与设备、装修工程分开,减少预埋,生产和施工质量高。法国主要采用的预应力混凝土装配式框架结构体系,装配率可达80%。

根据法国ACIM(工业式和装配式建筑协会)提供的数据。截至2016年,法国装配式住宅的面积约为580万m^2。目前法国装配式住宅建筑面积的年增长率保持在2%的水平,2016年法国装配住宅面积为35万m^2,该行业有约3,500名从业者,年营业额达8亿欧元,其中租赁市场占年营业总额的60%、零售市场占年总营业额的40%。

法国装配式住宅根据使用的部门大致分配如下:

(1)行政管理部门(国家层面和地区层面)占35%;

(2)建筑和公共建设领域占25%;

(3)办公室、活动和技术场所占40%。

法国装配式建筑制造企业并不多:市场上约有50家企业。2016年,市场上的11位主要企业年营业额总计约6亿~6.5亿欧元(表2-1-22)。

11家主要企业年营业额(2016年)(单位:亿欧元)　　　表2-1-22

公司名称	在法国的年营业额	总营业额(法国、欧洲、其他国家)
YVES COUGNAUD	2.15	2.15
ALGECO	1.73	10
OBMCONSTRUCTION	0.6	0.6
TOUAX	0.35~0.36	1.11
COPREBAT	0.26	0.26
BODARD	0.25~0.30	0.25~0.30
PORTAKABINFRANCE	0.24~0.25	0.24~0.25
DASSÉCONSTRUCTEUR	0.21	0.21
ALHOCONSTRUCTIONMODULAIRE	0.165	1.65
JIPÉ	0.12~0.15	0.12~0.15
SOLFAB	0.13	0.13
总计	6~6.5	17

资料来源:association des construction industrialisée et modulaire,《le marché français des bâtiments modulaires》

2 德国

GDP：34 688亿美元（2016年）

人均GDP：4.19万美元（2016年）

国土面积：35.7km^2

人　　口：8 280万人（2016年）

人口密度：232人/km^2

城市化率：73.8%

2.1 德国住房现状

根据联邦统计局所公布的最新的数据[①]，德国自2012年以来，住房数量和面积都有所增加，但是速度较为缓慢。2016年与2015年相比，住房数量增加了0.6%，人均住房面积增加了0.3m^2，大城市住房紧缺状况在2016年没有得到根本性的缓解（表2-2-1）。

德国现有住房情况[②]　　　　　　　表2-2-1

数据类型	单位	2012	2013	2014	2015	2016
住房	千套	40 805.8	40 995.1	41 221.2	41 446.3	41 703.3
各类住房存量（按单套内房间个数分）						
有1个房间的住房套数	千套	1 307.0	1 318.7	1 334.2	1 348.6	1 378.2
有2个房间的住房套数	千套	3 732.4	3 750.7	3 776.6	3 805.1	3 839.6
有3个房间的住房套数	千套	8 916.7	8 945.2	8 983.8	9 024.8	9 072.2
有4个房间的住房套数	千套	10 457.9	10 486.9	10 526.1	10 565.3	10 606.5
有5个房间的住房套数	千套	6 923.1	6 960.6	7 001.2	7 039.9	7 080.2

① 德国联邦统计局https://www.destatis.de/DE/ZahlenFakten/GesellschaftStaat/EinkommenKonsumLebensbedingungen/Wohnen/Tabellen/Wohnungsbestand.html.

② 德国联邦统计局。

续表

数据类型	单位	2012	2013	2014	2015	2016
有6个房间的住房套数	千套	4 466.5	4 498.6	4 532.4	4 564.5	4 597.7
有7个房间及以上的住房套数	千套	5 002.2	5 034.5	5 067.0	5 098.0	5 129.0
全国住宅房间总数量	千套	179 410.4	180 298.6	181 360.4	182 295.7	183 354.3
住房存量总面积	百万m²	3 720.9	3 743.5	3 769.4	3 795.0	3 822.5
现有住房结构						
每千人拥有住房套数	套	507	508	508	504	507
平均每套住房面积	m²	91.2	91.3	91.4	91.6	91.7
人均住房面积	m²	46.2	46.3	46.5	46.2	46.5
每套住房平均房间数	个	4.4	4.4	4.4	4.4	4.4

注：统计建立在2011年德国全国建筑和住房统计普查基础上，住房包括集体公寓。

德国联邦统计局的户数统计数据显示①，德国单人一户的情况逐渐增加，同时每一户的人口相应降低，这样的趋势使得城市房屋需求量缺口加大。在空间上，这样的趋势发展也不均衡。西部收入较高地区单人一户所占比例一般比东部要高，单独作为一个城邦的大城市如不莱梅、汉堡等单人一户的比例都略低于50%，柏林超过50%达到51.7%（表2-2-2）。

德国居民户数统计　　表2-2-2

德国居民户数统计	总户数		单人一户	多人一户	在户总人数	
	1 000	与1991年相比	占总户数百分比		总计	每一户
					1 000	数量
1991年4月	35 256	—	336	664	80 152	227
1996年4月	37 281	57	354	646	82 069	220
2001年4月	38 456	91	366	634	82 575	215
2006	39 767	128	388	612	82 618	208
2011	39 509	121	402	598	80 211	203
2014	40 223	141	408	592	80 802	201
2015	40 774	157	414	586	81 385	200
2016	40 960	162	411	589	82 342	201

① 《德国数据统计年鉴2017》
https://www.destatis.de/DE/Publikationen/StatistischesJahrbuch/StatistischesJahrbuch2017.pdf？blob=publicationFile.

续表

德国居民户数统计	总户数	单人一户		多人一户	在户总人数	
2016年各联邦州情况						
巴登-符腾堡	5 201	187	389	611	10 938	210
拜仁	6 358	273	412	588	12 984	204
柏林	1 965	120	517	483	3 530	180
勃兰登堡	1 241	195	371	629	2 478	200
不莱梅	359	57	492	508	671	187
汉堡	974	122	493	507	1 801	185
黑森	3 027	179	401	599	6 196	205
梅克伦堡-西波美恩	838	129	405	595	1 613	192
下萨克森	3 941	216	411	589	7 950	202
北威斯特法伦	8 707	126	398	602	17 805	204
莱茵兰-普法兹	1 947	202	379	621	4 058	208
萨尔	495	6	408	592	992	200
萨克森	2 174	61	434	566	4 079	188
萨克森安哈特	1 175	-1.7	421	579	2 216	189
什列斯威-霍尔斯坦	1 437	214	404	596	2 868	200
图灵根	1 120	62	409	591	2 163	193

数据来源：德国联邦统计局

2014~2017年4年间，房屋价格增长了30%，房租增长了15%，这对于通货膨胀率常年低于2%，需要欧洲央行用零利率刺激通货膨胀的国家而言是很高的涨幅。德意志报告指出，德国目前的住房缺口达100万套以上，大都市群缺乏住房最为严重[1]。

根据德国联邦建设—城市—空间研究所（BBSR）2018年的德国住房和经济房屋市场报告[2]，德国经济的总体向好，加上低利率、供给缺口、需求量增大等因素，2017年德国住房市场变得更加紧张。对于德国现在是否处在房地产市场的泡沫中，研究所邀请的专家观点差

---

[1] Mobert, Jochen. "Deutsche Wohnungspolitik." Edited by Stefan Schneider, August 23, 2017, 1–8. Frankfurt am Main《德国住房政策》德意志银行。

[2] 2018, BBSR Bonn. "Der Markt Für Wohn- Und Wirtschaftsimmobilien in Deutschland," February 21, 2018, 1–20. Bonn. 德国联邦住房——城市和空间发展研究所，《德国住房和经济房地产报告》伯恩。

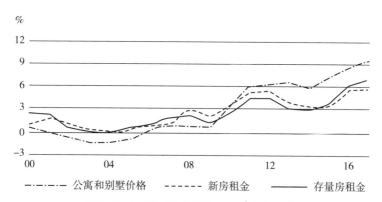

图2-2-1 德国住房价格和租金价格变化
数据来源：riwis，德意志银行研究部

异较大。就价格而言，已经出现了租金上涨慢于房价上涨的价格涨幅脱钩；欧盟利率持续保持低下，德国无法单独调整欧盟央行利率；供给严重不足；住房市场整体质量下降；在柏林、慕尼黑、斯图加特、法兰克福、汉堡和波斯坦可能出现了泡沫的情况。但是，真正认为需要政府出台市场监管措施的专家只有21%。

德国的城市发展也面临着不平衡的情况。在一些大型和中型城市等对人口的吸引力逐渐加强的同时，一些地区出现了人口收缩的情况，德国内部的人口流动非常明显。房产价格和租金价格快速增长的城市与人口快速增长的城市基本一致，法兰克福、汉堡、柏林等城市发展迅速。

2.2 德国住房建设

2015~2016年，德国住宅建设完成量有了近8.7%的增长，从2015年的216 727套增长到2016年的235 658套。住房建设量如表2-2-3所示，2016年的住房建设量更是2009年136 518套的1.7倍。

德国房屋建设完成量（2004~2016年） 表2-2-3

房屋类型		2009	2010	2011	2012	2013	2014	2015	2016
新建住宅	独栋别墅或半独立别墅	83 898	85 367	97 015	100 294	102 246	106 846	102 713	106 301
	多户联排别墅	51 463	53 014	61 217	71 041	78 910	101 021	105 095	115 150
	宿舍集体住房	1 157	1 715	2 954	5 282	7 241	8 253	8 919	14 207

续表

房屋类型	2009	2010	2011	2012	2013	2014	2015	2016
非住宅	3 648	2 795	2 992	3 994	3 879	4 173	3 470	4 597
现有旧房改造	18 821	16 941	18 932	19 855	22 541	25 032	27 525	37 436
总数	158 987	159 832	18 311	200 466	214 817	245 325	247 722	277 691

德国Prognos（Europäisches Zentrum für Wirtschaftsforschung und Strategie –beratung欧洲经济研究和战略咨询中心）的折线图显示，德国的住房建设呈现下降后于2010年反弹，并且多年持续增长。在经过了多年的住宅增加建设后，住房批准许可数量开始下降。

2017年，德国的建筑许可数量比2016年减少了7.3%，共计27 300套。联邦统计局（Destatis）的数据进一步显示，自2008年以来，获批准的公寓数量首次低于去年。从2008年到2016年，数字持续上升。2017年共修建348 100套公寓。这包括对建造新的和现有的住宅和非住宅建筑的施工措施办法的所有许可证。

2017年，住宅建筑中新建住宅的许可证数量比2016年下降5.0%，即1.59万套。独户住宅公寓的建筑许可分别下降5.0%和4 700套，两户住宅分别下降2.7%和600套。相比之下，多户住宅的许可证数量几乎没有变化。公寓宿舍的许可证数量急剧下降（-41.0%或-10 500个公寓）。难民住房就是其中之一。新的住宅建筑许可下降了1.9%。2017年，对现有建筑物改建和扩建措施批准数量也有所减少（-19.5%和-10 200住宅）。

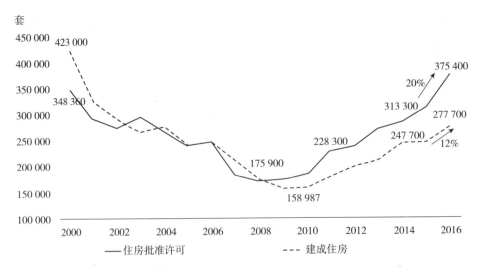

图2-2-2　德国房屋批准许可和完成建设量（2000~2016年）

数据来源：Progons 2017 在联邦统计局2017数据基础上绘制

不同住宅类型的建设批准量 表2-2-4

建筑形式	1~12月		与上一年同期相比变化	
	2017	2016	绝对数变化	%
住宅和非住宅（所有建设量）	348 128	375 388	−27 260	−7.3
新建住宅批准	305 991	323 042	−17 051	−5.3
其中：				
住房建设	300 695	316 550	−15 855	−5.0
一套住房建筑	90 779	95 509	−4 730	−5.0
两套住房建筑	22 240	22 858	−618	−2.7
三套及三套住房以上建筑	172 630	172 679	−49	−0.0
宿舍	15 046	25 504	−10 458	−41.0
其中：				
私有住房	78 589	82 482	−3 893	−4.7
非住房建筑	5 296	6 492	−1 196	−18.4
已存现房整修升级建设	42 137	52 346	−10 209	−19.5

数据来源：Pressem itteihngen−G enehm igteW ohnungen in Jehr2017：−7,3% gegen ü ber V orjahr−Statistisch esB und esam t (D estatis)．德国联邦统计局2018年3月媒体发布

对于减少的建设许可批准趋势，位于柏林的德国经济研究所预测这样的趋势会在2019年继续下去[①]。德国经济研究所预计新住宅建筑增长率明显放缓，以弥补新住宅建设多年热潮的结束，同时，建筑材料价格也有了快速增长。重点将转向改造和现代化现有建筑物。最迟到2019年，这些新举措的涉及房屋数量增长率会比新住房的增长率高。名义上，德国经济研究所预计，现有的翻新活动实际增长了7.5%左右，住房存量和非住宅建筑的翻新增长3.5%。能效升级，以满足实现气候中性目标的措施，也和德国的需求统一。但是鉴于全国城市房屋市场紧张，政策制定者依旧会考虑通过建立激励机制来推动新住房建设，抵消部分可预见的趋势。

目前，新住宅建设还受到利率的可能性上涨，可建设土地短缺等都会是阻碍新房建设的约束条件，但是由于过去房屋批准许可的数量依旧较大，短期内连续建成供给市场，还不会造成市场的较大波动。德国住房市场面临着一定的转型，目前而言，大规模的改造和有关节约能源的房屋翻新可能是未来更长一段时间的重点工作。

---

① Gornig, Martin, and Claus Michelsen. "Construction Sector: End of the Boom at New Buildings." DIW Weekly Report. Vol. 1, Berlin, January 12, 2018.

2.3 住房市场与租赁住房市场结构

德国的住房和租房市场主要分为以下几个方面：自有住房，租赁住宅，私人小规模的租赁住宅提供商，大型专业租赁住房提供商，地方性的住房提供者以及德国特殊的住房合作社。

2.3.1 供居民居住的私有房屋[①]

包括保障性住房在内的私有房屋依然是德国房屋市场上占比最大的一个类型，因此对于稳定住房市场有着重要作用。德国3 230万套房屋单位中，非公共持有而是私有的住房占到总存量住房的80%。其中，大约有1 730万套私有房屋是持有者自住，其余1 350万套在供出租。

持有者自住的住房占总住房比例达到46%。私有住房的持有对于个人资产的积累，乃至退休后稳定的保障有重要的作用。德国居民对房屋所有权追求有增无减的趋势保持不变。

由于私人租赁市场并不能完全满足家庭友好型的住房，租房市场对有孩子的家庭并不是最好的选择，所以给有孩子的家庭提供足够负担得起的家庭式住房特别重要。需要鼓励这类家庭有针对性的支持置业，这也是私人养老计划的一个重要支柱，其未来的房租可以是养老收入的稳定来源。

住房自有率指业主自己使用的居住公寓的房屋占所有房屋的比例。约46%的家庭住在自用住宅物业中。如果以个人为统计的基础，那么房屋拥有率为52%。私人房屋拥有率随主要收入者的收入和年龄而增加。30~40岁年龄组的房屋拥有率正在强劲增长。住宅私有单身家庭的所有权率很低，约为28%，单亲家庭的所有权率仅为21%左右，随着家庭规模的扩大，住在自己私有房屋中的人比例逐渐增加。如果两个或两个以上人口组成家庭，从统计数据上来说，这类人主要居住在自己的私有房屋中。

城市化是影响自有住宅所有权发展的重要因素。但是，在德国，城市的住宅拥有率显著低于其他地区，在城市中这一比例只有约为30%。私有住宅的三分之二都在小城镇或其他地区。价格高和土地供应量少是重要的原因。

1990年以前，东德和西德的房地产市场存在不同的发展情况。1990年之后，住宅房地产开发方面发生了东德追赶西德的现象。原东德地区内部本身也有很大差异，图林根州已经

[①] Bundestag "Dritter Bericht Der Bundesregierung Über Die Wohnungs-Und Immobilienwirtschaft in Deutschland Und Wohngeld- Und Mietenbericht 2016," July 28, 2017, page 38. Berlin。2016年德国议会有关住房和房产市场的第三次联邦政府报告以及住房补贴—租金报告，第38页起。

达到了德国的平均水平（表2-2-5）。

德国私有住宅拥有率以及未来预测（2015~2030年） 表2-2-5

	2015	2016	2017	2018	2019	2020	2021	2022
除柏林外所有联邦州	48.2	48.4	48.7	48.9	49.1	49.3	49.5	49.7
包括柏林在内的统一后新联邦州	35.3	35.8	36.4	36.9	37.5	38.0	38.5	39.0
全德国	45.5	45.8	46.1	46.4	46.7	47.0	47.3	47.6
	2023	2024	2025	2026	2027	2028	2029	2030
除柏林外所有联邦州	50.0	50.3	50.5	50.8	51.1	51.4	51.6	51.9
包括柏林在内的统一后新联邦州	39.5	40.0	40.4	40.9	41.4	41.8	42.3	42.7
全德国	47.9	48.2	48.5	48.9	49.2	49.5	49.8	50.1

来源：德国联邦住房—城市和空间发展研究所 BBSR–Wohnung smarkt prognose 2030

然而，对于中低收入家庭和有子女的家庭而言，尽管许多城市都有可负担得起的融资机会，但是拥有自己的房子依然困难。造成这种情况的原因是多方面的：首先，建筑用地价格上涨，建筑成本上涨以及能源需求增加使购买房地产的成本增加。其次，各类附属成本较高，如在柏林高达7.14%的中介费用，一般来说其他国家这一比例在6.5%。高昂的房地产转让税也让人望而却步，一些银行在处理新的信用评估法规方面存在不确定性，为了加强对住房贷款信用体系监管，德国颁布了"金融监管补充法案（Finanzaufsichtsrechtergänzungsgesetzes）"，法案于2017年6月正式生效。

二手房地产市场对于房屋所有权的发展至关重要。二手房在德国的销售量要比新房多得多。2014年德国约有242 000份购买合同完成。是新期房销售的2.6倍之多，因此，在德国二手房更受欢迎，二手房的位置一般更为中心，也可以更快获得更多收益。2014年购买二手住房的总投资约为480亿欧元。自2009年以来，二手住房的销售稳步增长。

根据德国联邦住房—城市空间发展研究所（BBSR）的预测，到2030年德国的自有住房所有权率将上升至50%左右，东西德的差距会越来越小。

2.3.2 租赁住房

2011年，德国共有4 050万套公寓。其中，有2 200万的出租公寓。其中65%由私人的住房持有者持有出租（约1 450万套公寓）。与其他大多数国家相比，德国的住房存量是一个私人住房投入租房市场比例较高的、呈现小规模化的市场结构。剩的35%出租住房（约790万套）由专业大型公寓供应商所有。其中，290万套是公共机构提供的房屋，比如地区政府等；260万套是专业的私人公司运作；还有210万套通过住房合作社（Genossenschaftlich-Wohnen）形式出租。

2.3.3　私人小规模租赁住宅提供（Private Kleinanbieter von Mietwohnungen）

在出租房市场上，私人供给市场的出租房屋是主力。根据人口普查，2011年，私人业主拥有近1 450万套住房（租赁或空置），这意味着私人业主拥有德国65%的所有出租公寓。

2011年的一项调查结果显示，私人公寓在出租市场上的所有权非常分散：57%的私人所有者只有一间公寓可以供出租。只有约2%的私人业主持有超过15个出租公寓在市场上。私人公寓出租者的平均年龄在60岁左右，与总人口相比，这些人都有着高于平均水平的收入。大多数的小户型或者房屋出租者（四分之三）的业主每月出租房屋收入不足1 000欧元。90%的出租房的租金不经常调整：在2年来，只有7%的家庭租金上涨。

2.3.4　大型专业租赁住房提供商（Private professionelle Anbieter von Mietwohnungen）

根据2011年的建筑和住房调查，私人经营的拥有多套房屋的住房公司以及其他的私有企业拥有286万套住房，其体量占整个德国出租住房的13%左右。德国商业性质的出租住房大概有786万套，这意味着，私人经营的大型专业租赁住房提供商占据整个德国商业出租住房体量的近三分之一。这样的体量比政府提供的出租房屋量和住房合作社的出租住房都要大，是德国租房房屋提供者中结构占比最大的第一个。但是，这一类型中的公司性质多元，大部分是有限责任公司或者是股份公司，但是持股方多来自不同背景，其前身可能是以前的大型公寓建设集团或者资金来自保险公司或者银行等，过去10年，其内部的股份转移变得频繁。

城市级别越高、越大，私有出租房屋集团的影响力越大。如果小城镇只有不超过5 000人，其拥有出租房屋比例只占市场的4%。如果城镇人口在5万~10万，那么其占有份额已经是上一等级的2倍。如果是20万以上的中型大型城市，那么市场上有19%的出租房都是私有大型住房公司的出租房屋。总体来看，有四分之三的大型私有专业住房租赁供应商的房屋在20万以上人口的城市中。

但是，目前在德国法兰克福股市上市的大型住房出租企业并不多，只有大约89 000套住房属于上市的公司管理，只占出租房屋总量的3.8%。上市公司面临着更大的利润压力，股权和债券融资的性质并不太适合稳定而且管制较为严格的租房公司市场。

2.3.5　地方政府住房提供（Kommunale Wohnungsanbieter）

德国联邦住房—城市和空间发展研究所（BBSR）每3年进行一次地方政府住房普查数据[①]。德国政府直接或者间接拥有，部分拥有大概有230万套房屋。这份报告涉及：德国地方政府住房市场情况，地方政府拥有的住房的数量和特点，对现有地方政府住房的投资，新建的地方政府持有住房。

德国政府直接拥有的房屋全部所有权的比例并不高，只有3%。绝大多数都是以参与拥有大部分产权的形式控制拥有的房产。2011年的数据显示，有224万套房产是德国大于5 000人口的城市或者地方政府占有50%以上产权的房产，德国地方政府对其有决定权（表2-2-6）。

地方政府（市、镇）拥有房产产权情况（参与调查的房产）　　表2-2-6

	总套数	所占比例
直接拥有产权	51 873	3.3%
地方政府拥有少于50%的产权	124 191	7.8%
地方政府拥有大于50%的产权	1 419 050	89.0%
总计	1 595 114	100%

数据来源：BBSR-Kommunalbefragung 2015 地方政府普查 2015 CCSR

德国城市和各地方政府拥有房屋的分布情况根据德国城市大小的不同，分布差异较大，集中度很高。72%的地方政府拥有的房屋不到100套，25%的地方政府拥有100~500套住房，只有不到极少数地方政府（3%）拥有大量的住房产权（500套以上），西部德国地方政府拥有房产明显比东部地区多。在调查的339家政府拥有的住房公司中，91.7%是有限责任公司，上市股份公司只占其中的3.3%。

与2012年相比，2015年更多的受调查地方政府认为地方政府持有房产供出租这一形式的任务是提高社会弱势群体的住房机会，帮助居民更容易找到住房，帮助移民融入德国社会以及加大新建住房供给。越来越多地方政府认为就其持有住房而言，其任务不再是提高财政收

[①] Jonathan, Karin. evtl. Kommunale Wohnungsbestände in Deutschland Ergebnisse der BBSR-Kommunalbefragung 2015. BBSR Bonn. 2017, 1–67. Bonn德国联邦住房—城市和空间发展研究所德国地方政府拥有住房情况报告——2015年调查情况结果报告. 2017.10，伯恩。

入、帮助城市更新，促进城市活力以及加强基础设施水平。由此可见，租房市场紧张这一情况，帮居民找到更好的便宜房子是大多地方政府对于其控制住房调控的目标，其他目标的重要性有所下降。

2.3.6 住房合作社形式（Genossenschaftlich Wohnen）

除了自有住房和可供租赁的房屋以外，住房合作社住房是德国住房供应的第三大支柱之一。大约2 000个住房合作社管理着大约220万套公寓。这大约是住房总量的6%。大约有500万人生活在合作社住房中，近300万人是住房合作社的成员[①]。

德国住房合作社旨在为其会员提供物美价廉的公寓，会员通过购买住宅合作社份额成为会员，每个合作社份额既是一个地产产权份额，因此会员既是房东又是房客，德国政府给予住房合作社很多政策帮助，让会员能够用很低的价格租到质量很好的房子。

德国政府对合作社建房给予多方面的政策帮助：一是提供长期低息贷款；二是给予借款保证；三是提供合理价格的土地；四是减少税收，对所得税、财产税、土地转移税和交易税等均以较低税率向合作社征收；五是补贴租金等。

德国有专门的《住房合作社法（Genossenschaftsgesetz‑GenG）》，其中第一款第一条规定住房合作社的本质是[②]：

（1）通过共同经营（合作社）促进其成员获得经济、社会或文化利益的非封闭会员公司，可以获得本法案下"注册合作社"的权利。

（2）若其他公司和其他人员组织，需要参与公共机构管理的组织，那么其必须要促进合作社成员获得经济、社会或文化利益，或者目的并不会转变成合作社的唯一或压倒性目的，不影响合作社为集体服务的目的。

经过注册的合作社（eG）的法律形式是基于自助、自主和自治的原则。公民参与是表现在这些原则。合作社的目的是促进其成员在住房上得到经济帮助、当然也有文化和社会益处。就住房合作社而言，成员通过收购股份获得终身使用合作建房的权利，那么你就是合作社住房公司的租户和股东。《合作社法》和合作社各自的章程规定了成员的权利和义务。

除了住房业以外，合作社法律形式也适用于许多领域，例如银行业、农业、手工业和服务业、文化和教育。合作理念源于19世纪的德国。目前鉴于社会和人口方面的挑战，住房合

[①] http://www.bmu.de/themen/stadt‑wohnen/wohnungswirtschaft/genossenschaftlich‑wohnen/genossenschaftlich‑wohnen‑in‑deutschland/德国环境、自然保护和核安全部网站Bundesministerium fuer Umwelt, Naturschutz und nukleare Sicherheit. latest access：2018/4/4.

[②] 法律原文见德国司法和消费者保护部官方网站Bundesministerium der Justiz und für Verbraucherschutz，BMJV http://www.gesetze‑im‑internet.de/geng/_1.html.

作社具有相当重要的意义。联邦政府一直特别重视合作建房及其对社会、住房市场和城市发展的影响。

联邦政府对于合作社住房最重要的措施包括召开"住房合作社专家委员会",推动示范和研究项目以及修改《合作社法》。

2.4 住房成本

德国目前住房成本正在升高,德国的中央银行德意志联邦银行(Deutsche Bundesbank)在其网站上公布了德国住房成本的一系列指标监测数据[1]。

在统计口径中,德国的7大城市——柏林,杜塞尔多夫,法兰克福,汉堡,科隆,慕尼黑,斯图加特被专门列出,其他127个城市的指标和德国总体情况被作为其他两类。

2.4.1 房屋价格和租金的增长

德国住房价格的发展并不均衡[2]。德国独栋或者两栋联排小别墅2014年在大城市均价38.3万欧元,但在农村区域只有13.5万欧元。在大城市核心区,例如慕尼黑、斯图加特、法兰克福等地均价超过50万欧元,在东部地区,例如勃兰登堡、图灵根等地区的非城市区域只有10万欧元即可。如图2-2-4所示德意志联邦银行给出的数据,2016年德国127个城市的平均房价涨幅超过6.75%,但是柏林、杜塞尔多夫、法兰克福、汉堡、科隆、慕尼黑和斯图加特这些大城市的涨幅超过10%。

住房的缺口在租金的发展中也有很明显的体现,同样的,以2010年的价格为基准。2010~2016年,总体租金上涨25%。到2017年,城市租金上涨达到2010年的137%,大城市更是上涨到2010年的140%以上(图2-2-5)。值得注意的是,这只是旧租约的价格上涨。德国在市场租房领域实施"解约保护"和"租金约束"政策,"解约保护"即承租人可以不用给出理由和出租人解约,但是出租人需要在符合法律规定的条件下才能提出解约要求;"租金约束"即3年之内出租人不得提高高于当地平均房租水平的20%。一旦重新建立租约,或者房东整修房屋后重新出租,租金的涨幅会更高[3]。为了更加直观地体现涨幅,图2-2-5中给出了消费价格指数的增长,德国2010~2017年7年间的消费价格指数只有10%左

---

[1] https://www.bundesbank.de/Navigation/DE/Statistiken/Unternehmen_und_private_Haushalte/Indikatorensystem_Wohnimmobilienmarkt/indikatorensystem_wohnimmobilienmarkt.html Access:2018/4/7.

[2] Bundestag "Dritter Bericht Der Bundesregierung Über Die Wohnungs-Und Immobilienwirtschaft in Deutschland Und Wohngeld- Und Mietenbericht 2016," July 28, 2017, page 49. Berlin。2016年德国议会有关住房和房产市场的第三次联邦政府报告以及住房补贴—租金报告。

[3] 徐菊芬,郑英嘉,黄春晓.英德公共租赁住房供给模式及其特征对比.中国房地产,2016(24).

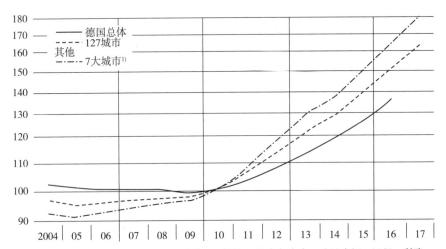

* 按照bulwiengesa AG给出的交易价格计算。1 柏林，杜塞尔多夫，法兰克福，汉堡，科隆，慕尼黑，斯图加特。
Deutsche Bundesbank德意志联邦银行

图2-2-3　德国住房价格（按城市大小）（2010=100）
数据来源：德意志联邦银行 Deutsche Bundesbank

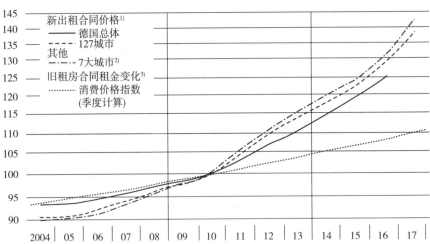

1 按照bulwiengesa AG数据计算。2 柏林，杜塞尔多夫，法兰克福，汉堡，科隆，慕尼黑和斯图加特。3 来源：德国联邦统计局
Deutsche Bundesbank德意志联邦银行

图2-2-4　德国租金价格年均价（2010=100）
数据来源：德意志联邦银行 Deutsche Bundesbank

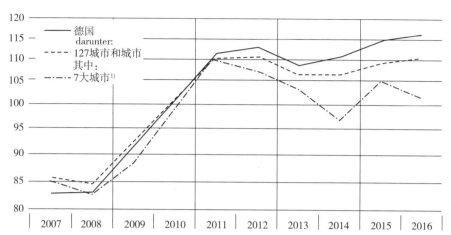

* 根据vdpResearch GmbH数据计算．1 柏林，杜塞尔多夫，法兰克福，汉堡，科隆，慕尼黑和斯图加特。
德意志联邦银行

图2-2-5　德国住房成交量（2010=100）

数据来源：德意志联邦银行 Deutsche Bundesbank

右，也就是说房租涨幅是普通消费价格指数的3~4倍，这还是只是旧房租约受到法律严格控制下的情况下。

就成交量而言，2008年是起始点。各个城市等级的成交量几乎同趋势增长到2011年中旬，此后德国房价最高的7大城市成交量2011~2014年有持续较大幅度的下降（但是价格却一路在走高，这一定程度上反映了供给量的不足），7大城市成交量于2014年开始回升，2016年基本上和2010年成交量持平。自2011年以后，德国其他城市和德国总体情况的涨幅变得平稳。

德意志联邦银行还以季度为单位，公布了到2017年底的一些标准指标（图2-2-7）。自2008年金融危机以来，为了提振经济，欧洲央行施行低利率政策，与此对应，德国房屋贷款年息占收入比例一路下行，2015年达到最低，2016年、2017年两年稍有反弹。伴随着经济的复苏和较低的利率，无论是租金还是购房价格、收入的比例也在逐渐上升，经济复苏带来的收入增长并没有抵消房屋价格的增长。自2013年起，出现购买价格、收入比例与租金收入比例增长脱钩的情况，意味着住房价格增长速度已经远远超过租金增长速度。由于德国2017年整体经济运营情况良好，世界经济2017年普遍向好，欧洲央行是否会如美联储一样在2018年年初加息以调控整体经济形势，进而影响德国住房建设和房价，目前还不得而知。但是，住房价格增速和租金价格增长脱钩的情况通常是房地产泡沫的指标之一。

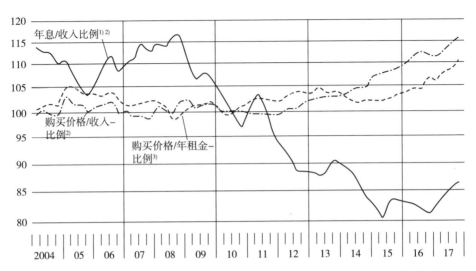

* 按照Verbands deutscher Pfandbriefbanken (vdp) 数据计算。1 年息是指假设贷款(5~10年利息绑定，贷款总时长30年)
2 名义德国每户可支配收入。3 是私有住房的出租和购买价格Deutsche Bundesbank德意志联邦银行

图2-2-6　住房市场的标准指标（2010=100，季度评估）

数据来源：德意志联邦银行 Deutsche Bundesbank

对于德国大城市住房成本升高的情况，德意志银行认为这一趋势在未来的几年中依然会持续下去，并且认为只有以下条件满足后，这一趋势才会停止[①]。

（1）首先，市场住房供给量要大量增加，一直到饱和甚至出现空房的情况。这种情况似乎还需要等一些年才会出现。因此，尽管预计建筑量有所增加，但是住房紧张的情况会在2018年依然存在甚至会有所严重。

（2）在进入德国的工作移民人数减少或者欧盟内经济发展不平衡情况得到改善的情况下，德国住房需求的紧张趋势才会缓和。但是，德意志联邦银行认为2018~2019年每年会有至少30万工作移民进入德国。

（3）价格继续上涨，上涨到租房比买房更值得。虽然2017年房屋购买价格上涨很快，但是租房价格和2016年相比上涨也达到6.9%之多，达到了23年最高涨幅。租金和房屋价格涨幅的差距并没有过大。

（4）如果大幅度加息，欧洲央行可能会一改自2015年起大量购买债券的做法，自2018年9月起降低债券购买量。如果欧洲央行因为经济波动减少债券的购买，那么债券本身价格的大幅回落和加息会是德国住房市场的一颗定时炸弹。如果欧洲央行力求稳定，谨慎缓慢退出，

[①] Stefan Schneider. Deutscher Häuser- und Wohnungsmarkt 2018. Deutsche Bank AG. Frankfurt am Main. Jan. 2018 德意志房屋和住房市场报告2018。

对房产市场也是一个不安定的因素，但历史上还没有出现欧洲央行突然从债券市场突然抽身的情况。

综上所述，德意志银行得出结论：目前所有主要城市尚未实现能够结束房价上涨的前3个条件。在许多城市里，预计这3个条件10年内都无法同时满足。但是由于欧洲央行确实在考虑加息，抵押贷款利率可能会在2018年底略有上升至2%左右，因此第4种情况可能部分达到。这一因素可能会对部分城市的房价有所影响，但是只会起到部分的抑制作用。

第一，利率上涨带来的负面需求影响可能完全被部分或者房屋市场紧俏的城市的良好经济形势所抵消。第二，尽管加息，德国利率水平可能会在2018年保持低位。根据泰勒规则，德国经济专家委员会已经在2016年将货币市场利率上调了250个基点。考虑到目前非常良好的经济环境，计算出的理论利率应该会更高。因此，实际利率的稍许上升只能在一定程度上弥补原来利率的亏空。第三，拉动效应可能在短期内引发很强的需求动力。在加息周期中，投资项目会因为可以预见的加息，更快地被实施和落实，以避免利息的增长。因此，德意志银行得出的总体结论与2016年几乎相同。2018年，在德意志银行的基准情景中，德国大都市的住房房价和租金将再次强劲增长。

2.4.2　附属开销，暖租租金（暖租 Warmmiete）和土地价格上涨

房屋运营或者物业、垃圾费以及街道清理等费用在2012~2016年的4年间增长达到4.1%，比整体消费价格增长指数的3.2%略高。

德语中的暖租开销（Warme Nebenkosten），即能源、热水的开销反而在2012~2016年下降了6.9%，期间波动较大。目前而言，近期市场上房屋的附属开销基本保持略微下行状态或者保持不变，但是由于德国经济情况的良好（历史水平较高就业人数，低失业率和平均工资的增加），可以预计这些开销的相应价格上涨[①]。

在人口增长的大都市区域，土地紧张是一个根本性的问题。投资和资本到位，但是因为没有可投资的土地或者建设法律的问题导致建设项目下马的情况并不罕见，正在逐渐增长的土地价格是房屋建设成本走高的原因之一。

正在走高的地价是政府推行可负担住房的一个障碍。德国联邦住房—城市空间发展研究所（BBSR）2011~2014年的跟踪调查显示，这一时间段内，住房合作社的地价成本增加了16%，在增长的大城市甚至地价成本增幅达到3年31%。50万人以上人口的大城市里，2014

---

① Bundestag "Dritter Bericht Der Bundesregierung Über Die Wohnungs–Und Immobilienwirtschaft in Deutschland Und Wohngeld– Und Mietenbericht 2016," July 28, 2017, page 52. Berlin.2016年德国议会有关住房和房产市场的第三次联邦政府报告以及住房补贴—租金报告。

年的地价成本已经达到550欧元/m^2，人口的变化会增强这一趋势。

2.4.3 未来德国住房的需求预测

未来的住房需求很大程度上取决于人口趋势。目前，来自海外的移民人数再次大幅增加。移民的到来使得德国人口发生逆转，自2012年以来，人口正在增加。最初人口年增加约20万人（2012年）由于难民大量涌入，到2015年显著增加至近100万人。目前，德国由于其稳定的经济形势，未来几年就业的增长情况将继续表现出色。在过去3年中，来自欧盟成员国的移民也在大量涌入德国。联邦住房—城市空间发展研究所（BBSR）预测从2015年春季开始，考虑到2013年之前的发展情况，从2010年开始到2020年，每年新建住房需求约270 000套，2030年新建住房每年的需求约230 000套公寓。由于难民移民进入以及过去缺乏新建筑活动而被压抑的需求，加上难民逐渐定居，以及家庭团聚对于住房的需求，现在的住房建设量还是不足的。假定纯粹的人口发展代表了私人住宅发展的需求，那么不仅仅是人口增长拉动的住房需求，家庭规模的缩小、家庭数量的增长也会增加住房需求。在经济活力较强的地区，住房需求将继续增加，不同地区的差异还会继续扩大[①]。

2.5 住房政策与立法

2.5.1 住房政策概述

德国环境、自然保护和核安全部是负责德国住房政策的部门。在德意志联邦共和国的联邦制度下，联邦，州和地方政府负责住房政策。联邦政府的任务是制定住房市场和补贴制度的框架条件，并在财政上参与联邦州和地方一级政府的补贴措施。框架条件这里特别指租赁法，税法和其他支持补助公民居住开支手段的法律性基础。

由于住房是耐用品，住房市场和房地产价值的长期发展对针对租赁住房和自有住房投资效益很重要。但对于租户来说，住房市场的情况以及房租的发展也是非常重要的。充足的房屋供应条件能够吸引充足的住房投资，从而降低租金和房价，从而帮助家庭支付住房成本。

经济适用住房和建筑联盟（Das Bündnis für bezahlbares Wohnen und Bauen）已经提出了关于联邦、州和地方政府如何促进住房建设的具体建议，尤其是如何促进经济适用房的建设。政策主要结论是加大住房建设力度，通过增加住房用地供应，提供税收优惠政策，

---

① Bundestag "Dritter Bericht Der Bundesregierung Über Die Wohnungs-Und Immobilienwirtschaft in Deutschland Und Wohngeld-Und Mietenbericht 2016 ," July 28, 2017, page 61. Berlin. 2016年德国议会有关住房和房产市场的第三次联邦政府报告以及住房补贴—租金报告。

简化审查和增加社会住房资金的建设，简化规划条例，联邦制定了快速实现满足迫切需要的生活空间的政策框架。这也是为了满足对经济适用住房的需求，难民的到来使得这一需求缺口变得了更大一些，住房是其更好融入社会的第一步。虽然简化审批流程，但是在标准上，必须确保健康（例如噪声保护）、安全（如防火安全）和环保（如气候变化和能源效率目标），联邦政府在这些方面不会有任何妥协。住房补贴政策也降低了住房成本。2016年1月1日起，住房补贴有所增加。

2.5.2 住房政策的社会公平性和可持续性

德国议会2016年也向德国国民依法报告了其住房政策的重点和目标。德国联邦政府住房和城市政策的核心是保障居民合理需求，能够得到可以支付的起的住房空间以及有序的城市发展[1]。其中，在联邦政府看来，一个合理的住房保障建立在自用和租赁住房领域可靠的监管政策基础上，特别是在有关租金、税收和城市规划的法律。通过有针对性的补贴和有效的社会治理手段来实现稳定的住房目标，有助于保障宏观经济的稳定运营。

联邦政府遵循可持续发展的指导原则，2002年以来，德国的住房政策往往对应能源和气候政策目标，成为国家可持续发展战略的一部分。2016年，联邦内阁通过了德国可持续发展战略（DNS），作为联合国"2030年可持续发展议程"的框架在德国的具体体现。对于联合国的每个目标，德国可持续发展战略都制定相应政策重点以及采取相应的行动，明确了可衡量的指标。

2013年，德国政府各个政党针对加强住房建设的投入达成共识，促进社会住房的复兴以及均衡的租赁市场发展。加强住房建设的中心工具是经济适用住房和建筑联盟（Das Bündnis für bezahlbares Wohnen und Bauen）。此外，作为立竿见影的政策手段，住房补贴的表现显著改善。2016年1月1日生效的住房补贴改革，使得住房福利有所增加。

宪法赋予联邦政府的任务是在2019年之前为促进社会住房，提供尽可能最好的支持。立法机关就新租约租金提高幅度较大的问题做出了反应，对公寓租户保护更加完善。根据2015年4月21日的"租赁法修正案"，截至2015年6月1日引入了所谓的租金限制，以降低租房成本，保护低收入家庭利益。

在土地和建筑土地政策上，优先考虑城市存量土地高效利用，内部发展。修改了相关规划法律，新的地块类别"城市地区（Urbane Gebiete）"将成为新城镇城市混合使用地块的法定规划地块分类名称，保障更高的建筑密度，促进城市内部住房建设。与此同时，实现建

---

[1] Deutscher Bundestag "Dritter Bericht Der Bundesregierung Über Die Wohnungs-Und Immobilienwirtschaft in Deutschland Und Wohngeld-Und Mietenbericht 2016," July 28, 2017, page 14. Berlin. 2016年德国议会有关住房和房产市场的第三次联邦政府报告以及住房补贴—租金报告。

筑领域的能源和气候政策目标意义重大。

对现有旧建筑进行能源的升级改造，是实现能源和气候目标的关键。但是，要保障政策的成本效益以及社会包容性。严格意义上说，住房和房地产市场的发展密切相关，因此需要与住房和城市发展政策目标进行协调。

联邦政府致力于平衡空间发展政策，希望在德国各地创造平等的生活条件。为减少地区差距，联邦政府促进各州之间的伙伴合作，也为城市、大都市和农村增长地区等不同结构的空间付出了相应的努力。

2.5.3 德国国家政策设立的可负担住宅和建筑联盟

德国设立了可负担住宅和建筑联盟（Bündnis für bezahlbares Wohnen und Bauen）机制，通过多方合作，达到为公民提供可负担的住宅和建筑的目的。这里主要介绍其工作范围和组织情况[1]。

联盟在四个行动领域开展工作：

（1）加强对住房的投资；

（2）降低建设成本；

（3）对社区进行老年人友好的改建；

（4）进行社会和气候友好建设活动。

联盟的顶级会谈机制是在会谈中，所有顶级联盟合作伙伴都会讨论联盟活动的目标、进展和成果。顶级会议每年举行两次，由联邦环境、自然保护、建筑和核安全部的代表部长与联盟合作伙伴共同指导。

住房委员会通常在重要谈判的前期举行会议。参与者是德国住房和房地产协会、德国租户协会和联邦环境、自然保护、建筑和核安全部的代表。

一些制定有针对性解决方案的磋商过程在工作组中进行。在联邦环境、自然保护、建筑和核安全部（BMUB）的主持下，工作组和委员会将制定有关措施的具体建议。与会者包括各自的主题联盟合作伙伴、其他政府部门的代表以及来自科学、协会和政治领域的专家。工作组的结果被整合在一份最终报告中，并构成具体措施提案的基础。最终报告于2015年底提交。在此基础上，正在研究对法律框架条件进行必要的调整。为此，联盟成立了四个工作组，他们分别是：积极产权政策工作组、社会住房推广和进一步的投资激励工作组、降低建设成本委员会、社区老年人友好改建工作组。

---

[1] http://www.bmu.de/themen/stadt-wohnen/wohnungswirtschaft/buendnis-fuer-bezahlbares-wohnen-und-bauen/struktur/.德国联邦环境、自然保育及核能安全部（Bundesministerium für Umwelt, Naturschutz und Reaktorsicherheit, BMU）网站。

联盟目前的十项重点工作如下：

（1）提供土地供应，使公众可获得的土地更便宜；

（2）加大现有住房区域住房密度，利用好空地和建设空白地区；

（3）加强社会住房推广和合作住房建设；

（4）为更多负担得起的住房创造有针对性的税收优惠；

（5）协调建筑规范，减少工作量；

（6）将施工标准纳入测试；

（7）促进连续建造有吸引力且价格合理的生活空间；

（8）灵活设计停车场区域；

（9）结构性地重新设计节能法规和可再生能源供热的立法；

（10）共同推动新建筑项目。

2.5.4　租金约束（Mietbegranzung）和平抑房租（Mietpreisbremse）政策

《德国民法典》（BGB，Bürgerliches Gesetzbuch）对于住宅租金的提高做出较为详细的规定，以下列出其中有代表性的三项：

（1）房租上限限制：3年之内出租人不得提高房租20%以上；

（2）2次房租提高的间隔不得小于1年，第1次房租提高必须在承租人入住的15个月以后；

（3）对于已经存在的房屋租住合同，房租不得高于政府给出的"租金参照价格（Mietspiegel）"，这个价格根据当地房屋在一段时间内相对平均价格由政府测算。但是，新出租房屋可以超过此价格的20%。

各州政府也根据各州情况制定了最高房租限制，例如柏林有如下规定。自2013年8月1日起，整栋建筑在500~1 000m^2，承租人一个人所租住的空间（通常公寓中一个房间）的最高租金在房屋在使用燃油、天然气、集中供暖时包括暖气的租金最高依次为419欧元、407欧元、415欧元[①]。详细的规定和解约保护条款相互作用，最大限度地保障了承租人的合法权益。

平抑房租政策（Mietpreisbreme）是近几年来德国住房政策领域最重要的项目。2015年6月1日起，各州政府可以在5年期限内各自出台限制新租房合同租金额度的法案。法案要求，对于没有时间限制的长期租约，新租房合同不得涨房租超过原租房合同的10%。但是2014年后的新建住房，在第一次出租的时候，不受此法案影响（§ 556e Bürgerliches Gesetzbuch，BGB民法典）。如果房屋重新彻底修整翻新，则不受此法案影响，（§ 556f

---

[①] 资料来源：柏林政府官方网站http://www.berlin.de/jobcenter-tempelhof-schoeneberg/leistungsbereich/unterkunft-und-heizung/artikel.394407.php

BGB)。在小规模改造的现代化改造基础上,也不受影响(§ 556e, 2. Absatz BGB)。租客可以要求房东在签约后出示所有信息,证明其涨价的合理性。2015年施行后,在德国11 000个城市和地方生效,12个联邦州自己出台了相应法律,涉及此政策的人口占德国人口的28%,主要在德国的各个大中城市中,55%的涉及人口居住在30万以上人口的城市中。政策实行以来,似乎没有成功抑制德国房租飞涨的情况。柏林德国经济研究所(DIW)发文指出,这一政策是有一定效果的,但是并不是解决房租飞涨问题的灵丹妙药。政策只在部分地区起到了效果,但是不能解决住房紧张的根本问题,增加房屋和土地供给才是最好的方法①。

2.5.5 德国政府住房补贴系统运作(Wohngeld)

为了更好地保障德国居民的住房权益和保障住房的社会公平性,德国政府有着完整的住房补贴政策。

满足一定条件的居民可以申请住房补贴。德国立法机关在《住房补贴法Wohngeldgesetz(WoGG)》和《社会法Sozialgesetzbuch(SGB)》中做出了相应规定。每个城市和地区政府都有住房补贴,他们负责认定申请人是否符合要求。但是,每个符合要求的人都有权利获得补贴,这并不是政府自由裁量的权力范围。原则上,每个低收入公民都有合法的住房补贴权益。如果该居民符合法律要求,他必须获得住房补贴。出于这个原因,如果公民收入低于某一限度,他一定可以获得住房补贴。租房者获得的补贴称为租金补贴(Mietzuschuss),而房屋所有者的住房补贴被称为负担补贴(Lastenzuschuss)(表2-2-7)。

租金负担在住房补贴前后　　　　表2-2-7

家庭人口	2011 住房负担		2012 住房负担		2013 住房负担		2014 住房负担		2015 住房负担	
	前	后	前	后	前	后	前	后	前	后
1	46.6	36.5	46.7	37.4	46.8	38.4	46.9	39.8	47.0	39.5
2	40.3	27.9	40.5	28.2	41.5	29.3	41.4	29.4	41.6	29.9
3	35.0	24.1	35.1	24.3	35.5	24.9	35.3	24.7	35.4	25.4
4	29.7	20.0	29.7	20.3	30.5	21.1	30.2	21.0	30.2	21.4
5	28.1	17.7	28.1	18.0	28.9	18.9	28.2	18.7	28.1	19.0

---

① Konstantin Kholodilin, Andreas Mense und Claus Michelsen. Berlin, DIW. "DIW Berlin: Mietpreisbremse Ist Besser Als Ihr Ruf, Aber Nicht Die Lösung Des Wohnungsmarktproblems," February 13, 2018, 1–12. doi: 10.18723/diw_wb: 2018–7–1.

续表

家庭人口	2011		2012		2013		2014		2015	
	住房负担		住房负担		住房负担		住房负担		住房负担	
	前	后	前	后	前	后	前	后	前	后
6口以上	27.5	15.1	27.2	15.1	28.1	16.1	26.9	15.6	26.8	16.1
总计	40.3	29.8	40.3	30.3	40.6	31.1	40.2	31.5	39.9	31.2

来源：联邦统计局Statistisches Bundesamt（25%-Wohngeldstichprobe），Berechnungen des BBSR（2011-2015）und IW Köln（2009）德国联邦住房-城市和空间发展研究所（BBSR）德国经济研究所（科隆）根据数据计算

州政府住房补贴（2011~2016年） 表2-2-8

各州政府补助总量		2011	2012	2013	2014	2015	2016	2011~2016	
		住宅套数						套数	占比（%）
补助住宅总计		52.288	41.111	39.804	49.439	51.040	61.832	295.514	100.0
其中	新建	19.272	15.671	13.894	15.532	17.296	27.298	108.963	36.9
	旧房改造*	33.016	25.440	25.910	33.907	33.744	34.534	186.551	63.1
补助出租住房		30.635	26.643	28.085	37.034	38.230	47.020	207.829	70.3
其中	新建	12.174	9.842	9.874	12.517	14.653	24.550	59.060	20.0
	现有房屋改造补贴	18.360	16.712	17.523	23.430	23.051	22.066	99.076	33.5
	分配住房申请	101	89	688	1.087	526	586	2.491	0.8
私有住房补助		21.653	14.468	11.719	12.405	12.810	14.630	87.685	29.7
其中	新建	7.098	5.829	4.020	3.015	2.643	2.748	22.605	7.6
	现有住房申请	5.891	3.483	3.174	2.484	2.557	2.365	17.589	6.0
	现有住房补贴	8.664	5.156	4.525	6.906	7.610	9.517	32.861	11.1

* "现在住房补贴"包括住房补助如房屋翻新、能源系统改造、现状维护、分配租住住房权益以及购买旧房产

来源：Erhebungen der Fachkommission Wohnungsbauförderung der Länder; Berechnungen des BMUB住房补贴专业委员会

有权获得租金补贴的居民如下：

（1）公寓或房间的租客（或者二房东）；

（2）类似租赁使用权的用户，例如：有永久房屋租住权的人、对房屋有居住权但是没有

转让权的人；

（3）合作社或宿舍的住户；

（4）至少有两套住房的别墅拥有者；

（5）住在自己家里的居民。

有权享受住房负担补贴的居民如下：

（1）房屋或公寓的所有者；

（2）以农场作为副业的业主；

（3）全职农业工作的所有者（有限制）；

（4）有建房权力的人；

（5）有类似于房屋产权的用户；

（6）永久居住权；

（7）使用权；

（8）住房权；

（9）有权获得房地产或住房权利的人。

住房机构有权检查并决定个别情况，其他因素例如租金价格、收入的数额、住在公寓的家庭成员人数也有影响。但是，如果居民本身就享有例如失业福利救济金（Hartz IV）和社会救济金（SGB II）伤残补助（erletztengeld nach SGB VII）等其他形式的政府补助，就不再重复享有住房补贴的权利，这是社会福利系统改革的结果，并不是对低收入家庭的区别对待。由于对于高等级失业补助人员的房屋租金是由政府全额支付，对较低等级的失业补助人员政府尚未完全支付其租金，这类人依然可以申请住房补贴。学生和学徒只有在没有获得国家助学金的情况下（BAföG）可以申请住房补贴。

2.6 住房贷款

2016年5月德国政府生效《住房贷款指令》（Wohnimmobilienkreditrichtlinie）。此指令某种程度上提高了德国住房贷款获得的门槛，试图使得住房市场更稳定运营。德国政府的《住房贷款指令》旨增加住房贷款交易中对贷款人的消费者权益保护。银行必须在贷款交易中，给予贷款申请人多的说明，并且银行有义务对贷款申请人的财务实际情况进行更严格地审核。法令也增强了贷款人撤回购买的权利，因此，各放款机构都会更谨慎地发放贷款。该法令适用于2016年3月以后发放的贷款。对之前已经存在的贷款，法令也要求重新检验评估贷款申请人未来的收入可能性，例如是否退休或者因为其他情况，能否完整偿还贷款。其次，在涉及外汇的贷款中，注意汇率的影响。同时，法令要求对于贷款的细节，发放贷款的机构有义务解释清楚,也加强了机构的责任。

这一法令的施行是在欧盟框架下的。欧盟2014/17/EU法令要求欧盟成员国自2014年起的2年内,必须将这一欧盟法令在德国法律框架下落实,这条法令就是因欧盟法令修改的众多法令中的一条。

纵观整部法令,有以下主要内容①:

(1)住房贷款法令的目的是加强对消费者的保护,就是对贷款人的保护。

(2)如果贷款人没有被明确告知房屋购置相关风险,银行和机构负有责任。

(3)贷款人必须知道住房贷款产品的风险。同时,银行必须出示合同签署前须知(vorvertraglichen Informationen.VI bzw. VV),顾客必须要签名以表示知晓。

(4)在草拟合同阶段,贷款人需要知道具体的合同类型,银行需告知顾客其受理咨询的义务。对于没有足够告知贷款人情况的合同,对银行会有不同的规范措施。

(5)贷款人必须在整个贷款期限内有大概率可能有偿付能力。一些未来可能的疾病、婚姻状况改变、家庭情况改变或者退休是否会影响偿还能力,如果可以预见有影响,不得给予贷款。

(6)贷款人必须要告知银行其退休情况。

(7)银行需要加大每期还款额度,使得贷款尽量在贷款人退休前完成偿还。

(8)如果贷款人的收入来源不是欧元为单位,银行需要自己担保外汇的风险。

该法令导致贷款人数量降低,各个银行的贷款人数量下降了最多25%。法令出台后的影响较大,实际操作上银行和贷款者都有些迟疑,法令尤其限制了对即将退休的人和年轻家庭的贷款。德国《法兰克福汇报》2016年6月发文,指出这一法令会使得很多人住在自己房子里的梦想破灭,而不得不继续租房②。对此,德国政坛反响不一。德国巴登—富腾宝州(Baden-Württemberg)、拜仁州(Bayern)和黑森(Hessen)在2016年10月向联邦议会递交改革方案,要求放宽部分限制。银行出现因为规避风险和处罚而拒绝贷款的情况,2017年5月,政府颁布《金融监管补充法Finanzaufsichtsrechtsergänzungsgesetz》,放宽了一些限制。同时,颁布《金融贷款例外补充规定Ausnahmeregelung für bestimmte Kredit-Verwendungsarten》,使得目前的贷款偿还能力不再是严格的唯一标准。

---

① Ilka Fronia,Wohnimmobilienkreditrichtlinie(WoKri bzw. WIKR)2018

https://www.immoverkauf24.de/baufinanzierung/baufinanzierung-a-z/wohnimmobilienkreditrichtlinie/ lastest Access:2018/4/10.

② CHRISTIAN SIEDENBIEDEL http://www.faz.net/aktuell/finanzen/meine-finanzen/mieten-und-wohnen/neues-gesetz-fuer-immobilienkredit-erschwert-hauskauf-14272622-p2.html Enttäuschte Träume vom Eigenheim 自己的房子——一个要失望的梦想 lastest Access:2018/4/10.

2.7 住房可持续发展

2.7.1 住房节能

内容详见《国外住房发展报告2017第5辑》第86~89页。

2.7.2 可持续住房政策监管框架

1）国际和欧洲监管框架

国际之间的协议和欧洲的标准有所不同,国际标准暂时不具有法律约束力。国际标准化活动直接是可持续发展的德国国际标准化组织内的建筑业自愿性质的标准化组织（ISO）技术委员会（TC）59,还有ISO TC 59 / SC 17委员会。可持续发展建筑,特别是对建筑结构的热性能和防潮技术性能特定的一些ISO标准,在欧洲是标准化的。在欧洲层面标准化,也就意味着在国家一级会有强制性措施。在欧洲一级,欧洲标准化委员会（CEN）的技术委员会（TC）350特别关注新建筑、现有建筑以及环保建筑产品的可持续性。此外,CEN / BT WG 206技术委员会是为了测试、适应和发展可持续建筑方面的现有欧洲标准而成立的。

2）国家监管框架

除了具有国家效力的国际和欧洲法规,在德国国内有详细的可持续建筑规定,对应的是整个国家和地区的法律、法规、标准和条例。国家法律一部分是由欧洲指令转化而来。国家的相关法律法规,对可持续发展的建筑的规定主要是生态方面,尤其注重能源方面的内容,如《节能法（EnEG）》,在节能条例（节能条例）的法律基础上生成的《可再生能源法（EEG）》和《可再生能源热法（EEWärmeG）》。此外,设计阶段和规划质量也是可持续性发展的重要方面。

德国建设标准委员会（NABau, NA 005）,德国工业标准（DIN）等标准化活动并不是以建设的可持续发展为主题的。在建筑行业中,相关的法律有为可持续建筑的标准和法律规定的《节能条例（EnEV）》和《联邦水污染控制法（BImSchG）》。然而,对于基于法定条例的矛盾,《节能条例（EnEV）》也越来越多地被提及。但是,在技术质量和工艺质量方面以及拆除建筑和施工生产方面,还存在相当的法律空白。

3）国家措施

公共部门的主导作用已经推出了全国统一建筑认证体系和相关准则的执行,可持续建筑成为国家战略的重要组成部分。同样,联邦政府和广泛存在的可持续建筑信息平台、圆桌会议等一起,支撑起建筑行业的私人和公共之间就可持续建筑领域的公开讨论,相应的也有一部分财政支持措施,如在全国范围内推广由专门负责重建的贷款机构也是国家战略之一（图2-2-8）。

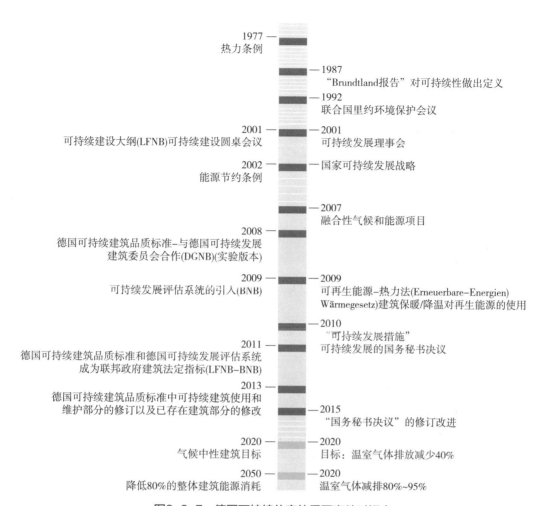

图2-2-7 德国可持续住房的重要事件时间点
数据来源：德国联邦住房—城市空间发展研究所（BBSR）

3 俄罗斯

G D P：12 832亿美元（2016年）

人均GDP：8 748美元（2016年）

国土面积：1 709.8万km²

人　　口：14 635.0万人（2016年）

人口密度：8.6人／km²（2016年）

城市化率：74%

3.1 住房基本情况

据《俄罗斯统计年鉴2017年》数据，2016年现有住房总量为36.5亿m²。人均住房面积为24.9m²（2015年为24.4m²）。2016年，6 490万套住房中一室户1 590万套、二室户2 520万套、三室户1 840万套、四室及四室以上户530万套。2016年，每套平均面积为54.9m²（2015年为54.6m²），其中一室户35.2m²、二室户48.6m²、三室户65.6m²、四室及以上户105.6m²。2016年，危旧住房量为8 910万m²（2015年为8 800万m²），占住房总量2.4%（2015年为2.5%）。2016年，登记申请住房的户数为254.2万户，占总户数的5%，得到住房的户数为12.9万户（占5%）（表2-3-1~表2-3-4）。

俄罗斯住房条件主要指标[①]　　　　表2-3-1

	2000	2005	2008	2009	2010	2011	2012	2013	2014	2015	2016
人均住房面积（m²）	19.2	20.8	21.8	22.2	22.6	23.0	23.4	23.4	23.7	24.4	24.9
住房套数（百万）	55.1	57.4	59.0	59.5	60.1	60.8	61.5	61.3	62.9	63.7	64.9

① 俄罗斯统计年鉴2017年

续表

		2000	2005	2008	2009	2010	2011	2012	2013	2014	2015	2016
其中	一室	12.8	13.3	13.7	13.9	14.1	14.4	14.6	14.5	14.5	15.4	15.8
	二室	22.6	23.2	23.6	23.7	23.9	24.1	24.3	24.0	23.9	24.9	25.2
	三室	16.2	16.8	17.2	17.3	17.4	17.6	17.7	17.6	17.5	18.2	18.4
	四室及以上	3.5	4.1	4.5	4.6	4.7	4.8	4.9	4.9	4.9	5.2	5.3
每套平均面积（m²）		49.1	50.4	51.8	52.4	52.9	53.2	53.6	54.1	54.0	54.6	54.9
一室		32.0	32.3	32.9	33.3	33.4	33.6	35.8	34.6	34.4	35	35.2
二室		45.4	45.7	46.5	46.9	47.1	47.3	47.5	48.1	47.6	48.3	48.6
三室		60.4	61.0	62.3	62.8	63.4	63.6	64.0	64.4	64.3	65.2	65.6
四室及以上		82.6	91.8	97.5	100.0	101.9	103.7	105.4	102.8	102.5	104.5	105.6
年内大修住房面积（千m²）		3 832	5 552	12 381	17 316	8 660	4 326	3 995	3 045	2 836	4 332	2 316
年内居住条件得到改善的户数（千户）		253	151	144	147	244	181	186	153	138	135	129
占申请住房户数的百分比		4	4	5	5	9	6	7	6	5	5	5
申请住房户数（千户）		5 419	3 384	2 864	2 830	2 818	2 799	2 748	2 683	2 716	2 612	2 542
占总户数的百分比		11	7	6	6	6	5	5	5	5	5	5

住房存量（单位：百万m²）　　　　表2-3-2

项目 \ 年份		2005	2010	2011	2012	2013	2014	2015	2016
全部住房存量		2 955	3 231	3 288	3 349	3 359	3 473	3 581	3 653
其中	私有	2 280	2 765	2 838	2 915	2 950	2 999	3 232	3 306
	其中居民所有	2 182	2 657	2 725	2 795	2 840	2 873	3 118	3 188
	国有	188	139	133	125	114	116	116	127
	地方所有	487	321	311	302	258	233	205	192
	其他	…	6	6	7	11	12	13	13

住房设施状况 表2-3-3

年份	有下列设施住房所占面积比重（%）						
	供水	排水	采暖	浴室	燃气	热水	落地电灶
2000	73	69	73	64	70	59	16
2005	76	71	80	65	70	63	17
2008	77	73	82	66	69	64	18
2009	77	73	83	66	69	65	19
2010	78	74	83	67	69	65	19
2011	78	74	83	67	69	65	19
2012	78	74	84	67	68	66	20
2013	80	75	84	68	68	66	21
2014	77	73	82	65	65	64	20
2015	81	77	85	69	67	68	22
2016	82	77	86	70	66	69	23

俄罗斯危旧住房状况（单位：百万m²） 表2-3-4

项目 \ 年份		2005	2007	2008	2009	2010	2011	2012	2013	2014	2015	2016
破旧与危险住房总量		94.6	99.1	99.7	99.5	99.4	99.0	99.9	93.9	93.3	88.0	89.1
其中	破旧房	83.4	84.0	83.1	80.1	78.9	78.4	77.7	70.1	69.5	68.4	66.4
	危险房	11.2	15.1	16.6	19.4	20.5	20.6	22.2	23.8	23.8	19.6	22.7
破旧与危险房所占比例（%）		3.2	3.2	3.2	3.1	3.1	3.0	3.0	2.8	2.7	2.5	2.4

3.2 住房投资与建设

3.2.1 住房投资

2000年以来住房投资在固定资产投资中所占比例一般在11%~15%，2016年达到最高，为15.4%（表2-3-5）。

固定资产投资状况

表2-3-5

单位：10亿卢布

年份		2000	2005	2010	2011	2012	2013	2014	2015	2016
固定资产投资总额		1 165.2	3 611.1	9 152.1	11 035.7	12 586.1	13 450.2	1 355.7	14 555.9	14 639.8
其中	住房	132.0	434.2	1 111.7	1 395.6	1 533.7	1 681.5	2 076.7	2 188.8	2 254.3
	除住房外的建筑物与构筑物	502.2	1 460.2	3 965.5	4 776.8	5 560.2	5 582.7	5 551.4	6 027.8	6 618.1
	机械、设备	426.6	1 484.0	3 472.7	4 185.6	4 731.6	5 212.8	4 856.3	5 051.5	4 480.7
	其他	104.4	232.7	604.9	677.7	760.6	975.2	1 073.1	1 287.8	1 286.7

单位：%

年份		2000	2005	2010	2011	2012	2013	2014	2015	2016
固定资产投资总额		100	100	100	100	100	100	100	100	100
其中	住房	11.3	12.0	12.2	12.7	12.2	12.5	15.3	15.0	15.4
	除住房外的建筑物与构筑物	43.1	40.4	43.3	43.3	44.2	41.5	40.9	41.4	45.2
	机械、设备	36.6	41.1	37.9	37.9	37.6	38.8	35.9	34.7	30.6
	其他	9.0	6.5	6.6	6.1	6.0	7.2	7.9	8.9	8.8

3.2.2 住房建设

2000年后俄罗斯住房建设量一直在6 000万m²上下，2011年后不断攀升，2012年达到6 570万m²，2013年达到7 050万m²，2014年达到8 420万m²，2015年达到最高8 530万m²，2016年又回落至8 020万m²（表2-3-6、图2-3-1）。

住房竣工量　　　　　　　　　　　　表2-3-6

年份	建筑总面积（百万m²）	其中		在总量中所占比例（%）	
		个人资金和借贷资金	住房建筑合作社	个人资金和借贷资金	住房建筑合作社
1990	61.7	6.0	2.9	9.7	4.7
1995	41.0	9.0	1.7	22.0	4.2
2000	30.3	12.6	0.7	41.6	2.4
2005	43.6	17.5	0.6	40.2	1.4
2010	58.4	25.5	0.3	43.7	0.6
2011	62.3	26.8	0.4	34.0	0.6
2012	65.7	28.4	0.3	43.2	0.4
2013	70.5	30.7	0.5	43.5	0.7
2014	84.2	36.2	0.4	43.0	0.4
2015	85.3	35.2	0.6	41.2	0.7
2016	80.2	31.8	1.0	39.6	1.2

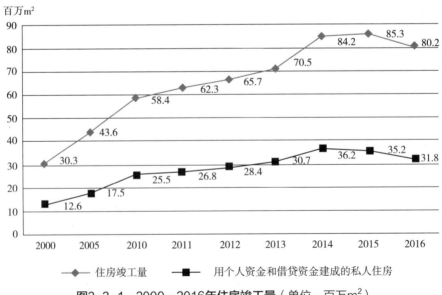

图2-3-1　2000～2016年住房竣工量（单位：百万m²）

从竣工套户的类型看,2016年竣工116.7万套(每套平均面积68.7m²),其中一室户占46%、二室户占29%、三室户占17%、四室及四室以上户占8%(表2-3-7)。

竣工住房基本特征 表2-3-7

项目	年份	2000	2005	2010	2011	2012	2013	2014	2015	2016
套数(千)		373	515	717	786	838	929	1 124	1 195	1 167
平均面积(m²)		81.1	84.5	81.5	79.3	78.4	75.8	74.9	71.4	68.7
其中不同户型所占比例(%)	一室	20	28	34	36	38	39	41	43	46
	二室	29	32	32	31	32	31	31	30	29
	三室	34	27	23	21	20	20	19	18	17
	四室及以上	17	13	12	12	10	10	9	9	8

在改善居住条件方面,2016年已改善居住条件的户数为12.9万户,占申请住房户的5%;2016年申请住房户为254.2万户,占家庭总数的5%(表2-3-8)。

住房改善情况 表2-3-8

项目	年份	2005	2010	2011	2012	2013	2014	2015	2016
年内取得住房家庭数(千)		151	244	181	186	153	138	135	129
占申请住房家庭数的比例(%)		4	9	6	7	6	5	5	5
申请住房家庭数(千)		3 384	2 821	2 799	2 748	2 683	2 716	2 612	2 542
占家庭总数的比例(%)		7	6	5	5	5	5	5	5

3.3 联邦管理机构——建设和居住公用事业部

根据俄罗斯总统2013年11月1日命令,将地区发展部所属的建设和居住公用事业署(Агенство)组建为建设和居住公用事业部(Минстрой),执行原建设署的职能,即在建筑工程、建筑学、城市建设、建筑材料工业、住房政策和居住公用事业等领域制订与实施国家政策和定额立法调节;提供国家服务;管理建筑、城市建设和居住公用事业领域的国有资产;协调住宅建设促进基金会、居住公用事业改革促进基金会、奥林匹克工程建设与发展山地气候疗养城市索契的国家社团的活动[①]。

该部内设住房政策司、居住公用事业司、城市建设与建筑学司、许可活动与监管司、价格构成与城市建设分区司、法律司、财务司、行政人事司等八个司。

目前该部在住房领域的重点工作是：①对各类需要改善居住条件的居民给予支持；②改善市场购房条件；③消除危房；④为公用事业项目吸引私人投资、现代化改造和提高其能源效率；⑤完善建筑部门定额法规；⑥改善存量住房质量，提高居住的舒适性；⑦提高住房建设量。

3.4 发展规划

3.4.1 《向公民提供可负担的舒适住房和公用事业服务》规划（2013~2025年）

俄罗斯2014年4月颁布了《向俄罗斯公民提供可负担的舒适住房和公用事业服务》的规划（2013~2020年）。2017年3月俄罗斯政府通过了关于修改该规划的决议。规划目标未变，即提高住房的可负担性和住房质量；提高提供住房公用事业服务的质量和可靠性。规划分为三个子规划：①为保障居民住上可负担的舒适住房创造条件；②为保证公用事业的高质量服务创造条件；③保证实施国家专项规划：2011~2015年住房专项规划；2015~2020年住房专项规划；2009~2018年提高俄罗斯地震区住房、生命线主要设施和系统的可靠性专项规划；2011~2017年"洁净水"专项规划。

该规划的规划期为2013~2025年。实施规划的预计结果：将住房年竣工量提高到1.2亿m^2，年竣工套数提高到198万套；为低收入居民建立发达的住房租赁市场和非营利住房；将住房可负担系数（54m^2标准住房市场价与3人家庭年均总收入的比值）降低到2.3；为居民能在15年内至少改善居住条件一次创造条件；使住房水平符合现代能源效率与生态要求，符合各类不同群体的需求（多子女家庭、老年人、残疾人等）；提高居住公用事业服务质量和满足居民需求的水平。

规划2015~2025年的具体指标如表2-3-9所示。

3.4.2 《到2020年的居住公用事业发展战略》

在俄罗斯，居住公用事业是保证居民生活服务和工业生产基础设施的主要部门，其年经营额超过4.1万亿卢布，占国内生产总值的5.7%。

俄罗斯的住房存量为33亿m^2，其中多户住房24亿m^2（占总存量的72%），私人住房近10亿m^2。

[①] 俄罗斯联邦建设和居住公用事业部条例（2014年3月18日政府决议）。

2015~2025年规划指标

表2-3-9

指标名称	单位	2015	2016	2017	2018	2019	2020	2021	2022	2023	2024	2025
住房年竣工量	百万m^2	85.3	77	81	88	94	100	104	108	112	116	120
住房竣工套数	千套	1 195	1 270	1 335	1 450	1 550	1 650	1 720	1 790	1 850	1 915	1 930
住房可负担系数		2.7	2.6	2.6	2.5	2.5	2.4	2.4	2.4	2.3	2.3	2.3
子规划NO.1												
需拆迁的危旧住房总面积（不包括和人住房）	百万m^2	2.76	2.63	3.14	※	※	※	※	※	※	※	※
改善居住条件的老战士、残疾人及有残疾儿童家庭的数量	千人	4.19	3.7	3.7	6.3	6.3	10.8	10.8	10.8	10.8	10.8	10.8
改善居住条件的卫国战争老战士、已去世的残疾战士的家属和卫国战争参与者	千人	10.82	8.35	3.5	—	—	—	—	—	—	—	—
抵押贷款件数	千件	711	896	921	1 000	1 100	1 200	1 300	1 400	1 500	1 600	1 700
抵押贷款额	万亿卢布	1.1	1.5	1.7	1.9	2.2	2.5	2.8	3.2	3.6	4.1	4.5
贷款平均利率高于消费价格指数的比例	百分点	0.5	3	2.2	2.2	2.2	2.2	2.2	2.2	2.2	2.2	2.2
子规划NO.2												
居民和预算拨款单位冷、热水消耗量与上一年消耗的比较	%	-3.5	-3.5	-3	-2.5	-2	—	—	—	—	—	—

续表

指标名称	单位	2015	2016	2017	2018	2019	2020	2021	2022	2023	2024	2025
居住公用事业费占家庭收入的比例	%	6.2	12.1	11	11	11	11	11	11	11	11	11
鉴定公用基础设施项目特许协议的数量与上一年之比	%	100	110	114	116	117	118	119	100	100	100	100
住房大修总面积	百万m²	—	78	97	119	138	158	163	168	173	178	183
供热、供水、排水和污水处理领域预算外资金占基建投资总额的比例	%	—	16.5	21	30	30	30	30	30	30	30	30

子规划NO.3

建设部互联网站访问人数	千人	—	500	550	650	750	900	900	900	900	900	900

2015~2020年"住房"专项规划

指标名称	单位	2015	2016	2017	2018	2019	2020	2021	2022	2023	2024	2025
获得购（建）房社会支付权证明的年轻家庭数量	千家庭	—	15.81	14.85	6.78	19.36	18.34	22.38	—	—	—	—
"各联邦主体住房建设规划激励措施"中的住房竣工量	百万m²	—	1.1	5.5	5.2	5	4.7	—	—	—	—	—
获得居住条件改善的几类法定家庭的数量	千家庭	5.75	6.64	6.36	6.95	6.48	10.51	—	—	—	—	—

※：待联邦政府确定拆迁机制之后再计算确定2018~2020年的总面积

近年来，该领域却存在着许多亟待解决的问题。

（1）在未提高服务质量的情况下，居住公用事业服务的费用都提高了；

（2）居住公用事业服务质量差；

（3）居住公用事业项目的损坏程度和改造更新的必要性较大。

在上述背景下，俄罗斯政府批准颁布了《到2020年的居住公用事业发展战略》（以下简称《发展战略》），内容包括居住公用事业领域国家政策的优先重点、目标、任务以及优先重点的发展措施。

《发展战略》指出，居住公用事业领域国家政策的基本目标是通过提高居住公用事业服务的质量和可靠性来提高居民生活的质量，同时保证居民对居住公用事业服务的可获得性。

《发展战略》的主要篇幅阐述了居住公用事业各个重点方面的发展措施，内容包括：多户住房的管理，多户住房共用资产的大修，消除危房，市政公用项目的现代化改造，固体废物的处置，完善居住公用事业国家信息系统（ГИСЖКХ），社会政策，干部政策，社会监管等9个方面。

下面从住房发展角度着重介绍多户住房的管理，多户住房的大修以及消除危房等三个方面的国家政策、目标和措施。

（1）在多户住房的管理方面，国家政策的主要目标是提高居民对多户住房共用资产保养与日常维修的质量与成本的满意水平。为此，要解决以下问题：①保证对多户住房的良好的物业管理；②通过发展多户住房委员会、住房业主互助会等居民自主管理的形式，提高业主的积极性和责任感；③形成业主对资产保值的激励机制。

（2）在公用资产的大修方面，国家政策的目标是实现地区大修业务稳定运行，保证大修及时，质量良好，价格合理，同时要从以国有单位进行大修为主过渡到通过专门的账单方式组织进行大修。2014年大修计划的拨付资金为361亿卢布，其中居住公用事业基金56亿卢布（15.5%）、各联邦主体预算拨付183亿卢布（50.7%）、业主资金121.9亿卢布（33.8%）。

（3）在消除危房方面，国家政策的目标是建立危房更新的长效机制，该机制以对无社会保障的居民给予国家支持以及实现房主权利的原则为基础。为提高消除危房的效率，拟采取以下措施：①加强对拆迁计划中在建住房质量的监督检查；②强化各联邦主体无条件完成专项指标的监督检查；③加强居民搬迁资金保证的检查。

3.5 住房财政保障机制的运行模式

3.5.1 以预算制度改革为主导

俄罗斯政府充分重视公共预算在住房领域的作用，并通过制定规划预算的方式，不断加大对住房领域的资金投入,以确保政府在住房保障领域的政策目标顺利实现。为此,其在各经济部门均设立了独立的预算保障模式。住房领域的预算保障模式,是指根据住房及公用事业部门各参与主体之间的利益关系,对相关预算资源进行配置的方法、手段与工具。对住房及公用事业予以预算保障,是俄罗斯政府预算的优先任务之一。

俄罗斯住房领域的预算保障主要体现在以下几个方面:

(1)保障住房专项规划及其子规划的实施;

(2)促进住房公用事业改革基金的建立和运作;

(3)实施住房按揭贷款再融资;

(4)为申请住房按揭贷款的居民提供利率补贴;

(5)为低收入群体建设社会住房;

(6)为俄联邦法律规定的特定社会群体提供住房补贴,其中包括为军人个人储蓄账户拨款、用于购买住房的母亲(家庭)资本等。

俄罗斯对住房领域的财政保障资金主要通过预算拨款、预算贷款和预算投资来实现。

1)预算拨款

在俄罗斯,预算拨款通常作为专项基金,用来补贴各联邦主体的住房及公用基础设施建设成本。根据俄罗斯发布的预算拨款条件及地区专项规划的相关规定,俄罗斯在住房领域的预算资金来源于俄联邦中央、地区和地方预算,最终受益者是建筑企业或公民本身。

目前,俄联邦预算拨款主要通过国家住房规划《保障俄罗斯居民舒适优惠的住房和公用服务》来实现。在该规划框架下设置了五个子规划,分别为"为保障俄罗斯居民负担得起的舒适住房创造条件""为保障俄罗斯居民优质的住房公用服务创造条件""保障国家规划的实施""联邦住房专项规划""联邦专项规划'纯净水'(2011-2017)"。这些规划规定了2020年以前国家在住房保障领域的主要任务,其中包括:①通过实施《俄罗斯家庭住房》[①](жильедляроссийскойсемьи)规划,加快经济型住房建设;②在住房建设和建筑材料生产过程中采用现代化和资源节约型技术;③发展住房和公用基础设施建设信贷机制,并提高居民按揭贷款的可获得性;④促进适用于低收入群体租赁房和社会性住房市场的形成,完成国家为联邦法律规定的公民保障住房的义务,并为年轻家庭获得住房提供支持;⑤通过吸引长期私人投资等方式提高公用资源供给效率、质量和可靠性;⑥保证饮用水安全无污染,符合卫生要求。根据《俄罗斯家庭住房》规划,2017年前,经济型住房建筑面积将达到0.25亿m^2,其价格不能超过市场平均价格的80%,每平方米住房价格也不能高于3.5万卢布。为实现这些目标,2012~2020年预计拨款5780亿卢布。

---

① http://программа-жрс.рф/about/general_condition/.

2）预算贷款

预算贷款，即财政性信贷，是俄罗斯政府根据信贷原则，以偿还为条件而安排的财政支出。从本质上讲，是对国家或地方政府所属资产、货币或其他非物质形式使用权的临时让渡，通常让渡的接受方为具有一定紧迫性的需求者。目前，信贷已成为俄罗斯保障低收入群体住房权利的有效方式。

俄罗斯住房保障的财政性信贷支持机制的具体运作流程为：①由俄联邦地区发展部或建设和住房公用事业部委托住房按揭贷款股份公司制定财政性信贷支持项目（如《年轻家庭住房保障》），符合条件的家庭递交项目申请书，经地方政府审核后将通过的名单提交至联邦地区发展部；②联邦地区发展部审核并批准名单后，根据名单为各联邦主体提供相应的预算补贴，各联邦主体及地方政府再据此向相关家庭发放社会支付证书；③各家庭在拿到支付证书后，凭此证书在住房和按揭基金会开立账户，该账户即为其获得社会支付和按揭贷款的唯一账户；④住房和按揭基金会与获得社会支付证书的年轻家庭签订抵押合同，并将其抵押给住房按揭贷款股份公司，借此从按揭贷款股份公司获得相应的融资。

3）预算投资

预算投资是指通过预算资金对联邦和地方政府所属或其他所有制形式项目的修建或现代化改造进行资本投入，以实现社会经济利益。从本质上讲，它是俄联邦、各联邦主体和地方政府对其所属资产进行统一管理和配置的过程。根据规定，俄罗斯在预算投资过程中产生的相应的财产权利，或为国家或市政机关产权，或为与私人商业主体形成的共同产权；若预算投资主体为俄联邦中央、地区和地方预算，其支出效率评估方法和程序由相应层级的法律文件进行规范，以保障投资项目评估和遴选机制的公开透明。

俄罗斯住房保障政府购买机制的运作流程包括：①俄罗斯各联邦主体制定地区住房发展规划，并据此获得来自联邦住房公用事业改革基金①等的预算拨款补贴；②联邦主体根据其辖区内居民的住房需求，将获得的补贴提供给地方政府，用于组织危房拆除或社会住房建设等活动。地方政府通过政府购买的方式，委托建筑公司及其分公司进行住房及公用基础设施项目建设；③为居民提供住房并改善其居住条件。

通常情况下，俄罗斯在固定资本形成阶段，预算投资一般不足以抵偿所有的项目支出，还需要通过公司合作等方式为住房建设、公用基础设施建设和现代化改造融资。目前，俄罗斯公私合作在住房建设领域投资的基本模式有签订特许协议、兴建特殊目的企业（SPV）和

---

① 俄罗斯住房公用事业改革基金成立于2007年，负责对各联邦主体危旧住房的拆迁等地区发展规划进行审核，制定相关办法，对符合联邦法律规定的联邦主体和项目进行资金支持，并对其实施情况进行监控。住房公用事业改革基金还对地区专项发展规划的实施提供资金支持：包括居民楼维修、危旧住房拆迁、住房公用基础设施的现代化改造等。

签署生命周期合同[①]等。

3.5.2 以优化住房配置为支撑

1）社会住房

社会住房是指俄罗斯政府为符合联邦法律相关规定的低收入群体提供的最基本的保障性住房。根据俄联邦住房法相关规定："社会住房"产权归国家或地方政府，政府与需要此类住房的公民签订社会租赁合同，并保证公民可以无限期租用。社会住房建设资金主要来自于地方预算拨款、联邦预算再融资形成的地方政府长期贷款、借款、社会住房的租金收入和房产税收入（根据《2008—2010年俄罗斯联邦税收政策的主要方向》规定）。通过加快社会住房建设为低收入群体免除房租，或根据公民的收入高低设定差别化的租金体系，是目前俄罗斯住房改革的主要方向之一。

然而，由于政府缺乏建设及购买住房的充足资金，加上住房无偿私有化的影响，使为低收入群体提供社会性住房已成为俄政府面临的一大难题。

2）私人或公民协会集资建房

私人建房或通过公民协会集资建房是俄罗斯居民获得住房的另一种形式。所谓私人建房是指居民运用自有或借贷资金来建设住房的形式，而公民协会集资建房是指由若干居民家庭组成公民协会，共同负责住房建设的形式。私人建房或通过公民协会集资建房的前提，是这些居民通过自身收入、储蓄和信贷机制以及其他形式的国家支持，能够获得足够的资金，以保障住房建设的顺利进行。其特点是，该类住房建设主体均不以营利为目的。

3）专用住房

专用住房是指由俄联邦授权成立的专门执行机构从国家和地方政府所属住房中划拨出来、为联邦法律规定的特定群体提供的保障房。专用住房主要包括公用住房、集体宿舍、机动储备住房、流离所失者和难民安置的临时住房以及为亟需特殊社会保护的公民提供的庇护用房等。专用住房不允许转让、承租和出售。

4）经济型住房

俄罗斯经济型住房也是具有政策性的商品房，该类经济型住房不限定收益群体，所有居民均可运用自有或借贷资金购买该类住房。根据俄联邦法律规定，经济型住房分为三种形式：①独栋低层居民楼，供一个家庭居住，每个家庭的居住面积不超过150m^2；②由若干栋低层居民楼构成的居民住房，楼层数量不超过3层，相邻住宅之间有共同墙壁但不联通，并设有一

---

① 在当前政府预算赤字大幅度增高的情况下（赤字率由2014年的占GDP的0.5%，上升到2016年的3%），俄罗斯用于建设和改造基础设施的预算投资日益减少，通过签订生命周期合同发展公私合作是最理想的选择，因为该模式要求从项目设计开发到运营维护，均由私人部门全权负责。

定的公共区域；③居民楼中的独户公寓，单人居住面积在35~40m²之间，两居室面积不超过60m²，总面积不得超过100m²。

5）租赁房

为保障房屋租赁市场信息和交易的透明度，协调和支持房屋租赁市场的发展，俄罗斯政府采取了一系列举措，主要包括：①对房主租金收入中的应税部分予以税收扣除，以扩大房屋租赁市场规模；②发展租赁房建设的长期贷款机制，包括土地抵押贷款；③通过俄联邦住房集团为社会住房建设贷款进行再融资；④建设租赁房的建筑商在购买土地时，可以分期付款，使房屋能以合理的价格出租。房租的确定以社会廉租房的价格为基础，同时考虑房主的应得收益，由地方政府对其进行协调和监管；⑤吸引非国家养老基金，参与租赁房建设；⑥地方政府确定最低最新标准，及时吸收闲置房进入租赁房市场。

3.6 住房维修与改造

俄罗斯认为住房维修与改造是解决住房问题十分重要的一个方面。20世纪下半期以来，主要是注重提高新建住房量，对住房维修改造不够重视，投入不足，以致维修改造欠账过多。目前情况是大约60%多的存量房房龄在30年以上，危房约占3%（至少需建房1.1亿m²）。住房领域，每年每平方米面积的耗能量为87~89kg标准燃料，比相当气候条件的挪威和加拿大高2.5倍。因此，现在如不及时进行维修改造，再过10~15年将会产生严重后果。

俄罗斯认为及时进行住房维修改造能取得很大的社会经济效益。第一是不需要增加用地；第二是与新建相比，增加面积所需的费用要便宜50%，材料消耗和工程设施费用减少25%~40%；第三是通过改造可以增加稀缺户型；第四是此类住房一般在市内中心区，住房位置也是一个具有诱惑力的卖点。

住房改造措施包括改善街坊空间平面布置；改变套户、单元、楼层或非居住房间的布局；通过增设阳台、凸窗的办法增大厨卫面积；在一、二层或顶层设计双层户型；通过增加层数或加大住宅楼层平面扩大住宅楼空间；改变住宅楼用途；提高居住舒适性和住房的建筑艺术质量；提高围护结构保温性能等。

为实现住房维修与改造的规范化，俄罗斯编制了《住房改造与现代化》组织标准（CTO 00043363-01-2008），该标准由建筑学与建筑科学院建筑理论与城市建设科学研究院编制，由地区发展部批准执行。内容包括：法规与技术标准基础、住房技术状况评价、建筑与城市建设方案、结构方案、工程设备系统的现代化、防火措施和卫生保健要求、设计前期工作特点、维修改造工程特点以及名词与定义等几个部分，同时还安排了相关实例作为附件。

3.7 住房的可持续发展

3.7.1 可持续住房主要政策

近年来,俄罗斯针对住房和公用设施服务领域,制定了一系列相关法律文件。如2009年12月23日联邦法律第261-FZ号法令"节能和能效提升法案以及俄罗斯联邦特定法案修正案"。2009年12月31日俄罗斯联邦政府第1225号决议"节能和能源效率提升领域地区和市政计划要求"。2008年6月4日,俄罗斯联邦第889号总统令"提升俄罗斯经济能源和环境效率的若干措施"。为落实法律文件要求,2009年,俄罗斯启动多个试点项目,旨在试验能够后续推广成本效益良好的解决方案,这些项目包括"能源效率城市"项目和"能源效率社会领域"项目两大类。

阿帕季特、沃尔库塔、喀山和秋明等城市被选择作为"能源效率城市"项目框架的试点城市。对喀山公寓建筑居民区的能源审计结果表明,居住设施特定节能措施的平均投资回收周期(考虑到每年11%的银行利率)仅4年多,而对于社会公共设施的建筑,仅为2年。

此外,"能源效率城市"地区政府和市政府之间通过非商业性合作关系在全国创立许多试点节能项目。在住房和公共服务领域包括:

(1)室外照明系统、灯饰和灯光广告的能源效率(利用俄罗斯摩尔曼斯克州奥列涅戈尔斯克制造的LED光源建造街道照明系统)。

(2)运用公私合营机制,实现居民建筑和非居民建筑的节能和能源效率提升目标(巴尔瑙尔居民建筑和行政建筑供热系统中运用低温热量回收热载体;汉特—曼西斯克居民建筑供热系统采用水平式公寓供热方式)。

(3)商业性能源计量系统—巴夫雷镇(鞑靼斯坦共和国)和托木斯克市居民建筑完整安装室内计量装置后,对供热和电力能源进行计量登记。

(4)这些城市通过运用能源效率技术,提升设备效率,降低市政供热系统设备和结构维修成本,取得了一系列积极效果。总之,目前俄罗斯地区正在执行约700份政府当局和公共(市政)机构之间达成的能源服务合同。截至2015年底,这些合同总费用超过15亿卢布。市场上有数十家企业专注于提供这些服务,其中包括俄罗斯能源服务协会公司——RAESCO。在俄罗斯,这类合同典型有效期限为5~7年,约2/3的投资直接投向城市户外照明。

3.7.2 建筑节能

1)建筑节能现状

据统计,建筑领域能耗约占全国总能耗的40%~45%,低于发达国家,高于发展中国家(图2-3-2)。

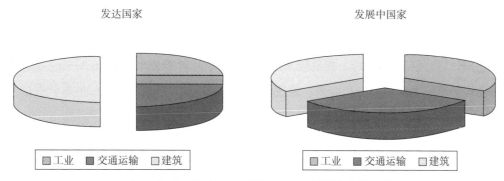

图2-3-2 发达国家和发展中国家能耗的大致比较

1917~2000年俄罗斯建成住房25亿m²，这些住房的能源消耗大多不符合当前的要求。据俄罗斯地区发展部数据，住房采暖的平均能源消耗为350~380W·h/(m²·y)，比德国和其他欧盟国家高4~6倍，某些类型住房达到680W·h/(m²·y)。

应用最适合于莫斯科气候条件的图集 Π-44 的17层三单元定型住房的能源消耗结构见图2-3-3。

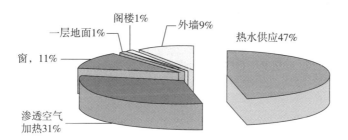

图2-3-3 图集 Π-44 17层三单元定型住房的能源消耗

由图2-3-3可见，能源消耗最多的是热水供应占47%，渗透空气加热占31%，通过围护结构的能源消耗占22%。

2009年以来，许多大城市对20世纪70~80年代兴建的多层住房进行了大修，包括对墙体保温、更换窗户、改装工程设施等。但是由于种种原因（多选择造价低的方案，改善旧房采暖系统并加装计量表有困难等），效果不明显，采暖能源消耗只降低了10%~15%，与德国住房改造效果相差甚远。

新型能源的利用（太阳能、风能、地热等）在俄罗斯还很少，在这方面节能空间还是很大的。

2）节能法规标准

俄罗斯第一个与节能有关的法律是1996年4月发布的联邦《节能法》。该法要求将能源有效利用指标，以及建筑物采暖、通风、热水供应和照明等的耗能指标纳入规范文件。根据这一要求编制了节能的国家标准：《节能·标准方法保障·基本规则》ГОСТР51387-99和《节能·能源效率·指标构成·基本规则》ГОСТР51541-99。

2009年11月颁布了《节能、提高能源效率和修改联邦若干法律条文》的联邦法律。该法提出的主要目标是为激励节能和提高能源效率，建立法规的、经济的和组织的基础并提出了极难完成的任务：从2007～2020年要将GDP的能源消耗降低40%。

为执行这一法律文件，经政府2010年12月批准实施《到2020年节能和提高能源效率》国家专项规划。该规划是多部门的，其主要目标为到2020年GDP的能源消耗降低13.5%，规划中有关住房领域节能和提高能源效率方面的要求是：第一阶段（2011～2015年），一次能源总节约量为2918万t标准燃料，在整个规划期（2011～2020年）节约9783万t标准燃料。同时该规划还设置了一章《各联邦主体节约和提高能源效率的激励》，提出了激励措施。

为使节能不以降低建筑物房间内部小气候质量为代价，建筑物理研究院（НИИСФ）编制了《居住和公共建筑物·房间小气候参数》ГОСТ30494-96。在建筑物理研究院参与下，编制了法规《独户住房》СНиП31-02-2001，其中在节能部分提出了建筑物单位能耗定额原则，编制了《建筑物热防护》СНиП2302-2003和《建筑气候分区》СНиП，建筑物理研究院还编制了规范《建筑物热防护设计》СП23-101-2000以及标准《建筑物和结构物·房间和建筑物在实体条件下空气渗透性的计算方法》ГОСТ31167-03和《居住建筑物·建筑物采暖热能使用量的计算方法》ГОСТ31168-03。

主要参考文献

[1]　俄罗斯统计年鉴 2017年；www.gks.ru.

[2]　俄罗斯联邦建设和居住公用事业部条例（2014年3月18日政府决议）.

[3]　www.minstroyrf.ru.

[4]　2013～2020年向俄罗斯公民提供可负担的舒适住房和居住公用事业服务规划.

[5]　www.yandex.ru.

[6]　www.gov.ru.

[7]　肖来付从住房问题看俄罗斯的住房社会政策俄罗斯中亚东欧市场 2010年第5期.

[8]　组织标准（СТО 00043363-01-2008）住房改造和现代化莫斯科 2008.

[9]　俄罗斯低层住房建设发展问题莫斯科ЦНФРРА-М 2011.

[10]　中央住宅与公共建筑科学研究设计院（ЦНИИЭПжилища）院长 С.В. Николаев等，
　　　http://www.ard-center.ru/home/pub1/ts3-2012/kpd 3-2012.

[11]　经济型住房标准http://www.pandia.ru/text/77/22/52630.php.

4 英国

GDP：26 479亿美元（2016年）
人均GDP：40 341美元（2016年）
国土面积：24.4万km²
人　　口：6 564.8万人（2016年）
人口密度：268.9人/km²
城市化率：82.84%

4.1 住房现状

英国住房供给方式主要有四种，即私人租赁住房（Private Renters）、自有住房（Owner Occupiers）、住房协会租赁房（Housing Association）和租赁地方政府住房（Local Authorities）。

4.1.1 住房类型与家庭户数

截至2017年，全英国有1 899万个家庭，总住宅套数达到了2 723万户（表2-4-1~表2-4-3）。

2010~2017年英国家庭数（千）[①]　　　　表2-4-1

年份	全部家庭数	年份	全部家庭数
2010	18 075	2014	18 624
2011	18 102	2015	18 756
2012	18 362	2016	18 887
2013	18 366	2017	18 997

---

① https://www.ons.gov.uk/peoplepopulationandcommunity/birthsdeathsandmarriages/families/datasets/familiesandhouseholdsfamiliesandhouseholds.

英国住宅套数（2010~2017年）[①]（单位：千套）　　　表2-4-2

年份	单人家庭套数	非亲家庭套数	单身家庭套数	多家庭套数	总套数
2010	7 591	831	17 579	239	26 240
2011	7 660	920	17 576	253	26 409
2012	7 717	848	17 765	283	26 614
2013	7 753	844	17 776	287	26 661
2014	7 593	853	17 974	313	26 732
2015	7 732	862	18 152	295	27 042
2016	7 653	898	18 214	324	27 089
2017	7 716	849	18 357	306	27 228

英国家庭平均住房套数　　　表2-4-3

年份	家庭数（千）	住宅套数（千）	家庭平均住房套数
2010~2011	18 102	26 409	1.46
2011~2012	18 362	26 614	1.45
2012~2013	18 366	26 661	1.45
2013~2014	18 624	26 732	1.44
2014~2015	18 756	27 042	1.44
2015~2016	18 887	27 089	1.43
2016~2017	18 997	27 228	1.43

注：表2-4-3为按表2-4-1、表2-4-2推算的2010~2016年家庭平均住房套数。

在2016~2017年，英格兰的总共住户数量为2 308万。英格兰的自有住房住户数量为1 444万，占2/3（63%）。英格兰的自有住房中55%为完全自有住户，45%为贷款购房住户。自有住房用户中全部住户的比例在20世纪80年代到2003年这段时期达到了71%的顶峰。

在2016~2017年，社会租赁房住户为397.4万（17.2%），仍占比最少。自1980年开始，购买权政策使众多社会租赁房住户以折扣购买住房，社会租赁房住户的比例由1980年的31%降至2000年的19%。

在2016~2017年，所有住户中私人租赁住户数量为469.2万，占全部住户的20.3%，然而在20世纪80、90年代这个比例只有10%。2002年至今私人租赁住房业经历了巨大的变化

[①] Office for National Statistics, Families and Households, 8 November 2017
https://www.ons.gov.uk/peoplepopulationandcommunity/birthsdeathsandmarriages/families/datasets/familiesandhouseholdsfamiliesandhouseholds.

导致数量增加一倍,这方面的原因有很多,例如20世纪90年代的取缔租赁限制,保障短期租赁户权益,增大租期弹性;同时,房东还可协助住户申请购房出租抵押贷款(表2-4-4、表2-4-5)。

2005~2017年英格兰各类型住户数量(单位:千户) 表2-4-4

年份	自有住房住户			私人租赁房	社会租赁房住户			全部住房住户
	完全自有	贷款购房	全部		当地政府出租房	住房协会	全部	
2005	6 352	8 440	14 791	2 445	—	—	3 696	20 932
2006	6 425	8 365	14 791	2 565	—	—	3 737	21 092
2007	6 505	8 228	14 733	2 691	—	—	3 755	21 178
2008	6 653	7 975	14 628	2 982	—	—	3 797	21 407
2008~2009	6 770	7 851	14 621	3 067	1 887	1 955	3 842	21 530
2009~2010	6 828	7 697	14 525	3 355	1 745	1 930	3 675	21 554
2010~2011	7 009	7 441	14 450	3 617	1 835	1 992	3 826	21 893
2011~2012	6 996	7 392	14 388	3 843	1 782	2 026	3 808	22 040
2012~2013	7 152	7 184	14 337	3 956	1 684	2 000	3 684	21 977
2013~2014	7 386	6 933	14 319	4 377	1 641	2 279	3 920	22 617
2014~2015	7 475	6 849	14 324	4 278	1 639	2 272	3 912	22 514
2015~2016	7 732	6 598	14 330	4 528	1 605	2 313	3 918	22 776
2016~2017	7 881	6 563	14 444	4 692	1 566	2 381	3 974	23 083

2003~2017年伦敦各类型住户数量百分比(单位:%) 表2-4-5

年份	自有住房住户			私人租赁房	社会租赁房住户			全部住户
	完全自有	贷款购房	全部		当地政府出租房	住房协会	全部	
2004	22.3	38.8	61.1	13.6	—	—	25.3	100.0
2005	23.1	34.5	57.6	18.3	—	—	24.1	100.0
2006	20.7	39.2	59.9	16.5	—	—	23.5	100.0

① https://www.gov.uk/government/statistics/english-housing-survey-2016-to-2017-headline-report
English housing survey headline report 2016 to 2017: section 1 household tables.

续表

年份	自有住房住户			私人租赁房	社会租赁房住户			全部住户
	完全自有	贷款购房	全部		当地政府出租房	住房协会	全部	
2007	23.4	35.5	58.8	18.5	—	—	22.7	100.0
2008	23.4	34.4	57.8	18.9	—	—	23.4	100.0
2008~2009	21.7	31.2	52.9	21.5	16.4	9.1	25.5	100.0
2009~2010	22.1	31.4	53.5	23.0	15.1	8.4	23.5	100.0
2010~2011	21.5	29.2	50.7	25.4	14.3	9.7	23.9	100.0
2011~2012	19.6	29.7	49.2	26.1	16.3	8.4	24.7	100.0
2012~2013	21.8	28.9	50.7	24.1	14.7	10.5	25.2	100.0
2013~2014	21.5	26.6	48.2	29.6	11.7	10.6	22.3	100.0
2014~2015	22.8	26.7	49.5	27.2	12.3	11.0	23.3	100.0
2015~2016	23.4	26.0	49.4	28.1	11.6	10.9	22.5	100.0
2016~2017	25.1	22.4	47.5	30.0	11.3	11.2	22.5	100.00

由表2-4-5可以看出，伦敦的私人租赁住户自2003~2004年的13.6%上升至2016~2017年的30.0%。同一时期，伦敦自有住房中贷款购房住户自38.8%下降至22.4%，然而完全自有住房和社会租赁住房的比重变化较小。

4.1.2 家庭规模

2002~2017年，英国每户人口数在十余年间基本维持稳定在2.36~2.39人。2人户增加最多，增量为73.5万户；6人户以上增量仅为11.1万户（表2-4-6）。

英国每户人口数[①]（单位：千户） 表2-4-6

	1人	2人	3人	4人	5人	≥6人	总人口	平均人口
2002	7 221	8 690	3 840	3 432	1 144	465	24 792	2.36
2003	7 255	8 772	3 816	3 448	1 157	469	24 917	2.36
2004	7 213	8 768	3 941	3 456	1 162	452	24 993	2.37

① Office for National Statistics, Families and Households, 25 January 2018
https://www.ons.gov.uk/peoplepopulationandcommunity/birthsdeathsandmarriages/families/datasets/familiesandhouseholdsfamiliesandhouseholds.

续表

	1人	2人	3人	4人	5人	≥6人	总人口	平均人口
2005	7 230	8 925	4 017	3 436	1 148	461	25 217	2.36
2006	7 302	8 968	4 015	3 436	1 176	481	25 379	2.36
2007	7 440	8 959	4 065	3 480	1 189	475	25 609	2.36
2008	7 534	9 093	4 124	3 450	1 179	494	25 875	2.36
2009	7 534	9 140	4 210	3 524	1 157	476	26 042	2.36
2010	7 591	9 213	4 229	3 558	1 153	496	26 240	2.36
2011	7 660	9 246	4 255	3 530	1 169	548	26 409	2.36
2012	7 717	9 286	4 367	3 555	1 165	524	26 614	2.36
2013	7 753	9 156	4 366	3 640	1 212	534	26 661	2.37
2014	7 593	9 352	4 311	3 714	1 211	550	26 732	2.38
2015	7 732	9 456	4 339	3 800	1 180	535	27 042	2.38
2016	7 653	9 444	4 372	3 830	1 268	522	27 089	2.39
2017	7 716	9 425	4 473	3 758	1 280	576	27 228	2.39

数据来源：Labour Force Survey（LFS），Office for National Statistics

4.1.3 住宅建筑面积

1）套均建筑面积

在2016年，所有住宅平均使用面积为94m²。在英国自有住房与租赁住房的房屋中，自有住房的平均使用面积是最大的。且私人住房的面积大于社会住房，社会住房的平均面积为66m²，而私人住房的平均面积为100m²。在私人住房中，自有住房面积（107m²）远大于私人租赁房面积（77m²）。

31%的社会住房面积小于70m²，然而75%以上私人住房的面积大于70m²（表2-4-7）。

2016年英格兰各类型住房不同使用建筑面积[①]（单位：千套）　　表2-4-7

面积	私人部门			社会部门			总计（千套）
	自有住房	私人租赁房	总计	地方政府	住房协会	总计	
<50m²	434	793	1 227	429	655	1 085	2 312
50~69m²	2 156	1 576	3 732	546	762	1 308	5 040
70~89m²	4 325	1 308	5 633	507	740	1 247	6 879

① English housing survey headline report 2016 to 2017：section 2 housing stock tables
　https://www.gov.uk/government/statistics/english-housing-survey-2016-to-2017-headline-report.

续表

面积	私人部门			社会部门			总计（千套）
	自有住房	私人租赁房	总计	地方政府	住房协会	总计	
90~100m²	2 905	659	3 564	107	207	314	3 878
>110m²	4 996	518	5 514	35	74	109	5 623
平均面积（m²）	107	77	100	66	67	66	94

自有住房的面积相对于各类出租房的使用面积要大，因此与拥有自住房者相比，社会和租赁私房者居住在较拥挤的环境中。原因可能是拥有自住房者收入较高，也可能是拥有自住房者有更大的自由度来修改住房，通过阁楼的转换和扩展，以满足他们的家庭需要（表2-4-8）。

2016年英格兰各类型住房不同使用建筑面积比例[①]（单位：%）　　表2-4-8

使用面积	自有住房	私人租赁房	地方政府	注册住房协会
<50m²	2.9	16.3	26.4	26.9
50~69m²	14.5	32.5	33.6	31.3
70~89m²	29.2	26.9	31.2	30.3
90~100m²	19.6	13.6	6.6	8.5
>110m²	33.7	10.7	2.2	3.0

2）住房过度拥挤

住房过度拥挤（Overcrowding）是指住户中的卧室数量少于家庭成员依照标准所需的数量。英国卧室标准：一对已婚夫妻或同居夫妇、21岁以上的成年人、一对同性别的10~20岁青少年、一对10岁以下的儿童需要有一个独立的卧室，任何拥挤程度超于标准的居住环境称为过度拥挤。

2016~2017年英格兰住房的过度拥挤度为3%，有接近68.2万家庭生活在过度拥挤的住宅里。社会租赁住房的过度拥挤比例最高（6.8%），自有住房拥挤度最低（1.3%），而私人租赁住房的拥挤度在2016~2017年为5.1%（图2-4-1、表2-4-9）。

---

① English housing survey headline report 2016 to 2017：section 2 housing stock tables

https://www.gov.uk/government/statistics/english-housing-survey-2016-to-2017-headline-report.

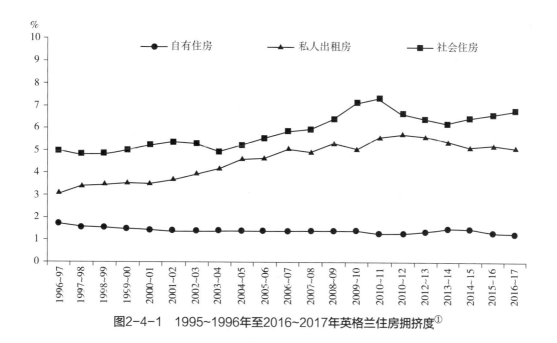

图2-4-1　1995~1996年至2016~2017年英格兰住房拥挤度①

2001~2012年至2016~2017年英格兰住房拥挤度②　　　表2-4-9

	自有住房	私人出租房	社会租房	全部住房
2001~2002	1.4	3.7	5.4	2.4
2002~2003	1.4	4.0	5.3	2.4
2003~2004	1.4	4.2	4.9	2.4
2004~2005	1.4	4.6	5.2	2.5
2005~2006	1.4	4.7	5.5	2.5
2006~2007	1.4	5.1	5.9	2.7
2007~2008	1.4	4.9	5.9	2.7
2008~2009	1.4	5.3	6.4	2.8
2009~2010	1.4	5.1	7.2	2.9
2010~2011	1.3	5.6	7.3	3.0
2011~2012	1.3	5.7	6.6	2.9
2012~2013	1.4	5.6	6.4	3.0
2013~2014	1.5	5.4	6.2	3.0
2014~2015	1.5	5.1	6.4	3.0
2015~2016	1.3	5.2	6.6	3.0
2016~2017	1.3	5.1	6.8	3.0

① https://www.gov.uk/government/statistics/english-housing-survey-2016-to-2017-headline-report
English housing survey headline report 2016 to 2017: section 1 household tables.

② https://www.gov.uk/government/statistics/english-housing-survey-2016-to-2017-headline-report
English housing survey headline report 2016 to 2017: section 1 household tables.

4.1.4 住房存量

1）住房空置率

住房房空置率是指某一时刻空置房屋数量占房屋总数的比率。英格兰空置住房的数量从2008年以来逐年下降。2016年10月，在英格兰，约有589 766套空置房，比2015年全年减少1.7%，比2006年全年的744 931套空置房数量低21%。

2016年，英格兰住房空置率约为2.49%，各个分区空置率水平相当。其中伦敦地区空置率最低，约1.67%；大都会区空置率水平最高，达到2.84%。大都会区包括大曼彻斯特、默西塞德、南约克郡、泰恩—威尔、西米德兰兹、西约克郡（表2-4-10、图2-4-2）。

2016年英国不同地区住房全部空置率[①]   表2-4-10

地区	住宅数量	全部空置住宅数量	空置率
单一管理区（Unitary authorities）	5 485 870	146 941	2.68%
各郡区（Shire Districts）	9 678 680	240 587	2.49%
都会区（Metropolitan Districts）	5 083 210	144 142	2.84%
伦敦（London boroughs）	3 484 880	58 096	1.67%
全英格兰（England）	23 733 000	589 766	2.49%

图2-4-2 英格兰2004~2016年空置住房数量

---

① National Statistics website: www.statistics.gov.uk , Live tables on dwelling stock (including vacants https://www.gov.uk/government/statistical-data-sets/live-tables-on-dwelling-stock-including-vacants Table 615: vacant dwellings by local authority district: England, from 2004.

2）不同住户类型住房存量

2016年，英国住房存量有27 713千套，其中有17 345千套属于自有产权住房中，5 448千套属于私人租赁房屋，2 845千套属于住房协会租赁房屋；2 016千套属于当地政府租赁公有住房（表2-4-11）。

2001~2016年英国住房存量（按住房所有权分类）（单位：千套）[①] 表2-4-11

	自有住房	私人出租房或就业单位提供	住房协会出租房	地方议会出租房	其他公共部门住房	全部住房
2001	17 115	2 404	1 618	3 553	103	24 794
2002	17 280	2 465	1 692	3 420	112	24 968
2003	17 223	2 834	1 946	3 049	104	25 156
2004	17 478	2 895	2 017	2 884	83	25 358
2005	17 625	3 054	2 118	2 696	82	25 576
2006	17 608	3 334	2 182	2 603	82	25 810
2007	17 657	3 563	2 279	2 486	75	26 059
2008	17 660	3 837	2 414	2 330	74	26 317
2009	17 547	4 147	2 503	2 259	74	26 529
2010	17 463	4 385	2 562	2 220	66	26 696
2011	17 388	4 605	2 664	2 135	63	26 855
2012	17 276	4 841	2 716	2 100	75	27 008
2013	17 205	5 042	2 743	2 088	73	27 151
2014	17 200	5 213	2 755	2 075	64	27 306
2015	17 210	5 383	2 801	2 048	55	27 498
2016	17 345	5 448	2 845	2 016	57	27 713

2016年，英格兰住房存量有23 733千套，其中有14 786千套属于自有产权住房中，2 430千套属于注册社会业主租赁房屋，1 612千套属于当地政府租赁公有住房，4 847千套属于私人租赁房屋（表2-4-12）。

---

① National Statistics website：www.statistics.gov.uk，Live tables on dwelling stock（including vacants）https://www.gov.uk/government/statistical-data-sets/live-tables-on-dwelling-stock-including-vacants.

1991~2016年英格兰住房存量（按住房所有权分类）（单位：千套）[①] 表2-4-12

年份	自有住房	私人出租房或就业单位提供	注册社会业主	地方议会出租房	其他公共部门住房	全部住房
2003	14 752	2 549	1 651	2 457	104	21 513
2004	14 986	2 578	1 702	2 335	83	21 684
2005	15 100	2 720	1 802	2 166	82	21 870
2006	15 052	2 987	1 865	2 087	82	22 073
2007	15 093	3 182	1 951	1 987	75	22 288
2008	15 067	3 443	2 056	1 870	74	22 511
2009	14 968	3 705	2 128	1 820	74	22 694
2010	14 895	3 912	2 180	1 786	66	22 839
2011	14 827	4 105	2 255	1 726	63	22 976
2012	14 754	4 286	2 304	1 693	75	23 111
2013	14 685	4 465	2 331	1 682	73	23 236
2014	14 674	4 623	2 343	1 669	64	23 372
2015	14 710	4 747	2 387	1 643	55	23 543
2016	14 786	4 847	2 430	1 612	57	23 733

4.2 住房建设与标准

4.2.1 住房建设量

由表2-4-13、表2-4-14可知，英国在2016~2017年完成建设178 450套的永久性住宅，相比2015~2016年增加10 100套。地方政府永久性住宅在总住宅数量中的比例非常小，在2011~2012年的建成数达到了1995~1996年以来的最高峰，为3 080套。而私营企业住宅的建设量则从2006~2007年的188 560套下降到2016~2017年的145 310套。

[①] Table 2.2.3: by tenure, United Kingdom（historical series）
https://assets.publishing.service.gov.uk/government/uploads/system/uploads/attachment_data/file/609282/Dwelling_Stock_Estimates_2016_England.pdf.

英国永久性住房竣工量（2003~2004年至2016~2017年）（单位：套）① 表2-4-13

财年	全英国	英格兰	威尔士	苏格兰	北爱尔兰
2003~2004	190 590	143 960	8 300	23 820	14 510
2004~2005	205 390	155 890	8 490	26 470	14 540
2005~2006	210 310	163 400	8 250	24 950	13 710
2006~2007	215 210	167 680	9 330	24 270	13 930
2007~2008	215 860	170 610	8 660	25 790	10 800
2008~2009	178 550	140 990	7 120	21 010	9 430
2009~2010	151 220	119 910	6 170	17 110	8 020
2010~2011	136 010	107 870	5 510	16 420	6 210
2011~2012	145 780	118 510	5 580	15 980	5 720
2012~2013	133 000	107 980	5 450	14 050	5 530
2013~2014	138 350	112 330	5 840	14 870	5 320
2014~2015	152 520	124 640	6 170	16 210	5 500
2015~2016	168 350	139 840	6 900	15 840	5 780
2016~2017	178 450	147 930	6 830	17 220	6 470

2003~2017年英国永久性住宅竣工量（按住房所有权分类）（单位：套） 表2-4-14

财年	私营企业	住房协会	地方政府	全部
2003~2004	172 360	18 020	210	190 590
2004~2005	183 710	21 550	130	205 390
2005~2006	185 830	24 160	320	210 310
2006~2007	188 560	26 400	260	215 210
2007~2008	187 280	28 330	250	215 860
2008~2009	145 290	32 430	830	178 550
2009~2010	116 410	34 030	780	151 220
2010~2011	103 870	30 380	1 760	136 020
2011~2012	108 780	33 950	3 080	145 780
2012~2013	103 180	27 500	2 330	133 000
2013~2014	109 820	26 480	2 060	138 350
2014~2015	118 120	31 880	2 520	152 520
2015~2016	134 620	30 700	3 030	168 350
2016~2017	145 310	30 180	2 960	178 450

① https://www.gov.uk/government/statistical-data-sets/live-tables-on-house-building#history
Table 209: permanent dwellings completed, by tenure and country.

4.2.2 住房标准

英国对保障居民的居住标准非常重视，2004年制订了：①《住宅最低居住面积》，以满足基础功能和活动；②《体面住房标准》，其中准则A：符合当前住房法定的最低标准；标准B：住房应可修复；标准C：它有合理的现代化设施和服务；标准D：它提供了一个合理的热舒适程度（具体内容详见《国外住房发展报告2015第3辑》第111页）。

根据英国住房调查EHS，英格兰总住房存量为23 733千套，其中不符合住房标准的房屋数量为4 724千套，占比约为20%，相较2015年有小幅增加。所有的社会住房里不符合标准的房屋占比最低，约为13%；所有私人租赁住房中不合标的住房占比最高，约为27%；所有自有住房中不符合标准的所占比例约为20%。由此可见英国对于地方当局和注册社会房主所提供住房的质量把控相对严格（表2-4-15）。

2010~2016年英国不符合"体面住房"标准的住房量（单位：千套）[①]　　表2-4-15

年份	2010	2011	2012	2013	2014	2015	2016
所有社会住房（含地方当局住房和注册社会房主）							
总住房数量	3 819	3 972	3 817	4 034	4 039	4 046	4 063
不符合住房标准	759	666	581	593	578	525	511
所占比例	19.9%	16.8%	15.2%	14.7%	14.3%	13.0%	12.6%
所有的自有住房							
总住房数量	14 860	14 765	14 783	14 759	14 757	14 755	14 816
不符合住房标准	3 800	3 292	3 002	2 862	2 748	2 694	2 912
所占比例	25.6%	22.3%	20.3%	19.4%	18.6%	18.3%	19.7%
所有的私人租赁住房							
总住房数量	3 706	4 017	4 119	4 461	4 575	4 743	4 854
不符合住房标准	1 379	1 407	1 365	1 331	1 311	1 350	1 301
所占比例	37.2%	35.0%	33.1%	29.8%	28.6%	28.5%	26.8%
英格兰住房总量							
总住房数量	22 386	22 754	22 718	23 254	23 371	23 543	23 733
不符合住房标准	5 937	5 364	4 947	4 785	4 637	4 569	4 724
所占比例	26.5%	23.6%	21.8%	20.6%	19.8%	19.4%	19.9%

① https://www.gov.uk/government/statistical-data-sets/live-tables-on-dwelling-stock-including-vacants
　Table 119: stock of non-decent homes, England 2001-2017.

图2-4-3 2007年12月~2017年12月年英国住房价格变化率[1]
数据来源:土地登记局,国家统计局及北爱尔兰、苏格兰土地和地产服务机构

4.3 住房消费

4.3.1 全国住房价格

1)住房价格变化率

英国平均住房价格从2012下半年起持续增长,2014年、2016年增长较快,2016年末起房价增长率逐渐趋于平缓,2017年12月英国的住房价格变化率为4.5%(图2-4-3)。

2)平均住房价格

2017年,英国平均住房价格约为22.1万英镑/套,增长率为4.5%。英格兰房价最高,平均住房价格约为23.8万英镑/套,增长率为4.8%;北爱尔兰房价最低,平均住房价格约为12.8万英镑/套,增长率为3.8%;威尔士平均住房价格约为15.0万英镑/套,增长率为4.2%;苏格兰平均住房价格约为14.3,增长率3.0%(表2-4-16)。

英国不同地区住房平均价格[2](单位:英镑) 表2-4-16

年份	英格兰	威尔士	苏格兰	北爱尔兰	英国
2005	163 570	127 647	104 860	119 746	156 236
2006	174 352	137 162	119 489	153 898	168 513
2007	190 026	146 274	137 043	213 660	185 196

[1] https://www.ons.gov.uk/economy/inflationandpriceindices/bulletins/housepriceindex/april2018,Figure 1.
[2] https://www.ons.gov.uk/economy/inflationandpriceindices/bulletins/housepriceindex/april2018,Figure 4.

续表

年份	英格兰	威尔士	苏格兰	北爱尔兰	英国
2008	182 380	138 651	136 634	176 514	176 853
2009	166 559	127 658	129 881	141 384	161 148
2010	177 473	130 973	131 902	131 724	170 365
2011	175 230	128 411	129 489	115 786	167 888
2012	177 488	127 898	125 249	102 858	168 556
2013	182 581	128 423	125 755	99 925	172 890
2014	197 771	134 879	131 664	107 617	186 770
2015	211 175	138 632	136 887	115 429	197 890
2016	227 337	144 425	138 749	122 973	211 685
2017	238 167	150 469	142 862	127 622	221 242

3）租金

房屋租金方面，私人部门租金比社会部门高。在2016~2017年，英格兰私人部门出租房平均每周租金192英镑，社会出租房平均每周租金102英镑，较2015~2016年有所增长。伦敦市私人出租房平均每周租房金298英镑，比英格兰平均值高50%，社会出租房平均每周租金129英镑（表2-4-17）。

英格兰、伦敦平均房租（单位：英镑/周） 表2-4-17

年份	英格兰平均房租		伦敦平均房租	
	私人出租房	社会出租房	私人出租房	社会出租房
2008~2009	153	71	233	86
2009~2010	156	75	254	95
2010~2011	160	79	241	102
2011~2012	164	83	258	106
2012~2013	163	89	258	114
2013~2014	176	94	281	125
2014~2015	179	99	298	129
2015~2016	184	101	300	129
2016~2017	192	102	309	132

4.3.2 家庭收入与支出

1）家庭收入

截至2017年底，2017财政年度英国家庭收入中位数（即所有家庭按收入最低到收入最高进行排名，排在中间的家庭的收入）为27 200英镑，比2016财政年度的26 700英镑高500镑，增长1.8%（已将通过膨胀及家庭状况纳入考虑）。相对于2008年金融危机的家庭收入中位数值25 700英镑，已增长1 500英镑，增长率5.7%。①

2）家庭支出

图2-4-4为英国2002~2017财年家庭平均周总花费。其中，2012年最低，为511.1英镑。

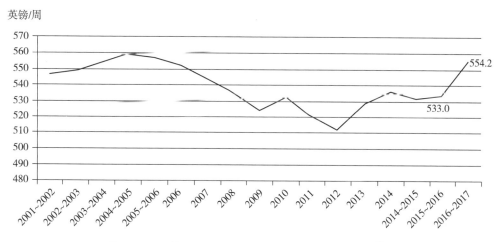

图2-4-4　英国2002~2016财年家庭平均周总花费②

如表2-4-18所示，2016~2017年，英国家庭平均周消费达到554.2英镑，比2015~2016年增长了21.2镑。为了适应通货膨胀，家庭消费从2006年期起从未达到这个高度。可以看出，家庭支出首次超过了经济衰退前的水平。

3）住房负担率

住房负担率③（Affordability Ratio）用住房价格的中位数与居民年收入的中位数比率来表示。2017年，英国全职员工在英格兰和威尔士买房的花费通常是他们工作年收入的7.8

---

① https://www.ons.gov.uk/peoplepopulationandcommunity/personalandhouseholdfinances/incomeandwealth/bulletins/nowcastinghouseholdincomeintheuk/financialyearending2017.

② https://www.ons.gov.uk/peoplepopulationandcommunity/personalandhouseholdfinances/expenditure/bulletins/familyspendingintheuk/financialyearending2017.

③ https://www.ons.gov.uk/peoplepopulationandcommunity/housing/bulletins/housingaffordabilityinenglandandwales/2017.

表2-4-18 2014~2017年英国住房平均每周支出（英镑）[①]

	2014			2014~2015			2015~2016			2016~2017		
	周支出	占总支出比例（%）	占住房支出比例（%）	周支出	占总支出比例（%）	占住房支出比例（%）	周支出	占总支出比例（%）	占住房支出比例（%）	周支出	占总支出比例（%）	占住房支出比例（%）
主要住房												
其中 租赁	45.90	6	29	46.50	6	30	48.30	7	29	47.10	6	27
抵押贷款	44.50	6	28	45.00	6	29	44.10	6	27	48.6	6	28
购买	[3.30]	0	2	[3.30]	0	2	[4.80]	1	3	[7.6]	1	4
次要住房	11.50	2	7	6.70	1	4	14.90	2	9	12.3	2	7
公共事业费	30.00	4	19	29.90	4	19	29.90	4	18	31.4	4	18
搬家	2.00	0	1	1.90	0	1	2.60	0	2	1.9	0	1
房屋维修费	7.00	1	4	7.70	1	5	7.60	1	5	8.6	1	5
房屋改善费	24.00	3	15	24.70	3	16	23.80	3	14	26.1	3	15
住房保险	5.20	1	3	5.10	1	3	4.60	1	3	4.8	1	3
住房花费	158.30	21	100	155.20	21	100	164.70	22	100	173.4	22	100
全部花费	738.60			735.80			740.60			786.9		

① https://www.ons.gov.uk/peoplepopulationandcommunity/personalandhouseholdfinances/expenditure/datasets/housingexpenditureuktable22 Housing expenditure, UK: Table 2.2.

倍左右，与2016年（7.6）相比2017年住房负担率上涨了2.4%。这一变化很大程度上是受英格兰地区影响，英格兰房价负担力比率从2016年的7.7倍增长至2017年的7.9倍，增幅为2.5%。而威尔士仅有小幅降低，且近几年内没有明显的变化（图2-4-5）。

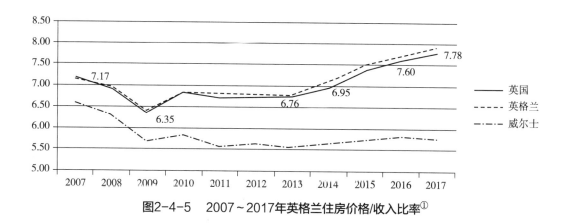

图2-4-5　2007~2017年英格兰住房价格/收入比率①

在英格兰，2016~2017年房价增长率为4.6%，收入增长率为2.1%，房价的增长比居民的收入更高，因此住房负担率增高。在威尔士，2016~2017年房价增长率为1.4%，居民收入增长率为2.3%，居民收入的增长高于房价的增长，因此住房负担率降低。

4）住房交易量

图2-4-6显示了2007~2008年至2017~2018年英国10个财政年度的住房交易总量变化趋势。英国住宅交易总量的变动趋势见表2-4-19。2008年金融危机后，受市场环境及信贷紧缩的影响，英国住房交易量降至79.6万套，跌幅为47%。后处于逐渐上升趋势，2013~2016年，经过宏观政策调控，房地产市场回暖，成交量显著增加；而2016年受英国脱欧影响，整个财年交易量量减少17.0万套。2017~2018年市场有所回升，整体交易量仍未达到金融危机之前的水平。

在2017~2018年中，英国整体住房交易量为120.8万套，增长4.3%，英国各个地区住宅交易量均有所增长。英格兰地区占有英国主要房产市场，相较2016~2017财年度98.6万套的交易量，2017~2018年度成交量增长3.9万套，涨幅4.0%（表2-4-19）。

---

① Affordability Ratios：House price to workplace-based earnings ratio，https://www.ons.gov.uk/peoplepopulationandcommunity/housing/datasets/ratioofhousepricetoworkplacebasedearningslowerquartileandmedian.

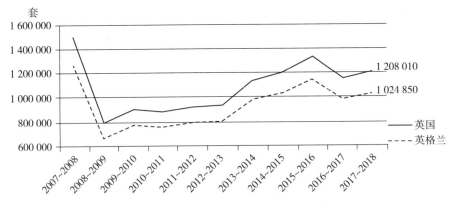

图2-4-6 英国住宅交易总量（套）①

英国不同地区住宅交易量统计②

表2-4-19

年份	英格兰	苏格兰	威尔士	北爱尔兰	英国
2013~2014	977 510	89 150	46 990	20 170	1 133 820
2014~2015	1 033 880	94 650	49 880	23 330	1 201 740
2015~2016	1 143 560	104 520	54 940	25 490	1 328 510
2016~2017	985 630	97 600	51 510	23 590	1 158 330
2017~2018	1 024 850	100 480	55 750	26 930	1 208 010

4.4 住房金融与税制

4.4.1 抵押贷款市场份额③

英国主要的贷款机构包括建筑协会、银行、专业按揭公司、保险公司和养老基金。目前全国有超过200家重要的独立金融机构为购房者提供抵押贷款，其中劳埃德银行（Lloyds Bank）和全国建筑协会（Nationwide Building Society）拥有最大的市场份额。

2016年全年，建筑协会批准了448 222笔抵押贷款，占1 491 081笔总市场份额的30%。建筑业协会批准的抵押贷款总额为655亿英镑，占全英国2 425亿英镑抵押贷款总额的27%。建筑协会批准的净抵押贷款（贷款总额减去还款）为212亿英镑，占405亿英镑净贷款总市场份额的52%。这使得建筑协会在2016年底剩余2 851亿英镑未偿还贷款抵押，占市场份额的22%。

2017年全年，建筑协会批准了442 996笔抵押贷款，占1 525 507笔总市场份额的29%。

---

① https://www.gov.uk/government/statistics/monthly-property-transactions-completed-in-the-uk-with-value-40000-or-above.

② https://www.gov.uk/government/statistics/monthly-property-transactions-completed-in-the-uk-with-value-40000-or-above.

③ https://www.bsa.org.uk/statistics/mortgages-housing.

建筑协会批准的抵押贷款总额为630亿英镑，占全英国2 525亿英镑抵押贷款总额的25%。建筑协会批准的净抵押贷款（贷款总额减去还款）为160亿英镑，占431亿英镑净贷款总市场份额的37%。建筑协会在2017年底剩余2 987亿英镑未偿还贷款抵押，占市场份额的22%。

4.4.2 税制

1）2016~2017财政年度税制变化

2017年4月起，英国开始进入2017~2018财政年度，多项财政政策开始实施或者出现变化。

（1）印花税（Stamp Duty Land Tax）

自2017年3月英国女王批准"脱欧"法案之后，为防止"脱欧"风险蔓延，英国财政大臣于2017年11月22日英国秋季预算演讲中说明了2018~2019年度英国政府的税收和开支计划。该计划规定：对于首次购房者，房价不超过30万英镑不用交印花税；高房价地区的50万英镑以下首套房，前30万英镑的印花税也可免征。财政部表示，削减印花税将令95%的首次购房者受益，其中80%可以不用缴纳任何印花税。对于购买超过4万英镑的第二套住房和购房出租（Buy-to-let）的业主需要支付额外3%的印花税，如果有关英国房产的价值超过150万英镑，土地印花税率将为15%。价值在150万英镑以下的房产，所有税率级别都会上调3%，最高可达13%。这一政策从2015年起实施，由于这两年来给英国政府贡献了巨额财政收入，因此在今天的秋季预算案中依然被保留。

英国财政部表示，印花税改革会立即在英格兰和北爱尔兰施行，在威尔士的生效期推迟到2018年3月底，苏格兰地区不受影响。首套房购买者最高可节省5 000英镑的印花税，但印花税改革的利益在各个地区分布不均等。例如苏格兰北部的平均房价仅为12.5万英镑，刚过苏格兰地区印花税的门槛，当地平均印花税才11.82英镑。但伦敦的首套房购买者50万英镑房产可以减少5 000英镑印花税。

（2）空置房市政税（Empty Homes Tax）

在英国，所有的房产都要向地方政府缴市政税（Council Tax），用来支付公共服务设施费用。按照之前英国政府颁布的法律，如果一个房子已空置2年或2年以上，除非它是某一房产的附属建筑物或所有者为军人，那么地方议会目前可对其额外征收高达50%的空房市政税（Empty Homes Tax）。2017年秋季预算规定，将对空置物业加大市政税（Council Tax），从额外的50%增加到100%。

（3）贷款利息减免

按照目前的政策，房东按揭贷款的利息部分是可以作为成本在计算税额的时候完全抵扣的，因此计算税额时以得出的出租净收入为基数交税。自2017年4月起，计划将在2020年全面实施新的抵押贷款利息政策。新的规定利息只能按照20%的基本税率抵税，而不是实际上按照房东的边际税率，即边际税率40%以上的人的贷款利息将不能得到全部抵扣。到2020

年，所有Buy-to-let房东投资者不能再把贷款利息支出从个人所得税中减去，这意味着要交的Buy-to-let出租收入税额将提高，房东收益将逐渐减少。这项政策对计划利用贷款购买Buy-to-let项目的投资者造成较大影响，尤其是贷款金额较大的投资者，然而对于计划全额购买的人没有任何影响。

2）不动产税或房产税占GDP比重

据经济合作与发展组织（OECD）的研究，在发达国家中，英国人支付的房产税是最高的。在2016年房产税总额813.5亿英镑，占英国GDP总额（19 740亿英镑）的4.12%（表2-4-20）。

英国2000~2015年税收结构[①]（单位：百万英镑） 表2-4-20

年份	总税收	收入税	房产税	家庭不动产经常性税	占GDP比例（%）
2000	354 881	138 591	41 134	14 205	32.8
2001	368 707	146 179	42 247	15 342	32.9
2002	372 007	141 691	44 644	16 668	31.7
2003	391 641	143 859	46 555	18 693	31.5
2004	419 032	153 755	50 393	20 125	32.1
2005	447 758	171 995	53 838	21 306	32.5
2006	483 470	191 809	59 647	22 456	33.2
2007	504 697	198 918	63 378	23 609	33.0
2008	515 887	206 299	60 064	24 718	33.0
2009	479 001	184 475	58 387	25 419	31.5
2010	511 071	191 745	61 345	25 913	32.5
2011	543 272	199 360	62 813	26 263	33.4
2012	547 017	194 878	64 613	26 610	32.7
2013	564 164	199 816	69 358	27 624	32.5
2014	583 689	204 450	73 639	28 343	32.1
2015	607 901	215 302	75 996	29 302	32.5
2016	644 153	230 119	81 349	30 721	33.2

4.5 住房保障机制

4.5.1 现行的保障性住房体系

1）英国保障房的定义

在英国，政府定义的保障房（Affordable Housing）包括社会租赁房（Social Rented）、经济适用租赁房（Affordable Rented）、中间保障房（Intermediate Housing）和经济适

---

① https://stats.oecd.org/Index.aspx?DataSetCode=REV.

用产权房（Affordable Home Ownership），是提供给居住需求不能满足市场价格的特定家庭[①]。它可以是一处新建的房产，也可以是私营部门购买作为保障房的房屋。

社会租赁房：社会租赁房的租金是由国家租赁制度（National Rent Regime）决定的，租户的租金通常在当地平均租金的40%~60%，对符合条件的租户该租约可适用于终身。大多数政府或住房协会的租户都住在社会租赁房屋里。

经济适用租赁房：大多数新建的经适房都是在经济适用租赁模式下出租的。在保障房的财政预算削减之后，政府允许住房协会通过收取"负担得起的租金"来弥补部分收入损失，租金最多可相当于市场租金的80%。一些房屋协会对三室或三室以上的房产征收65%的市场租金。经济适用型租赁房租约非终身适用。

中间保障住房：中间保障性住房是指价格和租金高于社会租赁房但是低于市场价和租金的保障性房屋。它包括共有产权模式（Shared Ownership）、净值贷款模式（Equity Loan Products）、先租后买（Rent to Buy）和中间租赁房（Intermediate Rent）。

经济适用产权房：它为低收入人群提供了一个获得住房所有权的机会，实施过程中有很多方法可以实现。

2）主要管理及实施机构

与我国政府单一渠道供给的方式不同，英国地方当局对保障房的供应量极少，而是主要由住房与社区管理局（Homes & Communities Agency，HCA）负责管理保障房，同时利用政府资金对一些符合条件的房屋进行重建利用。住房协会（Housing Associations）是主要的保障房提供者与运营者，他们可从租金中获取大量的收入来源。住房协会始于私人非营利社会组织，政府于1974年颁布的《住房法》确立了住房协会的主导地位，后将大量公租房移交给住房协会运营，住房协会的机构数量与业务规模迅速发展。截至2018年1月，英格兰地区拥有已注册的住房协会1 515家，其中非营利性住房协会1 475家，营利性住房协会40家。

住房协会初期主要向银行和互助协会等机构融资，金融危机爆发后，银行和建房互助会停止发放长期贷款，住房协会加大从债券市场的融资力度。新型社会住房债券的顺利发行，依赖的是一个能够将本地住房资产和收入流对接到全球投资者群体的新型网络。住房协会需要评估政府福利政策的变化、房租拖欠情况以及债券还款时间表对其运营的影响，从而建立合适的融资方式；之后，通过专业的金融服务机构，如大型零售银行或投资银行，负责安排相关的交易、获得债券评级、落实法律文书等。最终银行会进行定价和确定潜在投资者，然后由住房协会进行宣传。融资的前期环节一般需要3个月时间。

[①] https://assets.publishing.service.gov.uk/government/uploads/system/uploads/attachment_data/file/662740/Housing_Statistics_November_2017.pdf.

3）保障性住房供应量

政府的2015~2018年可支付住房计划（Affordable Homes Programme）目标是投资17亿英镑，提供165 000套可支付住房，而2010~2015年可支付住房计划提供了170 000套。2016~2017年共提供保障性住房42 220套，比2015~2016年的32 630套增加29%，其中2016~2017年社会租赁房（Social Rent）5 900套、经济租赁房（Affordable Rent）24 390套、中间经济适用房（Intermediate Affordable Housing）11 940套。

2010~2017年英国保障性住房供应量（单位：套）[①] 表2-4-21

保障房种类	2010~2011	2011~2012	2012~2013	2013~2014	2014~2015	2015~2016	2016~2017
社会租赁房	39 560	37 680	17 620	10 920	9 570	6 800	5 900
经济适用租赁房	—	1 150	7 180	19 900	40 830	16 550	24 390
中间保障房	21 530	19 500	18 320	12 210	16 300	9 280	11 940
中间租赁房	4 520	1 920	1 070	790	330	1 700	970
经济适用产权房	17 010	17 590	17 260	11 410	15 970	3 490	2 060
共有产权房	—	—	—	—	—	4 080	8 910
保障房总计	61 090	58 330	43 120	43 030	66 700	32 630	42 220

4.5.2 保障房支持政策

1）住房助购计划（Help to Buy）

现行的住房助购计划主要包含净值贷款模式（Equity Loan）与产权共享模式（Shared Ownership）；先租后买计划（Rent to Buy）是较普遍的一项低成本获得住房产权的保障房实施计划；储蓄补助（Lifetime ISA）可以为第一次购房者提供政府津贴。2013年起施行的按揭担保（Mortgage Guarantee）计划、新房购买（Newbuy）模式已于2016年底停用。特蕾莎·梅政府2016~2020年期间大力推广产权共享（Shared Ownership）模式，鼓励住房者先持有部分产权。

（1）Help to Buy住房净值贷款模式（Equity loan）

政府或建造商可以通过权益贷款为购房申请者提供最多20%（伦敦为40%）的资金购买英格兰价格不超过60万英镑的首套新建房屋。申请者家庭需要缴纳5%首付，其余抵押贷款额度为至少75%（伦敦为55%），对家庭收入无限制。房屋产权归业主所有，当业主卖掉房屋时，需要向政府或建造商提供在出售时所拥有相同股权的价值。

---

① https://www.gov.uk/government/statistical-data-sets/live-tables-on-affordable-housing-supply.

(2) Help to Buy 产权共享模式（Shared Ownership）

这项计划由英国住房协会（House Association）提供，购房者可以根据自身的能力购买房屋产权的一部分（房产价值的25%~75%），然后对剩余部分由机构（一般为住房协会）持有，购房者相当于对剩余部分进行租赁。在这项计划内的房产所出售的产权都属于房屋租赁权（Leasehold），且申请者一生只允许使用一次这项计划。申请者需要满足家庭年收入在6万英镑或以内的初次购买者、目前是政府救济房（Council Tenant）的租户。老年人和残疾人也可选择此计划。

(3) Help to Buy：ISA 储蓄补助

储蓄补助制度有所变化，由多家银行、建房协会、存款协会等机构提供，只针对首次购买房屋的人群开设，每存200英镑政府给予50镑津贴，存款最低限额为1600镑，且政府的津贴上限为3000镑，在申请者停掉该计划时获得储蓄金与奖金。

2）先租后买计划（Rent to Buy）

先租后买计划中房屋以中间租赁（Intermediate Rent）的形式租给那些打算将来买房的租户，但需要一个阶段的低租金来保障他们储蓄存款。在至少5年的租期之后，承租人可以选择直接购买该房屋，期间所授予的中间租赁金额必须不高于市场租金的80%。

3）起步房计划（Starter Homes）

起步房计划是为年轻的首次购房者提供低于市场价格的房屋购买计划。年轻群体具有住房需求却不满足获得市场价格住房贷款的条件，因此该计划的受益人为年收入低于80 000英镑（伦敦为90 000镑）的首次购房家庭，在房屋的市场价格基础上得到最低8折的折扣优惠。如需在购房后15年内出售该房屋，则需返还部分或全部折扣款。

4.6 住房新政与新规

4.6.1 英国住房白皮书（Housing White Paper）[①]

2月7日英国政府正式发布"2017年英国住房白皮书"，对英国住房现状进行阐述，并对未来的住房政策提供指导性方针，旨在解决住房问题，并对英国脱欧后房地产领域的相关影响提出应对措施。白皮书明确指出，英国的住房市场已经崩溃，主要原因是英国太长时间以来没有建造足够的住房。

1）规划足够的住房用地

英国住房市场供不应求，解决方案是在人们期望居住的地方建造更多的新房屋，然而实

---

① 英国住房白皮书 https://www.gov.uk/government/collections/housing-white-paper.

际上有40%的地方政府未满足当地的住房需求预期。白皮书规定，2018年各地方政府必须做出未来5年的住房规划，对于未制定实际计划的地方政府采取惩罚措施。地方政府需要在维护现有绿化带的基础上，在适宜的地方提供更多的住宅用地，最大限度地增加宗地、剩余公共用地、改造房屋与社区、释放更多中小型土地，允许农村社区发展并为新建房屋提供便利。在住房需求旺盛的城市地区，重新审核空间标准，提高土地使用效率并适当地鼓励更高的住房密度。

2）加快住房建设周期

对于加快住房建设提出基础性方案：通过改变评估住房土地供应的方式，并缩小地方政府制定规划的范围以增强住房规划的准确性与可实施性。提高地方当局的履行能力，提升处理规划事宜的速度和质量，避免不必要的申诉。协调运用23亿英镑的住房基础设施基金（Housing Infrastructure Fund）确保适时适地提供基础设施，并及时跟进基础设施状况，防止造成住房建设的延误。提出地产开发商参与基础设施建设的方式，鼓励开发商更快地完成房屋建设，并解决由于规划条件及规划许可的审批程序造成的开发延误。同时，确保地方政府的运用具有更有效的机制，制定反对囤积土地的新措施，将规划许可证的开工期限由3年缩短至2年；若开发商在规定期限内未开始建造房屋，政府有权剥夺已批复的规划许可证。

3）住房市场多元化

过去的住房市场限制了房屋供应，因为没有足够的创新与建设量。新的住房计划旨在建立住房市场的多元化，增加住房体量、质量，并为人们提供更多的住房选择。主要包括：支持中小建筑商的增长，由住房建设基金（Home Building Fund）提供资金支持。政府将设立建设加速方案（Accelerated Construction Program），首先由议会直接通过公共部门建造15 000套房屋，比传统路径更加快速，并由此刺激市场变化，引入更多部门及承包商参与建设；同时为建造更多定制的房屋提供资金和土地渠道，使得人们在房屋设计上有更多选择。继续支持住房协会和地方政府建设更多住房，并鼓励更多投资者进行投资，包括建造更多私人租赁住房等。改变住房和社区机构（HCA）的运作方式，并成立英国住房（Homes England）以"让所有人都有房屋住"为目标确保公共部门发挥作用，通过激励现代建筑方法来提高房屋的生产力和创新。

4）帮助更多居民拥有住房

在保障房方面，引入投资建设更多保障性住房，包括社会租赁房、经济适用房等；通过政府对保障房项目的投资，帮助那些因价格过高而买不起房子的家庭购买适合的体面住房。在购买产权房方面，政府支持人们购买自己的房屋，并完善住房助购计划和起步房计划。在房屋租赁方面，政府将采取措施解决不合理的房租租赁问题，提高租赁市场的透明度，使得租赁市场更加公平。继续抑制空置房屋存量，提高房屋使用率。为缺少住房支持的最弱势群体，如老年人和残疾人，制定可持续和可行的方法，为其住房提供资金支持；对于无家可归的人群实施援助,2016年10月,政府投入4千万镑的资金用于在第一时间帮助有困难的家庭。

4.7 住房可持续发展

4.7.1 节能政策2016~2017年

英国节能政策一直由能源与气候变化部制定并实施。2016年英国首相特蕾莎梅上任后裁撤了原设的能源与气候变化部(DECC),将应对气候变化的任务移交给了新成立的商务、能源与工业战略部(BEIS)。

1)"绿色方案"政策(Green Deal)

商务、能源与工业战略部提出实施"绿色方案"政策,它允许住户向政府借款用于房屋的节能改造,借贷资金将通过天然气费用或电费偿还,如果原住户搬家,债务将由新入住的家庭承担。房屋的节能改造通常包括实心空心墙隔热、阁楼保温、暖气装置、双层玻璃保温、防风措施、可再生能源,如太阳能电池板或热泵。

2)新能源补贴政策(Feed-in-Tariff)

新能源补贴政策是一种太阳能发电上网电价补贴政策,通过补贴太阳能发电成本与常规上网电价的差额,使技术尚未成熟并且开发运营成本仍然较高的太阳能供电项目能够有长期稳定的合理回报,从而吸引产业链的积极参与,推动整个行业的持续发展。英国的新能源补贴政策于2016年2月正式实施,改变了原有的补贴率和补贴规则,限制了支持装置。

3)可再生热能奖励(RHI)

住房再生热能奖励方案可以适用于屋主、私人或社会房东。自2009年7月15日起,任何安装再生热能系统的人,并且符合方案准则,都可以申请这项方案。住房RHI补助范围包括:太阳能热水器、生质能锅炉、特定的热泵。

4.7.2 绿色建筑总体量化数据

在英国,自2007年6月起,所有房屋在出售前应获得能源效益证书(Energy Performance Certification),以满足2002年实施的欧盟建筑能效指令(European Energy Performance of Buildings Directive)的规定。欧盟要求各类建筑物在建成、售买及出租时,都要有建筑物能源效益证书。该证书犹如一张成绩表,按建筑物的能源效益表现分成A至G七个等级(表2-4-22)。住宅建筑的能源效益证书会列出建筑物未来3年的能源开支及节能空间,让买家租户在决定前可以先考虑能源和环境的因素;商厦商场等建筑则要展示其能源效益证书,并显示其与同类建筑物的评级标准比较,让大众了解该建筑物的实际能源表现。

政府的标准评估程序(SAP, Standard Assessment Procedure)用于监控住宅的能

表2-4-22 英格兰、威尔士能源效益证书评估等级

年份	住房数量	总建筑面积（m²）	A	B	C	D	E	F	G
2008	1 616 958	116 689 878	398	153 542	390 379	550 502	363 392	122 769	35 706
2009	2 132 079	171 426 583	614	210 156	627 859	730 668	397 947	124 843	39 916
2010	1 691 611	142 258 008	1 266	169 115	493 953	584 001	312 978	98 326	31 880
2011	1 496 508	126 250 401	1 600	122 083	442 128	584 103	255 101	71 059	20 430
2012	1 453 596	128 365 898	2 097	117 288	447 413	598 402	219 873	54 329	14 194
2013	2 027 854	180 429 674	2 306	131 116	530 162	898 394	363 557	81 906	20 413
2014	2 229 366	205 810 949	3 650	156 387	531 428	988 341	418 700	101 472	29 388
2015	1 795 750	166 169 198	5 382	193 206	419 627	739 107	318 993	90 290	29 145
2016	827 296	77 839 496	1 719	89 612	188 503	331 496	162 024	41 260	12 682
总计	15 271 018	1 315 240 085	19 032	1 342 505	4 071 452	6 005 014	2 812 565	786 254	233 754

源效率。它是作为一个加热制度基于计算每年空间和水加热成本的指数。英国存量住房的能源效率不断提高,在2016年,英格兰私有部门出租房平均SAP等级为60.6分,社会部门为67.3分(表2-4-23、图2-4-7)。

英格兰平均住宅能效(SAP)评估等级[①]　　表2-4-23

	2005	2006	2007	2008	2009	2010	2011	2012	2013	2014	2015	2016
自有住房	48.1	48.9	50.3	51.5	53.0	54.3	55.6	57.3	58.5	59.7	60.5	60.7
私人出租房	46.4	47.1	49.1	50.4	52.1	53.9	55.2	57.2	58.4	59.7	60.2	60.3
私有部门总和	47.8	48.7	50.1	51.3	52.8	54.2	55.5	57.3	58.5	59.7	60.4	60.6
地方政府	54.8	55.8	56.7	57.9	59.4	60.8	62.3	64.1	64.9	65.6	66.2	65.9
住房协会	58.2	58.9	59.5	60.3	61.9	63.4	64.2	65.2	66.2	67.1	67.7	68.2
社会部门总和	56.4	57.3	58.1	59.1	60.7	62.1	63.3	64.7	65.6	66.4	67.0	67.3
全部	49.4	50.2	51.5	52.7	54.1	55.6	56.9	58.6	59.7	60.9	61.5	61.7

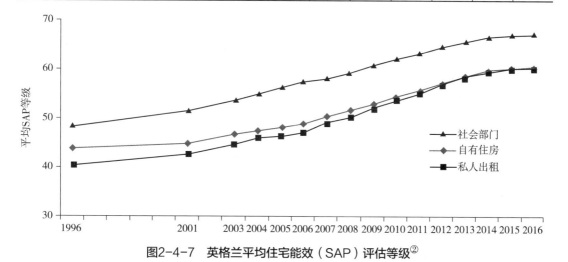

图2-4-7　英格兰平均住宅能效(SAP)评估等级[②]

---

① https://www.gov.uk/government/statistics/english-housing-survey-2015-to-2016-headline-report
　English housing survey headline report 2015 to 2016: section 2 housing stock tables.
② https://www.gov.uk/government/statistics/english-housing-survey-2016-to-2017-headline-report
　English housing survey headline report 2016 to 2017: section 2 housing stock tables.

4.7.3 节能技术

1）供暖

采用中央空调的家庭自1996年的80%稳步增加到2016年的92%，而同期内采用局部采暖的住宅比例由12%降低到2.7%。采用蓄热炉供暖的家庭比例保持在5.5%~8%。

冷凝锅炉通常是最有效的锅炉类型，自2000年中期，英国就强制更新和替换锅炉，因此拥有冷凝锅炉的住宅比例自此之后稳步增长。在2016年，63%的存量房拥有冷凝锅炉（45%的住宅有一个冷凝复式锅炉；18%有一个标准的冷凝式锅炉）。在冷凝式锅炉比例增加的同时，标准和复式锅炉的比例稳步下降，如图2-4-8、表2-4-24及表2-4-25所示。

不同类型锅炉应用（单位：%）[①]　　　　　表2-4-24

	标准炉	热水炉	复式锅炉	冷凝式锅炉	冷凝-复式锅炉	无炉
1996	51.4	13.6	13.8	—	—	21.2
2001	48.9	13.0	21.0	0.7	1.5	14.9
2003	44.9	12.0	25.6	0.7	1.7	15.1
2004	44.6	11.1	27.5	0.9	1.9	14.0
2005	43.3	10.0	28.7	1.4	3.3	13.3
2006	41.0	9.7	28.7	2.1	5.9	12.6
2007	39.6	8.8	28.3	3.1	8.3	11.9
2008	36.3	7.6	27.3	4.3	12.5	12.0
2009	32.7	6.6	24.6	6.0	18.2	11.9
2010	29.2	5.7	21.6	7.9	23.7	11.8
2011	26.1	5.1	19.4	9.6	28.3	11.5
2012	24.3	4.2	16.8	11.9	31.6	11.2
2013	22.6	3.4	14.1	13.5	35.2	11.2
2014	20.0	3.2	12.8	14.5	39.0	10.5
2015	17.5	2.7	10.9	16.4	42.4	10.1
2016	15.3	2.3	9.3	17.9	44.8	10.4

[①] https://www.gov.uk/government/statistics/english-housing-survey-2016-to-2017-headline-report
English housing survey headline report 2016 to 2017: section 2 housing stock tables.

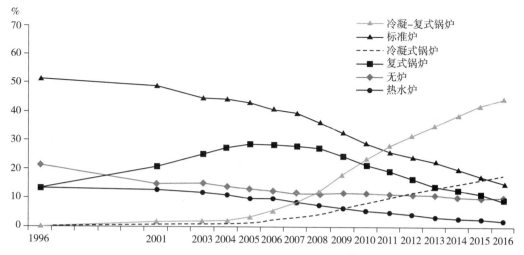

图2-4-8 不同类型锅炉应用趋势①

家庭采暖系统（1996~2016年）②

表2-4-25

	住宅数（千所）				住宅数（%）		
	中央空调	蓄热炉	局部采暖	总和	中央空调	蓄热炉	局部采暖
1996	16 178	1 643	2 515	20 335	79.6	8.1	12.4
2001	18 123	1 627	1 457	21 207	85.5	7.7	6.9
2003	18 604	1 587	1 294	21 484	86.6	7.4	6.0
2004	18 919	1 616	1 078	21 613	87.5	7.5	5.0
2005	19 179	1 609	993	21 781	88.1	7.4	4.6
2006	19 553	1 532	904	21 989	88.9	7.0	4.1
2007	19 862	1 552	776	22 189	89.5	7.0	3.5
2008	19 862	1 641	736	22 239	89.3	7.4	3.3
2009	19 982	1 673	680	22 335	89.5	7.5	3.0
2010	20 082	1 603	701	22 386	89.7	7.2	3.1
2011	20 502	1 591	661	22 754	90.1	7.0	2.9
2012	20 588	1 515	616	22 718	90.6	6.7	2.7
2013	21 144	1 414	696	23 254	90.9	6.1	3.0
2014	21 420	1 299	652	23 371	91.7	5.6	2.8
2015	21 690	1 290	563	23 543	92.1	5.5	2.4
2016	21 805	1 296	631	23 733	91.9	5.5	2.7

① https://www.gov.uk/government/statistics/english-housing-survey-2016-to-2017-headline-report
English housing survey headline report 2016 to 2017: section 2 housing stock tables.

② https://www.gov.uk/government/statistics/english-housing-survey-2016-to-2017-headline-report
English housing survey headline report 2016 to 2017: section 2 housing stock tables.

2）隔热、保温

英国住房采用的保温措施主要有阁楼保温、空心/实心墙隔热、双层玻璃窗保温、蓄热水箱保温等。1996~2016年英国住房采用的保温的措施见图2-4-9、表2-4-26。

2016年，36.9%的住房采用厚≥200mm阁楼保温（1996年仅为3%）。采用空心/实心墙保温的住房从2004年的30.9%提高到2016年的49.3%，采用双层玻璃保温的住房也从2004年的59.4%提高到2016年的82.5%。

英国住房保温方式（2004~2016年）[1]　　　　表2-4-26

	2004	2005	2006	2007	2008	2009	2010	2011	2012	2013	2014	2015	2016
空、实心墙保温	30.9	31.9	34.9	37.9	37.7	38.7	40.9	42.6	44.6	46.4	48.2	49.1	49.3
200mm阁楼保温	11.7	13.4	16.0	19.2	21.1	24.0	26.7	30.1	34.1	37.2	38.5	37.8	36.9
双层玻璃窗	59.4	61.9	63.3	66.9	70.8	72.9	74.2	76.3	78.8	80.0	80.8	81.4	82.5

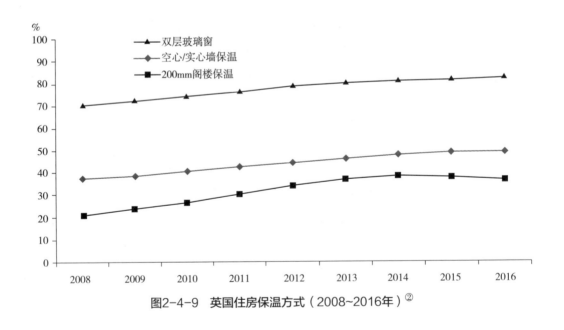

图2-4-9　英国住房保温方式（2008~2016年）[2]

---

[1] https://www.gov.uk/government/statistics/english-housing-survey-2015-to-2016-headline-report
English housing survey headline report 2015 to 2016: section 2 housing stock tables.

[2] https://www.gov.uk/government/statistics/english-housing-survey-2016-to-2017-headline-report
English housing survey headline report 2016 to 2017: section 2 housing stock tables.

2016年，70.9%自有住房、54.9%的私人出租房、71.8%的地方议会出租房、72.9%的住房协会房屋采用空心墙保温。8.1%自有住房、4.8%的私人出租房、24.9%地方议会出租房、35.3%的住房协会房屋采用实心墙保温（表2-4-27）。

英国不同类型住房的保温方式（2016年）（单位：%）[①]　　　表2-4-27

空心墙保温	自有住房	70.9
	私人出租房	54.9
	地方议会出租房	71.8
	住房协会	72.9
实心墙保温	自有住房	8.1
	私人出租房	4.8
	地方议会出租房	24.9
	住房协会	35.3

[①] https://www.gov.uk/government/statistics/english-housing-survey-2016-to-2017-headline-report
English housing survey headline report 2016 to 2017: section 2 housing stock tables.

5 巴西

G D P：20 540亿美元（2017年）

人均GDP：9 890美元（2017年）

国土面积：851.6万平方公里

人　　口：2.09亿人（2017年）

人口密度：25人/平方公里

城市化率：85.687%

5.1 巴西住房基本情况

5.1.1 全国住户数量和住房类型情况

1）私人住宅数量、住户数量与住房类型

巴西住房分为别墅、公寓和单间公寓三类：别墅（Casa）是楼房的全部楼层，或楼房的一层且没有楼梯过道等公共空间的住宅；公寓（Apartamento）指楼房的一层中有多间私有住宅，有楼梯过道等公共空间；或楼房中连续多层的私人住宅，有独立的楼梯出入。单间公寓（Cômodo）指的是厨房、浴室、卧室、客厅都在一间房屋中的住宅，常见于贫民窟、蜂窝式住房中。根据住房使用条件，分为自住、租赁、赠与或其他（表2-5-1、表2-5-2）。

新建住房数（单位：千套）　　　　表2-5-1

住房类型	2007	2008	2009	2011	2012	2013	2014	2015	2016	2017
全部	1 592	1 842	1 072	2 864	1 651	1 362	1 909	998	11 877	550
别墅	1 500	1 780	1 023	2 286	1 154	1 184	1 589	974	-501	869
公寓	63	87	14	564	558	178	340	20	1 704	-299
单间公寓	29	-25	35	14	-60	-1	-20	5	-17	-20

新增住房数增长率（单位：%） 表2-5-2

住房类型	2007	2008	2009	2011	2012	2013	2014	2015	2016	2017
全部	2.90	3.30	1.80	4.80	2.70	2.10	2.90	1.50	1.70	0.80
别墅	3.10	3.60	2.00	4.30	2.10	2.10	2.80	1.60	-0.80	1.50
公寓	1.10	1.40	0.20	9.20	8.30	2.40	4.60	0.30	21.80	-3.10
单间公寓	15.50	-11.60	18.30	6.20	-25.00	-0.60	-11.20	3.10	-10.40	-13.60

根据巴西地理数据统计局数据显示，截至2017年，巴西约有6 977.3万户，平均每户人数为2.93人，相比2016年，增加549万户，每户人数没有变化[①]（表2-5-3）。

私人住房数量（单位：千套） 表2-5-3

住房类型	2007	2008	2009	2011	2012	2013	2014	2015	2016	2017
全部	56 339	58 181	59 253	62 117	63 768	65 130	67 039	68 037	69 224	69 773
别墅	50 072	51 852	52 875	55 161	56 315	57 499	59 088	60 062	59 561	60 429
公寓	6 051	6 138	6 152	6 716	7 274	7 452	7 792	7 812	9 516	9 217
单间公寓	216	191	226	240	180	179	159	164	147	127

2）永久性私人住房数、住户数与住房占用情况的分布

别墅是所有巴西住房类型比例最大的一类。2007—2017年，别墅住宅在私人住房中所占比例均在87%左右，别墅住户人数占比在90%左右。2017年，所有住房的73.5%为自有住房，其中390万套的住户正在缴纳房贷，仅占住房总量的5.6%，其余自有住房房款已付清。同时，巴西住房中租赁住户仅占比17.6%（表2-5-4、图2-5-1）。

巴西私人住宅数量（单位：千套） 表2-5-4

住房占用情况	2007	2008	2009	2011	2012	2013	2014	2015	2016	2017
全部	56 339	58 181	59 253	62 117	63 768	65 130	67 039	68 037	69 224	69 773
自有	41 688	43 299	43 628	46 460	47 695	48 428	49 435	50 894	51 329	51 293
租赁	9 370	9 624	10 057	10 729	11 280	11 661	12 410	12 157	12 089	12 277
赠与	4 991	4 930	5 251	4 628	4 553	4 795	4 958	4 811	5 662	6 058
其他	290	328	316	301	240	246	236	175	143	145

① 数据来源：IBGE https://www.ibge.gov.br/estatisticas-novoportal/sociais/habitacao/17270-pnad-continua.html?edicao=20915&t=publicacoes.

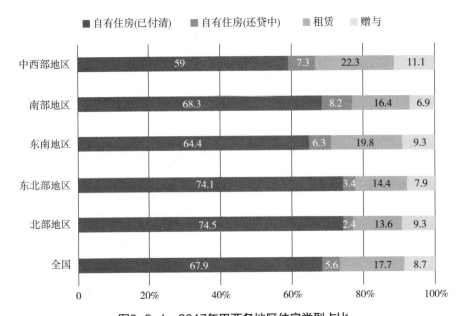

图2-5-1　2017年巴西各地区住房类型占比

数据来源：巴西全国住房样本调查（Pesquisa Nacional por Amostra de Domicílios），IBGE

3）每户人口收入情况

根据住户位置、家庭月收入的统计数据[①]，2015年，巴西城镇中居住的家庭占全国的87.7%，城市化水平较高。但是巴西家庭收入差距较大，低收入家庭数量占比大，影响了房屋购买能力。2015年，巴西最低月收入标准为788雷亚尔（约合225美元），家庭月收入低于3倍最低工资的低收入家庭数量占55.8%，中产家庭（月收入3~10倍最低工资）数量占34.5%，富裕家庭数量（月收入超过10倍最低工资）6.8%（图2-5-2）。

4）巴西住房建设

巴西大部分住房，无论是正规还是不正规的，基本都由预制混凝土砖和（或）陶瓷砌块建成。这些砖块通过灰浆固定、相互交合地堆砌在一个浇筑好的混凝土地基上。一旦墙体建成，工人会在空心砖块中放置垂直的钢筋并浇灌混凝土。墙顶的现浇混凝土过梁会固定整个墙体结构。外墙表面通常会涂一层水泥装饰。房顶用混凝土板、木材、带有陶瓷或PCV面板的钢框架建成，有些临时房屋中也会使用屋面板。在正规建设的公共住房中，窗户一般是铝合金或铁合金材质的，在不正规的住房里，窗户材质更多样。新建住宅区都是使用类似的方法和材料建造的，主要的区别是新房通常会用现浇混凝土楼梯和混凝土板屋顶。

---

① 巴西住房可以根据地理位置分为城镇和农村两类。城镇区域包括郡县及其周围的城市区域、联邦直辖区及其周围村庄、其他独立的城市区域。其余地区的住房皆属于农村区域。（根据2010年巴西人口普查所指定的标准。适用于区别城镇和农村人口及住房）。

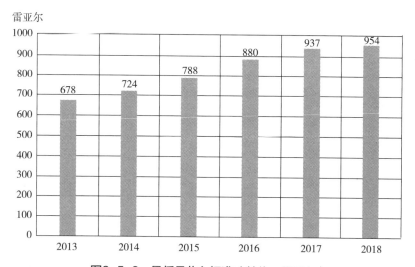

图2-5-2 最低月收入标准（单位：雷亚尔）

数据来源：Dieese，Globo.com[①]

低收入群体住房的正规和非正规之分，主要在装配质量和场地适宜性，而不是建材质量。在巴西国内活跃着诸多没有建造资质的承包商，因此，不正规房屋是自建房或由不专业的承包商建造的。正规的住房建设往往能获得更高的装配工艺、更牢固的地基、更佳的防潮密封性以及更优秀的通风和灯光设计。而不正规房屋有的不连续施工，未完工的建筑物会暴露在各种天气下，如果设计方案改变还需要拆除重建，这些情况都会降低建筑质量和成本的增加与材料的浪费。

5.1.2 主要大城市住户数量和住房类型

1）圣保罗都市圈

圣保罗是巴西人口最多、人口密度最大的城市，经济较为发达，但城市内部贫富差距也很大。2015年，巴西最低月收入标准为788雷亚尔（约合225美元），圣保罗家庭月收入低于3倍最低工资的低收入家庭数量占39.85%，中产家庭（月收入3~10倍最低工资）数量占41.68%，富裕家庭数量（月收入超过10倍最低工资）11.32%（表2-5-5~表2-5-7）。

圣保罗都市圈基本情况　　　　　　　　　　表2-5-5

人口（万）	1 211	人口密度（人/km²）	7 398
面积（km²）	1 512	人均GDP（雷亚尔）	54 357

数据来源：IBGE

---

① https://g1.globo.com/economia/noticia/salario-minimo-em-2018-veja-o-valor.ghtml.

圣保罗都市圈住宅类型与居住人数　　　　表2-5-6

	永久私人住宅住户（单位：千）				永久私人住宅居住人数（单位：千）			
	全部	别墅	公寓	单间公寓	全部	别墅	公寓	单间公寓
全部	7 145	5 457	1 667	22	21 043	16 816	4 184	43
自有	5 269	3 992	1 273	3	15 703	12 388	3 306	9
租赁	1 464	1 095	355	15	4 088	3 281	780	28
赠与	383	343	37	7	1 153	1 054	92	6
其他	29	27	2	—	99	94	5	—

数据来源：IBGE

圣保罗都市圈住宅家庭收入情况　　　　表2-5-7

家庭月收入分类	私人住宅中的家庭户数（单位：千）	占比	私人住宅中的家庭平均月收入（单位：雷亚尔）
总计	7 412	100%	4 191
<1倍最低工资	501	6.76%	634
1~2倍最低工资	1 253	16.91%	1 203
2~3倍最低工资	1 199	16.18%	1 964
3~5倍最低工资	1 667	22.49%	3 058
5~10倍最低工资	1 422	19.19%	5 382
10~20倍最低工资	595	8.03%	10 653
>20倍最低工资	244	3.29%	25 319
无收入	145	1.96%	—
未申报	387	5.22%	—

数据来源：IBGE

2）里约热内卢都市圈情况

里约热内卢是巴西人口第二大的城市，经济较为发达，但城市内部贫富差距要比圣保罗更加严重。里约有巴西最大的非正式聚居区（Favela），往往建于山丘上，缺乏必要的供电、供水设施，且安全问题堪忧。2015年，里约家庭月收入低于3倍最低工资的低收入家庭数量占50.05%，中产家庭（月收入3~10倍最低工资）数量占37.08%，富裕家庭数量（月收入超过10倍最低工资）10.05%（表2-5-8~表2-5-10）。

里约热内卢都市圈基本情况 表2-5-8

人口（万）	652	人口密度（人/km²）	5 266
面积（km²）	1 200	人均GDP（雷亚尔）	49 528

数据来源：IBGE

里约热内卢都市圈住宅类型与居住人数 表2-5-9

	永久私人住宅住户（单位：千）				永久私人住宅居住人数（单位：千）			
	全部	别墅	公寓	单间公寓	全部	别墅	公寓	单间公寓
全部	4 384	3 267	1 107	9	12 132	9 437	2 684	11
自有	3 409	2 628	779	3	9 636	7 720	1 911	4
租赁	810	513	292	4	2 097	1 388	705	4
赠与	158	120	36	2	377	306	69	3
其他	6	6	—	—	22	22	—	—

数据来源：IBGE

里约热内卢都市圈住宅家庭收入情况 表2-5-10

家庭月收入分类	私人住宅中的家庭户数（单位：千）	占比	私人住宅中的家庭平均月收入（单位：雷亚尔）
总计	4 389	100%	3 940
<1倍最低工资	377	8.58%	672
1~2倍最低工资	999	22.77%	1 206
2~3倍最低工资	821	18.70%	1 956
3~5倍最低工资	969	22.09%	3 038
5~10倍最低工资	657	14.97%	5 327
10~20倍最低工资	291	6.63%	10 487
>20倍最低工资	150	3.42%	28 704
无收入	16	0.36%	—
未申报	109	2.48%	—

数据来源：IBGE

5.1.3 住房短缺与非正式聚居区

"住房短缺"是近一个世纪以来巴西政府一直致力解决的核心问题，也是巴西公共住房规划与建设面临的最大挑战，而非正式聚居区直至今天仍然是巴西贫困群体解决居住问题的最主要途径，也是住房"质量不足"的重要体现。在圣保罗市，住在各类非正式聚居区中的人口规模高达344.8万,占城市总人口的近1/3[①]。

这些聚居区主要分布于城市边缘地区的环境恶劣或敏感地带,大部分缺乏土地所有权的保障而属于非法建设,建筑质量低下,缺乏基本的城市基础设施和公共服务,并常常受到暴力、犯罪和频繁驱逐的威胁,已成为威胁社会稳定的重要问题地区。相关的主要社会问题如下。

1)**高风险的居住安全问题**。大量的非正式聚居区都存在非正式的土地所有权、配套设施短缺、建设过程没有制度或技术支持、构筑物存在严重安全隐患等物质环境和法律规程上的高风险特点。同时,非法占领城市土地,不仅给居住者的生命安全,而且对整个社会和环境的可持续发展造成了威胁。在圣保罗市,49.3%的聚居区位于河岸地区,32.2%位于周期性的河滩地,29.3%位于陡坡地段,24.2%位于正被侵蚀的土地,9%位于废弃地或垃圾堆填区[②],尤其近30年来呈现向城市南部的水源保护地区迅速入侵的态势,带来森林砍伐、水体污染和河床淤塞等一系列问题。

2)**快速增长的暴力犯罪问题**。20世纪70年代初以前,暴力问题在巴西城市地区曾经十分罕见。而近10年来,城市暴力和犯罪现象迅速增长,并在非正式聚居区中大量爆发,很大程度影响了城市形象和社会稳定。

3)**强制性驱逐引发的社会冲突问题**。为了改善非正式聚居区的居住条件,政府往往采取驱逐、拆迁、改造等强制性手段,加上聚居区内部常常爆发的违章建设纠纷,从而引发了居民的对抗性矛盾,甚至演变为社会冲突事件。2004年5月~2006年5月,巴西住房权利和驱逐中心(COHRE)收到全国强制驱逐事件的信息共涉及7万余人[③]。

4)**社会隔离与社会排斥问题**。非正式聚居区往往成为社会隔离和社会排斥问题高度聚集的地区,容易引发社会群体间的敌对和仇视情绪,甚至暴力犯罪现象,不利于社会稳定。

5)**贫困循环的问题**。非正式聚居区里的居民大部分是年轻人,受教育程度低,缺乏职业技能,难以进入正式劳动力市场。即使存在少量的就业,也主要产生于非正式的雇佣关系中,基本收入缺乏保障,导致整个地区长期深陷于贫困循环的怪圈。在圣保罗市,居住在贫民窟中的家庭中约2/3的月收入低于贫困线标准,约1/3的家庭属于极度贫困[④]。

[①] The Cities Alliance. Social Housing in São Paulo: Challenges and New Management Tools. 2009a.

[②] UN-Habitat. The State of the World's Cities 2004/2005: Globalization and Urban Culture. 2004.

[③] COHRE. Submission Prepared by Centre on Housing Rights and Evictions (COHRE) for United Nations Committee on Economic, Social and Cultural Rights Concerning Brazil.

[④] The Cities Alliance. Social Housing in São Paulo: Challenges and New Management Tools. 2009a.

5.2 巴西住房主管部门和主要政策

5.2.1 设立城市住房管理部门

2003年，深受巴西底层人民爱戴的劳工党领袖卢拉继任总统，并于同年成立城市部。城市部的建立本身意味着对巴西原有城市发展和住房体制的改造。以前，联邦政府对市政设施建设无强行规定和要求，结果，经济发达的城市市政设施稍好一些，落后地区的市政府债务累累，求贷无门，城市市政设施就差。从20世纪70年代到2000年，巴西城市市政服务设施投资一直处于不稳定，甚至停滞状态。新设立的城市部主要任务：一是帮助没有市政设施的城市社区建设市政服务设施；二是帮助市政府承担建设市政设施和住房的责任。

市政府建立住房部。按照巴西宪法的规定，城市政府要对城市的建设（市政、交通等）承担责任，其中包括贫民窟的改造。城市政府住房部的主要任务是把城市非法的占地逐步合法化。以圣保罗市为例，市政府住房部下设两个部门，一个部门负责贫民窟非法占地进行合法化过程中的法律问题；另一个部门负责技术改造及相关的民生问题。

目前，联邦政府城市部和各个城市的住房部从事的两项重要工作是：一是偿还历史旧债，改造贫民区市政设施。其基本原则是不主张搬迁，不破坏原有的经济基础和社会关系。二是为穷人建设保障房。在住房改造计划中，联邦政府的职责是立法、提供房贷等；州政府和市政府要制定住房改造计划。

5.2.2 面向低收入家庭住房的主要政策

严峻的住房短缺现象，庞大规模的非正式聚居区，使得近年来巴西住房政策的重心明确聚焦于低收入群体，并通过系统化的住房政策、法律和规划制度设计，取代早期独立的项目运营模式。

1）联邦政府"我的家我的生活"公共住房项目

2009年劳工党卢拉政府发起了巴西第一个大规模的全国性公共住房项目——"我的家我的生活"（Minha Casa Minha Vida），2011年劳工党卢塞芙政府执政后继续坚定推动该项目，兑现劳工党在选举中对低收入选民的承诺。2016年卢塞芙被弹劾下台，特梅尔总统继位，"我的家我的生活"项目曾一度中止，但在进行内部评估后，特梅尔政府决定继续推动该项目。2018年10月，巴西将迎来总统大选，左右翼政党均在摩拳擦掌，选情尚不明朗，未来"我的家我的生活"项目是否能够继续存在有一定不确定性，但毫无疑问，"我的家我的生活"是巴西十几年来住房政策的重中之重。

该项目初始目标是通过建设340万套保障房促进城市现代化改造。成功申请参与该项目的低收入家庭可享受政府财政补贴，购买政府建造的保障房，或者用于对已有房屋进行改造。凡是月收入低于5 000雷亚尔的家庭均有资格申请，但优先权将给予月收入低于

1 600雷亚尔的家庭。"我的家我的生活"项目的主要资金来源于卢拉政府时期发起的"增长加速项目"（PAC），一个涉及面更广的联邦政府基础设施升级计划。巴西联邦邮储银行（CAIXA）负责与建筑商签署合同、同当地住房机构一起筛选申请以及监控政府和申请者间的资金交易。

该项目目前分为3期：第1期目标是在2010年底前建设100万套保障房；第2期目标是2016年底前建设275万套保障房；第3期是2018年底前建设300万套保障房，将惠及2 700万巴西低收入居民。在前2期中，联邦政府划拨了约550亿美元。成功申请项目支持的低收入家庭可获得最低首付一成，年利率5%~8%的贷款（巴西整体利率水平较高，对比2018年巴西房贷市场化利率高达13%~17%[1]，该利率优惠幅度很大）。其中低于3倍最低工资的家庭可获得政府最高27 000美元的补贴，3~6倍最低工资家庭获得的政府补贴和贷款额度会适当降低。3年内要对贷款再融资。除低息贷款外，政府还减免印花税和其他一次性费用。同时，政府通过降低贷款利率、降低税率等方式鼓励建筑公司参与建设保障房建设。此外，政府还鼓励建材供应商开发新材料，如低成本的涂料研发生产[2]（表2-5-11）。

"我的家我的生活"住房贷款优惠利率举例　　　　表2-5-11

<3倍最低工资	申请政府补贴
3~5倍最低工资	年利率5%+TR（通胀调整）
5~6倍最低工资	年利率6%+TR（通胀调整）
6~10倍最低工资	年利率8.16%+TR（通胀调整）

实行10多年来，"我的家我的生活"公共住房项目成功降低了巴西的住房缺口，但是公众对于该项目的批评主要包括：①一些建筑商为赚取更多利润而牺牲房屋质量；②保障房往往地价便宜的城市偏远地区，周围缺乏教育、医疗、交通等配套公共基础设施，导致部分低收入家庭选择返回原来城市中心的非正式聚居区居住；③部分实际不满足条件的非低收入家庭通过不正当手段获得保障房资格，挤占了真正有需求的低收入家庭获得政府资助。

2）地方政府的政策创新——以圣保罗市为例

除全国性的"我的家我的生活"公共住房项目外，巴西许多地方政府也积极进行政策创

---

① 巴西央行数据http://www.bcb.gov.br/pt-br#!/r/txjuros/?path=conteudo%2Ftxcred%2FReports%2FTaxasCredito-Consolidadas-porTaxasAnuais-Historico.rdl&nome=Hist%C3%B3rico%20Posterior%20a%2001%2F01%2F2012&exibeparametros=true.

② http://siteresources.worldbank.org/FINANCIALSECTOR/Resources/GHFC_2012_Sangeeth_Ram.pdf.

新,改善市民的居住环境。巴西最大的城市圣保罗,人口约1 200万,每平方公里人口密度超过7 300人,经济也最为发达,但住房短缺和非正式居住区仍然是摆在圣保罗市政府面前的重要难题。为此,圣保罗市政府采取了一系列措施:

(1)制定综合的城市发展规划

经过半个多世纪的探索,巴西政府认识到,贫民窟的存在不是简单的贫困群体住房短缺的问题,而与城市的社会分化、贫困、犯罪、就业、教育以及城市开发等现象紧密相关。因此,低收入群体住房问题的解决,也必须借助于综合性的城市住房政策,在城市住房条件改善与其他发展层面之间形成协同效应。2001年在圣保罗市启动的"良好邻里"计划(Programa Bairro Legal),作为保障租户和改善非正式居住区生活质量的创新性举动,获得了日内瓦住房权利和驱逐房客中心(The Geneva-based center on housing rights and evictions)2004年颁发的住房权保障奖。计划强调通过物质环境的改善、土地规范化和促进社会融合,将衰退区域转变为邻里地区,并通过住房和城市发展实现暴力预防[1]。

(2)推动土地使用规范化,避免强制性驱逐

2001年圣保罗市政府决定停止强制驱逐,取而代之的是支持成千上万住在非正式住宅中的低收入群体土地使用权的规范化。实施策略包括废除对贫民窟家庭的相关诉讼,建立冲突协调程序,立法授权非法居住区的合法地位,为占有公共用地提供法律基础等。此外,还通过划定特别社会利益区(ZEIS),为低收入群体免受强行驱逐提供法律保障[2]。

(3)采取包容性的贫民窟改善措施

随着联合国和国际社会加大对于全球贫民窟问题的重视以及人们对新自由主义在拉丁美洲实践的反思,巴西政府将贫民窟的治理与解决国内贫困和社会公平等问题联系起来,采取了一系列积极的、包容性的贫民窟治理措施具体包括:承认贫民窟住宅的合法性,并纳入正式城市管理;对贫民窟进行升级改造,改善过度拥挤的居住状况,提高居住水平;完善基础设施配置,建设社区中心等。

(4)倡导多元的社会参与建房机制

通过积极推动自建住房、住房合作社建房以及社区参与等不同层面的参与式建房模式,充分发挥居民个体和社区组织的力量,不仅进一步拓展了住房供应的渠道和规模,并且在培养社区归属感、提高居民进入劳动力市场的基本技能、培育新的社会组织和就业岗位以及推动社会民主化进程等方面显示出强大的推动力。

---

[1] The Cities Alliance. Integrating the Poor: Urban Upgrading and Land Tenure Regularisation in the City of São Paulo. 2004.

[2] The Cities Alliance. Integrating the Poor: Urban Upgrading and Land Tenure Regularisation in the City of São Paulo. 2004.

（5）利用政府和社会资本合作模式（PPP）进行保障房建设

圣保罗州、市政府利用政府和社会资本合作模式（PPP）在城市中心城区未充分利用的空间进行保障房建设。该长期项目被称为"圣保罗家园（Sao Paulo Home）"，目的是为低收入群体提供2万套保障性住房。州、市政府联合私营部门共同投资，其中公共部门出资约1 500万美元，私营部门出资约2 500万美元，并获得20年的长期合同，主要负责房屋建设、提供配套基础设施和服务。

（6）完善城市住房信息化管理系统

随着城市中非正式聚居区的日益多样化，已难以仅依靠土地性质或建设情况进行识别，或施以标准化的解决方案。针对这一情况，圣保罗市建立了一个全市范围内城市危险聚居区的信息数据库（HABISP），全面、详细地记录了这些聚居区中土地使用、房屋建设、居民构成以及设施配套等各类信息，用于指导住房规划战略的制定。例如根据不同聚居区内居民健康、建筑结构、消防、基础设施、社会脆弱性等因素构成的综合指标，为确定规划干预行动的优先顺序提供指导[1]。

5.3 巴西住房金融机制

5.3.1 工龄保障基金（FGTS）

巴西联邦政府设立的工龄保障基金（FGTS）是从业人员的储备资金。巴西法律要求，巴西雇主需要每月将相当于员工工资8%的金额存入员工的FGTS账户。FGTS账户统一在国有银行巴西联邦储蓄银行（CAIXA）开立，由CAIXA负责统一管理。当巴西员工有购房需求或被无正当理由解雇、退休、生重病的情况下可提取自己账户资金，因此巴西工龄保障基金是巴西住房金融机制的重要组成部分。同时巴西政府可利用FGTS组成的庞大资金池投资公共住房项目、基础卫生项目和城市公路等基建项目[2]。同时FGTS投资基础设施类项目所带来的长期、稳定现金流可以帮助FGTS抵御通货膨胀环境下的贬值压力。

5.3.2 巴西住房融资系统（SFH）和房地产融资系统（SFI）

巴西的住房金融体制主要由两大系统支撑，分别是1964年军政府时期建立的住房融资系统（*Sistema Financeiro de Habitação*，SFH）和1997年建立的房地产融资系统（*Sistema Financeiro Imobiliário*，SFI）。[3]

---

[1] The Cities Alliance. Social Housing in São Paulo: Challenges and New Management Tools. 2009a.

[2] http://thebrazilbusiness.com/article/introduction-to-fgts.

[3] Bruno Martins, Housing Finance in Brazil: Institutional Improvements and Recent Developments, IDB Working Paper Series No. IDB-WP-269.

根据1964年颁布的第4380号法令，巴西政府设立了住房融资体系（SFH）和国家住房银行（BNH），并开始使用引入通货膨胀调节系数的抵押贷款。直到现在，SFH仍是巴西住房贷款的主要来源。SFH的资金来自于银行储蓄存款的指定部分，以保证银行可以按政府控制的利率提供住房贷款。为保护借款人的还贷增速不超过其工资增速，现已被取消的国家住房银行（BNH）于1967年创设工资均等计划（PES），利用工资变动补偿基金（FCVS）来弥补还贷增速和借款人工资增速的差额。1967~1980年，SFH取得了很好的成效，利用银行储蓄账户和工龄保障基金（FGTS）的资金为超过500万个家庭提供住房融资。但是1980~1994年巴西出现恶性通胀，1989年年通货膨胀率高达1 972%，1993年更是达到2 477%，相应利率水平也急剧飙升，最严重时期月利率甚至高达60%以上（图2-5-3）。在严峻的宏观经济形势下，1986年的第2291号法令取消了国家住房银行，其监管职能被移交给了巴西央行，其执行和基金管理职能被移交给了巴西联邦储蓄银行（CAIXA）。随着恶性通货膨胀的升级，SFH的作用受到削弱，1967~1986年，SFH资金占新房贷款的33.8%，但在1987~2000年该数字下滑到了14.7%，主要原因是政府无力继续支持工资变动补偿基金（FCVS）。1994年巴西政府出台"雷亚尔计划"，促成了巴西新货币雷亚尔，也成功稳定了通胀水平、恢复了经济，SFH得以继续发挥住房金融的重要作用。

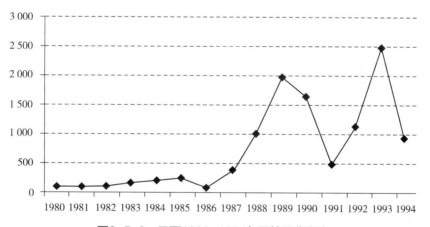

图2-5-3　巴西1980~1994年恶性通货膨胀

巴西的住房金融体制的另一大重要改进是1997年颁布的第9154号法令，创建了房地产融资系统（SFI）和房地产信托契约安排，以降低金融机构的贷款风险。与之前的抵押规则相比，金融机构拥有了更强的法律保障，因为在房贷偿还之前，房屋名义上仍归属于贷款人。第9154号法令中最重要的条款是设立了房地产证券化公司的法人结构。这些房地产证券化公司从金融机构处获得住房信贷，并将其转化为证券类信用工具（即房地产应收账款证书，

CRI）。随着SFI的设立，巴西政府建立了更灵活的房地产合同基础和更规范的二级市场运作规则，从而寻求为住房金融提供新的替代方案。

5.4 巴西公共住房发展的经验与教训

详细内容见《国外住房发展报告2017第5辑》第159~161页。

5.5 巴西绿色住房和建筑节能政策

5.5.1 政策综述

巴西绿色住房和建筑节能政策总体的完善度和执行力度与欧美发达国家相比仍有较大差距，但巴西联邦政府对提高能源效率的重视程度不断提高，建筑能效作为重要组成部分在未来也将继续促进相关制度的完善和绿色建筑产业链的发展。

尽管巴西能源资源丰富，但是由于北部能源富集区域与东南部人口聚集区距离遥远、电力基础设施不足、需求增加等因素，电价水平总体较高，一定程度上增加了巴西各产业的生产成本，限制了巴西经济的发展，因此巴西政府高度重视提高能源利用效率。

随着巴西经济发展、居民收入水平提高，巴西家庭购置了更多的家用电器，增加了住房能耗，同时巴西居民多居住在独栋住宅中，很多楼龄较老的住宅在设计之初没有建筑节能的标准规范，因此巴西在建筑能效方面尚有很大提高空间。根据美国能源有效经济利用理事会（ACEEE）2016年全球能源效率的评估，在建筑能效方面，巴西得分仅为6.5，远低于德国（19.5分）、美国（18分）等欧美发达国家水平[1]。

自1984年以来，巴西联邦政府出台了一系列与能效相关的政策（表2-5-12），以及有关产品能效的标准，建立了比较完善的能源管理体制，为推动政策落实，巴西联邦政府设立了以国家能源政策委员会（CNPE）牵头的跨部门的协同工作机制（图2-5-4）。这些措施也给整个工业、商业和民用建筑节能、环保营造了良好的大环境，同时也催生了对绿色建筑的需求。但是目前看来，绝大多数能效计划均为自愿参与，巴西尚缺乏有约束性的民用或商业建筑规范，家用电器的能效标准也不够全面[2]。

---

[1] Edward Borgstein, Towards Policy for Efficient Buildings in Brazil, Addressing the challenge to improving building energy performance, 2018.

[2] ACEEE International Scorecard: Brazil, 2016,
http://aceee.org/sites/default/files/pdf/country/2016/brazil.pdf.

巴西主要能源效率政策　　　　　　　　　　表2-5-12

出台年份	政策
1984	巴西能效标签计划（PBE）
1985	巴西国家电力节能计划（PROCEL）
1991	巴西合理使用国家能源计划（CONPET）
2000	巴西电监会能效计划（PEE）
2001	《国家节能与合理使用能源法》
2003	巴西国家建筑节能计划（PROCEL EDIFICIA）
2008	国家能源计划
2009	国家应对气候变化计划（PNMC）
2009~2010	推广商业、公共建筑，居民住宅能效标签（PBE EDIFICIA）
2010	修订巴西电监会能效计划，规定60%的PEE资金必须用以支持低收入家庭能效项目
2011	国家能源效率计划（PNEf）
2011	为"我的家我的生活"住房项目新建住房安装太阳能热水器（MCidades Ordinance N.325）
2014	联邦公共建筑强制要求达到A等能效标准

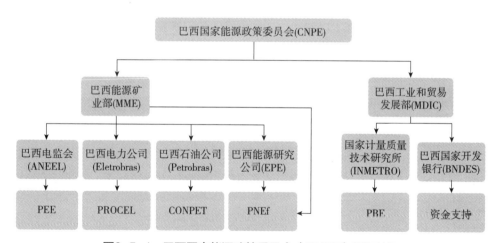

图2-5-4　巴西国家能源政策委员会（CNPE）组织结构

5.5.2　巴西电监会能效计划（PEE）

为了鼓励对能源效率的投资，2000年巴西电监会（ANEEL）创立了能源效率计划，要求公共配电商将运营收入的0.5%投资于能效项目，每年投入约1.6亿美元。2015年5月后所需的投资比率降至0.25%。该计划资金主要用于支付替换传统效率低下灯具和电器的费用，同时它还补贴教育活动,如需求侧管理(如智能电网)和试点项目。经2010年修订,PEE资金至少60%的比例要用于支持低收入消费者更换低效率照明设备和电气[①]。

5.5.3 国家节能及合理使用能源法

2001年颁布的第10.295号法律《国家节能与合理使用能源法》是巴西节能的主要法律,是巴西在节能领域的一个重要的里程碑。该法明确了节能的目的在于有效分配能源,并以保护环境的方式合理使用能源。该法规定了机器、耗能设备和用能产品的最高能耗标准和最低能源效率,并制定了相关的处罚条例。

5.5.4 巴西国家建筑节能计划(PROCEL EDIFICA)

在2009年底,联邦政府启动了国家建筑节能计划(PROCEL EDIFICA)。这项计划由矿产能源部负责协调,旨在促进建筑内电力资源的高效利用、减少公共建筑中废水废料等对环境的影响。

巴西国家开发银行(BNDES)还启动了专项计划,旨在资助酒店的建设、改造、扩建和现代化,以获得建筑节能计划中的"A"类认证。

巴西有2个绿色建筑认证体系,一是引用美国绿色建筑评价工具LEED——领先能源与环境设计(Leadership in Energy and Environmental Design,LEED);二是参照法国绿色建筑标准HQA并结合本国国情于2008年推出的一套评价体系——高环境品质(Alta Qualidade Ambiental,AQUA)。这两个标准侧重于建筑选址、废物管理、环保材料使用、资源的可持续利用,特别是施工过程中能源和水源的使用情况。LEED认证过程针对新建筑物或翻新建筑,共七个大类,只认证完成的建筑项目。而AQUA认证有三个阶段——规划阶段、立项阶段和施工阶段,分别根据十四个类别的规定进行评估。2015年,巴西共有274个LEED认证建筑、241人因为拥有LEED绿色伙伴身份或拥有特殊专业知识而成为LEED认证专家。

2009~2010年,巴西联邦政府将国家建筑节能计划(PROCEL EDIFICA)和巴西能效标签计划(PBE)结合起来,推广商业、公共建筑、居民住宅能效标签(PBE EDIFICIA),但并没有强制推行(图2-5-5)。

5.5.5 建筑供应链优化

涉及建筑供应链条的多个环节采取认证措施,认证包括材料质量认证(SiMaC)、建筑施工公司资质(SiAC)、个人专家认证、技术创新(SiNAT)。

---

① CCAP,Building Energy Efficiency,Minimum Performance Standards and Labeling to Improve Energy Efficiency,Brazil,2014

http://ccap.org/assets/CCAP-Booklet_Brazil.pdf.

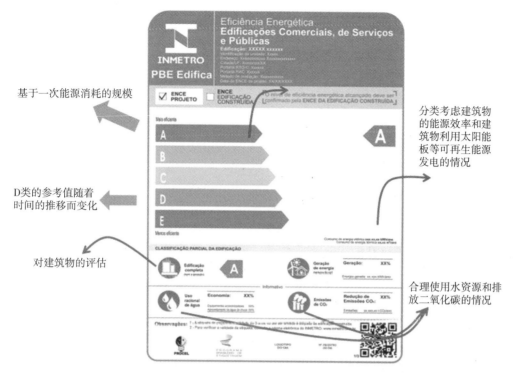

图2-5-5 巴西建筑能效标签（PBE EDIFICIA）

采取一系列积极措施，PBQP-H通过优化各个环节的生产和施工质量，有力地推动了巴西可持续住房的实践。而这种更高的品质正是长期可持续性的关键要求之一。建筑行业的改观不仅仅体现在施工效果上，还包括作业和维护成本的降低以及房屋生命周期的延长。

巴西国家银行CAIXA要求"我的家，我的生活"项目中所有的承包商和开发商必须通过SiAC建筑施工公司资质认证，所有应用于MCMV项目的新技术必须通过SiNAT技术创新认证。这无疑是巴西国内改善低收入群体住房品质的一个重要举措。

5.5.6 巴西绿色建筑委员会推出净零建筑（Net Zero Building）认证计划

作为世界上最大的建筑市场之一，巴西在减少建筑物碳排放方面发挥着至关重要的作用。2017年，巴西绿色建筑委员会（GBCBrasil）推出净零能耗建筑（Net Zero Building）认证计划，旨在减少新建筑和现有建筑的碳排放，以符合巴黎协定，并支持世界绿色建筑委员会的目标，即确保所有建筑在2050年前实现零碳排放。继加拿大之后，巴西是世界上第二个实施新的净零建筑认证程序的国家。根据新标准，"能源自给自足"的建筑将获得认证，这些建筑优先考虑能源效率并使用太阳能板等方式在建筑物所在地或邻近位置进行发电，以实现每年的净零碳排放。目前巴西已有部分房屋、公共托儿所、商业建筑和研究中心等获得了该认证[①]。

---

① 巴西绿色建筑委员会（GBCBrasil）官网http://www.gbcbrasil.org.br/.

6 美国

GDP：185 669亿美元（2016年）

人均GDP：57 467美元（2016年）

国土面积：983.2 km²

人　　口：3.25亿人（2016年）

人口密度：33.1人／km²（2016年）

城市化率：82%（2016年）

6.1 基本情况

6.1.1 住房户数与住房存量

根据美国人口普查局统计数据显示，截至2017年，全美大概有126 224千户，平均每户人数为2.54（表2-6-1、图2-6-1、图2-6-2）。

2006~2017年住宅户数及每户人口数[①]　　　表2-6-1

年份	全部住户数（千户）	每户人口数							人数/住户
		1	2	3	4	5	6	≥7	
2006	114 384	30 453	37 775	18 924	15 998	7 306	2 562	1 366	2.57
2007	116 011	31 132	38 580	18 808	16 172	7 202	2 702	1 415	2.56
2008	116 783	32 167	38 737	18 522	15 865	7 332	2 694	1 467	2.56
2009	117 181	31 657	39 242	18 606	16 099	7 406	2 640	1 529	2.57
2010	117 538	31 399	39 487	18 638	16 122	7 367	2 784	1 740	2.59
2011	118 682	32 723	39 718	18 529	15 910	7 346	2 773	1 684	2.58
2012	121 084	33 188	40 983	19 241	16 049	7 271	2 734	1 617	2.55

① https://www.census.gov/data/tables/time-series/demo/families/households.html
Table HH-6. Average Population Per Household and Family: 1940 to Present.

续表

年份	全部住户数（千户）	每户人口数							人数/住户
		1	2	3	4	5	6	≥7	
2013	122 459	33 570	41 503	19 283	16 361	7 425	2 735	1 581	2.54
2014	123 229	34 185	41 589	19 369	16 244	7 454	2 774	1 614	2.54
2015	124 587	34 866	41 881	19 309	16 464	7 517	2 820	1 729	2.57
2016	125 819	35 388	42 785	19 423	16 267	7 548	2 813	1 596	2.53
2017	126 224	35 252	43 509	19 509	16 212	7 319	2 798	1 624	2.54

数据来源：https://www.census.gov/hhes/families/data/；Current Population Survey（CPS）

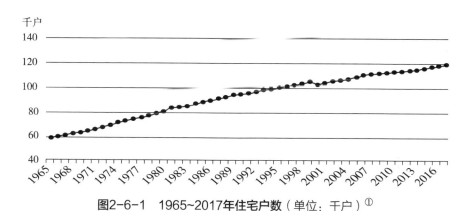

图2-6-1　1965~2017年住宅户数（单位：千户）①

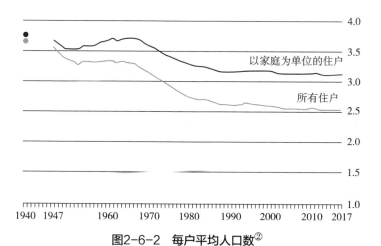

图2-6-2　每户平均人口数②

---

① https://www.huduser.gov/portal/ushmc/hi_households.html.
② https://www.census.gov/data/tables/time-series/demo/families/households.html
Table HH-6. Average Population Per Household and Family：1940 to Present.

2017年，美国住房存量为136.57百万套，空置房屋共有17.3百万套。其中，租赁房屋在2016年的空置率为6.9%，为1986年来的最低值。根据2018年哈佛大学住房研究中心的数据显示[①]，2018年第一季度，美国待售住房的空置率回落至1.5%，为1994年以来的最低值。

2016年，租赁住房在全部住宅存量中的占比为31.9%，尽管多户出租住房建设大量增加，出租住房的空置率依然降低到了30年以来的最低水平（图2-6-3~图2-6-5、表2-6-2、表2-6-3）。[②]

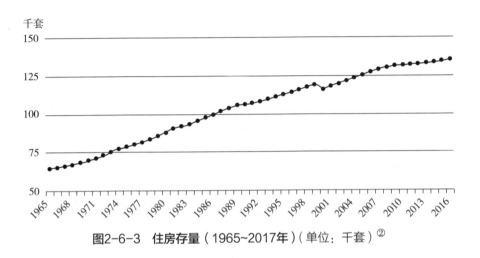

图2-6-3 住房存量（1965~2017年）（单位：千套）[②]

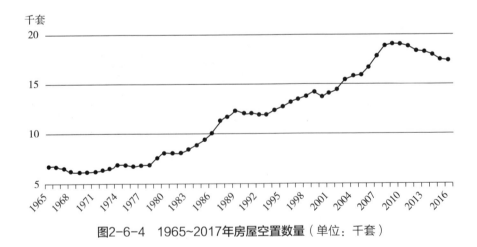

图2-6-4 1965~2017年房屋空置数量（单位：千套）

---

① http://www.jchs.harvard.edu/sites/default/files/Harvard_JCHS_State_of_the_Nations_Housing_2018.pdf.
② http://www.huduser.gov/portal/ushmc/hi_Stock.html.

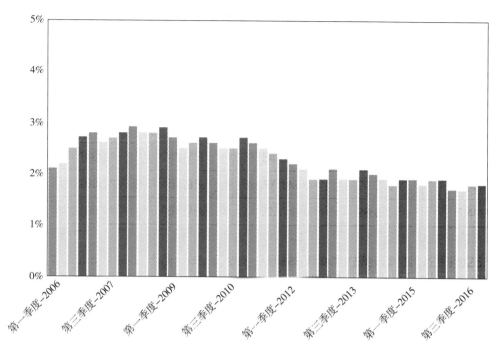

图2-6-5　2006~2017年美国自有住房空置率

住房存量、出租和空置房、自有住房量（2006~2017年）（单位：千户）　表2-6-2

年份	所有住房单元	空置房	入住房		
			入住房总量	自住	在租
2006	127 296	16 603	110 693	76 131	34 563
2007	129 064	17 806	111 258	75 793	35 465
2008	130 415	18 743	111 672	75 725	35 947
2009	131 269	18 974	112 295	75 635	36 660
2010	131 775	18 903	112 871	75 442	37 430
2011	132 163	18 739	113 425	75 019	38 407
2012	132 592	18 238	114 353	74 826	39 528
2013	133 184	18 178	115 006	74 881	40 125
2014	133 928	17 897	116 031	74 793	41 237
2015	134 700	17 355	117 345	74 706	42 639
2016	135 577	17 302	118 275	75 016	43 259
2017	136 570	17 298	119 272	76 170	43 102

数据来源：Current Population Survey/Housing Vacancy Survey，February 27，2018

2006~2017美国出租住房空置率[①]（单位：%） 表2-6-3

年份	2006	2007	2008	2009	2010	2011	2012	2013	2014	2015	2016	2017
出租住宅空置	9.7	9.7	10	10.6	10.2	9.5	8.7	8.3	7.6	7.1	6.9	7.2

6.1.2 美国住房自有率

2000年起，HUD计划在6年之内，要将美国的住房自有率由67.1%提高到70%，且要把低收入家庭的住房自有率提高至25%，把少数族裔的住房自有率提高15%。为了达到这个目标，HUD称将主要通过两项措施来提高住房自有率：①提高公共住房局（Federal Housing Administration，简称FHA）按揭的发放范围；②增加房利美和房地美向中低收入家庭贷款比例。

2016年自有住房数量比2015年增加了28万户，为2006年来最大值，但不及出租房屋数量的一半，住房自有率为63.4%，比2006年峰值下降超过5.7个百分点，这意味着住房自有率有可能触底（图2-6-6、图2-6-7、表2-6-4）。这种持续下降的趋势反映了法拍危机和大萧条依然还有残余影响，以及年轻人因收入不足、延迟结婚或生子而延迟购房。年轻人的负担能力以及贷款资格都成为他们购房道路上的主要障碍。

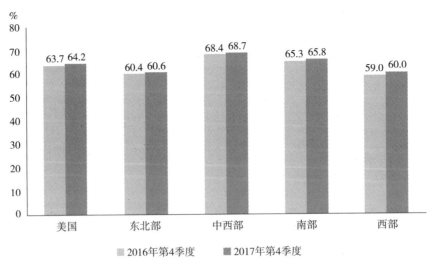

图2-6-6 不同地区住房自有率[②]（单位：%）

---

① https://www.census.gov/housing/hvs/data/histtabs.html
　Table 5. Annual Rental Vacancy Rates by Units in Structure 1968 to Present [XLSX－18K].
② http://www.census.gov/housing/hvs/index.html9.5.

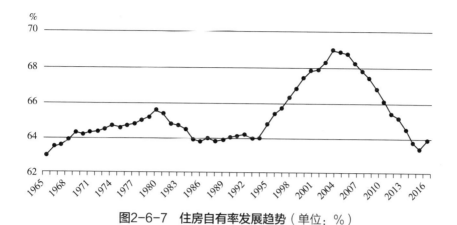

图2-6-7 住房自有率发展趋势（单位：%）

美国出租房空置率和住房自有率　　　　　　　　　　　　表2-6-4

年份	出租房空置率	住房自有率	年份	出租房空置率	住房自有率
2006	9.7	68.8	2012	8.7	65.4
2007	9.7	68.2	2013	8.3	65.1
2008	10	67.8	2014	7.6	64.5
2009	10.6	67.4	2015	7.1	63.7
2010	10.2	66.8	2016	6.9	63.4
2011	9.5	66.1	2017	7.2	63.9

6.1.3 住房规模

自2000年起，家庭平均住房套数一直保持在1.1套左右，2016年为1.08（表2-6-5）。

家庭平均住房套数　　　　　　　表2-6-5

年份	所有住房单元（千套）	全部住户数（千户）	家庭平均住房套数
2000	119 628	104 705	1.14
2005	124 600	113 343	1.10
2006	126 383	114 384	1.10
2007	128 017	116 011	1.10
2008	129 211	116 783	1.11
2009	129 944	117 181	1.11
2010	130 599	117 538	1.11
2011	132 292	118 682	1.11
2012	132 778	121 084	1.10

续表

年份	所有住房单元（千套）	全部住户数（千户）	家庭平均住房套数
2013	132 793	122 952	1.08
2014	133 957	123 229	1.09
2015	134 700	124 587	1.08
2016	136 570	126 224	1.08

数据来源：根据2006~2016年住宅户数和房屋总存量整理得出。

单户住宅单元面积越来越大[①]，小户型（低于1 800英尺）在20世纪90年代占37%，在2015降低到21%。同期，大户型（超过3 000平方英尺）自17%上升到31%。多户住宅建设以出租公寓为主，2016年执行共管公寓（condominiums）在新建住宅中仅占8%。

2006~2013年，单户住宅中面积在1 800~2 400平方英尺之间的比重较大。2014年后，大部分单户住宅的面积集中在2 400~2 999平方英尺。单户住宅房屋面积的中位数由2006年的2 248平方英尺增长到2016年的2 422平方英尺。2016年新落成的单户家庭面积比前两年略有下降。连续4年创历史新高后，中位面积从2015年的2 467平方英尺减少到了2016年的2 422平方英尺。尽管如此，2016年新的单户住宅面积超过了2014年前的任何年份。

已完成的新建单户住宅建筑面积的中位数和平均数（单位：平方英尺）[②]　表2-6-6

年份	中位数（平方英尺）					平均数（平方英尺）				
	全国	地区				全国	地区			
		东北部	中西部	南部	西部		东北部	中西部	南部	西部
2006	2 248	2 395	2 035	2 286	2 275	2 469	2 612	2 290	2 499	2 488
2007	2 277	2 281	2 064	2 325	2 286	2 521	2 550	2 328	2 573	2 524
2008	2 215	2 312	2 019	2 266	2 216	2 519	2 651	2 331	2 564	2 508
2009	2 135	2 211	1 931	2 198	2 140	2 438	2 594	2 216	2 488	2 434
2010	2 169	2 336	2 001	2 184	2 143	2 392	2 613	2 265	2 393	2 386

① http://journals.plos.org/plosone/article?id=10.1371/journal.pone.0134135
　120 Years of U.S. Residential Housing Stock and Floor Space.
② https://www.census.gov/construction/chars/completed.html
　Characteristics of New Single-Family Houses Completed: Square Feet (includes Median and Average Square Feet).

续表

年份	中位数（平方英尺）					平均数（平方英尺）				
	全国	地区				全国	地区			
		东北部	中西部	南部	西部		东北部	中西部	南部	西部
2011	2 233	2 335	2 015	2 303	2 199	2 480	2 559	2 287	2 538	2 457
2012	2 306	2 302	2 150	2 381	2 281	2 505	2 582	2 341	2 549	2 502
2013	2 384	2 338	2 177	2 469	2 359	2 598	2 636	2 398	2 689	2 524
2014	2 453	2 370	2 400	2 498	2 453	2 657	2 617	2 574	2 711	2 603
2015	2 467	2 492	2 320	2 517	2 435	2 687	2 792	2 526	2 750	2 615
2016	2 422	2 469	2 297	2 450	2 430	2 640	2 796	2 474	2 671	2 632

注：数据包括用作出租的房屋（未单独列出）

RSE：相对标准误差（%）（Relative Standard Error（percent））；NA：不可用（Not available）

6.1.4 住房构成

2009~2016年，已建成的框架结构的单户和多户住宅主要以木结构为主，2016年在总共321千户的多户住宅中有235千户为木质结构，约占73%单户住宅木结构数量占91%（表2-6-7、表2-6-8）。

已建成的不同结构形式的多户住宅数量[①]　　表2-6-7

年份	建筑数量（千户）			占比（%）		
	总数	木结构	钢结构	总数	木结构	钢结构
2009	274	196	55	100	71	20
2010	155	108	34	100	70	22
2011	138	105	25	100	76	18
2012	166	124	28	100	75	17
2013	195	145	22	100	74	11
2014	264	197	34	100	75	13
2015	320	250	27	100	78	9
2016	321	235	28	100	73	9

① http://www.census.gov/construction/chars/mfu.html，Framing.

已建成的不同结构形式的单户住宅数量[①]　　　　表2-6-8

年份	住宅数量（千户）				占比（%）			
	总数	木结构	钢结构	砌体结构	总数	木结构	钢结构	砌体结构
2009	520	494	3	24	100	95	1	5
2010	496	472	3	22	100	95	1	4
2011	447	426	2	19	100	95	(Z)	4
2012	483	455	1	26	100	94	(Z)	5
2013	569	536	2	31	100	94	(Z)	5
2014	620	574	2	43	100	93	(Z)	7
2015	648	603	2	42	100	93	(Z)	7
2016	738	674	3	61	100	91	(Z)	8

注：Z-≤500户或≤0.5%

6.2　住房建设与市场

6.2.1　住房开工量

2016年住房建设继续增加，达117万个单元。总房屋开工率比2015年上升5.6%，这是自2010年以来的最低增长率，也比20世纪90年代的平均137万低14%，比20世纪80年的平均149万低21%。

2016年单户住宅开工78万套，完建73万套，开工率比2015年上升9.4%。但多户住宅开工量比2015年的39.7万套降低到2016年的39.3万套（表2-6-9）。这是由于纽约2016年财产税免除到期引起的。财产税免除政策在前几年曾激发了多户住宅建设的迅速增加。

联排式住宅（Townhouse）[②]和执行共管公寓建设的增加并未抵消小型单户住宅建设的减少。相反，多户住宅专注于出租公寓，2016年仅有8%的新建住房单位（29 000个）为执行共管公寓，不到2006年高峰期平均每年新增住房的五分之一，并且低于1974~2008年之前的任何记录。对于初次购房者来说，Townhouse往往是一种理想的选择，2016年其价格

[①] https://www.census.gov/construction/chars/completed.html
　　Characteristics of New Single-Family Houses Completed：Framing.
[②] Townhouse是一种3层左右、独门独户、前后有私家花园及车库（车位）的联排式住宅，从形式上说，确实接近于联排别墅。最早是欧美国家的一种城市住宅形式，相对于乡村广袤的土地，城市土地资源总是处于缺乏状态。在19世纪，随着欧美经济的高速成长，Townhouse逐渐成为中产阶级的主流居住形式。

也有上涨,但仍未达到金融危机前的高水平。Townhouse 2016年开工数量为98 000套,比2009年增加了一倍以上,但不到2005年的一半。

2016年美国住房市场关键指标① 表2-6-9

	2015	2016	变化率（%）	
			2014~2015	2015~2016
住宅建设量（千套）				
总开工量	1 112	1 174	10.8	5.6
单户住宅	715	782	10.3	9.4
多户住宅	397	393	11.8	−1.2
总的完工量	968	1 061	9.5	9.5
单户住宅	648	738	4.6	14
多户住宅	320	322	21.2	0.6
住宅销售量（千户）				
新单户住宅	501	561	14.6	12
全部现房	5 250	5 450	6.3	3.8
房价中位数（千元）				
新单户住宅	300.1	316.2	4.7	5.4
全部现房	225.2	233.8	6.6	3.8
建筑支出（百万英镑）				
住宅固定投资	660.1	706.1	14.2	7
业主修缮房屋	150.4	154.4	10.2	2.7
单户住宅建设	236	243	20.2	3
多户住宅建设	52.8	60.4	25.3	14.4

每年新开工的自有住房数量（2006~2017年）（单位：千套） 表2-6-10

年份	住房总计	结构分类		
		1个单元	2~4个单元	5个及以上单元
2006	1 800.9	1 465.4	42.7	292.8
2007	1 355.0	1 046.0	31.7	277.3
2008	905.5	622.0	17.5	266.0

① http://www.jchs.harvard.edu/research/state_nations_housing
Chapter 2–Housing Markets.

续表

年份	住房总计	结构分类		
		1个单元	2~4个单元	5个及以上单元
2009	554.0	445.1	11.6	97.3
2010	586.9	471.2	11.4	104.3
2011	608.8	430.6	10.9	167.3
2012	780.6	535.3	11.4	233.9
2013	924.9	617.6	13.6	293.7
2014	1 003.3	647.9	13.7	341.7
2015	1 111.8	714.5	11.5	385.8
2016	1 173.8	781.5	11.5	380.8
2017	1 203.0	848.9	11.4	342.7

数据来源：U.S.Census Bureau，Construction Reports，"New Residential Construction."

6.2.2 住房竣工量

2012年后房产回暖，竣工房屋持续增加。2016年竣工的住房1 059.7千套，多为单户住宅（738.4千套）（表2-6-11）。

每年竣工住宅量[①]（2006~2016年）（单位：千套）　　　表2-6-11

年份	住房总计	结构分类		
		1个单元	2~4个单元	5个及以上单元
2006	1 979.4	1 654.5	40.8	284.2
2007	1 502.8	1 218.4	31.4	253.0
2008	1 119.7	818.8	23.7	277.2
2009	794.4	520.1	14.5	259.8
2010	651.7	496.3	8.9	146.5
2011	584.9	446.6	8.4	129.9
2012	649.2	483.0	8.7	157.6
2013	764.4	569.1	9.1	186.2
2014	883.8	619.5	8.7	255.6
2015	968.2	647.9	10.0	310.3
2016	1 059.7	738.4	10.4	311.0
2017	1 152.9	795.3	10.7	346.9

① http://www.census.gov/construction/nrc/historical_data/index.html Completed.

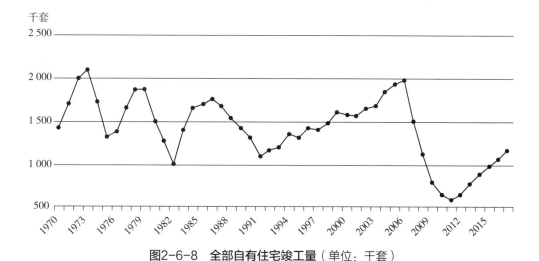

图2-6-8 全部自有住宅竣工量（单位：千套）

图2-6-9 2016年待售房屋的数量再次下降（单位：百万套）

6.2.3 住房交易量（新房/二手房）①, ②

过去10年中新增住房数量低，从而住房销售量也相应降低。2016年12月可供出售住房

---

① http://www.census.gov/construction/nrs/index.html
  New Residential Sales, Current Press Release.
② http://www.jchs.harvard.edu/research/state_nations_housing,
  The State of the Nation's Housing 2015·Chapter 2 − Housing Markets.

库存创历史新低(图2-6-9)。根据美国房地产经纪人协会(NAR)报告,当月有165万套现有住房可供出售,同比下降6.25%,比2014年下降11.3%。市场上现有住房的供应量仅为3.6个月,这是连续第四年持续低于6.0个月的供应量(衡量均衡市场的常规指标)。

由于市场上待售住房量很少,所以上市的房子很快会被卖出,而且通常高于要价。根据Zillow的预计,2016年出售的房屋上市时间平均为93天,比2010年减少了34天。热门地区的上市时间甚至更短,圣何塞和旧金山只有50天,达拉斯、丹佛和西雅图在60天以内。2016年这5个市场的房价平均上涨7.8%,超过全国平均涨幅。

1)新建住宅销售量

2016年全部住宅的销售数量为600万套,同比增加了4.5%,比2010年经济危机时增加了33%,其中新建住宅的销量为561千套,销量最高的为南部,约为340千套(表2-6-12)。

新住宅销售(单位:千套)[①]　　　　　表2-6-12

年份	全美	东北部	中西部	南部	西部
2000	877	71	155	406	244
2001	908	66	164	439	239
2002	973	65	185	450	273
2003	1 086	79	189	511	307
2004	1 203	83	210	562	348
2005	1 283	81	205	638	358
2006	1 051	63	161	559	267
2007	776	65	118	411	181
2008	485	35	70	266	114
2009	375	31	54	202	87
2010	323	31	45	173	74
2011	306	21	45	168	72
2012	368	29	47	195	97
2013	429	31	61	233	105
2014	437	28	59	243	108
2015	501	24	61	286	130
2016	561	32	69	318	142
2017	614	39	72	340	163

[①] http://www.census.gov/construction/nrs/historical_data/index.html
New Residential Sales Historical Data Houses Sold − Seasonal Factors.

新建单户住宅销售增长更快，2017年增长12%，这是5年来的第4个两位数销售增量。即便如此，56.1万套的新房销售数量仍低于历史销量，低于20世纪90年代年均销售量69.8万套的纪录，也不及2005年的130万套的一半（图2-6-10）。

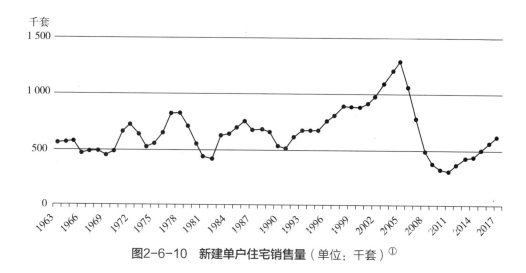

图2-6-10　新建单户住宅销售量（单位：千套）①

2）二手住房销售量

2016年二手房销售量为545万套②，比20世纪90年代的平均400万套的纪录高出36%，但仍比2005年的710万套低23%（图2-6-11）。

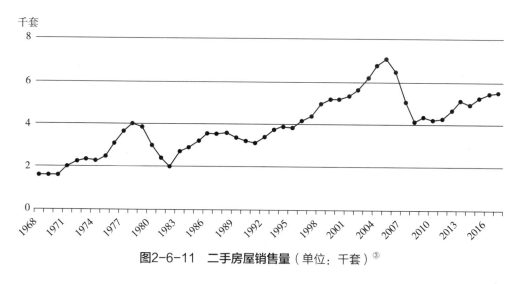

图2-6-11　二手房屋销售量（单位：千套）③

---

① https://www.huduser.gov/portal/ushmc/hs_newsf.html.

② https://www.nar.realtor/research-and-statistics/housing-statistics/existing-home-sales.

③ https://www.huduser.gov/portal/ushmc/hd_home_sales.html.

6.3 住房租赁市场

6.3.1 房屋租赁市场制度基础

美国的房屋租赁市场不仅规模大,而且市场主体中有相当大比例的机构出租方,规模化和专业化特征明显。在各类租赁住房的供给主体中,公寓出租业占住房出租业总体的90%以上。

REITs(Real Estate Investment Trust,房地产投资信托)的建立,为住房租赁市场培育了大量专业化程度较高的机构主体,使得美国住房租赁市场良好发展。REITs持有的物业类型广泛,诸如公寓、酒店、商场、办公楼、医院和仓库等在内的房地产资产都可以成为REITs的资产包。其收益主要来自两方面:一是资本增值收益,二是租金收益。美国法律规定REITs 90%的税后利润强制分配给持有人。得益于高投资收益率,美国的REITs规模得以快速扩张,促进了机构从事租赁业务的积极性。

除了建设REITs作为金融手段,美国还运用税收手段支持租赁住房经营者。例如,将租赁住房投资经营的正常成本(装修改造费用、折旧费、维修费等)纳入经营者收入税基扣减项目,大大降低了租赁机构的运营成本。

此外,政府通过提供优惠措施,激励地产商为低收入群体提供租赁住宅。纽约曼哈顿岛的Stuyvesant Town项目2015年从第二任业主铁狮门公司转手至黑石。在这项交易中,纽约市政府与买方黑石公司达成协议,保留该楼盘中11 200套廉租房,其中的5 000套在未来20年仍作为廉租房,享受"规定租金"(control rent),帮助政府覆盖中低收入人群的住房需求。作为交换,黑石公司和另一投资方收到了包括20年期房地美(Freddie Mac)贷款、土地发展权优惠等各类不同形式的政府补贴。

美国公寓企业近20年的发展中,机构运营方逐步提供了多样化的服务,比起个人房东,租客有更加良好的租住体验和服务体验;同时,完善的底层法律也充分保障了租户权益。

美国租赁底层法律较为完善,在租约关系、租约管理、租金管制、承租人权益给予明确的规定:美国法律规定业主没有权利单方面解除合约,且必须满足租户合理的续约要求;部分城市的租金上浮依照当地的CPI作为参照标准制定,并向弱势人群倾斜;在权责划分上,以保护承租人的权益为核心,例如美国要求出租人对房屋安全及公共区域检查承担责任,必须保证用于出租的房屋不存在瑕疵,业主不可向承租人转嫁维修义务等。

美国租赁市场和买卖市场紧密关联,形成了"租买选择机制",租赁市场反映的租户对住房的需求十分有效,买卖价格受租金制约,对房地产市场是一个较有效的约束。

6.3.2 2016年住房租赁市场

完善的租赁法律、REITs和对租赁行业的税收优惠政策,直接激励了市场主体参与房屋

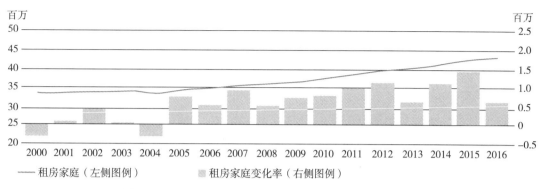

图2-6-12　2000~2016年租房需求变化（单位：百万）
数据来源：JCHS tabulations of US Census Bureau, Housing Vacancy Surveys

租赁，增加供给；而在次贷危机以后，房屋买卖市场的低迷，千禧一代（Millennials，指1984~2000年出生的人群）生活观念的改变以及移民的不断增加，也大大刺激了租赁住房的需求。自2006年房地产市场鼎盛时期以来，止赎权危机以及都市生活趋势已经打造出700万个租户家庭，而自置居所比率已经跌至51年低位。

美国住房自有率曾在2004年6月达到历史峰值69.2%，次贷危机爆发后一路下降到2016年6月62.9%的阶段性低点，随着美国房地产市场持续复苏，2016年末缓慢回升到63.7%。由此可见，长期以来，美国始终有1/3左右的家庭通过租房来满足自身居住需求。承租住户户数从2004年的不足3 400万户上升为2015年的4 200万户，租赁需求超过30%。

2016年住房租赁市场非常紧张。2015~2016年间租户增加了60万。目前大约有4 330万租房户，包括8 000万成人、3 000万有孩子的家庭。租房居住家庭占全部家庭数的37%，为50年来最高，比自有住房率最高的2004年增加了5%。

1）多元化租客趋势

美国租赁住宅的供应集中于大都市地区，包括中心城市和郊区。美国核心都市的租赁人口占比、租赁集中度远高于中国的一线城市。以北京为例，租赁人口占比约30%，而美国纽约、洛杉矶、波士顿、旧金山、芝加哥等核心都市租赁人口占比均高于60%，全美租赁人口占比约35%。

租户在年龄、收入和家庭类型方面具有多元化特征。2005~2016年，有44%租房者年龄在55岁以上，该年龄段的房客自2005年的22%增加到2016年的27%。35岁以下房客约占25%。14%的租房者年龄在35~49岁。有小孩的租房家庭比例由2005年的32%增加到2016年的39%。高收入租房家庭（收入不低于10万美元）由2005年的12%增加到2016年的18%。

美国民众对租房的需求成因较多元和复杂。一方面，2008年美国房地产泡沫之后，民众认识到租赁作为消费行为较买房这一投资行为风险低。另一方面，美国社会家庭趋小型化，单身和单亲家庭比例增加，人口老龄化，使得民众对住房的需求不断改变；对老年人来说，现有房屋未必能够满足需求，而租赁合适住房比拥有房子更加便捷及省心。随着千禧一代就业、结婚和生子年龄的推迟，首次置业的年龄也在不断推迟，租房更能满足他们在城市间流动性的需要。

在2015年，一般租房家庭的收入约为37 900美元，而自有住房家庭的收入为70 800美元。租户中有1 600万户收入低于25 000美元，家庭收入在政府规定的贫困线①以下共有1 100万户，家庭收入在50 000美元以上的新租户增加了330万户。

2）出租住房供给

2005~2015年，单户租赁住房的增长是租赁住房增长的驱动因素。单户住宅所占的比例从2005年的36%上升到2015年的39%，增加了400万套。同期，单户租赁住房在出租房的比例在49个大城市中也得到提高。

单户租房的急剧增长是因为随着房地产崩盘，自有住房发生了转换所致，这不仅是因为取消抵押品赎回权的浪潮，而且还因为销售市场低迷，业主不愿意出售自己的房屋。

与此相反，多户住房开工量从2010年来持续增加，2013年多户住房替代单户住宅成为租赁市场的主力。2015年，单户出租住房增加数量略降，而多户出租房尤其是超过10个单元的大型结构多户住房数量增加了407 000套（图2-6-13）。

2016年多户住房竣工321 000套，比2015年略有增加。其中90%的多户住房用于租赁，80%有20套以上的单元。

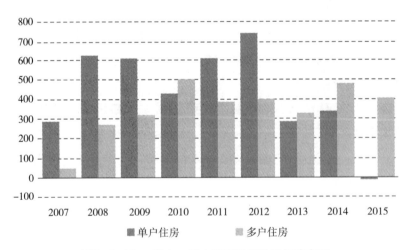

图2-6-13　单户、多户出租住房数量年改变量

---

① 根据美国卫生与公共服务部（HHS）最新公布的联邦贫困线数据，2口之家的贫困线为16 460美元，3口之家为20 780美元，4口之家为25 100美元。

6.4 住房消费

6.4.1 住房投资占GDP的比例[①]

2016年，住房投资占GDP的比例为15.6%，房屋建设和重建部分的住宅固定投资占GDP的比例扩大到3.5%。

住房投资相关活动有助于提高GDP的两种基本途径：

第一种是通过住房固定投资（residential fixed investment，RFI）。住房固定投资包括新建单户住宅和多户住宅建设、房屋改造，移动房屋建造以及中介费。

2016年第3季度住房固定投资占GDP3.5%，达到5 880亿美元。第4季度住房固定投资有所减少，这是自金融危机以来住房固定投资第二次滞后于GDP增长。

第二种是通过住房服务。第3季度，住房服务占GDP的12.2%（20 300亿美元）。

综上所述，第3季度住房占GDP的比例为15.6%。

6.4.2 住房支出

当住房整体支出超过家庭总收入的30%就认为有住房支出负担。中度（严重）支出负担是指住宅成本约占家庭收入的30%~50%（超过50%），没有或者家庭收入很少的家庭也被认为是负担的家庭，而非现金支付租金的租户被认为是没有负担的。

2016年面临着住房支出负担的租户（2 100万）比自有住房家庭（1 800万户）数量要大。尽管2/3的美国家庭有自住房。2016年，美国家庭的税前收入为74 664美元，平均年支出为57 311美元，住房支出为18 886美元，住房支出占税后收入的29%。

2016年住房支出负担的租户比例下降了1%，反映了高收入租户数量增加，而非为中低收入家庭提供的可负担租房数量的改善。2015年，48%的租房客有住房支出负担。而收入低于15 000美元（相当于联邦的最低工资）的家庭中有超过83%面临着住房支出的负担。收入在15 000~29 999美元之间的家庭，面临着住房支出负担的家庭比例为77%。26%的租户房租占收入的一半以上。那些收入低于15 000美元，有严重住房支出负担的家庭，房租占收入的比例超过70%。

与此同时，住房支出负担的自有住房家庭比例在2015年下降1%，这是由于利息下降和收入增加引起的。住房支出负担的自有住房家庭自2006~2010年的峰值30%下降到2015年的24%，接近金融危机前2001年的最低点。10%约760万户自有住房家庭具有重度住房支出负担（图2-6-14、表2-6-13）。

[①] http://eyeonhousing.org/2017/01/housing-share-of-gdp-essentially-unchanged/.

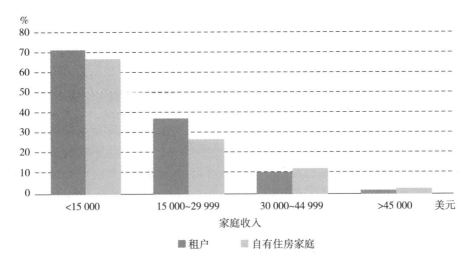

图2-6-14 重度住房支出负担的家庭比例（单位：%）

2006~2016年家庭收入及居住支出（单位：美元）① 表2-6-13

年份	税前收入	税后收入	平均年支出	住房支出	住房支出/税后收入
2005	58 712	56 304	46 409	15 167	0.269
2006	60 533	58 101	48 398	16 366	0.282
2007	63 091	60 858	49 638	16 920	0.278
2008	63 563	61 774	50 486	17 109	0.277
2009	62 857	60 753	49 067	16 895	0.278
2010	62 481	60 712	48 109	16 557	0.273
2011	63 685	61 673	49 705	16 803	0.272
2012	65 596	63 370	51 442	16 887	0.266
2013	63 784	56 352	51 100	17 148	0.304
2014	66 877	58 364	53 495	17 798	0.305
2015	69 627	60 448	55 978	18 409	0.305
2016	74 664	64 175	57 311	18 886	0.29

6.4.3 全国住房价格

自2007年次贷危机后，美国房地产市场一直处在调整之中，2012年触底反弹后，2016

① http://www.bls.gov/cex/csxcombined.htm
　Consumer Expenditure Survey，U.S. Bureau of Labor Statistics，Income before taxes.

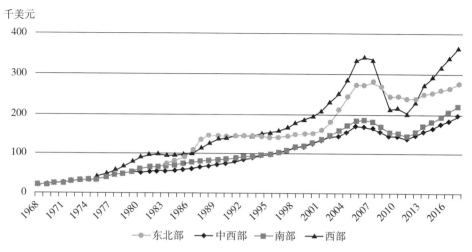

图2-6-15　不同区域的现有房屋价格中位数[①]

年房地产市场的进一步回暖成为美国经济的一大亮点。

通过各种主要措施，2016年房价出现强劲增长。2016年房价上升5.6%，超过10年前的峰值（图2-6-10）。"水下贷款"（underwater loans）（指房屋现值低于抵押贷款）自有住房数量在2016年底减少了320万，比2011年末峰值减少了1 210万。但经通胀调整后的房价依然比历史峰值低15%，从而房主未造成财产损失。剔除通胀增长后，当前美国房地产实际价格水平并不高，而且房屋空置率、房贷违约率、库存水平均处于历史低位，预计未来房地产对经济仍会有带动作用。

美国不同地区的新建单户住宅销售价格的中位数和平均值是不同的，其中价格较高的是东北部地区，在2016年，其销售价格的中位数为428 300美元，平均值为532 700美元，而价格较低的南部地区的销售价格中位数为281 400美元，平均值为322 800美元。

6.4.4　住宅负担能力指数

住宅负担能力指数是一项测量国民家庭购买住宅的财务能力的指标。据美国房地产经纪商协会（the National Association of Realtors）的定义，如果住宅负担能力指数为100，表示一个收入达到中位数的家庭，假设他的住宅按揭首期为20%，其收入刚好足够负担一个价格为中位的住宅的按揭。因此，当指数上升时，显示该家庭更有能力负担一个中位价格的住宅。主要与现房平均价格、按揭利率、家庭收入中值、达标收入、固定利率等因素有关。

综合住宅负担能力指数在2012年逐渐回升，2016年综合住房负担能力指数为166.2（表2-6-14、图2-6-16）。

---

① https://www.huduser.gov/portal/ushmc/hd_home_prices.html.

住房负担能力（Housing Affordability）① 表2-6-14

年份	现房平均价格HAI	按揭利率HAI	家庭收入中值HAI	达标收入HAI	固定利率HAI	综合HAI
2006	221 900	6.58	58 407	54 288	107.1	107.6
2007	217 900	6.52	61 173	52 992	115.3	115.4
2008	196 600	6.15	63 366	45 984	137.4	137.8
2009	172 100	5.14	61 082	36 048	169.2	169.4
2010	173 100	4.89	60 609	35 232	171.3	172
2011	166 200	4.67	61 455	32 976	183.4	186.4
2012	177 200	3.83	62 531	31 824	193.3	196.5
2013	197 400	4	63 623	36 192	176.7	175.8
2014	208 900	4.31	65 321	39 744	164.4	171.4
2015	223 900	4.03	67 507	41 184	163.9	162.8
2016	235 500	3.88	71 062	42 528	167.1	166.2
2017	248 800	4.2	74 545	46 704	157.5	157.1

注：HAI=Housing Affordability Index住房负担能力指数

（1）数据分类：综合利率指数，固定利率指数，浮动利率指数；三种指数均为百分比概念。

（2）指数计算方法：

①公式：居住负担能力=家庭中位月所得/中位房价（中位房价需综合考虑利率类型）

②美国房地产经纪商协会计算住宅负担能力指数时有两项假设：住宅按揭之首期为房价的20%；每月供款额［Monthly Principal and Interest（P&I）Payment］不可超过家庭每月收入中位数的25%。

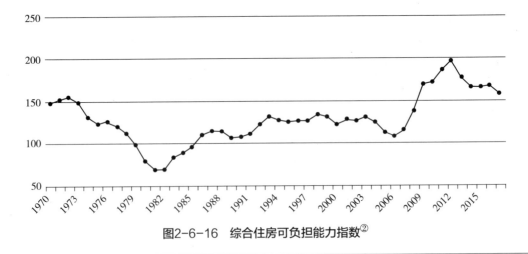

图2-6-16 综合住房可负担能力指数②

① 资料来源：HUD，http://www.huduser.org/portal/ushmc/hd_hsg_aff.html
　HAI anua.

② https://www.huduser.gov/portal/ushmc/hd_hsg_aff.html.

6.5 可持续的住房金融发展战略

6.5.1 住房与城市发展部（HUD）[①]促进私人资本融资战略

1）建立法律框架。采取慎重方式关闭政府支持的企业（GSE）。促进私人资本更多地参与可支付住房建设，并使纳税人免受损失。同时，必须保持普通民众和低收入家庭获得信贷的机会。为了实现这一目标，HUD将与行政合作伙伴合作，为立法、改革提供专业知识。

2）开展必要的改革。努力更新法规，确保在经济低迷时期也可以为信誉良好的借款人提供融资。

3）通过制定规则监管融资渠道。新的规则将增加信贷记录良好的人获得融资的机会，并促进私人抵押贷款部门的复兴，为消费者和投资者提供安全的机制。

HUD持续关注私有资本、政府支持机构（Government-sponsored enterprises，GSEs）、公共住房局（Federal Housing Administration，FHA）、退伍军人管理局（Veterans Affairs，VA）发放的单户住宅贷款占总体市场的比例，这些比例指标能反映FHA在住房市场的作用、市场动态变化和住房金融政策变化以及私人资本的发展趋势（表2-6-15）。

不同单户住宅抵押贷款发放类型的市场比例　　　　表2-6-15

	CY13	CY14	CY15	CY16
私有资本发放的单户住宅贷款占总体市场比例	21%	26%	29%	TBD
GSEs发放的单户住宅贷款占总体市场比例	61%	53%	47%	TBD
公共住房局（FHA）发放的单户住宅贷款占总体市场比例	11%	11%	13%	TBD
退伍军人管理局（VA）发放的单户住宅贷款占总体市场比例	7%	10%	10%	TBD

*TBD：待定

6.5.2 增加民众获得信贷机会

1）明确承保标准，以尽量减少市场的不确定性。提高清晰度将有利于民众获得信贷并抑

[①] HUD：Department of Hosuing and Urban Development，美国住房与城市发展部，是美国最重要的管理居民住房的政府机构。

制风险贷款人活动。HUD将改进现行政策,并向利益相关方传达透明的执行标准和绩效标准。

2)评估各项计划、政策的风险承受能力,以提供优质的可支付住房。

3)确保HUD的房屋咨询计划能够让人民熟悉(特别是在服务不足的地区),使更多家庭获得有关公平住房和公平贷款的信息。在拨款后尽快向住房咨询机构提供住房咨询补助金,并跟踪有多少客户通过咨询服务获得住房资源,改善住房情况。

4)减少市场不确定性,并改善信贷渠道。

6.5.3 确保FHA财务健康

FHA的设立是为了应对大萧条期间银行体系的失败,以稳定房地产市场。自1934年以来,FHA帮助超过4 600万美国人购买住房或进行住房融资。强大的FHA对于房地产市场和整个经济的复苏至关重要。FHA在支持房地产市场中发挥了反周期的作用,FHA提供的抵押贷款保险使得不到常规抵押贷款的个人和家庭获得抵押贷款。在2018金融危机中,FHA提供了重要的信贷渠道。现在,FHA继续支持住房恢复。

FHA利用收取的保险费建立保险基金。保险基金有三种,分别是共同抵押保险基金(Mutual Mortgage Insurance Fund)、一般保险基金(General Insurance Fund)和特别风险保险基金(Special Risk Insurance Fund),分别为不同种类的住房抵押贷款提供保险。共同抵押保险基金(Mutual Mortgage Insurance,MMI)是FHA的最大基金。当FHA担保的抵押贷款出现坏账时,FHA利用保险基金给予赔偿。在1965年之前,因FHA的保险金还不算丰厚,赔偿一般是只付3%现金,其余给予3年期的债券补偿,但自1965年之后,FHA的赔偿已全部支付现金。FHA保险费利率于2017年11月调涨。

2016财年,FHA建立的抵押贷款互助保险基金(MMI基金)的资本增加了38亿美元,总价值为276亿美元。这是自2008年以来连续第二年FHA的存款准备金率[1]超过了国会要求的2%的门槛,且基金净值连续第四年增加。FHA采取有效措施维持基金财务稳健、推进资本积累,让更多的美国家庭获得购房贷款机会,推动了过去8年房地产市场的复苏。

---

[1] 超额准备金率是指商业银行超过法定存款准备金而保留的准备金占全部存款的比率。从形态上看,超额准备金可以是现金,也可以是具有高流动性的金融资产,如在中央银行账户上的准备存款等。商业银行在经营活动中保留的现金,就成为存款准备金。

6.6 住房政策与保障计划

6.6.1 《2014年住房金融改革和纳税人保护法案》实施

2014年5月15日，美国参议院银行委员会投票通过了《2014住房金融改革和纳税人保护法案》（S.1217）。根据该法案，房利美和房地美（"两房"）将逐步退出市场，被新设的联邦抵押贷款保险公司（FMIC）所取代。同时，建立一个抵押贷款保险基金和统一的证券化平台，私人资本的作用将被强化，政府在住房融资市场中的作用将被削弱。尽管该法案要最终获得国会两院通过并正式成为法律仍面临不少阻力，但其进展及影响值得关注。

主要改革内容如下：

1）建立联邦抵押贷款保险公司取代"两房"

参考联邦存款保险公司（FDIC）模式，建立新的联邦抵押贷款保险公司（Federal Mortgage Insurance Corporation，FMIC）取代"两房"。FMIC将组建独立董事会，由来自两党的5位人士组成，需总统提名并经参议院通过。

2）建立抵押贷款保险基金

设立再保险基金，即抵押贷款保险基金（Mortgage Insurance Fund，MIF）。FMIC将作为独立机构，为符合既定标准的抵押贷款支持证券（MBS）提供保险。如果FMIC保险的MBS发生损失，私人资本将承担最初10%的损失，剩余部分损失由MIF分担。在出现非常和紧急情况时，FMIC将在会商美联储、财政部、住房和城市发展部（HUD）后，对二级抵押贷款市场所有的担保MBS提供保险。

3）确保新旧体系平稳过渡

为确保新旧住房融资体系的平稳过渡，草案规定了5年的过渡期，必要时可以延长。在法案生效6个月后，联邦住房金融管理局（FHFA）的职责及权力将被划转至FMIC，FHFA将作为FMIC内设的一个独立办公室，并继续负责监管政府支持企业（GSEs）和联邦住房贷款银行（FHLBs）。在过渡期结束后，"两房"终止运营，其资产将出售给私人部门或者其他机构。

4）为合格借款人提供公平机会

根据新法案，经FMIC批准进入新体系的担保人及抵押贷款集合人不能歧视借款人。FMIC将建立差别化费率机制，向参与FMIC体系的实体收取一定费用，为住房信托基金、资本磁铁基金以及新设的市场准入基金等提供资金支持，部分资金将专门用于支持农村、印第安人部落及贫困社区的住房融资。

5）为小型贷款商提供市场准入机会

根据新法案，将设立由社区银行、信用社等组成的小型贷款商互助组织（the small lender mutual），为成员提供直接进入抵押贷款二级市场的通道，包括抵押贷款转让、贷款集合及证券化等服务,从而在"两房"解体后不会受制于其他大型竞争者。该互助组织将设立董事会,有权设定成员标准和会员费,但必须遵循平等和非歧视原则。

6.6.2 2018-2022财年HUD战略规划

目标1:鼓励HUD援助的居民通过自给自足和财务稳定来改善经济机会

评价依据:搬出HUD援助性住房家庭的增加比例

实施策略:(1)创建ENVISION中心网略,通过公共和私人合作伙伴,来改善获取和美国家庭提供支持性服务的途径。

(2)评估和促进经济自给自足计划,包括"就业+""家庭自给自足"等相关计划,鼓励居住在HUD援助性住房中的居民和低收入个人的就业。

(3)提供有针对性的教育支持服务。

(4)利用与其他联邦和地方机构、非营利组织和私营企业的合作伙伴关系,提高HUD援助家庭在工作和职业培训计划中的参与度。

目标2:提供可持续的模式来增强和改革租赁援助计划

评价依据:转型为可持续募资平台的公共住房单位数量

实施策略:(1)与居民、公共住房管理局管理层和行业思想领袖就不同的租赁住房计划结构和租金计算方式进行沟通。

(2)通过鼓励公共住房管理部门将具有未满足资本需求的公共住房单元转变为更可持续的平台,改善长期可负担住房的选择。

(3)修改租赁计算系统,以鼓励工作和组建稳定的家庭,简化管理,提高财政可持续性。

目标3:降低无家可归的人员数量

评价依据:无家可归的人数及露宿街头的平均时长

实施策略:(1)针对露宿者极速增长的社区,提供技术援助和其他资源。

(2)将成本效益良好的策略应用到持续关注计划(Continuum of Care,CoC)和其他HUD援助的住房资源中,为最需要的人群的提供住房援助。

(3)将住房与城市发展部和退伍军人事务部支持性住房(HUD-VA)精准提供给无家可归者的最脆弱的退伍军人。

目标4:推动住房金融系统改革

评价依据:资本储备比率、前期付款违约率、联邦住房管理局新担保的单身家庭的首次购房者的按揭贷款百分比、高风险贷款等。

实施策略:(1)与利益相关者和国会合作,进行住房金融改革,降低纳税人的风险,扩大私人资本和市场的作用。

(2)扩大HUD与国家抵押贷款协会之间的合作,加强风险管理。

目标5：降低含铅涂料的房屋数量

评价依据：经过健康和铅安全改造的危险住房数量及目标高风险社区中的儿童患病率

实施策略：（1）提高社区对家庭中铅及其他危害健康安全材料的认识。

（2）调整并执行HUD援助性住房的检查和减排措施。

（3）设计和提供针对铅危害和家庭健康的项目

（4）推进关于住房中铅与其他危害健康安全因素的评估和控制及对租户健康影响的研究议程。

6.6.3　可负担住房发展与保护

1）HUD支持可负担住宅的主要计划[①]

（1）HOME投资伙伴计划（HOME Investment Partnerships Program）

通过给予州政府、地方政府及孤立地区打包补贴（Block Grants），增加可负担住宅的供给，使低收入、极低收入户居者有其屋。在不违背计划条款的规定下，州及地方政府可以弹性决定补助金的使用方式。补助金可用于①建造、购买或重新安置租赁或自有住房；②对低收入家庭提供租金支持。HUD已经公布了新的2017年HOME投资伙伴计划以及住房信托基金（HTF），并于2017年3月开始实施。

（2）艾滋病患者住房希望（HOPWA：Housing Opportunities for Persons With AIDS Program）

通过给予州政府、地方政府及非营利组织补贴，向艾滋病患者及其家庭提供住房援助及相关支持服务。

（3）住房信托基金（HTF：Housing Trust Fund）

依据2008住房和经济复苏法案建立。为极低收入家庭或家庭收入在贫困线以下及无家可归者的家庭提供体面、安全、卫生的可支付住房。HTF可用于生产或维护可支付住房，收购、新建、重建和修缮非豪华住房和合适的设施。符合条件援助形式有：收购不动产、有息贷款或预付款、无息贷款或预付款、利息补贴、延期偿还的贷款、基金和HUD认可的其他补助。

（4）第811条款基于项目的租房援助（Section 811 Project Rental Assistance（PRA）Program）

向非盈利或低盈利合作伙伴提供预付资金，为低收入和极低收入残疾人提供带有支持服务的住房。

（5）选择性邻里（Choice Neighborhoods Program）

为地方公共住房局（Public Housing Authorities，PHAs）、地方政府、非营利组织和

[①] https://www.hudexchange.info/programs/policy-areas/#affordable-housing-development-preservation.

开发商提供资金,在竞争的基础上,将贫穷社区转变为有活力和混居社区。

(6)希望六计划(HOPE VI Program)

地方公共住房局(Public Housing Authorities,PHAs)提供资金,拆除、修缮破旧公共住房,改善管理和社区服务。

(7)社区发展专款补助计划(CDBG:Community Development Block Grant Program)

给予州政府、地方政府及孤立地区补贴和技术支持,用于社区发展。

2)2016年HUD保护和扩充可负担出租住宅战略

HUD努力通过简化和调整出租房屋计划的交付,为最需要的地方提供优质、价格合理的出租房[①](表2-6-16)。

HUD租赁住房计划援助家庭数量(单位:户)　　　　表2-6-16

租赁住房计划	2014	2015	2016
第8条款基于项目的租房援助	1 163 807	1 156 910	1 162 841
租赁援助示范项目	2 532	8 571	23 847
其他多户住房家庭补贴[②]	108 364	89 920	82 391
基于项目的租房援助合同	148 692	151 337	151 144
低收入住房税收返还	165 079	203 168	236 825
租赁房援助计划[③]	9 572	6 917	4 651
租房补贴计划[④]	7 908	3 602	2 360
第232条款住宅老年人设施抵押贷款保险	4 960	6 259	7 637
基于承租人的租房援助	2 158 606	2 212 545	2 254 613
租金补助示范	10 394	21 968	32 750
公共住房	1 082 991	1 065 241	1 038 002
PIH[⑤]中度恢复计划	21 123	20 502	20 109

① Fiscal Year(FY)2016 Annual Performance Report.

② Other MFH subsidies includes Old Section 202, Section 221(d)(3) Below Market Interest Rate, and Section 236 Interest Reduction Payment only.

③ Rental Assistance Payment (RAP),HUD is not requesting any additional funding for the Rental Housing Assistance program (Section 236) or for the Rent Supplement Program in fiscal year 2013.

④ 1965年《住房与城市发展法》授权"第101条款租房补贴计划"(The Section 101 Rent Supplement program, Rent Supp)。

⑤ Public and Indian Housing (PIH).

续表

租赁住房计划	2014	2015	2016
主流券	13 680	14 007	14 348
印第安人住房	12 429	12 751	12 978
HOME租赁房建设基金	280 601	282 100	281 435
McKinney/持续关爱计划	129 573	138 177	140 115
税收勉抵援助计划	59 580	59 580	59 580
社区发展整笔拨款-灾后恢复	43 257	45 778	53 728
艾滋病患者住房希望	25 801	25 660	24 164
稳定社区计划	21 544	21 544	21 544
HOME基于承租人的租屋支持	1125	984	882

6.6.4 社区发展专项补助计划

1）社区发展赠款权利计划（CDBG Entitlement Program）：每年向有资格的城市和城市内的县拨款，用于住房和社区发展。

2）社区发展国家计划（CDBG State Program）：向没有资格的州和地方政府拨款，用于住房和社区发展。

3）184节贷款保证计划（Section 108 Loan Guarantee Program）：向州和地方政府拨款，用于经济发展、修缮房屋和公共设施以及抵抗灾害的项目。符合CDBG计划补助资格的小区可以申请108节贷款。不符合补助资格的小区亦可申请，条件是所属州政府同意用CDBG补助金来作为贷款的担保。不符合CDBG补助资格的申请者可能直接获得贷款，HUD也可能指定另一合格的实体，如工业发展局来接收贷款和执行援助项目。

4）社区发展灾后恢复计划（CDBG-DR：CDBG Disaster Recovery Program）：援助受灾小区重建家园，并为受灾者提供可负担的住宅。包含重建费用及对受灾的低收入户直接补助。

为了应对2011年、2012年和2013年在全国范围内肆虐的超级风暴"桑迪"以及其他自然灾害造成的损失，2013年联邦财年，美国国会通过《公共法律》第113-2条拨款160亿美元用于社区发展整笔拨款——灾后恢复（CDBG-DR）计划。该法律于2013年1月29日颁布。

CDBG计划的主要目标是通过提供像样的住房、合适的居住环境和不断扩大的经济发展机会来发展有潜力的城市社区，原则上针对中低收入人士。为了应对灾害而拨付的CDBG资金必须满足CDBG计划的一般目标。

所有CDBG-DR资助的住房活动必须满足CDBG计划授权法令要求的三个国家目标的其中一个：①中低收入人士受益；②帮助预防或消除贫民窟或破败；③满足一个拥有特别迫切目的的需求。

6.7 住房税制

6.7.1 房地产税占GDP比重

美国房产税占GDP的比重在2000~2009年期间基本属于上升趋势，从2009年开始有所下降。2016年，房产税占GDP的2.662%（表2-6-17）。

房产税占GDP比重[①]（单位：%） 表2-6-17

年份	房产税占GDP比重	年份	房产税占GDP比重
2006	2.992	2012	2.9
2007	3.055	2013	2.89
2008	3.089	2014	2.785
2009	3.242	2015	2.704
2010	3.088	2016	2.662
2011	2.97		

6.7.2 2017年减税与就业法案

2017年减税与就业法案（Tax Cuts and Jobs Act of 2017）是美国国会为简化1986年《国内税收法》而提出的一项法案，以期改革及降低个人与企业的税率。该法案同时试图削减一些税收扣除项目。这是特朗普政府大力推进的税改方案。

受益于新税改法案，从长远看，未来购房应该比租房更划算。虽然税改方案将每年房产税的最高免除额限制在1万美元，并且将可扣除利息成本的房贷上限由原来的100万美元调低至75万美元，未来购房仍比租房的成本更低。

未来购房成本会更低的关键因素是，美国新税法为买家提供了优厚的标准扣除项，这比逐项扣除获得的税务减免更实惠。新税法提出的标准扣除额，比之前增长了一倍：为单身者提供最高6 350美元的标准扣除额；为一对夫妇，提供最高12 700美元的免税额。

除了能够获得更高的房产税及房贷利息标准扣除项，房产主从长期看还能在房价的上涨中获得收益。因此，购房比租房获得的资金回报更高。

在州及地方税方面，新税法将包括房地产税在内的地方税减免上限设定为1万美元，并允许纳税人可以在2017年按照新调整的数字，提前缴纳2018年的州及地方税。

对于房屋销售收入的免税部分，即资本收益扣除项，新税法允许共同报税的夫妇，对房

---

① https://data.oecd.org/tax/tax-on-property.htm#indicator-chart.

屋销售所得可享有50万美元的免税额；对于单独报税者，免税额度为25万美元，但销售的房产必须是自住房，即卖主必须在过去5年中在此居住了至少2年。之前的税法要求卖主必须在过去8年中，至少居住了5年。

此外，对于4万多处历史性建筑的翻新和维护费，新税法保留了20%的税务优惠，并将优惠期扩展至5年。

6.8 住房可持续发展

6.8.1 可持续发展政策

内容详见《国外住房发展报告2017第5辑》第193~195页。

6.8.2 住宅产业工业化

按照制造方式分，美国工业化住宅类型有：活动房屋（Manufactured homes）、模块住宅（Modular Homes）、板式房屋（panelized housing）、预切割住宅。美国住宅工业化主要针对市郊的低层单栋住宅，上述4种建造方式中以活动房屋和模块化住宅为主要建造方式，这两者的优势都是在达到工地前已经在工厂完成大部分预制及组装，工业化程度高，成本低，建造时间短等。

新建单户住宅主要以现场建造为主，均占总数目90%以上，在2016年，在总共738千户的新建单户住宅中，有713千户是现场建造的，约占总数的97%。新建多户住宅全部现场建造，共13千户（表2-6-18）。

已完成的新建单户住宅的施工方法类型　　表2-6-18

年份	住宅数量（千户）				占比（%）			
	总数	现场建造	模块化	其他	总数	现场建造	模块化	其他
2000	1 242	1 163	40	39	100	94	3	3
2001	1 256	1 184	42	30	100	94	3	2
2002	1 325	1 246	46	33	100	94	3	3
2003	1 386	1 313	41	33	100	95	3	2
2004	1 532	1 454	42	36	100	95	3	2
2005	1 636	1 565	44	26	100	96	3	2
2006	1 654	1 579	40	35	100	95	2	2
2007	1 218	1 166	31	22	100	96	3	2
2008	819	779	23	17	100	95	3	2

续表

年份	住宅数量（千户）				占比（%）			
	总数	现场建造	模块化	其他	总数	现场建造	模块化	其他
2009	520	497	11	12	100	96	2	2
2010	496	473	12	12	100	95	2	2
2011	447	427	10	10	100	96	2	2
2012	483	465	8	9	100	96	2	2
2013	569	548	11	10	100	96	2	2
2014	620	601	10	8	100	97	2	1
2015	648	628	11	10	100	97	2	1
2016	738	713	15	11	100	97	2	1

6.8.3 城市棚户区改造政策

纽约市房屋于2015年5月公布了"纽约市房屋局创新时代"（NextGeneration NYCHA，简称"创新时代"或"NextGen"）。本计划是一项通过改变房屋局获得资金的途径、营运和服务方式来解决纽约市公共房屋机构现正面对的财政困难及改善居民生活条件的10年综合战略计划。

创新时代制定的15项有针对性的工作计划可实现四个主要目标：

（1）改变房屋局获得资金资助的途径；

（2）作为房东应采用更新颖、更高效的方式经营管理物业；

（3）保护现存的公共房屋和重建全新的平价房屋；

（4）加强居民参与并协助居民获取最好的援助服务。

房屋局已于实施创新时代计划的2年里取得了重大进展，实现其改善40多万公房居民的生活条件的承诺。房屋局通过使用数字化技术改革运营方式，并为物业管理处职员安排弹性工作时间，以提供更完善的客户服务。通过出租住宅楼底层的商业用空间以及提高租金收缴的效率，房屋局已为住宅楼的维修工程创造了收益。

7 印度

GDP：25 974.91亿美元（2017年）

人均GDP：1 939.87美元（2017年）

国土面积：298万km^2（2017年）

人　　口：13.39亿人（2016年）

人口密度：449.33人/km^2（2017年）

城市化率：33.54%（2017年）

印度是世界上城镇化水平较低的国家之一。印度的城镇化步伐比较缓慢，2001年城市化水平仅为27.82%，2017年上升到33.54%，预计到2030年这一比例将达到50%（表2-7-1）。

城市与农村人口状况（1951~2017年）（单位：亿，%）　　表2-7-1

年份	总人口（亿）	农村人口（亿）	农村人口比例（%）	城镇人口（亿）	城镇人口比例（%）
1951	3.611	2.987	82.72	0.624	17.28
1961	4.392	3.603	82.03	0.789	17.97
1971	5.482	4.391	80.10	1.091	19.90
1981	6.833	5.238	76.65	1.595	23.35
1991	8.464	6.287	74.28	2.177	25.72
2001	10.287	7.425	72.18	2.862	27.82
2011	12.102	8.331	68.84	3.771	31.16
2012	12.202	8.500	69.00	3.790	31.00
2013	12.795	8.701	68.00	4.094	31.99
2014	12.953	8.761	67.63	4.192	32.37
2015	13.111	8.817	67.25	4.293	32.74
2016①	13.24	8.852	66.86	4.388	33.14
2017	13.39	8.899	66.46	4.491	33.54

数据来源：Census of India 2001，Part 1 Table A1 to A3& Provisional data census 2011

① 2016年、2017年数据来源于 The world bank data.

印度工商联合会（FICCI）估计，到2050年全国城市将见证9亿人口的净增长，此外，在2012~2050年，城市化的人口复合年增长率（CAGR）很可能是2.1%。

印度经济正在经历快速城市化的过渡阶段（图2-7-1）。尽管大部分人口仍生活在乡村，但城市人口在不断增加。基于过去的趋势预测，印度的城市人口在2025年有可能从2001年的2亿8 530万增长到5亿3 300万。研究计划表明，2030年将有人口5亿9 000万，城市人口约占40%（图2-7-2）。

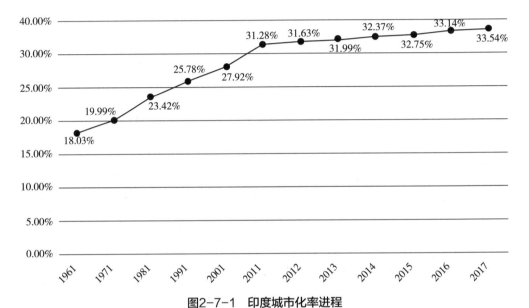

图2-7-1　印度城市化率进程

注：数据来源于The World Bank Data. https://data.worldbank.org/country/india

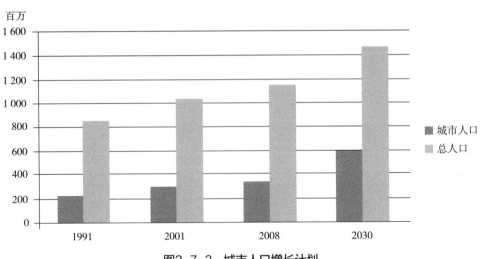

图2-7-2　城市人口增长计划

7.1 住房基本情况

7.1.1 家庭规模及住房数量

具体内容详见《国外住房发展报告2014第2辑》第169页。

7.1.2 居民住房条件

根据对居民居住条件的统计，2011年全国住房（包括作为住房和与其他用途合用的住房）使用条件良好的比例为53.2%，其中农村地区为46.0%，城市地区为68.5%，2012年这一数字分别为38.3%和60.2%；住房状况为：可以居住的，全国的比例为41.5%，在农村地区这一比例为47.5%，城市地区为28.6%；住宅状况为无法居住的，全国的比例为5.3%，在农村地区这一比例为6.5%，城市地区为2.9%，2012年农村地区和城市地区无法居住的比例约为2011年的两倍（表2-7-2）。

2011/2012年印度居民住房条件（单位：套） 表2-7-2

	统计数量（2011）			比例（2011）			比例（2012）*	
	总数	农村	城市	总数	农村	城市	农村	城市
统计的房屋总数	244 641 582	166 156 603	78 484 979	100.0	100.0	100.0	100.0	100.0
条件良好	130 124 755	76 364 051	53 760 704	53.2	46.0	68.5	38.3	60.2
可以居住	101 441 740	78 974 413	22 467 327	41.5	47.5	28.6	48.6	32.8
无法居住	13 075 087	10 818 139	2 256 948	5.3	6.5	2.9	13.0	7.0

根据最新统计数据显示，水龙头、压水井和井水一起构成了印度居民的主要饮用水水源。在国家层面，仅有107.41百万户家庭（约占43%）使用水龙头获得饮用水，103.52百万户居民（42%）还在使用压水井和管井获得饮用水源，27.18万户家庭（约占11%）使用井水，还有2%的家庭从池塘和河流中获取水源（表2-7-3）。

家庭饮用水水源使用情况（单位：百万户） 表2-7-3

地区	家庭总数	水龙头	压水井、管井	井水	池塘、河流及湖泊等	其他
农村地区	167.83	51.70（31%）	87 015（52%）	22.33（13%）	4.36（3%）	2.27（1%）
城市地区	78.86	55.70（70%）	16.36（21%）	4.85（6%）	0.54（1%）	1.37（2%）
全国地区	246.69	107.41（43%）	103.52（42%）	27.18（11%）	4.93（2%）	3.64（1.5%）

7.1.3 住房短缺状况

根据麦肯锡印度唤醒报告数据显示,印度2030年的城市化率将从2008年的30%增长到40%。增加的人口和快速增长的城市会将会导致印度各城市的住房严重短缺(图2-7-3、图2-7-4)。国家住房委员会(NHB)数据显示,2014年全国城市地区共有1 878万户家庭面临住房短缺问题,其中95%的家庭属于低收入人群。

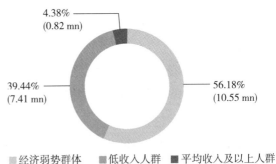

图2-7-3 2012年印度城市地区住房短缺情况
资料来源:Report of the technical urban group on urban housing shortage 2012—2017

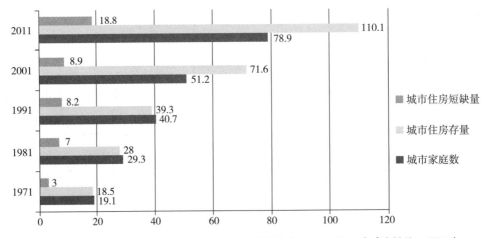

图2-7-4 城市家庭数、住房存量及住房短缺量(1971~2011年)(单位:百万)

注:住房短缺量是指居住在无服务设施住房的家庭数、居住在废弃房屋的家庭数、居住在过渡拥挤房屋的家庭数及无家可归的家庭数量的总和。

资料来源:National Buildings Organisation(2013),Planning Commission of India(2012-2017)

7.1.4 住房市场与消费

受市场经济不景气的影响,印度的房地产市场在过去10年里连年在供销两端创下新低。尽管印度面临着巨大的住房需求,但由于开发商对公寓户型面积的长期误判,导致了大量未售出的库存,使房地产行业陷入困境。2014年,房屋库存曾达到72万套住房的峰值,这迫使开发商缩减供应量,以减轻库存负荷。2017年,印度房地产住宅市场的房屋供应量仅达到2015年的四分之一,国家首都西区是受影响最大的市场,其年供应量仅为其10年内峰值的7%。

2013~2016年,印度前八大城市中大多数住宅价格的增长一直低于消费指数的增长,并且自2016年上半年以来差距逐渐增大。多数城市的房屋价格接近或已低于该城市家庭年收入的4.5倍[①]（表2-7-4）。

城市	2010	2017	城市	2010	2017
孟买	11.0	7.8	金奈	5.4	4.7
国家首都辖区	6.0	5.0	海德拉巴	5.7	5.0
班加罗尔	5.6	4.4	加尔各答	5.7	3.5
普纳	4.6	3.4	艾哈迈达巴德	4.3	3.5

房屋平均价格与家庭年收入比　　表2-7-4

数据来源：MOSPI，Knight Frank Research

印度的房价指数在2018年第一季度同比增长了6.7%，低于2017年同期10.5%的峰值（图2-7-5）。受政府颁布的"房地产监管和发展法案"影响，与2017年同期相比，10个主要城市中有7个在这个季度的平均房价有所放缓。孟买的房价膨胀率在2018财年第四季度下降到了5年来的最低点，仅为5.5%，Ahmedabad、Kolkatad等城市的房地产市场在近一年内都保持着较低的通货膨胀。

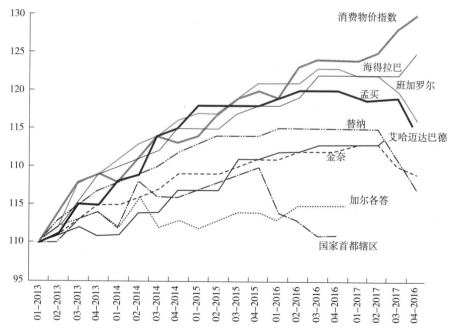

图2-7-5　消费者物价指数与主要城市住房价格指数对比（2017年）（2013=100）
注：消费物价指数（CPI）使用2017年第四季度数据
数据来源：MOSPI，Knight Frank Research.

① 数据来源：Knight Frank 负担能力基准

图2-7-6　印度房价指数通货膨胀率（单位：%）

来源：RBI，IMA

7.2　住房发展管理机构

印度根据宪法已经建立了由上至下的三个管理层次：中央政府、州政府、地方政府。地方政府又进一步划分为都市与农村的自制管理体系。农村自治体系进一步划分为村、郡、县。印度宪法设定的行政层次如图2-7-7所示。

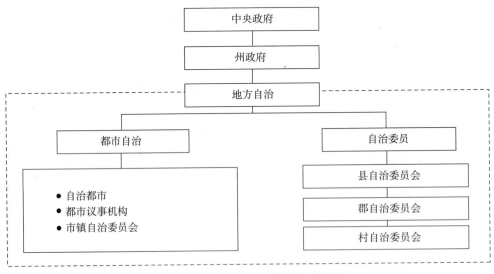

图2-7-7　印度宪法设定的行政等级

7.2.1　城市发展部（Ministry of Urban Development）

印度住房的最高管理机关是城市发展部，部下设三个局：住房局、规划局和公共工程局。住宅局下设两个处：住宅建设处，工程监督检查处。印度住房的管理机构见图2-7-8。

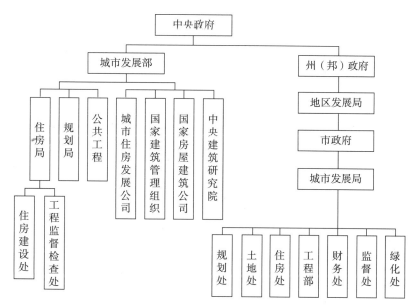

图2-7-8 印度住房管理机构结构图

7.2.2 住房与城市扶贫部（Ministry of Housing and Urban Poverty Alleviation）

印度住房与城市扶贫部，是印度政府的权力部门，在国家层面制定政策，协调中央各部委、州政府和其他与当局的监控程序有关的所有活动如全国城镇就业，贫困人口和住房问题等。在联邦制的印度政权里，宪法规定有关住房和城镇发展的事情应分配给各州政府，宪法第74次修正案更进一步授权城镇当地政府许多这方面的职能。该部通过在城市就业，扶贫和住房等领域制定政策来解决一系列相关问题并提供法律指导。

7.2.3 农村发展部（Ministry of Rural Development）

印度是一个以农村为主的国家，农村发展部起着实施总体发展战略的作用。该部通过各种方案和政策消除贫困，增加谋生机会，发展基础设施。英迪拉AWAS Yojana计划（IAY）就是为农户提供低成本保障住房的重点项目。

7.2.4 房地产开发商协会联合会（CREDAI）

成立于1999年的房地产开发商协会联合会（CREDAI）是印度私人房地产开发商最高机构，代表9 000多个开发商，覆盖22个州和全国128城市。CREDAI一直努力使行业更加有组织和先进，密切联系政府代表、政策制定者、投资者、金融公司、消费者和房地产专业人士。

通过众多举措和活动，将私人房地产开发商、政府和客户联系起来，房地产开发商协会联合会（CREDAI）的成功是统筹大部分有组织的私人房地产开发商成为一股强大的力量，促进房地产行业快速发展，成为印度经济增长的主要驱动力。

7.3 保障性住房基本情况

7.3.1 保障性住房定义

根据RICS关于《使印度城市住房发挥作用》的报告说明，城市层面的住房可持续性意味着政府能够持续提供"足够的居住场所"，确保城市普通家庭享有稳定住房。RICS实践标准指导说明（GN59 2010）指出，"保障性住房是为需求未被公开市场满足的人群提供的。"

毕马威关于保障性住房的报告表明，保障性住房有三个主要参数，即收入水平、住房单元规模和可负担性。虽然前两个参数是相互独立的，但第三个参数则是与收入和房价均相关（表2-7-5）。

保障性住房定义——毕马威　　表2-7-5

	收入水平	住房面积	可支付性
EWS	年收入<15万卢比	<300平方英尺	月还款额在月度收入的30%~40%；房价与年收入的比值低于5.1
LIG	年收入15万~30万卢比	300~600平方英尺	
MIG	年收入30万~100万卢比	600~1 200平方英尺	

印度住房与城市扶贫部的JNNURM部门也发布了保障性住房的具体标准，具体标准如表2-7-6所示。

保障性住房标准——MHUPA　　表2-7-6

	住房面积	可支付性
经济薄弱地区	·建筑面积不低于300平方英尺； ·室内面积不低于269平方英尺（25m²）	月还款额或租金不超过每月净收入的30%~40%
低收入地区	·建筑面积不低于500平方英尺； ·室内面积不高于517平方英尺（48m²）	
中等收入地区	·建筑面积在600~1 200平方英尺； ·室内面积不高于861方英尺（80m²）	

虽然面积、价格和居住者的承受能力是大多数保障性住房的考虑标准，但仲联量行认为适当的便利设施和方位才能使保障性住房发挥作用。因此，仲联量行认为印度保障性住房的定义必须基于如表2-7-7所示四个标准。

保障性住房定义——仲联量行　　　　　　　表2-7-7

	房屋最大面积	应提供的基础设施	房屋价格	住房位置
经济薄弱地区	室内面积最小250平方英尺	• 下水设施、充足的水和电力供应； • 提供社区公共设施，例如公园、学校、医疗设施等	• 每月支出不超过家庭月收入的30%~40%	• 距离主要的工作地点不超过20km； • 便利的公共交通
低收入地区	室内面积在300~600平方英尺			
中等收入地区	室内面积在600~1 200平方英尺			

7.3.2 保障性住房发展的主要问题

1）缺少可用土地

随着迅速增长的城市化进程，印度的城市地区面临着巨大的土地需求，由于中央、州和地方政府的各项法规不能切实起到作用，导致土地实际短缺进一步加剧，造成印度高昂的土地价格。

（1）过度控制土地开发

印度政府过度控制中心地区的建设量，部分政策提倡城市的发展应向周围扩散，降低了土地循环利用的可能性，从而导致了通勤距离过长、基础设施不完善、公共交通拥堵等问题。

（2）可供出售的地块缺乏

城市中心地带的大片土地通常属于铁路、港口和国防当局等公共部门所有。这些都是不可出售的地块，而且由于这些机构经常无法控制贫民窟人口的行为和财产，造成了贫民窟和棚户区的严重泛滥。

（3）所有权问题及信息透明度

截至2018年，印度还缺乏健全的保障土地权益的体制。居民的土地权益共有两个方面：一方面是国家通过所有权制度对财产权利的正式认证，另一方面是国家通过登记程序促进该权利的有效交易。尽管如此，印度的土地所有权登记制度及交易信息并不完善，严重降低了土地的交易效率。虽然买家可以从土地登记部门查阅档案，但涉及的过程繁杂，并且登记档案中的土地价格并不是实际的交易价格。此外，存量土地的制图制度在印度也并未全面推行，购买方仅能通过未经认证的中介机构获取土地所有权的相关信息。

2）建造成本上涨

在过去10年间，由于钢材、水泥和砂子等建筑材料的价格上涨，建造成本显著增加了80%~100%。劳动力的短缺也导致了人员工资大幅度增长。成本的上升对保障性住房带来的影响明显高于普通住房（图2-7-9）。

3）低收入群体缺少获取贷款的渠道

尽管印度拥有广泛的金融机构、银行和顶级住房合作社，但低收入群体仍然无法获得家庭融资。国家住房银行是印度储备银行的全资子公司，其设立主要是为了加快印度的住房金

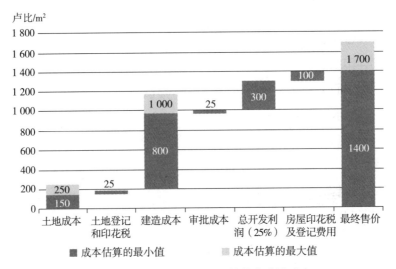

图2-7-9　低收入人群的住房建造成本

资料来源：仲联量行、摩立特咨询公司2012

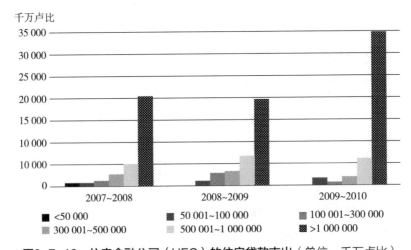

图2-7-10　住房金融公司（HFC）的住房贷款支出（单位：千万卢比）

资料来源：国家住房银行

融活动，并向住房金融公司提供财政支持。它是住房金融业的顶级制度和监管者。尽管如此，住房金融公司（HFC）支付的大部分贷款仍属于中等收入和高收入群体，其贷款额度高于100万卢比。根据劳动就业部的数据显示，60%~70%的城市工人群体在非正式部门工作，工资由现金支付，并且缺乏正式的身份、住址和收入文件。HFC认为向这部分群体提供贷款会造成不良资产，风险较高。

4）制度限制

印度的房地产开发受到严格的监管限制，从漫长的审批程序到城市规划皆缺乏相应的透明度。

（1）土地使用权审批流程过长

城市发展类项目必须经过漫长的审批流程，最终造成的成本上升也将由买房承担。在处理建筑许可证方面，印度在183个国家中位于177位。为获得项目审批，开发商需与40个部门进行对接，从中央层面（环境、机场管理局）、州政府（税收、火灾、高层建筑、环境等）到地方政府（供水、污水、交通等）。从签订土地购买协议到开工大概需要2~3年时间。由于银行不提倡用抵押土地获取贷款，多数开发商会选择高利率的私人借贷，造成融资成本高达销售价格的10%~25%。

（2）建筑规章和标准缺乏明确性

地方城市机构（ULBS）及城市发展部（UDD）制定的楼层空间指数（FSI）、分区和发展计划等相关建筑细则不够清晰，并且部分内容重叠矛盾，阻碍了建设项目的发展规划。

（3）不合时宜的法律

印度仍有一些颁布多年的法律在延续使用，例如《租金控制法》，破坏了城市肌理，导致住房存量的减少，特别是在孟买等大城市。它阻碍了旧房改造，加剧了房屋短缺。

7.3.3 保障性住房金融工具

印度政府通过以下重大金融举措，努力推动保障性住房部门的发展：

1）降低税收

减免由中央或州政府建设、包括PPP项目的不超过60m^{2}的可支付住房的服务税，这将能够促进保障性住房建设；

2）商业借贷

外部商业借款（ECB）目前已经被允许经适房和贫民窟改造项目使用，特别是可以由开发商/建筑商和国家住房银行指定相应的房屋融资公司，提高了保障性住房的资金来源；

3）房地产投资信托

房地产投资信托基金已被批准。这些信托基金将长期向投资者提供多样化的收入及资本增值，从而提高对房地产行业的必要投资；

4）国家投资和基础设施基金（NIIF）

该基金每年向负责基础设施投资的机构注资2 000亿卢比，包括作为国家住房金融顶尖机构的国家住房银行。

5）加大发放住房贷款

根据印度信用评级机构的报告显示，2016~2017财年印度住房贷款增长16%，相比2015~2016财年19%的增长率有所放缓，但保障性住房前景向好。受降低利率和"全民住房计划"等一系列政府刺激政策的影响，保障性住房贷款预计未来将增长30%。

6）私营住房金融公司

从2007至今，大约有8、9家新的住房融资公司成立，专门为低收入客户提供收入证明。由于没有正式的收入记录，许多银行不向这一部分人群提供贷款。目前，这些新的住房融资公司的贷款组合总额已经达到100亿卢比，业务范围遍及印度各地，但主要集中在西部和中部地区。他们有相当好的财务水平，良好的组合贷款能力，平均业务额度在50万~100万卢比。这些融资公司的主要客户面向低收入人群。没有不良资产的家庭可以延迟返还贷款。

私营经济在这个领域也有贡献。有些私营公司尝试为低收入人口提供住房，通常会与住房融资机构合作，运用创新的途径为低收入人群提供住房。

目前，印度有超过35家住房融资公司/机构专门针对中低收入人群的需要，私营房地产商为中低收入人口开发的住宅价格从300 000卢比到100万卢比不等。

7.3.4　保障住房PPP模式

PPP模式作为实施保障性住房的一种基本战略是将私营部门与公共部门的优势结合起来，以克服保障性住房建设所面临的挑战，并取得更好的效果。PPP作为一种成功的策略主要取决于如何设置该模式下的三方架构，并适当地分配风险、责任、奖励和惩罚，以创造价值并给予相应的激励。在印度，采用PPP的模式发展保障性住房具有以下优势：

1）提升对低成本土地的获取能力

妥善平衡土地的可用性和成本问题是保障性住房问题的核心。根据项目的地理位置，土地成本往往在总项目成本的20%~60%浮动。通过适当的PPP组合结构，私营部门可以通过采用多种方式来激励私有土地建设保障性住房：

（1）私有土地建设保障性住房，可提高土地的集约利用率

在这一战略下，政府利用金融杠杆和货币化政策规范土地用途。私营部门为更有利地集约利用他们所拥有的土地，可在政府要求下将部分土地用于保障性住房建设。这种PPP的模式本质上是一种交叉补贴的形式，为引导私营部门通过建设保障性住房来提高土地的容积率。

（2）使用私有土地建设保障性住房来换取建造高档住宅的权利

在这种战略下，政府规范房地产开发，以建设保障住房为条件，获取建造高端房屋的权利。在这种情况下，建设者有效地将保障性住房的成本"负担"转移给了项目高端部分的消费者。因此，高收入客户在这种PPP模式下以交叉补贴的形式为低收入客户提供补贴。

（3）政府直接使用未充分利用的国有地块建设保障住房

政府利用这种方式能够有效直接地增加土地储备量来建设保障房。在可预见的未来，许多中央和州政府部门可以将大量超出需求、未充分利用甚至被非法侵占的土地用于保障性住房建设，甚至以较低的价格进一步提供给私营部门，通过PPP架构设计，使用私有资本开发建造保障住房。

（4）对城市衰落地带进行更新或再开发来获得保障性住房建设用地

在印度的一些城市如孟买、德令哈市和加尔各答，市中心大量昂贵的土地被各种贫民窟所覆盖。即使在私人拥有的土地上也通常会有大量的单层或双层临时房屋。城市私有土地的贫瘠和低效利用往往是由政策瓶颈、土地使用限制、租金控制行为和土地产权等多方面原因造成。通过PPP项目的政策引导，在区域再开发计划中重新利用这些土地，是解决保障性住房土地紧缺的一个核心方法。同时，二次开发对私有和公共部门来说是一个双赢的战略。政府在发挥市场主导作用的同时，提供相应的监督监管，发挥裁判员和谈判者的作用，帮助土地和房屋所有者及承租者参与重建活动。

（5）通过农业土地用途变化政策改革为保障房建设提供土地

以上几种通过国家干预的方式可以有效提供建设用地，但印度保障住房的短缺较为严重，这种逐案批准的方法并不适用于大规模解决问题。因此，还需要从政策和战略层面作出改变。例如，政府通过提供住房相应的配套设施使地理位置良好的土地价格必须降低到低收入和贫困居民收入能够接受的市场价格。政府的管理职能应与发展职能分开，与规划职能结合。更重要的是，政府必须通过提供道路、用水、污水、电力等基础设施和公共交通来引导私营部门新区位的开发。

2）打通融资和资本市场

通常情况下，PPP模式也是私有部门获得项目的主要方式。私营部门的加入也有助于住房项目的融资。私营部门可能被要求提供或直接投资部分资金，以寻求保障性住房投资的公平回报。他们可采取融资的方式来支付土地和建设成本。私营合作伙伴除了管理安排融资外，还将为房屋的购买或租住者承担相应的信贷风险。私营部门这种金融中介的角色能够间接帮助保障性住房的住户进入债券市场，增强市场活力。

7.4 住房主要金融机构

印度各类住房金融组织可以大致分为两类：一类是正式机构，另一类为非正式机构。正式机构包括了住房金融机构，例如国家住房银行（NHB）、住房和城市发展合作社（HDFC）、各类住房金融公司等。非正式的金融组织包括了个人存款、私人借贷及固定资产抵押等（图2-7-11）。

7.4.1 政府部门

即使经济最发达的国家也不能利用政府资金向每户居民提供住房设施。而印度作为一个发展中国家，住房只是政府面临的诸多问题之一。因此，政府部门为低收入人群规范了相应的住房财政援助措施，通过与私营部门联手解决。表2-7-8为公私部门在不同5年计划间提供

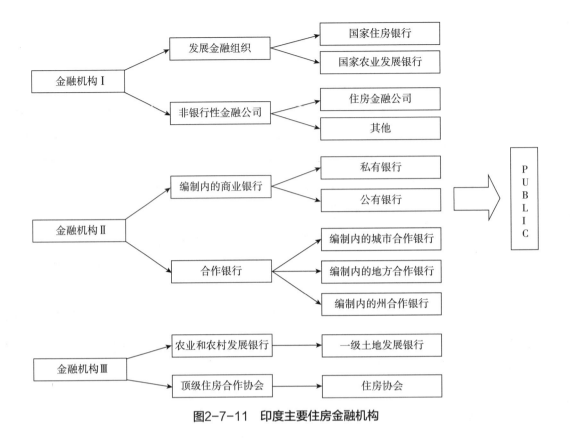

图2-7-11 印度主要住房金融机构

的相对资金支持：

表2-7-8显示，住房投资总额明显上升。第一个五年计划为115亿卢比，第十一个五年计划的投资额达到了7.76万亿卢比。相比公共部门，私营部门对住房的贡献更大，在第九个五年计划期间，私营企业的投资占比达到了92.36%。另一方面，由于政府将重点从供应者转变到了促进者，因此住房绝对投资的比例持续下降。国家住房政策逐步从以补贴为主的住房计划转变为成本分摊或通过农村住房补贴计划降低成本。

公共和部门的住房投资及占比（单位：千万卢比） 表2-7-8

	规划期间	年份	公共部门		私营部门		总投资数
			数量	占比	数量	占比	
1	第一个五年计划	1951~1956	250	21.74%	900	78.26%	1 150
2	第二个五年计划	1956~1961	300	23.08%	1 000	76.92%	1 300
3	第三个五年计划	1961~1966	425	27.42%	1 125	72.58%	1 550
4	第四个五年计划	1969~1974	625	22.32%	2 175	77.68%	2 800
5	第五个五年计划	1974~1979	1 044	22.31%	3 636	77.69%	4 680

续表

	规划期间	年份	公共部门		私营部门		总投资数
			数量	占比	数量	占比	
6	第六个五年计划	1980~1985	1 491	11.48%	11 500	88.52%	12 991
7	第七个五年计划	1975~1990	2 858	8.97%	29 000	91.03%	31 858
8	第八个五年计划	1992~1997	7 750	10.03%	69 476	89.96%	77 226
9	第九个五年计划	1997~2002	10 430	7.63%	126 170	92.36%	136 600
10	第十个五年计划	2002~2007	126 694	34.89%	236 447	65.11%	363 141
11	第十一个五年计划	2007~2012	254 500	32.78%	522 000	67.22%	776 500

7.4.2 住房和城市发展合作社（HUDCO）

住房和城市发展合作社（HUDCO）成立于1970年4月25日，是全印度最早从事融资和促进住房与城市基础设施建设项目的金融机构，作为一个全资的政府公司，以提供长期融资和开展住房与城市的基础设施发展方案为目标，通过其地区和发展办事处的广泛网络覆盖全印度。在全国的经济增长计划和实施其住房与城市基础设施领域的政策上，HUDCO占据重要位置。通过迎合社会每一部分的需求以及城乡住房和基础设施发展来实现这些部门的可持续增长。

1）住房合作社类型

（1）建房合作社协会

这种住房合作社是通过会社贷款来的钱来帮社员建设房屋，竣工后再交接给社员。然后社员自己负担还贷的责任。但是这种模式的合作社不能给低收入家庭提供一个稳定的住房供应机制，因此这个模式的合作社对保障房的供应还尚待完善。

（2）住房金融合作社协会

住房金融合作社主要是融资并给社员提供资金的合作社。印度毕马威事务所在2010年发布的《Affordable Housing——A key growth driver in the real estate sector》中称：商业银行和传统的金融机构是不为低收入人群服务的，因为，要么他们的收入各式各样，要么达不到还款要求的准入门槛，要么他们不能提供抵押贷款。而住房金融合作社主要以较低利率房贷给社员，让他自己建造房屋，这样就很好地解决了低收入人群在借贷方面的困难。

（3）产权合作社住房协会

在印度，产权合作住房协会又包括租户产权住房协会和租户合作住房协会两种。租户产权住房合作社是指土地由合作社拥有，但社员可以租合作社房子的合作社。而租户合作住房合作社是指土地和住房单元都由合作社拥有，但社员也有权利拥有住房产权的合作社。

2）运作模式

（1）内部组织结构

印度住房合作社运动一共有4个层级，从低到高分别是：住房合作社、区域联盟、州联盟、国家联盟。国家合作住房联盟（NCHF）是一个为了运行住房合作运动组建的国家层面的组织。设由6个州级联盟组成，NCHF是促进、协调和为住房合作社的发展提供便利的领导者，主要是给住房合作社和联盟提供引导。而且通过层层组织关系，完善了和落实了住房合作社的内部运行机制。

（2）外部资金后盾

住房合作社运行的资金来源主要来自政府、住房和城市开发公司、人寿保险公司、国家住房银行和其他一些商业银行及合作社银行。联邦政府在1980年后开始减少对住房合作社的直接投资，之后便转向由住房和城市开发公司及国家住房银行等金融机构给住房合作社提供贷款和资金援助，在资金供应方面协助了住房合作社的发展。

7.4.3 住房发展融资公司（HDFC）

住房发展融资公司成立于1977年，主要从事于住房抵押贷款业务。HDFC的最初目标是通过商业可行的利率向个人或者家庭提供长期抵押贷款来提供住房存量并促进住房所有权。另一方面，它还向合作社部门提供贷款，为其员工提供住房。并通过整合住房金融部门与国内金融市场，增加流向住房部门的资源。自成立以来，HDFC已通过了累计5.06万亿卢比的住房贷款。

7.4.4 国家住房保障银行（NHB）[①]

印度创立国家住房保障银行以"稳步促进住房金融市场的包容性扩展"为愿景，以"利用和推动市场潜力来对中低收入人群的住房需求提供服务"为使命。国家住房保障银行主要有以下三个方面的具体目标：

第一，作为一种政策性的、多功能的发展金融机构，国家住房保障银行致力于实施住房融资、规制、监督和促进创新等方面的业务。比如，对承担住房融资业务的住房金融公司实施登记、现场或者非现场对住房金融实施监督、保护消费者利益以及与其他规制者进行协调等。

第二，住房保障银行致力于扩大住房金融体系的范围，在更大的范围内整合金融部门和资本市场。比如与中央政府和州政府协调以发展和实施住房政策、发展和实施新的有利于缓解低收入人群住房短缺的项目等。

第三，住房保障银行致力于构建有助于提高部门效率的市场基础，创造适合各人群的、合适的可支付住房环境和住房金融环境，谋求对可持续的人居环境以及提高能源效率有所贡献，持续寻求国内外的合作机构实施上述目标。比如，国家住房保障银行的主要业务是对中低收入家庭提供优惠贷款帮助以更好地促进低收入家庭的住房所有权，通过抵押贷款信用担保机构和基金来降

---

① 贾洪波. 住宅政策性金融机构：印度镜鉴与启示[J]. 改革, 2015（10）.

低实施住房保障项目的风险，对抵押贷款机构的人力资源实施项目培训来提高其业务能力，通过信息传播来优化市场功能和增加市场透明度，重视发挥住房保障银行的倡导和合作功能。

国家住房保障银行创立时的启动资本为100千万卢比，截至2013年，其认购资本和实收资本达到450千万卢比。除认购资本和实收资本外，国家住房保障银行把向国内外市场借款作为其资金筹集的重要方式。截至2013年，国家住房保障银行向国内外市场筹集的未偿还的资金总额达到了33 526千万卢比。

国家住房保障银行向国内借款的渠道主要有：信用债券、债券、免税债券、贷款、公众存款、农村住房基金。国家住房保障银行向国外借款的渠道主要有：国外商业借款、美国国际开发署、亚洲开发银行、德国复兴信贷银行。2012~2013年，通过信用债券和债券方式借款所得资金占国家住房保障银行借款资金总额的40%，农村住房基金占38%，定期贷款占12%，国外借款占到了2%，其他渠道借款占8%。

国家住房保障银行把筹集来的资金再融资给诸如商业银行、住房金融公司、地方性农村银行、合作社等各主要的住房金融借贷机构。2012~2013年，国家住房保障银行再融资金额高达17 541.64千万卢比，其中53.93%的资金再融资给了商业银行，43.86%的资金再融资给了住房金融公司，二者占到了再融资资金的97.79%。这些金融机构再面向个人提供住房贷款业务。比如，2012~2013年，35.52%的个人住房贷款数额在50万~150万卢比，71.72%的个人住房贷款数额小于250万卢比。

国家住房保障银行同时对农村和城市地区的个人住房贷款提供融资支持。比如，2007~2012年，国家住房保障银行对个人住房贷款再融资数额的城乡比例如表2-7-9所示。

个人住房贷款再融资数额的城乡比例 表2-7-9

年份	城市再融资数额比例	农村再融资数额比例	年份	城市再融资数额比例	农村再融资数额比例
2007	55.09%	44.91%	2010	50.65%	49.35%
2008	77.15%	22.85%	2011	61.03%	38.97%
2009	54.42%	45.58%	2012	56%	44%

国家住房保障银行主要是通过"金色农村住房再融资项目"和"农村住房基金"这两个项目来对农村个人住房贷款提供融资支持。

7.4.5 主要住房金融公司

1）ICIC住房金融有限公司

ICIC住房金融有限公司成立于2000年，为ICIC银行的全资子公司。它是印度第三大住房金融公司，市场占有率接近13%，为个人和企业提供长期的住房贷款。ICIC住房贷款产品是市场营销和服务的重点。个人贷款主要的提供对象为25~30岁的青年人群。其贷款利率通常参考ICIC银行的浮动利率。

2）PNB住房金融有限公司

PNB是一家成立于1988年接受存款的住房金融公司，属于PUNJAB国家银行的全资子公司。从2009年起，它与DEPL私营企业建立了财务合作关系。PNB公司主要向个人和企业提供住房贷款，用于建造、购买、维修住房。仅2014年，PNB的未偿还贷款共计8 505千万卢布，其中68%为个人住房贷款、23%为房地产项目贷款、8%为建筑金融部门借贷、其余1%用于公司购买其他证券类产品。

7.5 住房及保障房主要政策沿革

7.5.1 国家城市住房与人居政策2017

为制定可持续和可实施的住房和人类居住政策（NUHHP），人居部制定了国家城市住房与人居政策的2017年进程，要求在2022年之前推进印度政府关于"人人享有住房"的议程。修订后的NUHHP将包括各项子任务的章节，以反映当前印度政府的主要发展方向，主要包含居民住所、技能发展、租赁/社会住房、保障性住房等具体项目。

7.5.2 起草城市租赁住房政策（2016年）

城市租赁住房政策的起草主要有以下目标：①为社会经济弱势群体提供社会租赁住房；②促进房屋租赁市场的有效循环；③为特殊群体例如移民、工作女性及学生等提供可支付的租赁住房；④为工薪阶层提供规范的租赁房屋。

该政策规定通过立法制度建设规范租房市场；通过加强资金流动来鼓励租赁住房；促进租赁房屋的建设、管理、维护和组织机构运营。

7.5.3 Pradhan Mantri Awas Yojana（PMAY）计划

为确保所有城市居民能够住有所居，PMAY计划于2015年正式启动，实施到2022年结束。该项计划的目的是向符合资格的城镇居民提供中央援助。国家政府及州政府可以灵活的参与该项计划，其涉及的区域范围包含了一些特定城市及周边的城镇。

该计划主要有以下几个方向：

（1）原地"贫民窟重建"，主要由私人开发商参与，用现有的土地资源作为条件，向符合资格的居民置换住房；

（2）向EWS/LIG受益人提供利率回扣的信用挂钩补贴方案；

（3）在公私合作的住房项目中，至少为低收入者提供35%的房屋，而政府则应向每户提供15万卢比的中央补助；

(4)有利于受益人的个人住房建设/修缮。

贫困居民房屋的客厅面积为30m^2，但州政府可以通过灵活性磋商来增加房屋的尺寸。

目前，已有29个州各6个城镇签署了该项协议，在这些州中选定了4 302个城市加入此项计划，61个城市的7 474个项目收到了5 765.2亿卢比的中央援助并总共建造了3 743 631间屋。

7.5.4 保障性住房主要政策沿革

1）1952年住房补贴计划

这是印度第一个针对工人阶层及经济弱势群体的全国性的住房计划，中央政府为这类群体提供财政补助以及向购置土地和建设房屋提供贷款。

2）1954年低收入人群住房项目

在这个项目中，政府曾为每月收入低于6 000卢布的居民及其他特殊设施的建设提供了高达房屋总额的80%的住房贷款。

3）1956年贫民窟清理及提升计划

本项计划主要目标是为了清除贫民窟，向在其中的居住人员提供可支付的租金。

4）1959年中等收入人群住房计划

为个人和合作社建房提供贷款方面的财政援助，促进农村住房建设，改善基础设施和全面发展。

5）1970年成立住房和城市发展合作社

政府为了提升居民生活质量而发展可持续住房成立的国有公司，主要是向低收入群体提供贷款并延长还款年限。

6）1985年INIDA AWAS YOJANA计划

属于农村缺少用地居民保证计划下的子项目，主要是为农村地区的贫困线以下家庭提供住房。

7）1998年制定国家住房和人居政策（NHHP）

主要目标是为了提高住房的人均保有量，并提升租赁模式。

8）2001年Valmiki Ambedkar Aawas Yojana 计划

这项计划主要用来提升房屋的配套设施以及为贫民窟居民改善居住条件。

9）2009年Rajiv Awas Yojana计划

为创造一个没有贫民窟的印度社会，向居住其中的居民提供房屋产权。

10）2014年放宽国外房产投资商

通过学习国外技术和经验，降低住房建造成本，政府同时放宽了国外房地产商的投资渠道，允许建筑项目中出现100%的外商注资。

11）2015年Pradhan Mantri Awas Yojana 项目

印度总理颁布了"居者有其屋2022"项目，提出保障性住房的信贷补贴计划计划。

12）2017年PPP模式介入保障性住房

印度政府于2017年9月颁布了最新的PPP政策，包括了多种援助模式。其中的一项政策为给每户居民甚至私有土地拥有者提供25万卢比的中央财政补助。

13）2017年提升保障住房的室内面积标准

中等收入一类人群的保障性住房室内面积由90m²提升到了120m²，二类人群的室内面积标准由110m²提升到了150m²。

14）2018年保障性住房及低收入人群住房税率降低

建设中的保障性住房税率由12%降低到8%。

7.6 住房可持续发展

7.6.1 PMAY专项技术规划

PMAY计划制定一个技术子项，以促进现代、创新的绿色技术和建筑材料使用。截至2018年，一共有16项新技术被应用在执行该任务的项目中：

1）模板系统

（1）塑料/铝模板整体式混凝土施工；

（2）模块化隧道形式；

（3）防震建筑技术。

2）预制夹层板系统

（1）先进建筑系统；

（2）快速面板；

（3）增强型EPS芯板系统；

（4）快速构建三维面板；

（5）混凝土墙板系统；

（6）玻璃纤维增强石膏（GFRG）面板系统。

3）轻型钢结构体系

（1）轻钢框架结构（LGSF）；

（2）填充混凝土面板轻钢框架结构（LGSFS—ICP）。

4）钢结构体系

1）工厂化快速轨道建设系统；

2）速度地板系统。

5）预制混凝土施工系统

1）华夫大厦克里特岛大厦；

2）预制大型混凝土面板系统；

3）采用轻质混凝土板和预制柱的工业化3-S系统。

采用以上新技术的住房项目明显降低了空气噪声污染和建筑垃圾，充分利用了水资源，提升了劳动生产率，并在一定程度上节约了建设成本

7.6.2 安装太阳能加热和照明设备的资金补助计划

为了推广太阳能在国内的应用，印度能源再利用部（MNRE）颁布了一项资金补助计划。该计划通过帮助家庭付款购买并安装太阳能设备来推广太阳能热水器和照明系统。国家住房银行作为中央代理机构管理和监管此项资金补助计划。此项计划在2014年开始实行。该项补助是有限的，热水器的补助为基本成本的30%。300W的太阳能照明系统的补助为基本成本的40%，而300~1 000瓦的照明系统补助则降低为成本的30%。基本成本由能源再利用部（MNRE）核定。

8 日本

G D P：49 394亿美元（2016年）

人均GDP：38 895美元（2016年）

国土面积：37.8万km²

人　　口：12 700万人（2016年）

人口密度：348.3人/km²

城市化率：93%

8.1 住房基本情况

8.1.1 住房类别

日本住宅从类别来看，分为独户住宅和集合住宅。集合住宅又分为两类：一类为Mansion，日文称为共同住宅，类似于我国的公寓，为中高层（3层以上）钢筋混凝土结构、钢结构等类型的大型集合住宅，其中部分为按揭共同住宅；另一类为Townhouse，也叫长屋，为低层集合住宅。由于日本每5年进行一次土地利用的数据统计，因此，最新数据截至2013年。据2013年统计：独户住宅为2 860万户，占住宅全体的54.9%，仍是日本民用住宅的最主要形式；共同住宅2 209万户，占42.4%；长屋128万户，占住宅总数的2.5%；其他住宅为13万户（图2-8-1）。独户住宅和长屋占住宅总数的比例在不断下降，与此相对，共同住宅的比例在不断增加。同2008年相比，独户住宅的增加数量为115万户，增加比率为4.2%；而共同住宅的增加数量为141万户，增加比率为6.8%。

在三大大都市圈的共同住宅共有1 470万户，占全国总数的66.5%。从各大都市圈来看，关东大都市圈的共同住宅比例为56.7%，是三大都市圈中比例最高的，近畿大都市圈为48.4%，中京大都市圈为42.5%（图2-8-2）。

8.1.2 住房建设情况

从1995年开始，日本新建住宅开工户数基本上是呈下降的趋势的，2009年新建住宅开工户数为78.8万户，比2008年的109.3万户相比减少了28%。2009年后，新建住宅开

图2-8-1 日本住宅类别的比例（2013年）

资料来源：总务省统计局2013年《平成25年住宅·土地统计调查报告》

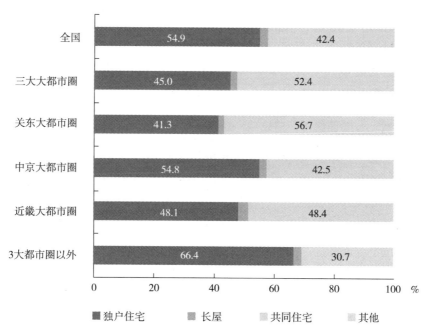

图2-8-2 三大都市圈住宅类别的比例

资料来源：总务省统计局2013年《平成25年住宅·土地统计调查报告》

工户数开始增加，2010年为81.3万户，2011年为83.4万户，2012年为88.3万户，2014年为89.2万户，2015年为90.9万户，2016年为96.7万户。2016年建筑面积78.2百万m^2，其中自有住宅35.7百万m²，用于租赁的住宅19.6百万m²，按揭住宅22.4百万m²，由公司、政府、学校等为社员、公务员、学生建设的福利性住宅（给与住宅）0.432百万m²（表2-8-1）。

新建住宅的户数和面积（2016年）（单位：户数，千户；面积：1000m²） 表2-8-1

年份	总计		利用关系分类					
			自有住宅		租赁住宅		给与住宅	
	户数	总面积	户数	总面积	户数	总面积	户数	总面积
2010	813	72 910	305	38 533	298	14 849	8.0	505
2015	909	75 059	283	34 825	379	18 334	6.0	397
2016	967	78 183	292	35 662	419	19 639	5.9	432

年份	利用关系分类		资金分类					
	按揭住宅		民间资金		共有住宅		住宅金融支援机构	
	户数	总面积	户数	总面积	户数	总面积	户数	总面积
2010	202	19 023	691	61 641	14	902	62	5 901
2015	241	21 502	806	65 654	14	882	45	4 544
2016	251	22 451	862	68 498	13	815	46	4 740

年份	资金分类		建筑类别					
	都市再生机构		其他		国家(1)		都府道县(2)	
	户数	总面积	户数	总面积	户数	总面积	户数	总面积
2010	1.5	113	45	4 352	3.3	222	8.7	518
2015	2.1	158	42	3 822	2.4	177	7.0	425
2016	2.6	182	44	3 949	3.5	283	7.6	435

年份	建筑类别							
	市区町村(3)		公司		不属于公司的团体		个人	
	户数	总面积	户数	总面积	户数	总面积	户数	总面积
2010	7.0	500	258	21 511	10	731	526	49 428
2015	7.6	531	368	26 593	9.4	723	515	46 610
2016	6.5	450	412	28 805	11	777	527	47 432

注：根据《建筑着工统计调查》。调查对象：新建的建筑（新建、增建和改建），但是不包括10m²以下的建筑物。①包括了独立行政法人等。②包括了都府道县的相关机构（地方独立行政法人，住宅供给公社，道路公社等）。③市区町村的相关机构（地方独立行政法人、住宅供给公社、市区町村组合等）。

资料来源：总务省统计局《日本的统计2018》

资料　国土交通省《建筑着工统计调查》

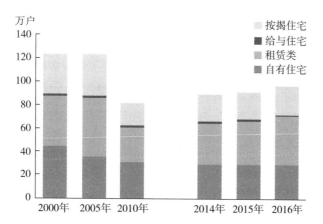

图2-8-3 新建住宅开工数

资料来源:总务省统计局《日本的统计2018》

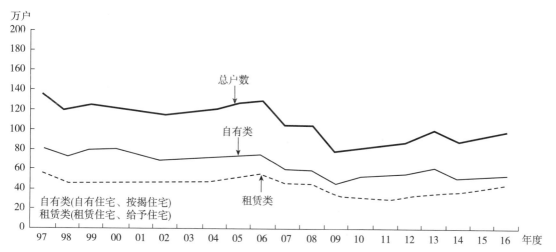

图2-8-4 新建住宅的开工户数(总户数、自有类、租赁类)(2016年)

资料来源:国土交通省《住宅着工统计(2016)》

新建住房的开工套数(单位:万套)　　　表2-8-2

	1996	1997	1998	1999	2000	2001	2002	2003	2004	2005	2006
总户数	163.0	134.1	118.0	122.6	121.3	117.3	114.6	117.4	119.3	124.9	128.5
自有类	98.8	80.2	72.0	78.8	78.4	72.1	68.2	70.7	71.6	72.3	73.8
租赁类	64.2	54.0	46.0	43.8	42.9	45.2	46.4	46.7	47.7	52.6	54.7
	2007	2008	2009	2010	2011	2012	2013	2014	2015	2016	
总户数	103.6	103.9	77.5	81.9	84.1	89.3	98.7	88.0	92.1	97.4	
自有类	59.4	58.2	45.1	52.1	54.4	56.6	61.2	51.4	53.1	54.1	
租赁类	44.1	45.6	32.5	29.8	29.7	32.7	37.5	36.6	39.0	43.3	

资料来源:国土交通省《住宅着工统计(2016)》

2007年，主要是受到建筑基准法修订的影响，住宅建设量大幅减少到103.6万户，因2008年全球金融危机造成经济的迅速恶化，2009年住宅建设数量为1964年以来的最低值77.5万户。此后，因消费环境的改善及"311日本大地震"后的灾后建设，连续4年建设数量都有所增加，2012年达到89.3万户，2013年为98.7万户。因为2014年消费税的提高以及需求放缓，2014年为5年来的首次下降，为88.0万户。2015年，住房需求的回暖，住宅建设数量有所增长，达到92.1万户，2016年，因减税及低利率的影响下，租赁住宅的建设增加迅速，总数量达到97.4万户，连续2年增加。

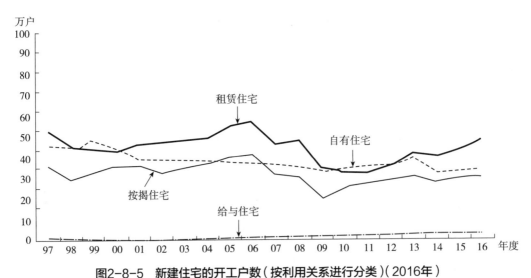

图2-8-5 新建住宅的开工户数（按利用关系进行分类）（2016年）

资料来源：国土交通省《住宅着工统计（2016）》

新建住宅的开工户数（按利用关系进行分类）（2016年）　　表2-8-3

	1996	1997	1998	1999	2000	2001	2002	2003	2004	2005	2006
自有住宅	63.6	45.1	43.8	47.6	43.8	37.7	36.6	37.3	36.7	35.3	35.6
租赁住宅	61.6	51.6	44.4	42.6	41.8	44.2	45.5	45.9	46.7	51.8	53.8
给与住宅	2.6	2.4	1.6	1.2	1.1	1.0	1.0	0.8	0.9	0.9	0.9
按揭住宅	35.2	35.1	28.2	31.2	34.6	34.4	31.6	33.4	34.9	37.0	38.3
	2007	2008	2009	2010	2011	2012	2013	2014	2015	2016	
自有住宅	31.2	31.1	28.7	30.9	30.5	31.7	35.3	27.8	28.4	29.2	
租赁住宅	43.1	44.5	31.1	29.2	29.0	32.1	37.0	35.8	38.4	42.7	
给与住宅	1.0	1.1	1.3	0.7	0.8	0.6	0.5	0.8	0.6	0.6	
按揭住宅	28.3	27.3	16.4	21.2	23.9	25.0	25.9	23.6	24.7	24.9	

资料来源：国土交通省《住宅着工统计（2016）》

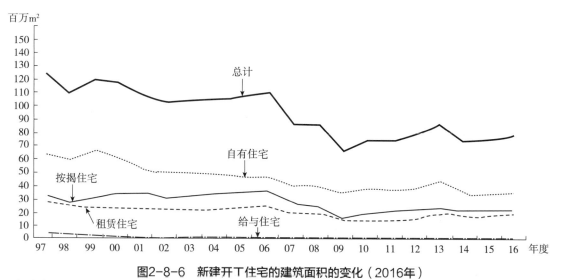

图2-8-6 新建开工住宅的建筑面积的变化（2016年）

资料来源：国土交通省《住宅着工统计（2016）》

新建开工住宅的建筑面积（单位：百万m²）　　表2-8-4

	1997	1998	1999	2000	2001	2002	2003	2004	2005	2006
总计	123.8	111.0	119.6	117.5	108.8	103.4	104.9	105.5	106.7	108.6
自有住宅	62.8	60.9	66.3	60.8	51.7	49.6	50.3	49.3	47.1	47.4
租赁住宅	26.8	22.7	22.7	22.2	22.7	22.7	22.4	22.1	24.2	24.7
给与住宅	1.7	1.2	0.9	0.8	0.7	0.7	0.6	0.6	0.6	0.6
按揭住宅	32.4	26.1	29.8	33.8	30.7	30.4	31.7	33.5	34.7	35.9
	2007	2008	2009	2010	2011	2012	2013	2014	2015	2016
总计	88.4	86.3	67.8	73.9	75.7	79.4	87.3	74.0	75.6	78.7
自有住宅	41.0	40.4	36.5	38.9	38.2	39.5	44.1	34.4	34.9	35.5
租赁住宅	19.6	20.2	15.0	14.7	14.7	16.4	18.9	17.7	18.4	20.1
给与住宅	0.7	0.7	0.7	05	0.5	0.4	0.4	0.5	0.4	0.4
按揭住宅	27.1	24.9	15.6	19.9	22.3	23.1	23.9	21.4	21.8	22.7

日本在经济高速增长期，按揭共同住宅在城市中心迅速普及发展起来，到2012年已经有589.7万户的存量住宅，2014年底存量住宅为613.2万户，2016年底存量住宅为633.5万户。

根据住宅改造-纠纷处理支援中心推测，2016年住宅改造市场规模达到5.62兆日元，广

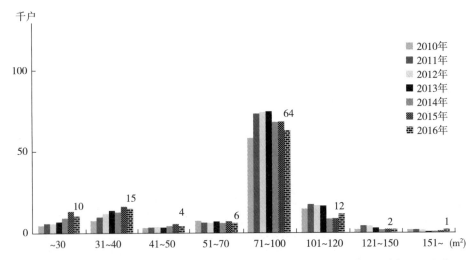

图2-8-7　按揭共同住宅按每户规模统计的新建开工住宅户数（全国）（2016年）

资料来源：国土交通省《住宅着工统计（2016）》

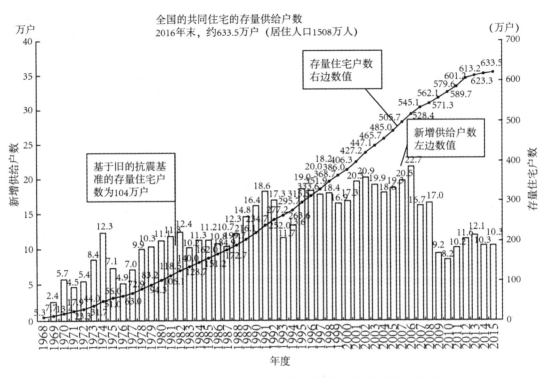

图2-8-8　共同住宅的供给户数（按存量进行统计）（2016年）

注：①新增加的供给户数是根据建筑开工统计推算出来的；

②存量住宅是根据每年新增加的供给户数累计获得的；

③这里指的共同住宅是指：中高层以上（3层以上）、按揭的钢筋混凝土、钢结构—钢筋混凝土、钢结构类型的住宅；

④共同住宅的居住人口是根据2010年国势调查1户平均人口2.46计算得出的。

义的住宅改造市场规模达到6.82兆日元,主要是用于设备的修缮费、维护费用。其中用于增建、改建的工事费用呈下降的趋势,到2016年总规模为0.51兆日元(图2-8-10)。

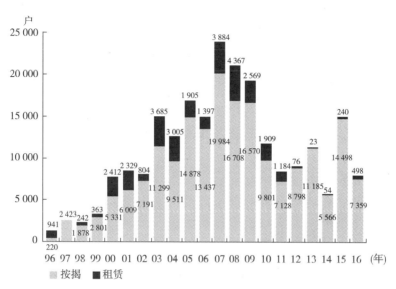

图2-8-9　超高层共同住宅的竣工户数(首都圈)(2016年)

资料来源:不动产经济研究所调查

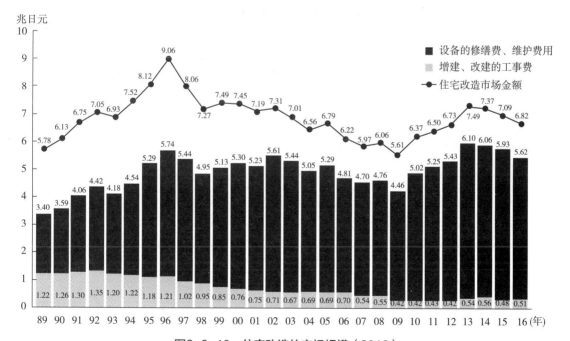

图2-8-10　住宅改造的市场规模(2016)

8.1.3　住房建设费用

1986~1990年,住宅用地价格的上升速度远大于消费者物价指数,全国的地价指数从

1982年的100上升到1991年的212.5（图2-8-11）。其中三大都市圈上涨得更为显著，地价指数上涨了2.5倍，东京都的地价指数达到260.5。土地所有者从1987年开始处于泡沫经济时代的货币流动性过剩时期，住宅价格与年收入等严重背离。到1990年住宅用地和住宅价格达到历史高峰，这之后，住宅用地的价格开始下降。1993年住宅用地价格比上一年度减少了8.7%，2004年回到了泡沫经济前的价格水平。东京圈的地价持续下跌到2013年，2014年才有所上升，比2013年增加了0.7%，2017年较2016年有0.7%的增长。共同住宅的价格在暴跌后于1995年开始稳定，2006年后又开始呈现出上升的趋势，2008年的金融危机阻挡了这一趋势2012年开始又呈现上升的趋势（图2-8-12、图2-8-13）。

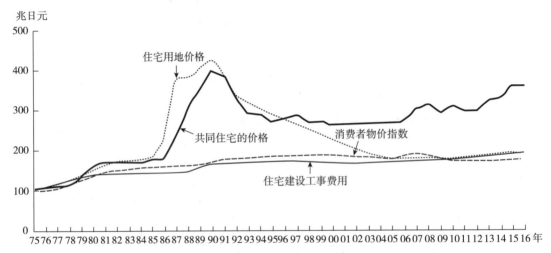

图2-8-11　首都圈的共同住宅的价格、住宅用地价格、住宅建设工事费用、消费者物价指数的累积变化率（指数，1975=100）（2016年）

资料来源：住宅用地价格，根据国土交通省《地价公示》

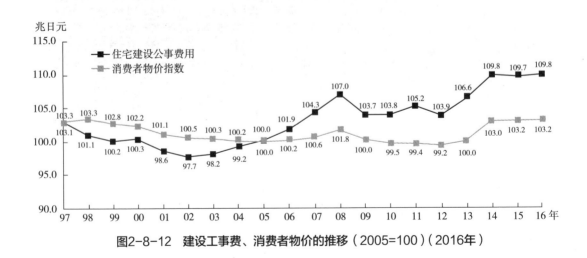

图2-8-12　建设工事费、消费者物价的推移（2005=100）（2016年）

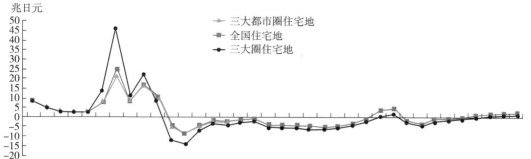

图2-8-13 土地价格的变化（2017年）

资料来源：住宅用地价格，根据国土交通省《地价公示》

8.2 住房消费

从过去20年的住宅投资来看，20世纪80年代后半期日本的房地产泡沫时期，新建住宅的开工户数的不断扩大，住宅的投资金额也逐年上升，从15兆日元激增至25兆日元，在GDP中的比重也从4%的台阶上升到接近6%，在泡沫经济时代超过了6.5%。房地产泡沫破裂后，因金融危机及经济不景气，住宅投资额在20世纪90年代末下降到20兆日元的程度，住宅开工户数也稳定在120万户左右，占GDP比例的3.8%左右徘徊。住宅投资（实际）占GDP（实际）的比例，1990~1996年在5%～6%间变化，1997年之后开始持续走低。2007年后，新建住宅开工数骤减，住宅投资进一步下滑，2009年开始逐年上升，2012年住宅投资额为15.5兆日元，占GDP比重仅有3.1%，比2011年的14.7兆日元有所增加，2015年住宅投资为15.8兆日元，占GDP比重为3.1%（图2-8-14）。

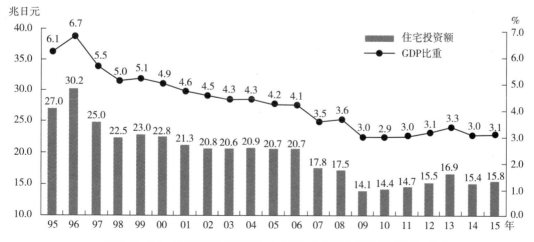

图2-8-14 住宅投资（实际）占GDP（实际）的比例（2015年）

资料来源：日本内阁府《国民经济计算年报》2015年

从住宅资产总额（实际）的推移来看，一直到2000年，因住宅开工户数维持在较高的水平，存量住宅的资产总额呈增加的趋势，但2001年后因住宅开工户数的减少、住宅投资额的下降，存量住宅的资产总额呈下降的趋势。2015年住宅投资累计金额为996.1兆日元，目前住宅总资产为368.8兆日元，相对于投资额有600兆日元的差别，这是因为要根据年限和损耗重新评估住宅的资产总额（图2-8-15）。

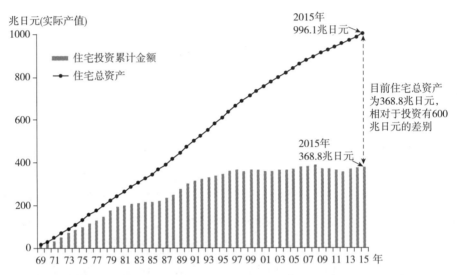

图2-8-15　住宅资产总额和住宅投资额（实际）的变化（2015年）

资料来源：日本内阁府《国民经济计算年报》2015年

8.3　住房金融

日本住宅贷款可以分两大类，即国家住宅贷款和民间住宅贷款。而且，住宅贷款有利息、租赁条件等不同的种类之分。国家住宅贷款是以主要采用储蓄投资方式的工薪阶层为对象的住宅融资方式，也有都道府县、市町村、特别区的自治体融资。2005年废除了年金住宅融资，2007年也废除了住宅金融公库，公库的权利、义务由新设立的独立行政法人住宅金融支援机构继承。住宅金融支援机构的主要业务是为了民间金融机关能提供长期固定利率的住宅贷款而开展的证券化支援业务，主要用于因灾害造成的融资，还有在民间金融机关不容易获得融资的情况。民间住宅贷款可向银行、信用金库、信用组合、生命财产保险、劳动金库等金融机构申请。

日本住宅贷款有浮动利率和固定利率的分类。浮动利率的住宅贷款的利用率逐年增加，2011年超过一半，56.3%的贷款是浮动利率；10年以上的固定利率住宅贷款总体也是呈增加的趋势，2010年为21.0%，2011年为18.7%；不断萎缩的是10年以下的固定利率住宅贷款，从2007年的58.0%减少到2011年的25.2%（图2-8-16）。

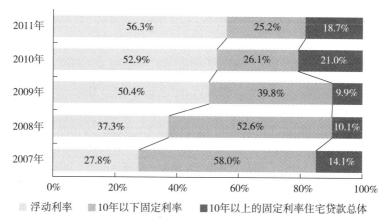

图2-8-16 长期固定利息的民间住宅贷款的供给情况（新增贷款额）（2013年）
资料来源：国土交通省2012年度《民间住宅贷款实态的相关调查》

8.4 住房税制

详细内容见《国外住房发展报告2017第5辑》第231~233页。

8.5 公共租赁住房制度

详细内容见《国外住房发展报告2016第4辑》第216~218页。

8.6 公务员住房情况

在日本，公务员宿舍也叫"官舍"或"公舍"。作为劳动报酬的一部分，行政机关、企业给劳动者提供住宿设施是近代产业兴起后出现的。日本1876年《官舍贷渡规则》、1906年《巡查给与令》等都是关于公务人员宿舍的政策文件。当代日本公务员宿舍以1949年开始实施的《国家公务员宿舍法》（2013年4月1日最新修改）为法律根据。公务员宿舍作为公共财产，由内阁财务省负责管理。不同省厅职员共用的宿舍称"合同宿舍"，由财务省直接管理。某个省厅单独建设使用的叫"省厅宿舍"，由该省厅管理，但在设立、转移、处置等行为时必须报告财务省。各省厅在设置公务员宿舍之际，首长按照政令规定，在每个会计年度向财务大臣提交申请计划，财务大臣通盘考虑后，制定全国宿舍设置计划，在年度预算通过之日起2个月内通知各有关省厅长。此外，国家公务员宿舍的维护和管理住宿，合同宿舍是由财政部的部长进行维护和管理，省厅宿舍是由公务员所属的各部委和机构的负责人进行管理。

2013年日本约340万公务员中国家公务员占18.8%,其余为地方公务员。

国家公务员宿舍的基本特征是以中小户型为主、每套面积70m²以下者占据大多数。公务员宿舍根据大小、结构不同,分A、B、C、D、E五个类型(表2-8-5)。在国家公务员宿舍总数中,面积55m²以下的占44.8%,55~70m²之间者占50.0%,70m²以上者仅占5.2%(2009年)。

国家公务员宿舍类型一览表　　　　　表2-8-5

规格	A型	B型	C型	D型	E型
	25m²以下	25~55m²	55~70m²	70~80m²	80m²以上
户型与平均面积	16.7m²,单间	41.6m²,3K	62.8m²,3DK	74.8m²,3LDK	96.2m²,4LDK
户数	30 439	67 600	109 344	8 019	3 276
比例	13.9%	30.9%	50.0%	3.7%	1.5%
平均借出年数	2.47	3.43	4.15	4.74	4.57

注：K指厨房,DK指餐厅和厨房,LDK指起居室、餐厅和厨房。字母前的数字表示起居室数量。

8.6.1　公务员宿舍的管理和入住资格

日本公务员宿舍分公邸、免费宿舍和收费宿舍三种。法律规定公邸的供应对象为众议院和参议院的正副议长、事务总长、法制局长、首相及国务大臣,最高法院大法官、会计检察院长、人事院总裁、国会图书馆长,还有官内厅长官及侍从长、检察总长、内阁法制局长官、驻外公馆的长官。当前公邸共205户,其中日本国内仅7户(分别由众参两院的正、副议长,首相、内阁官房长官、最高法院院长住用),另外198户为驻外公馆,住用公邸是免费的。

2009年,免费宿舍共18 392。供应对象为:①在非正常工作时间出现严重灾害之际,必须赶赴职场处理事务者,例如最初应对紧急事态的职员;②因保护国民生命和财产的需要,在非工作时间必须在官署大院内或者官署附近居住者,例如自卫队官兵、刑务官;③在偏僻地区的官署工作的职员,例如大坝管理所职员、自然保护区的职员;④需要从事通信设施的抢修等非常规工作、从事不能间断的研究或实验者;⑤官署管理人员,为履行职责必须在官署内或附近地方居住者。这类宿舍是作为职员劳动报酬的一部分,也是免费借予使用的。

收费宿舍是公务员宿舍的主体,2009年共200 081户,占公务员宿舍总数的91.5%。它提供给与职务相关、在从事国家或者公共事业之际必需住宿设施的人。收费宿舍的房租,跟一般民间企业宿舍比较,70m²以下的小户型租金比较低廉,尤其是55m²以下的小户型,租金不足企业宿舍的一半,每月仅8 400日元,70m²以上户型的宿舍租金高于企业宿舍50%左右(2009年)。

公务员宿舍是国有财产。入住者的宿舍使用费在每月发放报酬之际扣除，由单位上交国家。法律规定，宿舍不能借给他人或者用于居住以外的目的，未经许可不得进行改造、装修等工程。如有破坏或污损，必须立即恢复原状或者赔偿损失。居住宿舍产生的债务，同住者有连带责任。当居住的职员离职、死亡、调动工作以及违反纪律而未能限期整改的，或者国家废止宿舍之际，20日内如无正当理由，必须腾出宿舍。拖延搬迁的时间，也必须支付相当于使用费3倍的赔偿金。

8.6.2 公务员宿舍存在的问题

1）房屋面积窄小、老化严重

日本国家公务员宿舍日益老旧，根据2015年对合同宿舍的统计，未满10年的宿舍栋数仅为5%，而30年以上的宿舍栋数超过了50%，其中40年以上的宿舍达到了24%，比例最高（图2-8-17）。

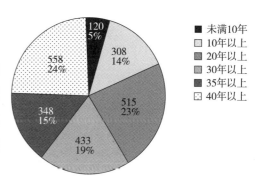

图2-8-17 公务员宿舍使用寿命

2）宿舍的区位配置较为分散

同一个行政部门的公务员宿舍往往分散多地。例如，仅在东京都内，国税厅宿舍共有21处，众议院宿舍有9处，内阁府宿舍有8处。

3）土地利用率较低

东京都内公务员宿舍、不同行政部门共用的合同宿舍多是公寓楼集合住宅，而一些部门专用的省厅宿舍，则一处只有一到两户，土地价值未能充分发挥。2009年，国家公务员宿舍的空置率达到6.65%。

8.6.3 公务员宿舍削减计划

日本自20世纪80年代开始至今，以盘活公共资源、激发市场活力为宗旨的新自由主义行政改革一直在进行，因此，作为国有财产的公务员宿舍也成为改革的内容之一。

随着日本社会的老龄化，养老、医疗等社会保障支出大增。为开源节流，1991年前后，日本就开始把东京都中心地区的公务员宿舍集约化，原则上不再建设独户、平房或二三层的低矮宿舍，把分散的宿舍集中合并到高层公寓楼中，腾出宅地变卖。2008年6月提出了计划，决定总体上废止23区内及政令指定都市等公务员宿舍约8.4万户，首先大致用10年时间削减宿舍10%，约1.9万户。经过整理合并，国家公务员宿舍数量从2000年34万户减少到2008年的22万户。2010年政府确定的改革方针是提高宿舍使用费、控制新建宿舍，在其后5年左右时间内把约21.8万户公务员宿舍削减15%，未来总体上要削减30%。因此多年来日本公务员宿舍数量在持续减少，2007年国家公务员宿舍共有225 420户，2009年减少到210 219户，其中合同宿舍86 727户、省厅宿舍131 951户；2010年政府确定的改革方针是提高宿舍使用费、控制新建宿舍；2015年国家公务员宿舍的数量减少到166 199户，其中合同宿舍为72 151户、省厅宿舍93 968户（图2-8-18）。

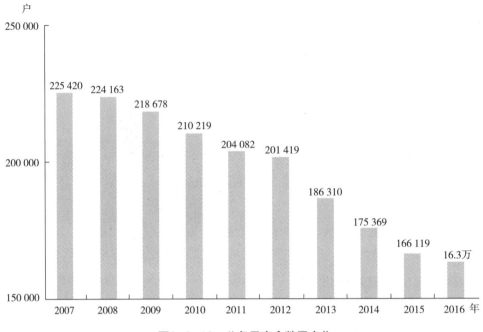

图2-8-18　公务员宿舍数量变化

注①调查时间点为每年的9月1日。
②2011年及2012年的宿舍户数，剔除了受灾的户数。
③2013年至2015年的宿舍户数，剔除了受灾的户数。

2011年3月日本大地震后，经济受损而开支大增，使国家财政更加吃紧。2011年12月公布了新的国家公务员宿舍削减计划，公务员宿舍不再作为职员的福利提供，而仅限于公务需要。既有宿舍的使用费提高到建设和管理成本额，使收支相抵。灾后集中恢复期的5年内，老旧的宿舍尽可能修缮而不是翻新。同时停止建设80m²以上的领导宿舍。

8.7　住房政策

8.7.1　住房政策沿革

内容详见《国外住房发展报告2015第3辑》第203~2015页。

8.7.2　住宅安全网的构建

2007年7月制定了《促进针对困难者的租赁住宅供给的相关法律》（住宅安全网法），根据该法案，为了确保高龄者、抚育子女的家庭等低收入水平家庭的安定居住，在承担了主要作用的公营住宅中导入了优先入住制度可有效地利用既存的住宅存量，作为公营住宅的补充促进由民间事业团体提供的公共租赁住宅的供给，提供对高龄者、抚育子女家庭开发的民间租赁住宅的情报系统，引入租金债务保证制度，通过NPO支援居住等方式激活住宅的整体市场，构建地域的住宅安全网。

1）地域优良租赁住宅

2007年，作为公营住宅制度的补充，重新调整了公共租赁住宅制度（面向高龄者的优良租赁住宅、特定优良租赁住宅），建立了地域优良租赁住宅制度。重点施政对象为在各地方上居住抚育子女、有老人、有身体障碍的家庭，通过向民间事业团体提供修整费用、减免住宅租金等方式促进优良租赁住宅的供给。

2）安心租赁支援事业

2006年创立了安心租赁支援事业，地方公共团体、NPO社会福祉法人等共同协作，对民间租赁住宅的登记及居住等提供各种支援，为高龄者顺利入住且建立安心的租赁关系提供支援。

3）租金债务保证制度

入住民间租赁住宅是，如果找不到保证人的情况，针对高龄者、身体障碍者、外国人、抚育子女的家庭、失业者等，在高龄者居住支援中心开始实施租金债务保证制度，提供滞纳租金、住宅原样恢复的费用、诉讼的费用等的保证，为顺利入住民间租赁住宅提供支援。

8.7.3 住宅履历书制度

为了延长住宅的寿命，进行合理的检查和修复等维护管理及改造工程是非常有必要的，为此需要将与住宅相关的历史信息记录在册。通过采用合理的形式记录住宅必要的信息，以供未来的使用者和管理者了解该住宅的相关性能、改造信息，是实现住宅长寿命化的必需条件。因此，日本国土交通省，设立了住宅履历书制度，将住宅的设计图纸和施工资料以及使用阶段的改造、维护内容记录在册，方便住宅流通、定期维护管理及灾害和事故的迅速应对。

8.7.4 住宅纠纷处理制度

根据住宅品质确保法进行性能评价的住宅，基于住宅瑕疵担保履行法缔结保险契约的住宅，如果开发商与住宅购买者之间发生了纠纷，为了能迅速、适当地解决问题，会通过住宅纠纷处理机关来处理这些纠纷。而且为了支援住宅纠纷处理机关开展纠纷处理业务，设置了纠纷处理支援中心。

8.7.5 建筑基准法

《建筑基准法》是在项目申请、建造施工过程中，建筑物的占地、设备、构造和用途应满足国家最低标准的一部法律，是建筑法规中最根本的一部法律。适用的情况有新建、扩建、改建、转移一定规模以上的建筑，或大规模的修缮、大规模的装修等。在建筑规划和建设时，除了需要符合建筑基准法之外，还需要符合其他相关法规，例如和建筑物防火有关的消防法，和建筑物的环境、规划有关的都市计画法,建筑材料的品质有关的品确法,建筑物抗震有关的耐震改修促进法,等等。

《建筑基准法》一共有三部分:

(1)法令运用上的总概括,建筑基准法的目的、用语的定义;

(2)单体规定:确保建筑物使用安全的技术基准;

单体规定的内容:对单体建筑物和建筑用地维持其正常使用功能,作出构造上最低限度的要求。大致可以分为两个方面的内容,建筑物和建筑物的使用者。在遭受自然灾害(地震、雷、台风等等)时能避免人员的伤亡减少财产损失,对于建筑物来说,应具有必要的构造强度和满足构造上的要求,对建筑物的使用者来说,能提供安全的避难场所和避难路径。

(3)集体规定:都市规划上的规定。

集体规定的内容:和都市计画法一同使用。都市计画法规定都市规划区域,建筑基准法的对象是都市规划区域内的建筑物。

8.8 住房可持续发展

8.8.1 节能法的规定及目标

内容详见《国外住房发展报告2017第5辑》第242页。

8.8.2 建筑物综合环境效率评价体系(CASBEE)

内容详见《国外住房发展报告2017第5辑》第242页。

8.8.3 节能住宅补助制度

内容详见《国外住房发展报告2017第5辑》第242页。

8.8.4 老年人住房相关政策

20世纪90年代以后:随着日本高龄老人规模的扩大和居家养老逐渐成为主要的养老模式,日本政府对老年居住政策进一步完善。根据《日本长寿社会对策大纲》的要求,1992年3月颁布"长寿社会对应住宅设计指针"草案,正式文本则于1995年6月施行。为了提高居家养老居住环境的适老性能和宜居性能,1994年实行了《中心建筑法》,进一步推进老年人住宅和社区环境的无障碍化改造,1995年制定了"高龄化社会对策大纲",对社区养老服务机构实施官办和民办的策略,并于2000年颁布实施了《老年人居住法》,进一步完善居家养老的老年人居住服务体系。

为鼓励更多的医疗法人、社会福利法人和民间企业参与建设和改建老年住宅,日本政府于2011年10月20日出台了修订的《老年人住宅法》,由国土交通省和厚生劳动省牵头推动该项事业的发展。政府的支持政策主要包括:为建设及改建老年住宅的企业提供资金补贴政策,为老年住宅配套"护理保险制度"所规定的护理服务项目等。国土交通省提供的资金补贴政策非常到位：新建住宅的补贴资金为总预算的1／10，改建住宅的补贴资金为总预算的1/3。日本政府计划到2020年使老年住宅的居住人数达到老年人总数的３％~５％。

到2006年，为了应对高龄化、少子化等社会问题，对"住生活基本法"进行修订，并在该法律基础上制定出为期10年的"住生活基本规划"。在对"住生活基本法"修订中，强调将安全性、老龄社会的对应、居住性和耐久性作为保障房设计的基础，不但要满足居住者的一般需求，更要满足居住者随年龄增大，身体机能出现障碍时的居住需求，即将保障房建设作为应对高龄化社会的重要对策，体现国家制定的"应对长寿社会的住宅设计指针"的要求。

9 韩国

G D P：14 112亿美元（2016年）[①]

人均GDP：27 600美元（2016年）[②]

国土面积：10万km² （2016年）

人　　口：5 169万人（2016年）[③]

人口密度：516.9人/km² （2016年）

城市化率：82.84%

9.1 住房基本情况

9.1.1 住房现状

2016年，韩国家庭总数为1 936万户，全国建筑物总数为705.4万栋，建筑面积为357 362.5万m²，建筑物数量同比增长1%，面积同比增长3.9%。其中住宅类建筑数量为458.9万栋，占所有建筑的65%，占比最高。住宅类建筑的总面积为169 931.4万m²，占所有建筑面积的47.04%，占比也最高（表2-9-1）。

各类建筑物现状[④]（2016年）　　　　表2-9-1

	合计	住宅	商业建筑	工业建筑	教育及社会类建筑	其他
全国统计（万栋）	705.4	458.9	122.2	30.2	18.9	75.2
各类建筑占比（%）	100.0	65	17	4	3	11
首尔（万栋）	62.08	47.04	12.74	0.29	1.61	0.4

① 世界银行统计数据
② 世界银行统计数据
③ KOSIS国家统计门户
④ 国土交通部数据

2016年，首尔市的住宅数量为470 404栋，占全国住宅类建筑的10%，全国范围内的住宅数量中排名第四。前三名是京畿地区、庆北地区和庆南地区，住宅建筑数量分别为62.46万栋、51.3万栋和47.88万栋。

住房所有形式可以展现一个国家、一个地区居民的住房观念。20世纪70年代，韩国自有住房比率一度达到了71.7%，这也是目前为止的最高值，此后该比率一直下降。1995年，因国家出台200万套住房供给计划，自有住房占比首次出现反弹，比率上升至53.3%。2014年自有住房率为53.2%，2016年则增长至56.8%，在所有住房类型中占比最高。与此相比，近几年全税租户①数量明显减少，这与全税价格的上涨有直接关系。

2016年，首都圈的自有住房率相较其他地区较低，全税租户的占比比其他地区高，其他地区则为自有住房率高，全税率低（表2-9-2）。

2016年各地区、各收入层住房持有形式统计表②（单位：%） 表2-9-2

	住房所有权	自有住房	全税	带押金月租	普通月租	先付式月租/全税	无偿	总计
按地区划分	全国	56.8	15.5	20.3	2.7	0.7	4.0	100
	首都圈	48.9	22.1	22.5	2.7	0.0	3.7	100
	广域市	59.9	11.7	21.9	2.5	0.8	3.2	100
	其他城市	66.7	7.8	15.9	2.7	1.7	5.1	100
按收入划分	低收入群体	46.2	12.9	28.7	5.2	1.4	5.6	100
	中等收入群体	59.4	18.1	17.8	1.1	0.3	3.4	100
	高收入群体	73.6	15.9	7.6	0.6	0.1	2.2	100

从收入情况来看，收入越高，自有住房比率越高；收入越低，居住月租或无偿住房的比率越高。

9.1.2 住房存量

据韩国国土交通部最新统计：2016年各类住房中，居住在高层小区的住户占48%，是各类住房中占比最高的；其次是独立住房，占35.3%。而较2014年，居住在高层公寓内的人口（49.6%）下降1.5%，居住在独立住房内的人口（37.5%）下降了近2.2%。独立住房住户逐年减少，主要原因是自80年代后期开始，楼房大量出现，造成1990年后独立住房减少。

---

① 全税租赁又称全赁、全税型租赁或年租型租赁，是指一次性支付一定的租金，等租期满后，出租人将全部租金返还给承租人的方式。
② 2016年居住情况调查报告。

近几年，居住高层小区的住户较多，除独立住宅居住户外，大部分人居住在高层小区。此外，近几年居住在住宅以外住处的住户逐年增多，这是与商住两用型商住房的供给量增加有关（表2-9-3）。

韩国各类住房占比变化表[①]（单位：%）　　　　表2-9-3

年份	独立住房	高层小区	低层小区	多户型住房	非居住用建筑物内的住房	住宅以外的住处	总计
2008	42.9	43.9	3.3	7.2	1.1	1.6	100
2010	40.4	47.1	4.5	5.6	1.0	1.3	100
2012	39.6	46.9	3.0	7.2	1.7	1.7	100
2014	37.5	49.6	3.4	6.2	1.0	2.2	100
2016	35.3	48.1	2.2	8.9	1.7	3.7	100

韩国的住房按其所有权可分为自有住房和租赁住房两大类。其中租赁住房根据《租赁住宅法》，又可分为建设租赁住宅与买入租赁住宅。建设租赁住宅根据是否有财政拨款，可分为公共建设租赁住宅与民间建设租赁住宅。公共建设租赁住宅是获得财政、基金等的支援建设或者在公共宅基地内建设的租赁住宅，民间建设租赁住宅则是除公共建设租赁住宅以外的租赁住宅。买入租赁住宅是出租方通过买卖获得住房的所有权后再往外出租的住宅。

目前常见的租赁房类型大体可以分为长期租赁房、5年建设租赁房、面向公司职员的租赁房、买入租赁房等。长期租赁是财政及国民住宅基金支援建设，义务租赁期限长达10年以上的住宅，具体类型包括永久租赁、50年租赁、国民租赁、幸福住宅、长期全税租赁、10年公共租赁住宅等。5年建设租赁是公共或者民间事业者获得许可方可建设的住宅，义务租赁期限为5年。面向公司职员的租赁是获得基金的支援，公司自己建设或者购买已建设的住宅，租赁给本公司职员的住宅。买入租赁住宅是通过买卖获得所有权后根据租赁住宅法，登记为住宅租赁事业者后，对外租赁的住房。

从2011~2016年的数据看，韩国租赁房屋的库存量呈逐年呈上升趋势。其中长期租赁住宅和买入住宅的库存量连续多年呈上升趋势，5年建设租赁住宅和面向公司职员租赁房连续两年呈现下降趋势（表2-9-4）。按地区的分布来看，全国各地中首都地区租赁住房的供应量较大，这与首都地区的住房价格高、居民购房压力较大有直接关系。

① 2016年居住情况调查表

租赁房屋库存统计[①]（单位：千户）　　　　　表2-9-4

	2011	2012	2013	2014	2015	2016
合计	1 460	1 487	1 616	1 709	1 938	2 273
长期（永久/50年/国民/其他）租赁	723	748	783	820	980	1 256
5年建设/面向公司职员租赁	462	464	507	531	498	403
买入租赁	275	275	326	358	460	614

9.2 住房建设与居住标准

9.2.1 住房建设情况

韩国的住房建设自进入21世纪以来，建设量一直维持在47万户左右。从2011年开始逐渐恢复。韩国的住房建设在2002~2003年达到了顶峰时期后，在2004~2007年一直维持着较稳定的趋势。2008年的全球金融危机，韩国的住房建设从2008年起连续3年都维持着每年不足40万套的水平，从2011年住房建设数量开始增加，达到了54.96万套，但2012年下半年开始，住房建设又呈现出低迷状态，2013年住房建设总量只有44.01万套。2014年低迷的住房建设市场开始回暖，2015年住房建设市场明显改善，新建住房数增加到76.53万套。2016年新建住房总量为72.6万套，同比有所回落，但与往年相比，仍属于较高水平。

韩国的住房根据其是否得到国民住宅基金的资金支援，可以分为公共住宅与民间住宅两大类，2014年，新建民间住宅的总数为新建住宅总数的87.7%，2015年和2016年均达到了90%，可见，民间住宅是韩国住宅的主要组成部分。

公共住宅的建筑商可分为5类，其中以地方团体（主要指地方政府）、土地住宅公社、住宅经营者为主体，2012~2016年国家机构与其他建筑商均没有建筑业绩。3大主体中，土地住宅公社的份额最大，2016年土地住宅公社的公共住宅建设数量为57 613户，在公共住宅中占比最大。

民间住宅建筑商分为住宅经营者与土地公社等2类，从2012~2016年的数据可见，土地住宅公社没有建筑业绩。2016年，韩国90%的住房建设量仅由住宅经营者来承担（表2-9-5、表2-9-6）。

[①] 来源：国土交通部；租赁房屋库存：目前已在出租中的房屋总数

2012~2016年韩国各建筑机构住房建设情况[①]（单位：千户）　　表2-9-5

类别	建筑机构分类	2012	2013	2014	2015	2016
公共住宅	国家机构	—	—	—	—	—
	地方团体	6.69	8.68	3.71	6.28	7.7
	土地住宅公社LH[②]	77.59	42.02	48.31	58.86	57.61
	住宅经营者	25.34	28.91	11.22	11.3	10.48
	其他	—	—	—	—	—
民间住宅	住宅经营者	477.28	360.5	451.93	688.89	650.25
	土地住宅公社LH	—	—	—	—	—
	合计	586.9	440.11	515.17	765.33	726.04

2007~2016年韩国各类住房建设情况[③]（单位：千户）　　表2-9-6

年份	总计	独立住房	高层公寓	多户型住房	低层小区住房
2007	555.8	51.45	476.46	23.18	4.7
2008	371.29	53.67	263.15	50.42	4.04
2009	381.79	54.67	297.18	24.51	5.43
2010	386.54	62.17	276.99	41.42	5.96
2011	549.59	73.1	356.76	106.27	13.47
2012	586.89	71.26	376.09	119.95	19.59
2013	440.12	69.76	278.74	80.89	10.73
2014	515.25	74.98	347.69	81.69	10.89
2015	765.33	88.29	534.93	19.31	122.8
2016	726.04	96.76	506.82	17.98	104.48

可以看出，近几年来在各类住房建设中，高层公寓的建设量最大，所占比例最高。从住宅类型上看，进入21世纪后，公寓的建设比重占所有住房的80%以上，而2013年这一比重下滑到了63.3%。2014年、2015年一路回升，达到了70%；2014年之前，低层小区住房的占比一直维持在5%以内，2015年提高至16%；独立住宅一直保持在10%；多户型住房在2014年以前一直保持平稳上升的趋势，而2015年这一比重大幅降至3%。

---

① 国土交通部

② 土地住宅公社 简称LH：2009年10月1日，韩国大韩住宅公社和韩国土地开发公社合并而成。主要负责承担公营住宅建设，并负责对申请保障性住房的居民资格条件进行审查，公司每年为中低收入者建设并提供5万套左右的公共住房。

③ 国土交通部

多户型住宅是指4层或4层以下的住宅，每栋的总面积不能超过660m²。如第一层为底层架空柱（Piloti）结构的停车场，其占地面积不计为楼栋面积。如第一层的1/2面积为底层架空柱（Piloti）结构的停车场，其他部分用于住宅以外的用途时，其不计入层数（图2-9-1）。

低层小区住宅是指4层以下的住宅，每栋建筑总面积应超过660m²。与高层公寓相比，低层小区住宅由于每单元的规模小，不仅可以节省建筑费，也可以减少物业费。与独立住宅相比，其密度大一些，可以共用部分设施，属于都市化的住宅（图2-9-2）。

高层公寓则是5层及其以上的高层公寓（图2-9-3）。

据国土交通部的统计，这几年住房的需求量为42万~43万户，缺口为4万~5万户。进入2011年，住房建设有所恢复，住房的供不应求状况有所缓解。2015年以来，住房建设量连续两年突破了70万户，2016年的总建设量为72.6万，虽不如2015年，但依然保持着高增长态势。

韩国国土交通部每月对民间部门住房和公共部门住房未售出情况进行统计（民间部门住房是指未利用国民住房基金、完全利用民间资本建设的住房；公共部门的住房是指利用国民住房基金建设的住房）。从2010年起，韩国公共部门连续7年未售出房屋为零，这也意味着公共部门的住房均售空。因此，韩国

图2-9-1　多户型住房

图2-9-2　低层小区住房

图2-9-3　高层公寓

近7年的全国未出售住房数量等于民间部门未出售住房数量。

从2010~2016年的数据来看,竣工后未出售房屋数量呈逐年降低趋势。2016年韩国首都首尔的未出售住房数量仅为274套,为近几年以来的最低量(表2-9-7)。2012~2015年的数据显示,首都圈的未出售住房数量均达到全国未出售住房总量的50%左右,而2016年这一占比也下降至30%。可见,2016年首尔和首都圈的售房情况整体趋好(图2-9-4)。

2010~2016年未售出住房数量[①](单位:户)　　　　　表2-9-7

	2010	2011	2012	2013	2014	2015	2016
全国	88 706	69 807	74 835	61 091	40 379	61 512	56 431
竣工后	42 655	30 881	28 778	21 751	16 267	10 518	10 011
民间部门	88 706	69 807	74 835	61 091	40 379	61 512	56 431
公共部门	0	0	0	0	0	0	0
首都圈	29 412	27 881	32 547	33 192	19 814	30 637	16 689
首尔	2 729	1 861	3 481	3 157	1 356	494	274

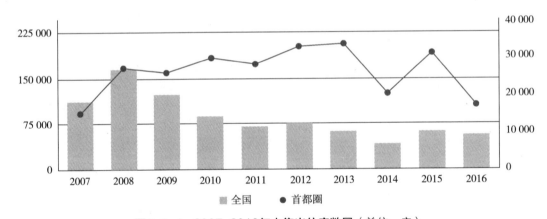

图2-9-4　2007~2016年未售出住房数量(单位:户)

2008年由于世界金融危机的影响,韩国的房地产市场低迷,住房交易量萎缩;2009年形势好转,未售出住房量持续减少;2010年由于政府促进政策的影响,2010年12月未售出住房减少为8.9万户;2012年未售出房屋数量有所增加;但2013~2014年韩国未售出住房量一直保持着减少的趋势,2014年末售出房屋数量为40 379户,达到了近年来最低水平。然而,2015年并没有延续这种乐观的形势,未销售住房量再次大幅增加,基本与2013年持平。2016年,全国范围内的未售出住房总量为56 431户,首都圈的未售出住房数量为16 689户,全国及首都

① 国土交通部

圈的未售出住房数量均同比下降，尤其是首都圈的未售出住房数量达到了近几年的最低值。

9.2.2 住房居住标准

根据每两年一次的最新《国民居住情况调查》显示：2016年的人均居住面积为33.2m^2，虽然比2014年减少了0.3m^2，但依然保持着近几年以来的较高水平（表2-9-8）。

反映居住情况的主要指标[①]　　　　表2-9-8

指标名		2008	2010	2012	2014	2016
居住水平	未达到最低居住标准的家庭数（未达标准户在总户数的占比，%）	212万（12.7）	184万（10.6）	128万（7.2）	98万（5.4）	103万（5.4）
	人均居住面积（m^2）	27.8	28.5	31.7	33.5	33.2
居住稳定性	全税租赁（月租）在租户中的占比（%）全国	55（45）	50.3（49.7）	49.5（50.5）	45.0（55.0）	39.5（60.5）
	全税租赁（月租）在租户中的占比（%）首都圈	62.7（37.3）	57.1（42.9）	55.9（44.1）	53.9（46.1）	46.7（53.3）
	对居住环境的满意度（满分4分）	2.75	2.84	2.83	2.86	2.93
	购买人生第一套住宅需要的年数	8.3	8.5	8.0	6.9	6.7

居民对居住环境的满意度最高分为4分，该分数一度呈下降趋势，通过这几年的调整，2014年起该分数有所上升，2016年达到了2.93分，记录了近几年来的最高分值。

在物价年年飙升的情况下，在韩国购买人生第一套住宅需要8年左右的时间，这一平均值在2010年的时候达到最高值8.5年后情况逐步好转，2014年以6.9年的平均值记录了近10年的最低值后，2016年以6.7年的平均值又一次刷新了历史最低值。这表明，在韩国年轻人购房难度有所降低。

从居住稳定性来看，2008年居住在全税租赁房的居民占所有租赁户的55%，2010年起，随着全税租赁价格的上涨及不动产市场的不稳定性，全税租赁住户的比例逐年下跌。2014年全税租赁住户的比例占全体租户的45%，月租住户占55%。2016年全税租赁市场更加惨淡，全税租赁房住户的比例仅占全体租户的39%，月租住户比例则达60.5%。

《住宅法》对住宅建设标准、配套福利设施的范围、地板的隔声等级，绿色住宅等项目进行了规定。

1）防止噪声的措施：公共住宅的室外噪声要在65dB以内，室内噪声则要在45dB以内。如果不能达标时必须设置隔音墙等措施。

[①] 国土交通部

2）对必备设备的标准

（1）水质良好的地下水设施及下水道设施；

（2）现代化的厨房；

（3）水洗式卫生间；

（4）洗浴设施（包括卫生间内的洗澡设施）。

3）结构、性能及环境标准

（1）作为永久性建筑，应确保其强度，并使用由良好内热、防热及防潮湿的材料；

（2）应具备隔声、换气、采光功能和暖气设备；

（3）噪声、震动、恶臭及大气污染等环境因素应符合法定标准；

（4）住房不能在洪水、山体滑坡等自然灾害明显的地区；

（5）应具备安全的电器设施及发生火灾时可避难的结构和设备。

根据当前的最低居住标准来看，1人家家庭最少应有一卧一厅（厨房），最低居住面积为14m^2。2人家庭应具备一间卧室和一间厨房，最低居住面积是26m^2。3人家庭应具备2间卧室和一间厨房兼餐厅，最低居住面积为36m^2。4人家庭应具备3间卧室和一间厨房兼餐厅，最低居住面积为43m^2，5人家庭在房间数量上与4人家庭相同，但最低居住面积比4人家庭多3m^2。6人家庭应具备4间卧室及一间厨房兼餐厅，最低居住面积为55m^2（表2-9-9）。

按家庭构成分类的最低居住面积及房间数量[①]　　　　　表2-9-9

家庭人口数（人）	标准家庭结构[②]	室（房间）数量[③]	总居住面积（m^2）
1	1人家庭	1K	14
2	夫妻	1DK	26

[①] Jung Min Park, Gun Min Yi, Uk Chan Oh. A Typology of Housing Vulnerability based on Housing Quality and Affordability[J]. 社会福利研究，2015，46（2）。

[②] 3人家庭的子女1是以6岁以上的为标准；

4人家庭的子女2是以8岁以上的子女（一男，两女）为标准；

5人家庭的子女3是以8岁以上的子女（两男，一女）或（一男，两女）为标准；

6人家庭的子女2是以8岁以上的子女（一男，一女）为标准。

[③] K是厨房，DK是餐厅兼厨房，数字代表的是卧室(兼用客厅)或者可以用为卧室的房间数。

备注：房间数量划分标准：

①夫妻使用一张床；

②6岁以上子女使用单独的房间；

③8岁以上的异性子女不使用一间房；

④老人使用单独的卧室。

续表

家庭人口数（人）	标准家庭结构	室（房间）数量	总居住面积（m²）
3	夫妻+子女1	2DK	36
4	夫妻+子女2	3DK	43
5	夫妻+子女3	3DK	46
6	老人+夫妻+子女2	4DK	55

9.3 国家住房发展管理体制

9.3.1 管理及执行机构（具体参见《国外住房发展报告2016第4辑》第304页）

韩国住房政策及住房行政管理事务由国土交通部[①]负责，由国土交通部的住房土地办公室具体落实，由国土交通部的国家住房政策审议委员会负责制定国家住房发展规划，审批全国住房建设计划，其构成和运作由总统令发布。该委员会由20名成员组成，包括政府相关部长、韩国土地住宅公司的董事长及民间专家，主席由国家经济企划院院长担任，副主席由建设部部长担任。

国土交通部[②]下设韩国土地住宅公社（LH）、住宅管理工团、大韩住宅担保（株）、韩国鉴定院等机构，分工、专门执行住房相关专门业务，提高办事效率和满足专业化需要。此外道、市、区政府协助管理住房建设相关的行政工作，不再另设地方建设局。

9.3.2 金融机构

2008年韩国政府确定友利银行为住宅城市基金[③]的总管机关，为韩国住房保障建设提供金融支持。同时确定农协中央会、新韩银行、韩亚银行和企业银行为一般受托机关，国民银行只保留承担现有账户的管理业务。友利银行实行商业性银行业务与政策性银行业务分别核算，政策性银行业务接受国土交通部的监管。

9.3.3 公益及研究机构

韩国设有韩国住宅学会、韩国住宅协会、住宅产业研究会、韩国建设产业研究院、土地

[①] 1948年11月成立，其前身为内务部建设局。1994年与交通部合并改名为建设交通部。2008年因政府改编与海洋水产部合并新设国土海洋部。2013年新政府出台后改名为国土交通部。

[②] 国土交通部的住宅建设室负责全国住房建设的规划和发展。主要负责制定、修改住房保障有关法令；建立住宅综合计划；制定住宅城市基金的运行计划；筹借政府部门资金；监督住宅城市基金受委托机关等。

[③] 住宅城市基金主要来源于政府投资、吸收房屋申购储蓄、发行住房抵押支持证券、国民住房债券和住房福利彩票，资金运用投向开发商建房贷款和向中低收入群体发放全额房屋租赁资金、个人购房贷款以及改善居住环境等。

住宅研究院、韩国居住学会等公益及研究机构来研究住宅建设政策和住宅产业面临的课题。各研究机构的职能详见《国外住房发展报告2015第3辑》第234页。

9.3.4 服务咨询机构

My home咨询中心：自2015年12月1日起，韩国任何一位地区国民可在全国36家My home咨询中心获得幸福住宅、New Stay[①]、住房补贴、公共租赁住宅及住房贷款等咨询服务，以及有关于政府居住扶持政策信息的综合服务和定制型咨询一条龙服务。

9.4 住房政策与新政新规

9.4.1 住房保障新政新规

2017年11月，韩国政府的各部门共同发布了《住房保障蓝图》，该蓝图将所有保障政策整合后再次细分，为稳定居民居住问题而开出了一剂药方。《住房保障蓝图》提出了三大支援方案，其一为根据年龄、收入状况进行支援的"量体裁衣"型支援方案；其二是为无住房居民、刚需者供给100万套公共住房的计划；其三是完善相关法律制度并构筑保障房的治理体系。

1）依年龄、收入状况区分支援方案

根据年龄、收入状况，支援对向可分为四大群体，分别是年轻人、新婚夫妇、高龄老人、低保户家庭。

针对年轻人，政府将在近几年提供青年住宅30万套，同时将扩大幸福住宅项目的入选范围，引进公共支援住宅等政策。在金融方面也会提供支援，包括优化租金、全税租赁房贷款政策，提供优待型邀约储蓄等。

针对新婚夫妇，近5年内将提供公共租赁住宅20万套、"新婚希望住宅"7万套。同时也将扩大期房的特别供给量，设置新婚夫妇专用的贷款，还会研究制定面向低收入新婚夫妇的住房补贴政策。

针对高龄老人，政府计划提供公共租赁住房5万套，同时允许以最优先的资格申请永久租赁房及买入租赁房，加强住房维修方面的支援。

《住房保障蓝图》提到，针对低收入家庭将提供公共租赁住房41万套，加强住房补贴，加强对无住房居民的金融支援。

2）面向无住房居民、刚需供给100万套公共住房的计划

《住房保障蓝图》计划将在未来5年内为无住房居民及刚需户提供100万套住房，其中公

[①] New Stay住房于2015年朴槿惠政府时期作为福利住房问世，月租在100万韩元左右（约合人民币6 000元），是专为中产阶层提供的长期租赁住房。

共租赁住宅数为65万套、公共支援住宅20万套（New Stay等）、公共机构建设且销售的住房15万套（包括"新婚希望住宅7万套"）（表2-9-10）。同时长期租赁住宅数也将从15万扩至28万套。除了公共住房，也会推动增加对民间机构的用地供给量，以此确保低价民营住宅上市量。

100万套公共住宅供给计划（单位：万套） 表2-9-10

分类	2018	2019	2020	2021	2022	总计	年平均
总计	18.8	19.9	20.5	20.5	20.9	100	20
公共租赁	13	13	13	13	13	65	13
公共支援	4	4	4	4	4	20	4
公共销售	1.8	2.9	2.9	3.5	3.5	15	3

3）完善相关法律制度并构筑保障房的治理体系

《住房保障蓝图》提出，租赁住宅的保护法将由法务部和国土部共同管理，同时对公共租赁住宅类型的整合及取消办法也会进行改善处理。加强公共保障住房的维持管理、租赁费的合理管理，改善期房销售方式，为居民提供便利，减轻负担。

在保障房的治理方面，将会扩充地方政府住房保障中心的人力，加强保障房的支援，增加租赁住宅的供给量。

9.4.2 住房保障模式与政策

目前韩国的住房保障政策为住房支援与资金支援两大类。住房支援以保障最低居住标准为目标，租赁型供应模式下的保障政策房可以分为永久租赁住宅、幸福住宅、全税租赁住宅、长期全税住宅、公共买入租赁住宅、5年（10年）公共租赁住宅、国民租赁住宅、公共支援民间租赁住宅等。资金支援包括居住补贴、租金支援、低收入家庭老房改造费用支援、租金贷款支援、购房贷款支援、老年人住宅年金[①]等。

1）保障型租赁住房政策

韩国的租赁住房根据其建筑资金的来源，可分为公共建设租赁住宅和民间建设租赁住宅，保障性租赁住宅均为公共建设租赁住宅。

（1）永久租赁住宅

永久租赁住宅是以50年为租赁期限，专用面积为40m²以下的租赁房，国家级立功者、日军慰安妇受害者、低保户、单亲家庭等条件者可申请永久租赁住房。永久租赁住宅的租金为市面价格的30%。国家每两年会重新审核入住者的入住资格且重新进行租赁签约。

---

① 老年人住宅年金是指拥有自有住宅且收入低的老年人以住房为担保，在一定期限内获得稳定收入的制度。

在符合上述条件的入住者中根据优先顺序可分为一般供给家庭和特别供给家庭。特别供给分为多子女特别供给、抚养老父母特别供给、新婚夫妇特别供给、人生第一套房特别供给、立功者特别供给、机构推荐特别供给等（表2-9-11）。

供给家庭优先顺序　　　　　　　　　　　　　表2-9-11

种类		要求
优先供给		申请者为国家级立功者5·18民主运动牺牲者家属、执行特殊任务者、军烈属且无住房，家庭月平均收入为标准收入的70%及以下者
		结婚满5年且有子女的夫妇
		归国战俘
一般供给	优选考虑	根据国民基本生活保障法，领取生活保障费用及医疗费用者
		国家级立功者，5·18民主运动牺牲者家属、执行特殊任务者、军烈属且无住房，家庭月平均收入为标准收入的70%及以下者
		日军慰安妇受害者
		单亲家庭
		脱北者且家庭月平均收入为标准收入的70%及以下
		家庭月平均收入为标准收入的70%及以下的残疾人
		赡养65岁以上的直系亲属，且收入符合条件者
		曾从事儿童福利设施工作，且家庭月平均收入为标准收入的70%及以下者
	次选考虑	家庭月平均收入为标准收入的50%及以下，且满足其他资产要求
		国土交通部长官或市、道知事认为需要永久租赁住宅者
		家庭月平均收入为标准收入的100%及以下的残疾人

（2）公共租赁住宅

公共租赁住宅按租赁年限和支付方式分为5年（10）年租赁住宅、50年公共租赁住宅。具体来看5年（10）年租赁住宅是租赁项目负责人以5年、10年或50年为期限出租房屋，到期后优先销售给承租人的租赁房。租期为5年或10年的住房面积应小于85m^2，租期为50年的住房面积应小于50m^2。公共租赁住宅的租金为市面价格的90%。5年（10）年租赁房和分期支付租金的租赁房住满一定租赁期限后可以向居住者转让房屋所有权。

（3）国民租赁住宅

国民租赁住宅是为了解决无住房、低收入居住者的居住问题，国家财政和国民住宅基金的支援下提供于无住房低收入家庭的租赁住宅。国民租赁住宅的租期为30年，面积不足60m²，租金为市价的60%~80%。

（4）长期全税住宅

长期全税住宅是国家、地方自治团体、韩国土地住宅公社、地方公社以租赁为目的建设的住宅，租期为20年，以全税的方式签署合约。申请长期全税住宅者应为无住宅、月平均收入低于城市劳动者月平均收入。按住房面积可分为面积小于60 m²的住房和60~80 m²两档。

（5）全税租赁住宅

为了保障城市低收入阶层能以当前的收入租赁房屋，政府以全租的形式租赁房屋后再租赁给低收入者的政策。全税租赁住宅租赁房的最初租赁期限为2年，在保持入住资格时可以续签9次，最多可居住20年，住房面积小于8 m²。国家支援的全税上限为首都圈8 500万韩币①、广域市6 500万韩币、其他地区为5 500万韩币。低收入租赁户除了支付100万~200万韩币的押金外，每月还需交全税金1%~3%的金额为租金。

（6）公共支援民间租赁住宅（原New Stay政策）

2015年1月，在知名建筑公司的公寓品牌里加上"Stay"名称，月租在100万韩元左右（约合人民币6 000元）的中产阶层用长期租赁住宅New Stay即将在韩国问世。

2017年，韩国政府以原New Stay政策为核心，加强"公共性"理念，出台了更加合理化的"公共支援民间租赁住宅"。公共支援民间租赁住宅保持了New Stay政策中的保障8年租赁期、租金每年限上涨5%，提供居住服务等核心理念。但与此同时也更加强化了"公共性"，比如以无住宅者为优先考虑对象，一般供给情况下租金比市价低5%~10%，对于居住支援对象，其房租下调至市价的70%~85%。

（7）幸福住宅政策

幸福住宅政策是为了缓解新婚夫妻、大学生等年轻人的住房压力，为其提供交通便利、价格低廉的租赁房的政策。

幸福住宅的住房面积不超过45m²，租金为市面租金的60%~80%。最长租赁期限为30年，根据具体入住对象租赁期限有所不同。如表2-9-12所示，80%的住房租赁面向年轻人，仅有20%的住房面向老年人和弱势群体。可见幸福住宅政策与其他租赁政策针对无住房、低保家庭为对象不同，主要致力于解决年轻人的住房困难。

---

① 2017年3月汇率中间价计算，8 500万韩币相当于人民币49.5万元；6 500万韩币相当于人民币37.8万元；5 500万韩币相当于人民币32万元。100万韩币相当于5 800元人民币；200万韩币相当于人民币11 000元。

幸福住宅入住资格　　　表2-9-12

	入住资格	收入标准
大学生	未婚、无房在校大学生；大学（高中）毕业或退学不满2年，参加有收入的工作且无住宅	本人及父母的月收入总额低于城市劳动者标准月平均收入，本人的资产符合国民租赁住宅标准
刚步入社会的年轻人	在提供幸福住宅所在地的公司工作未满5年、未婚无住房者	本人的月收入低于城市劳动者月平均标准收入的80%。
新婚夫妇	在附近公司就职，结婚未满5年，无住宅	家庭月总收入低于城市劳动者的标准月平均收入
老年人	居住于（市、郡）的65岁以上无房家庭，无住房期限超过1年	家庭月总收入低于城市劳动者的标准月平均收入
弱势群体	无住房期限超过1年，符合住房补贴政策条件的家庭	—
工业园区劳动者	提供幸福住宅所在地的工业园区劳动者	家庭月总收入低于城市劳动者的标准月平均收入

（8）居住福利住宅

居住福利栋住宅是指在原有的永久租赁住宅的小区内，利用未开发的空地建设租赁住宅、居住福利设施，以两者结合的方式为市民谋居住稳定，为老年人和残疾人提供福利设施的长期公共租赁住宅。居住福利栋住宅的租赁期限为30~50年，住房面积小于40 m^2。

2）资金支援

（1）居住补助制度

居住补助制度是基础生活保障制度下的住房保障制度，为了缓解住房压力，国家针对符合条件家庭提供居住补贴。家庭收入低于国家规定的收入，并符合抚养义务者的要求时均可申请居住补助。

申请居住补助家庭，家庭的月收入应低于国家中层群体月收入的43%。如表2-9-13所示，1人家庭的月收入应低于719 005韩元，2人家庭的月收入总额应低于1 224 252韩元。

居住补贴家庭收入标准[①]（单位：韩元/月）　　　表2-9-13

类别	1人家庭	2人家庭	3人家庭	4人家庭	5人家庭	6人家庭
中层收入的43%	719 005	1 224 252	1 583 755	1 943 257	2 302 759	2 662 262

① My Home官网

符合以上条件者，可以申请租赁费用相关补助及旧房改造相关的居住补助。补助标准如表2-9-14所示。

租赁费用补助①（单位：万韩元/月）　　　　表2-9-14

类别	首尔	京畿、仁川	广域市、世宗	其他
1人家庭	21.3	18.7	15.3	14
2人家庭	24.5	21	16.6	15.2
3人家庭	29	25.4	19.8	18.4
4人家庭	33.5	29.7	23.1	20.8
5人家庭	34.6	30.8	24.2	21.8
6人家庭	40.3	36.4	27.6	25.2

对于符合条件并居住在出租房屋内的家庭，根据地区及家庭人数，给予一定的补助。如果是首尔的1人家庭，每月最多提供21.3万韩元的补助，如果租赁费用低于补助金额，则按租赁费用支援。

旧房改造是对于拥有住宅的家庭提供，改造按工程的大小可分为轻度维修、中等维修及重大维修三种，轻度维修的最高补助为378万韩元，中度维修的最高补助是702万韩元，大维修的最高补助是1 026万韩元。如果家庭收入低于中层收入的35%，则支援最高额度的90%；如果收入是中层家庭收入低于中层家庭收入的43%，则按最高支援额度的80%支援；如果家庭收入低于最低生活保障金额时按100%给予支援。

（2）住宅金融政策

住宅金融政策为提供租金及购房款贷款等服务来保障一般老百姓的居住问题的政策。住宅金融具体包括租金贷款支援和购房贷款支援。

满19岁、无住房的夫妇，年收入不满5千万韩元者可申请全税租金贷款，贷款额度为8千万韩元，如在首都圈最高可贷款1.2亿韩元，年利率为2.3%~2.9%，最长还款期限为10年，最短为2年。

面对待业者、出入社会的年轻人及家庭年收入低于5千万韩元的低收入家庭，政府提供月租贷款，最多可贷款720万韩币，还款年限为10年，年利率为1.5%~2.5%。

韩国政府对家庭年收入低于6千万韩元，无住房期限超过5年的家庭提供购房贷款支援，最高贷款额度为2亿韩元，年利率根据不同产品，1%~3.15%不等，还款期限也由10~30年

---

① My Home官网

不等。

9.4.3 国家及首都住房新政

2017年，随着文在寅总统的上任，一系列房地产调控新政策也随之而出。2017年6月19日，文在寅政府为了应对过热的房地产市场，发布了其上台后的第一部房地产相关政策——"稳定住宅市场的量体裁衣型对应方案"，简称为"6·19房地产政策"。发布"6·19房地产政策"仅两个月后，因其未达到预期效果，文在寅政府出台了更加严厉的调控措施，即"通过保护实际需求和抑制投机稳定住宅市场的方案"，简称为"8·2房地产对策"。

2017年10月24日，政府又一次出台了房地产调控政策"家庭负债综合对策"，该政策将从2018年1月起实行，这意味着2018年起对住房贷款加强把关。

2016年11月，朴槿惠政府已开始关注日益高涨的房地产投机热，为控制大量资金再度流入房地产市场，发布了"以市场实际需求为核心的住宅市场稳定化管理方案"，简称为"11·3房地产政策"。

1）"11·3"房地产政策的主要内容

政府对全国的37个地区即首尔市的25个区、京畿道的6个市、釜山市的5个区、世宗市加强了买卖限制，提高了要约门槛。其特点如下：

（1）量身定做型要约制度：限制转卖期限，调整前是6个月即可交易，调整后为延长1年或过户后可交易。要约住房的第一顺序选拔对象不包括5年内已入选者以及拥有2套以上住房者。此外，调整对象地区的入选者，1~5年内禁止再入选。

（2）避免短期投资过热：加强了中期款贷款保证条件，即使是第二优先级的对象也需要具备要约储蓄本。第一优选级的要约日程分为两种，分别是当年及其他。

（3）对实际需要者提供金融支持：提供垫脚石贷款，提供LH公共住房的中期款。

（4）加强整顿工作的透明性、禁止要约市场中的非法行为：整顿工作中实行竞标竞争制，检查组合的运营状况。要约市场中采用投诉奖金机制。

2）"6·19"房地产政策的主要内容

在"11·3"房地产政策中已限制买卖的37个地区外，此次调控政策又增加了3个地区。

（1）限制转卖期限：首尔市内所有区域的住房仅在支付全款后方可转让，如按揭购买住房，在还清贷款前不能转让于其他人。

（2）调整房贷风险比率（LTV）及负债收入比（DTI）：房贷风险比率（LTV）是指购房贷款额与房价的比率，本次将此比率从之前的70%调整为60%，但无住房者购买首套住房时依然适用70%的比率。负债收入比（DTI）用于衡量负债偿还能力，银行以此为依据计算放款额度。本次调控将此比率从之前的60%调整至50%，但对于无住房的刚需购房者仍适用60%的比率。

3)"8·2"房地产政策的主要内容

"6·19"房地产政策中指定40个加强政策调控的地区,而"8·2"房地产政策则指出了房地产过热地区和出现房地产投机行为的地区。

(1)房地产过热地区及出现投机行为的地区:本次政策将首尔市的全部区域、京畿道果川市、世宗市指定为房地产过热地区;此外,将首尔的11个地区和世宗市指定为出现投机行为的地区。

(2)调整房贷风险比率(LTV)及住房贷款收入比(DTI):房地产过热地区及出现投机行为的地区的房贷风险比率(LTV)、住房贷款收入比(DTI)均为40%,如已经有过一次及以上的住房贷款记录时,房贷风险比率(LTV)及住房贷款收入比(DTI)均为30%。

4)"10·24"房地产政策的主要内容

(1)调整贷款额度:2018年1月起,韩国将引进新的住房贷款收入比[①](DTI)计算方法。2018年下半年,金融公司将引进负债收入比(DRS),并适用在客户信誉等方面。新的住房贷款收入比则作为审核贷款额度的依据来使用,第二套住房贷款起,将要求15年内偿还。

(2)调整中期款贷款[②]额度:韩国住宅都市担保公司(HUG)对于期房中期款的担保比率从90%调整至80%,担保额度根据地区也有所调整,首都圈、广域市、世宗市等地的贷款额度从之前的6亿韩元调整至5亿韩元;其他地区的担保额度则没有变化,为3亿韩元。

9.5 住房消费与金融税制

9.5.1 住房消费

据2016年居住状况调查报告,2016年反映住房价格与年收入比例的指数PIR全国的中值为5.67倍,低收入阶层的PIR为9.3倍,中等收入层为5.6倍,高收入层为5.0倍。数据表明,低收入阶层的与高收入群体的差距十分明显。

2016年,首都圈的指数是6.7倍,比其他地区要高一些,这意味着在首尔市的平均工资水平下,6.7年的收入足以买一套房。从2016年的数据分析,首都圈的PIR与2014年基本持平,意味着首都圈的住房市场稳中有涨(表2-9-15)。

---

① 当前适用的住房贷款收入比=(本次住房贷款的本金及利息+过去住房贷款的利息)/年收入 新住房贷款收入比=(所有住房贷款的本金及利息+其他贷款的应还利息)/年收入

② 在韩国购买期房,需要分几次付款,由于其还未建成,支付中期款时需要韩国住房都市担保公司(HUG)给予担保。

年收入住宅价格比（PIR）指数① 表2-9-15

	2008年		2010年		2012年		2014年		2016年	
	中值	平均	中值	平均	中值	平均	中值	平均	中值	平均
全国	4.3	6.0	4.3	5.6	5.1	7.6	4.7	5.7	5.6	6.3
首都圈	6.9	8.5	6.9	7.9	6.7	10.1	6.9	7.1	6.7	7.6
广域市	3.3	4.0	3.5	4.1	5.0	7.1	4.7	5.1	5.3	5.7
其他地方	3.0	3.3	2.9	3.1	3.6	5.4	4.2	4.1	4.0	4.7

此外，据韩国交通部调查，在韩国购买第一套住房的时间呈逐年缩短趋势，2008年调查显示，购买第一套住房需要8.3年的时间，而2016年调查数据显示只需要6.7年时间。

月收入租金比是无住房租户为了解决居住问题需要承担的租金及月收入的比，月收入租金比越高居住负担越大。国土交通部每两年进行一次住宅状况调查并发布月收入租金比。

2016年全国月收入租金比的中值为18.1%，首都圈为17.8%，广域市16.9%，其他地方为14.2%，从数据中可以看出2016年首都圈的RIR比其他地区高。然而与2014年相比，整体数据回落，这意味着2016年租房压力有所减轻（表2-9-16）。

月收入租金比（RIR）②（单位：%） 表2-9-16

	2008年		2010年		2012年		2014年		2016年	
	中值	平均	中值	平均	中值	平均	中值	平均	中值	平均
全国	17.5	22.8	19.2	23.1	19.8	26.4	20.3	24.2	18.1	21.4
首都圈	22.3	26.1	20.9	26.4	23.3	30.5	21.6	27.4	17.9	24.6
广域市	19.3	19.5	16.4	19.4	16.8	22.0	16.6	20.5	15.4	16.9
其他地方	15.9	16.4	14.4	16.2	14.5	19.3	15.8	17.3	14.2	15.1

此外，按不同收入群体的RIR看，低收入群体的RIR为23.1%，中等收入群体的RIR为14.9%，高收入群体则为19%，这数据与2014年相比，均有回回落。然而，低收入群体的居住压力仍比中等收入及高收入群体大很多。

据2016年居民居住状况调查显示，2016年低收入群体购买首套住房平均需要7.9年，中等收入群体需要6.2年，高收入群体需要6年，收入越高，买首套住房所需年限越短。2014年韩国平均购买首套住房所需年限为6.9年，2016年则为6.7年，减少了0.2年（图2-9-5）。

---
① 2016年居住状况调查报告
② 2016年居住状况调查报告

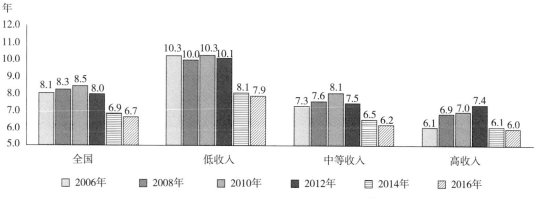

图2-9-5 各收入群体购买首套住房所需年限变化图[①]（单位：年）

9.5.2 住房金融税制

韩国不动产税制体系根据发挥调节作用阶段来看可将其划分为三类：不动产取得环节的税；不动产保有环节的税种，包括财产税、城市计划税、共同设施税和综合房地产税；不动产转让环节的税种，包括转让所得税、居民税。此外，韩国还有较为规范的不动产税基评估体系。

1) 不动产取得环节的税种

取得税，即不动产财产权或财产价值发生转移或价值变动时对其转移或变动事实进行课税的流通税。通过购买或继承方式取得不动产的人为取得税的纳税人；土地和建筑物是取得税的课税对象；取得当时的价额为取得税的课税标准；取得对象价款或年付金额的2%为取得税的"标准税率"，各地方自治团体可依据条例在标准税率50%的范围内进行加减调整，对于政策目的的6%和10%的"重课税率"则不得进行加减调整（表2-9-17）。

住房取得税　　　　　　　　　　　　　　表2-9-17

价格	面积	取得税	农鱼村特税	地方教育税	总税率
6亿韩币以下	85m²以下	1%	无	0.1%	1.1%
	85m²以上	1%	0.2%	0.1%	1.3%
6亿~9亿韩币住宅	85m²以下	2%	无	0.2%	2.2%
	85m²以上	2%	0.2%	0.2%	2.4%
9亿韩币以上	85m²以下	3%	无	0.3%	3.3%
	85m²以上	3%	0.2%	0.3%	3.5%
原始取得、继承		2.8%	0.2%	0.16%	3.16%
无偿取得（赠予）	一般	3.5%	0.2%	0.3%	4%
	85m²以下	3.5%	无	0.3%	3.8%

① 2016年居住状况调查报告

根据韩国总统令，2018年12月31日前，无住房且年龄在30岁以上者购买面积为40m²以下，总价低于1亿韩元的住房时免征不动产取得税。

印花税，是一种附加税，属于以二次形成的后续行为作为对象的"价值流通税"。印花税的纳税人为创建、转移、变更财产所有权而订立相应文书的单位和个人；课税对象为关于房地产的所有权转移的合同书以及证券、存款等各种权利证书；税率因记载金额大小采取累进税率（表2-9-18）。

印花税税率　　　　　　　　　　　　　　表2-9-18

凭证涉及的金额	应纳税额（韩元）	凭证涉及的金额	应纳税额（韩元）
1 000万~3 000万韩元	20 000	10 000万~10亿韩元	150 000
3 000万~5 000万韩元	40 000	≥10亿韩元	350 000
5 000万~10 000万韩元	70 000		

2）不动产持有环节的税收

财产税，对土地和建筑物普遍征收，即只要拥有不动产，就要缴纳财产税。课税对象是土地、建筑物和住宅。对土地、建筑物、住宅的财产税课税标准为市价标准，每年以6月1日为基准，6月1日起持有不动产者需缴纳财产税。财产税的税率是对不同的课税对象采取不同的税率，区别对待（表2-9-19）。

住宅财产税的税率　　　　　　　　　　　表2-9-19

对象	标准	税率
住宅	<6千万韩币	0.1%
	6千万~1.5亿韩币	6万韩币+超过6千万部分×0.15%
	1.5亿~3亿元韩币	19万5千元韩币+（超过1亿5千万部分×0.25%）
	>3亿元韩币	57万元+超过3亿元部分×0.4%
	别墅	4%

注：财产税=市场标准价×公正市场价额比率×税率

城市计划税，纳税义务人是对土地、建筑物、住宅负有财产税纳税义务者；课税对象是土地、非居住用建筑物和住宅；课税标准是按照土地、建筑物、住宅等直接适用相应财产税的课税标准额；税率是单一比例税率5‰，也可根据特别市、广域市、市、郡的条例，对相应年度城市计划税的税率做出调整，但税率不得超过2.3‰。

共同设施税，是为了充当消防设施、污物处理设施、水利设施及其他公共设施所需费用，对因其设施受益者进行课税。纳税义务人是建筑物的所有人；以土地和建筑物作为课税对象；课税标准是土地、建筑物的价额，但是采取逐年增加的方式，在2006年适用公示地价和住宅公示价格及非居住用建筑物的市价标准55%，自2007年开始每年提高5%，自2015年开始为100%。

综合不动产税，是以每年的6月1日为准，按不动产的分类（住宅、土地等）合算人均不动产的公开标价的总额，对合算总额超过征税标准额的部分所征收的税金。综合不动产税按其类型可分为住宅、综合合算土地（闲置土地、多用途土地）、额外合算土地（写字楼附带土地）等。

住宅（包括附带土地）综合不动产税的税率 表2-9-20

征收标准	税率	累进免税	征收标准	税率	累进免税
<6亿韩币	0.5%	—	50亿~94亿韩币	1.5%	2,950万韩币
6亿~12亿韩币	0.75%	150万韩币	>94亿	2%	7,650万韩币
12亿~50亿韩币	1%	450万韩币			

3）不动产转让及租赁环节的税收

转让所得税是指不动产（土地、建筑、住房）等因个人的转让而产生的所得所征收的税金。只拥有一套房的家庭且住满2年，则转让时可以免税。此外，符合长期租赁住宅、获得新建住宅、公共使用土地、8年以上自耕农地等条件，则可以减免税金（表2-9-21、表2-9-22）。

住宅转让所得税 表2-9-21

		保有时间	税率	备注
拥有2套住宅		1年以上	基本税率	
		未满1年	40%	
拥有3套住房的家庭	指定地域	未满1年	40%	两种税率中按税额高的额度征收
			基本税率+10%p	
		未满2年	基本税率+10%p	
	除指定地域之外的地域	未满1年	40%	
		未满2年	基本税率	

基本税率 表2-9-22

2017年以后			2018年以后		
课税标准	税率	累进免税	课税标准	税率	累进免税
低于1 200万韩币	6%	—	低于1 200万韩币	6%	—
低于4 600万韩币	15%	108万韩元	低于4 600万韩币	15%	108万韩元
低于8 800万韩币	24%	522万韩元	低于8 800万韩币	24%	522万韩元
低于1.5亿元韩币	35%	1 400万韩元	低于1.5亿元韩币	35%	1 400万韩元
低于5亿元韩币	38%	1 940万韩元	低于3元韩币	38%	1 940万韩元
超过5亿元韩币	40%	2 940万韩元	低于5亿元韩币	40%	2 540万韩元
			超过5亿韩币	42%	2 540万韩元

租赁用房地产税制。包括取得税、注册税、综合房地产税、转让所得税等具体规定。对于大韩住宅公社租赁住宅和住宅租赁事业者在取得税和注册税方面都有一定的减免优惠措施；对于最新住宅法上的长期租赁住宅或作为多户租赁住宅具备租赁期间、住宅数、价格、规模等一定条件的租赁住宅不在综合房地产税的课税标准合算对象住宅范围之内；对于因住宅租赁而取得的所得课征转让所得税，但对所有1个以下住宅者的住宅租赁所得不予征收所得税。

4）赠与、继承中产生的税收

赠与税是无偿获取财产时，受赠人申告、缴纳的税收。

继承税是因财产所有者的死亡，其家属无偿继承财产时，针对无偿继承的财产征收的税金。

赠与税的基本税率 表2-9-23

课税标准	税率	累进免税	课税标准	税率	累进免税
低于1亿韩元	10%	0	低于30亿韩元	40%	1亿6千万
低于5亿韩元	20%	1千万	超过30亿韩元	50%	4亿6千万
低于10亿韩元	30%	6千万			

继承税的基本税率 表2-9-24

课税标准	税率	累进免税	课税标准	税率	累进免税
低于1亿韩元	10%	0	低于30亿韩元	40%	1亿6千万
低于5亿韩元	20%	1千万	超过30亿韩元	50%	4亿6千万
低于10亿韩元	30%	6千万			

5）不动产税基评估体系

韩国不动产税基评估体系包括税基评估和征收体系两个系统。税基评估由鉴定评价士和公务员鉴定评估，由不动产评估委员会审议，最终交由建设交通部公示，公示形成的价格形成了不动产的税基；征收则是在税基评估的基础上按照具体税制计算和缴纳税金。韩国国会对不动产税制和税基评估进行统一立法，高度中央集权。

评价鉴定士：由鉴定评价协会进行统一培训，负责标准地公示地价和标准住宅价格评估业务。鉴定评价机构接受建设交通部委托，按照属地化和业务熟悉程度分配每个鉴定评价士的工作量，工作时间至少为5年。

市、郡、区公务员：负责个别地公示地价和个别住宅价格的估算工作，通过实际调查住宅的特性确定每个住宅的公示价格。

9.5.3 住房融资机制

详细内容见《国外住房发展报告2017第5辑》第277~279页。

9.6 城市改造与住区规划

9.6.1 城市改造体系

2013年，韩国政府制定、发布《城市再生特别法》，以此为依据，开启了对老化城区改造的支援。在某种意义上看，《城市再生特别法》为韩国城市改造事业奠定了基础。

《城市再生特别法》可分为4个部分，分别为确定以居民和地方政府为核心的计划、中央和地方的组织结构、城市再生事业的支援、示范事业。

政府提出国家城市再生战略，居民、地方政府、地区专家一同协商确定该地区的城市再生计划。城市再生计划可分为两类：一是整顿及开发国家核心设施，扩充与此有内在联系的文化、医疗等城市服务，制定刺激城市经济的计划；二是以改善生活环境，扩充基础生活设施，创造工作岗位等为目的的"近邻"再生计划。

城市再生特别委员会负责推进城市再生工作，国务总理任委员长，在中央和地方分别设城市再生支援机构及城市再生支援中心。

国家及地方政府为城市再生工作提供必要的资金，也通过税收减免、制定相关标准、规定等方面给予支援。地方政府听取居民的意见后纳入城市再生计划中，城市再生特别委员会对此进行审议后通过相关部门的协助方可完成支援。

示范事业由国土部长官员直接指定或由地方政府申请后进行评选指定，一般情况下进行示范事业的地区是急需城市再生或会带来极大影响力的地区。示范事业地区，将优先享受预算、人力等方面的支援。

然而，经验的缺乏导致事业进展缓慢，居民参与度极低，事业计划迟迟没能出成效等一系列问题。面对这些问题，新政府在2017年年末发布"城市再生新对策"，试图转换城市改造工作的模式。

9.6.2 城市再生新对策

城市再生新政策以5年为单位，投资50万亿韩币改善500个地区居住环境的项目，项目期限为2018~2022年。城市再生新政策指定68个地区项目为示范项目，积极推进此项目将其打造成为典型案例，这也是决定城市再生新政策成功与否的重要因素。

城市再生新政策的项目可分为5大类，分别为经济基础型再生项目、中心城区型再生项目、一般近邻型再生项目、居住地支援型项目、社区再生项目。此次选拔的68个示范项目中经济基础型再生项目1个、中心城区型再生项目19个、一般近邻型再生项目16个、居住地支援型项目17个，其中经济基础型和中心城区再生项目将对经济产生更加积极的影响。

10 新加坡

GDP：2 969.66亿美元（2016年）
人均GDP：52 600.6美元（2016年）
国土面积：700km²
人　　口：561万人（2016年）
人口密度：7 797人/km²（2016年）
城市化率：100%（2016）

10.1 住房基本情况

10.1.1 住房类型数[①]与数量

新加坡政府官方统计：截至2016年住房总数为1 263.6千套。其中，由建设发展局（HDB）建设的住房为1 011.5千套，且以四房类型居多，其次为五房和三房（表2-10-1）。

不同住房类型的数量（单位：千套）　　表2-10-1

	2008	2009	2010	2011	2012	2013	2014	2015	2016
全部	1 093.1	1 119.6	1 145.9	1 146.2	1 152.0	1 174.5	1 200.0	1 225.3	1 263.6
全部HDB住房[①]	904.6	935.9	943.7	948.4	939.5	961.8	965.2	981.1	1 011.5
HDB1~2房[②]	43.0	49.7	52.3	52.2	54.0	59.1	64.0	68.8	74.1
HDB3房	223.2	226.5	229.7	233.3	214.5	223.2	220.1	223.4	230.3
HDB4房	349.7	358.8	365.4	367.5	375.4	382.4	386.0	392.3	407.4

① 家庭数中的居民家庭指的是由新加坡公民或永久居民主导的家庭。

续表

	2008	2009	2010	2011	2012	2013	2014	2015	2016
HDB5房、执行公寓	286.0	297.4	293.3	291.9	293.3	294.3	292.8	295.8	298.6
共管式公寓、私人组屋	122.7	117.8	132.0	126.9	139.9	143.7	161.8	170.8	182.4
有地产业	62.5	61.2	64.9	66.3	69.0	65.0	69.4	69.2	66.2
其他	3.4	4.6	5.3	4.6	3.6	4.0	3.6	4.2	3.5

注：①包括非私有住宅和城市发展住宅（HUDC）；②包括HDB1室公寓。

数据来源：新加坡2017年统计年报

2016年居民家庭的户数是1 263.6千万户。平均家庭人数为3.35，自2011年以来，平均家庭人数持续下降（表2-10-2、图2-10-1、图2-10-2）。

居民家庭户数（千户）和每户平均人口　　　　表2-10-2

	2007	2008	2009	2010	2011	2012	2013	2014	2015	2016
全部（千户）	1 074.8	1 093.1	1 119.6	1 145.9	1 146.2	1 152.0	1 174.5	1 200.0	1 225.3	1 263.6
1人户	116.4	109.7	115.7	139.9	114.0	109.5	124.4	134.8	146.0	156.2
2人户	204.6	214.3	219.4	215.0	227.9	230.9	234.1	252.2	259.2	276.1
3人户	223.3	227.2	234.3	231.4	237.1	238.3	243.7	251.5	256.2	266.2
4人户	262.9	268.2	271.3	263.9	279.6	281.1	290.9	280.1	282.2	286.2
5人户	166.1	163.7	164.5	168.0	169.7	170.5	165.5	162.9	164.0	161.2
6人户	101.4	110.2	114.4	127.8	117.9	121.8	116.0	118.4	117.6	117.6
每户平均人口（人）	3.48	3.50	3.49	3.50	3.51	3.53	3.47	3.43	3.39	3.35

数据来源：2017年新加坡统计年报

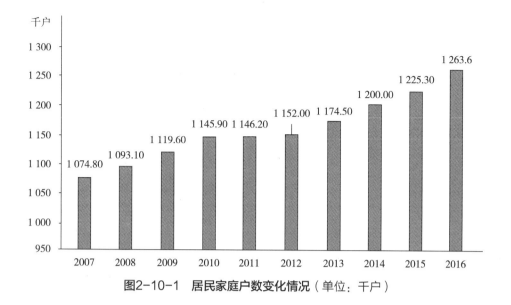

图2-10-1 居民家庭户数变化情况（单位：千户）

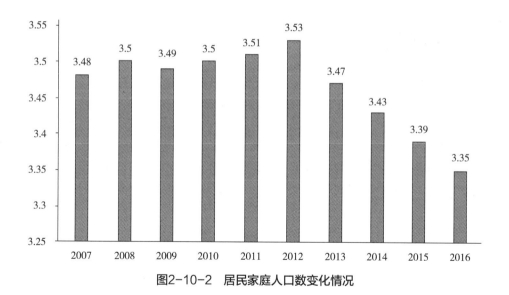

图2-10-2 居民家庭人口数变化情况

10.1.2 每套住房人口数

2016年,1~2室建屋发展局住户的平均每套居住人数为2.16,5室户和执行公寓的居住人数最高,为3.84人。共管式公寓和私人组屋平均每户3.30人(表2-10-3)。

不同住房类型每户人数(单位:人)① 表2-10-3

年份	全部	公共住房				私人住房	
		HDB1~2房	HDB3房	HDB4房	HDB5房 执行公寓	共管式公寓 私人组屋	有地产业
2005	3.56	2.04	2.80	3.76	4.00	3.52	4.54
2006	3.46	2.00	2.77	3.69	3.93	3.33	4.22
2007	3.48	2.01	2.76	3.65	3.93	3.44	4.22
2008	3.50	2.09	2.77	3.66	3.93	3.46	4.32
2009	3.49	2.12	2.77	3.66	3.93	3.45	4.28
2010	3.50	2.11	2.78	3.66	3.96	3.41	4.39
2011	3.51	2.24	2.77	3.65	3.99	3.43	4.38
2012	3.53	2.36	2.79	3.63	3.98	3.48	4.35
2013	3.47	2.38	2.74	3.58	3.94	3.42	4.33
2014	3.43	2.32	2.70	3.53	3.88	3.40	4.32
2015	3.39	2.24	2.69	3.49	3.89	3.34	4.30
2016	3.35	2.16	2.67	3.46	3.84	3.30	4.28

注:"全部"包括未列出的住宅,例如:非HDB组屋等。

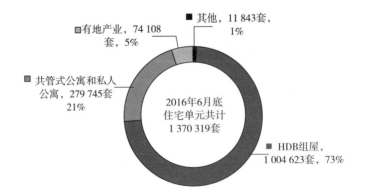

图2-10-3 2016年不同住宅类型数量及百分比②

① 2017年新加坡统计年报
② 2017年新加坡统计年报

10.1.3 不同住房类型中居住人口比重

表2-10-4为2000~2016年不同住房类型住户百分比。由建屋发展局所建设的住房,以4房住户为最多,占全部住房的31.7%~32.3%,其次为3房和5房,分布占到全部住房比例的20%~26.2%,1房、2房房型则占到全部住房的3.9%~4.6%。居住在HDB5房或更大组屋的住户的比率较2015年略微下降至23.6%。居住在HDB3房的住户由2001年的25%下降到2015年的18.2%,并在2016年稳定在18.2%。HDB4房仍然受欢迎,住户比率持续升至32.2%。

共管式公寓、私人组屋的住户自2000的6.3%提高到2016年的14.4%。

各种房屋居住人口占比(单位:%)　　　　表2-10-4

年份	HDB组屋					执行共管公寓和私人住宅	有地产业
	HDB合计	1房和2房	3房	4房	5房和执行公寓		
2005	84.4	4.3	20.7	32.5	26.6	9.7	5.4
2006	82.9	4.4	21.8	31.7	24.8	10.5	5.7
2007	83.1	4.2	20.6	32.1	26.1	10.9	5.4
2008	82.7	3.9	20.4	32	26.2	10.8	5.7
2009	83.5	4.4	20.2	32	26.6	10.4	5.5
2010	82.4	4.6	20	31.9	25.6	11.2	5.7
2011	82.6	4.6	20.4	32.1	25.5	11	5.8
2012	81.6	4.7	18.6	32.6	25.5	12.1	6.0
2013	81.9	5.0	19.0	32.6	25.1	12.2	5.5
2014	80.4	5.3	18.3	32.2	24.4	13.5	5.8
2015	80.1	5.6	18.2	32.0	24.1	13.9	5.6
2016	80.0	5.9	18.2	32.2	23.6	14.4	5.2

10.1.4 住房类型与自有率

2016年,新加坡住房自有率为90.9%,比2015年略微上涨(图2-10-4)。自2012年以来新加坡住房自有率总体稳定在90%~91%,且稳定中有所增加。从不同的住房类型来看,共管公寓和其他公寓及有地产业自有率的增长速度较快,HDB组屋自有率的增长速度则较为缓慢。得益于其庞大的体量和良好的政策引导,HDB组屋依然是维持新加坡高住房自有率的中流砥柱。除开1房和2房,其他类型组屋的自有率近几年都不断上涨,接近甚至超过95%(表2-10-5)。

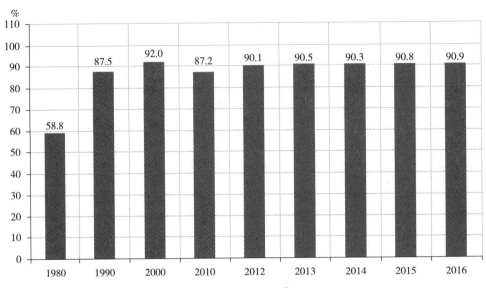

图2-10-4　家庭住房自有率①（单位：%）

按住房类型的住房自有率（单位：%）　　　　　表2-10-5

	2007	2008	2009	2010	2011	2012	2013	2014	2015	2016
总计	90.0	90.1	88.8	87.2	88.6	90.1	90.5	90.3	90.8	90.9
HDB组屋②	91.9	91.7	90.4	88.8	90.1	91.7	91.8	91.6	92.0	92.2
1房和2房③	20.6	19.4	17.7	18.4	22.3	23.1	22.3	23.9	33.9	35.9
3房	92.9	92.4	91.2	90.0	94.1	93.3	94.1	94.4	94.8	94.2
4房	96.4	95.9	95.3	93.6	97.0	96.6	97.0	96.8	96.8	97.5
5房和执行公寓	96.8	97.0	96.1	94.4	97.2	97.0	97.2	97.4	97.2	97.4
共管公寓和其他公寓	77.1	79.6	77.2	76.6	79.0	82.5	82.5	83.3	84.1	84.2
有地产业	88.9	89.3	90.2	88.7	88.7	91.2	91.2	90.9	92	92.8

数据来源：http://www.tablebuilder.singstat.gov.sg/publicfacing/createDataTable.action?refId=12309

① https://www.singstat.gov.sg/statistics/visualising-data/charts/home-ownership-rate-of-resident-households
② 包括非私有化住房和城市发展建设开发公司（HUDC）住宅。
③ 包括HDB1房公寓。

10.1.5 住房存量

表2-10-6为新加坡2007~2016年间私人住房现有数量和空置率情况,其中可看出,房屋的数量呈逐年稳健上升趋势,空置率也呈现逐年上升的趋势。值得注意的是,私人住房空置率在2016年第二季度末达到8.9%——继2009年以来私人住宅空置率的峰值。这同时也是过去16年以来的第二高峰,距离2000年第二季度的9.1%,只相差0.2个百分点。

私人住宅现有数量和空置率（2007~2016年）（单位：套） 表2-10-6

产业类型	年份	2007	2008	2009	2010	2011	2012	2013	2014	2015	2016
所有	现有	234 812	241 204	249 489	258 243	268 768	277 620	289 370	308 814	327 448	348 080
	空置	13 134	14 623	12 388	12 883	15 980	14 869	18 003	24 062	26 517	29 197
	空置率(%)	5.59	6.06	4.97	4.99	5.95	5.36	6.22	7.79	8.09	8.39
独立式住宅	现有	9 830	9 975	10 269	10 350	10 504	10 567	10 638	10 675	10 738	
	空置	502	488	495	450	388	349	371	395	398	
半独立式住宅	现有	20 796	20 930	21 128	21 185	21 291	21 370	21 538	21 733	21 914	
	空置	929	680	637	604	654	727	736	704	800	
排屋	现有	37 834	37 856	38 101	38 208	38 350	38 451	38 873	39 132	39 340	
	空置	1 710	1 240	1 343	1 240	1 352	1 209	1 332	1 307	1 355	
公寓	现有	59 242	60 593	64 513	66 638	70 057	71 256	73 950	80 263	84 997	
	空置	4 111	5 570	4 569	4 052	5 223	4 913	5 561	8 771	8 163	
共管公寓单位	现有	107 110	111 850	115 478	121 862	128 566	135 976	144 371	157 011	170 459	
	空置	5 882	6 645	5 344	6 537	8 363	7 671	10 003	12 885	15 801	

数据来源：http://www.singstat.gov.sg/publications/publications-and-papers/reference/yoscontentsStatistical Yearbook of Statistics Singapore Content Page，Construction and Real Estate

从2016年全年来看,第一季度末由于私人住宅供应量的减少（2 855套相比上一个季度的5 299套）和私人住宅使用量的稳定（4 453套相比上一季度的3 951套）,私人住宅空置率环比下降0.4%至7.5%。第二季度则因为私人住宅供应量的迅猛增加（8 425套）和使用量的缩水（3 034套）,私人住宅空置率环比上扬1.4%至8.9%。此后的两个季度,得益于私人住宅供应量的降低（4 919套和4 433套）和使用量的小幅增长（5 393套和5 072套）,私人住宅空置率略微下降,在两个季度末起分别降低至8.7%和8.4%。截至2016年底,大约有

29 197套私人住房空置，空置率为8.39%（图2-10-5）。

从市区重建局发布的不同地区私人住宅空置率可以看出，中央区的私人住宅空置率高于其他区域。其中，中央核心区的私人住房空置率最高（表2-10-7）。

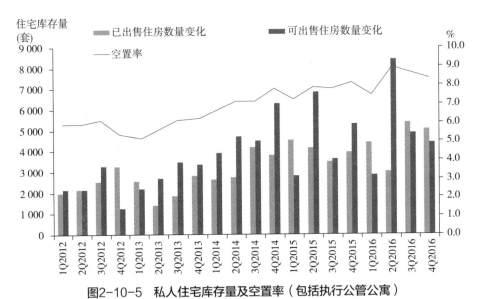

图2-10-5 私人住宅库存量及空置率（包括执行公管公寓）

来源：https://www.ura.gov.sg/Corporate/Media-Room/Media-Releases/pr17-06

不同地区私人住宅空置率（包括执行共管公寓）[①]　　　表2-10-7

季度	中央核心区	核心区外其他中央区	中央区外其他地区
1Q/2014	9.5%	6.1%	5.4%
2Q/2014	10.4%	6.9%	5.6%
3Q/2014	10.0%	6.5%	6.1%
4Q/2014	11.9%	6.8%	6.3%
1Q/2015	11.8%	6.0%	5.5%
2Q/2015	11.1%	5.7%	7.6%
3Q/2015	10.0%	6.0%	7.8%
4Q/2015	10.0%	6.0%	8.4%
1Q/2016	9.6%	6.6%	7.1%

① 注：CCR= Core Central Region；中央核心区，包含9、10、11区、上城中央规划区和圣淘沙。RCR=Rest of Central Region；核心区外其他中央区。OCR=Outside of Central Region；中央区外其他地区。

续表

季度	中央核心区	核心区外其他中央区	中央区外其他地区
2Q/2016	9.6%	7.2%	9.6%
3Q/2016	9.6%	8.6%	8.3%
4Q/2016	9.6%	9.6%	7.1%

数据来源：https://www.ura.gov.sg/-/media/User%20Defined/URA%20Online/media-room/2017/pr17-06e4.pdf

执行公寓现有数量和空置率（2007~2016年）（单位：套）　　表2-10-8

	2008	2009	2010	2011	2012	2013	2014	2015	2016
现有	10 430	10 430	10 430	10 430	10 430	11 683	15 040	18 336	23 821
空置	//	59	52	83	42	1 107	1 734	1 540	3 364

数据来源：http://www.tablebuilder.singstat.gov.sg/publicfacing/createDataTable.action?refId=15168

表2-10-9显示了1970~2016年的人口增长率和住房存量。1970~2000年，住房数量每10年增加约50%，超过了人口的增长。特别是，为了建造高层公寓，低密度的临街店铺、棚户区和村庄被政府收购和拆除，因此组屋逐渐取代了私人住宅。住房拥有率在10年内翻了一番，从1970年的29%到1980年的59%，到1990年的时候达到了88%。自2000年到2010年，房屋建设的速度急剧放缓，低于26%的人口增长率。

住房库存量、住房供应量和住房自有率（单位：套，%）[①]　　表2-10-9

年份	人口（千人）	住房总量	HDB住房	私人住房	每套住房人数	HDB住房每套居住人数（%）	住房自有率（%）
1970	2 075	305 833	120 138	185 695	6.8	39	29.40
1980	2 414	467 142	337 198	129 944	5.2	72	58.80
1990	3 047	690 561	574 443	116 118	4.4	83	87.50
2000	4 017	1 039 677	846 649	193 028	3.9	81	92.00
2010	5 076	1 156 732	898 532	258 200	4.4	78	87.20
2015	5 535	1 296 304	968 856	327 448	4.3	75	90.30
2016	5 607	1 370 319	992 472	348 080			30.90

① 数据来源：2017年新加坡统计年报、2015/2016建屋发展局数据年报

住房现有数量（2008~2016年）（单位：套）[①]　　表2-10-10

	2008	2009	2010	2011	2012	2013	2014	2015	2016
私人住宅	241 204	249 489	258 243	268 768	277 620	289 370	308 814	327 448	348 080
HDB住房	884 920	888 143	898 532	914 102	922 493	933 278	959 960	984 908	1 004 623
执行公管公寓	10 430	10 430	10 430	10 430	10 430	11 683	15 040	18 336	23 821
总和	1 136 554	1 148 062	1 167 205	1 193 300	1 210 543	1 234 331	1 283 814	1 330 692	1 376 524

10.2 住房建设

10.2.1 建设量

2016年，私人住宅的竣工数量达到20 803套，比2015年增加1 832套。而私人住宅开工建设量数量下降至6 918套，比2015年减少1 164套。

此前，市区重建局统计得出，2015年未竣工的私人住宅的数量有所下降：在2014年为7 693套，2013年为15 885套，2012年为21 478套，但2015年下降到7 056套。而且，这个下降的势头在2016年的第一季度仍在持续：私人住宅推出量仅为953套，大约下降了20%。同时，2016年第一季度的私人住宅在建数量为46 815套，与2015年相比也下降了20.8%。

据市区重建局统计，在2016年第一季度新加坡共有330 303套公寓，与2015年相比上升了6%。其中的305 384套已有人居住，而空置的24 919套，正好弥补了7.5%的空置率（大于去年的7.2%）。而2016年第二季度，由于私人住宅供应量的迅速增长，空置率急剧反弹至历史新高（8.9%）。此后的两个季度，空置率仍然高居不下。或许是为了降低私人住宅空置率，2016年第四季度私人住宅开工建设数量急剧缩水，仅为98套，环比下降97%，比2015年同期下降90%。

此外，私人住宅开发计划与2015年相比也下降了26.4%，为6 697个。然而，2016年政府却宣布将建造18 000所新公寓。据市区重建局预测，未来5年将会有50 215套私人住宅（包括执行共管公寓）建设完工（图2-10-6~图2-10-8、表2-10-11~表2-10-13）。

[①] 数据来源：http://www.singstat.gov.sg/publications/publications-and-papers/reference/yoscontentsStatistical Yearbook of Statistics Singapore Content Page，Construction and Real Estate

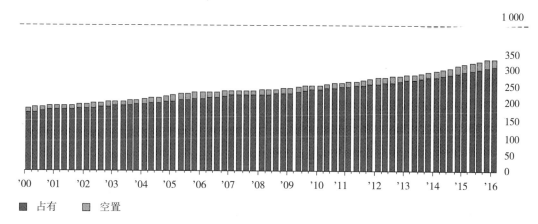

图2-10-6　私人住宅供应量

数据来源：Urban Redevelopment Authority

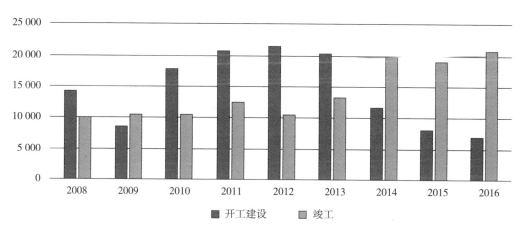

图2-10-7　私人住宅开工、完建量（2007~2016年）（单位：套）

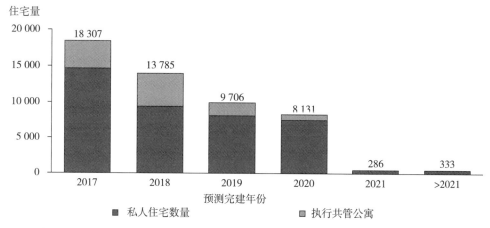

图2-10-8　2016年末预测的私人住宅和执行共管公寓的完工数量（单位：套）

注：2016年共有20 803套私人住宅及5 485套执行共管公寓完建。

图片来源：https://www.ura.gov.sg/Corporate/Media-Room/Media-Releases/pr17-06

私人住宅批准、完建量（2007~2016年）（单位：套）① 表2-10-11

	2008	2009	2010	2011	2012	2013	2014	2015	2016
暂定许可	20 143	5 166	14 939	25 201	23 642	13 897	5 668	6 262	6 532
书面许可	18 998	9 807	14 502	20 551	18 441	18 034	8 454	5 438	7 452
建设规划批准	13 350	10 506	16 892	21 100	19 702	19 593	9 275	7 073	7 132
开工建设	14 239	8 603	17 864	20 736	21 395	20 357	11 571	8 082	6 918
竣工	10 122	10 488	10 399	12 469	10 329	13 150	19 941	18 971	20 803

私人住宅批准、竣工量（2015~2016年）（单位：套）② 表2-10-12

	2015年第一季度	2015年第二季度	2015年第三季度	2015年第四季度	2016年第一季度	2016年第二季度	2016年第三季度	2016年第四季度
暂定许可	2 475	78	1 308	2 401	1 381	2 306	1 421	1 424
书面许可	1 184	2 159	1 305	790	1 698	980	3 062	1 712
建设规划批准	3 797	1 448	989	839	1 223	1 165	2 722	2 022
开工建设	2 786	2 570	1 717	1 009	1 195	2 870	2 755	98
竣工	2 976	6 969	3 644	5 382	2 919	8 466	4 970	4 448

住房与发展部建设和售出的住宅 表2-10-13

	2005	2006	2007	2008	2009	2010	2011	2012	2013	2014	2015	2016
组屋建设量（套）	5 673	2 733	5 063	3 154	6 495	10 161	17 813	19 005	12 744	27 120	26 108	26 025
组屋售出量（套）	10 101	6 940	9 071	8 537	4 419	6 697	15 008	13 098	12 594	25 183	23 445	21 851

数据来源：http://www.tablebuilder.singstat.gov.sg/publicfacing/createDataTable.action?refId=14606 建屋发展局2015/2016数据公报

① https：//www.singstat.gov.sg/statistics/browse-by-theme/building-tables
② https：//www.singstat.gov.sg/statistics/browse-by-theme/building-tables

10.2.2 居住面积

1）套均建筑面积[①]

至1997年3月底，HDB4房、HDB5房、执行级组屋的建筑面积最大分别为98、125、150m²。其后建筑面积逐渐减小，2015年分别为96、118、145m²。HDB3房的建筑面积由1970年的55m²提高到2015年的68m²。HDB1房、HDB2房面积维持不变，分别为30、45m²。

根据建屋发展局2015/2016年报的户型计划（Floor Plan），2房组屋的面积为45.3m²，3房组屋的面积为65.4m²，4房组屋的面积为90.3m²，5房组屋的面积为110.2m²。同时，HDB推出新的三代同堂组屋（3Gen）的面积为115.3 m²（表2-10-14、图2-10-9）。

公共住房平均面积　　　　　　　　　　　表2-10-14

组屋户型		1房	2房	3房	4房	5房	执行级	乐龄公寓	HUDC	总和
至2005年3月底	单元数	20 141	29 351	227 113	327 701	207 299	65 160	936	1 865	879 566
	百分数（%）	2.29	3.34	25.82	37.26	23.57	7.41	0.11	0.21	100.00
	平均面积（m²）	30	45	68	97	119	146	40	160	95.13
至2010年3月底	单元数	21 217	30 210	220 770	340 069	209 765	65 077	1 239	1 865	890 212
	百分数（%）	2.38	3.39	24.80	38.20	23.56	7.31	0.14	0.21	100.00
	平均面积（m²）	30	45	68	96	118	146	40	160	94.65
至2013年3月底	单元数	25 384	34 716	222 704	357 940	214 798	65 078	2 932	1 177	924 729
	百分数（%）	2.75	3.75	24.08	38.71	23.23	7.04	0.32	0.13	100
	平均面积（m²）	30	45	68	96	118	145	40	160	93.99

[①] 在新加坡，由市区重建局在2014年3月定义的建筑面积为：

建筑物的总面积，除去空置部分和商业用途外，是指建筑容积率控制部分和开发费用部分面积的总和。总建筑面积是指由墙中轴线之间，包括外墙，但不包括空隙，测得的面积。可用性和易用性不作为建筑面积的评测标准。

对于一些使用案审理方式的开发协议中的特殊设计，市建局持有决定总建筑面积的权利。

自2014年1月起，私人封闭的空间（PES）和私人屋顶露台（PRT）都算作奖金的一部分，上限为总体规划面积的10%，其中还包括阳台。

续表

组屋户型		1房	2房	3房	4房	5房	执行级	乐龄公寓	HUDC	总和
至2014年3月底	单元数	25 564	36 131	224 272	366 511	217 553	65 075	4 588	1 177	940 871
	百分数（%）	2.72	3.84	23.84	38.95	23.12	6.92	0.49	0.13	100.00
	平均面积（m²）	31	45.26	68.03	96.31	118.47	144.71	40	155.61	94.11
至2015年3月底	单元数	25 798	37 900	228 646	379 953	224 402	65 079	7 078	0	968 856
	百分数（%）	2.66	3.91	23.60	39.22	23.16	6.72	0.73	0.00	100.00
	平均面积（m²）	31	45.26	68.03	96.31	118.47	144.71	40	155.61	93.87
至2016年3月底	单元数	26 840	39 894	232 144	390 901	229 829	65 082	7 782	0	992 472
	百分数（%）	2.70	4.02	23.39	39.39	23.16	6.56	0.78	0.00	100.00
	平均面积（m²）	—	—	—	—	—	—	—	—	—

数据来源：http://www.teoalida.com/singapore/hdbstatistics/HDB Statistics.xls 建屋发展局2015/2016数据年报

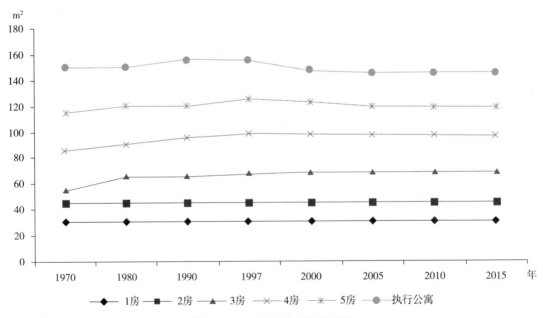

图2-10-9　公共住房平均面积

2) 居住标准（最低面积标准）

HDB制定了最小房间尺寸标准，保证房间的舒适性和功能。表2-10-15为每层住宅不同房间的建议尺寸标准。

组屋最小房间尺寸标准（1985年）（单位：m^2）   表2-10-15

4室单元组合	5室改善型单元	执行共管组屋单元	类型
28~33	18~23	22~30，13~16	客厅/餐厅
14.4~16	15.5~17	16~38	主卧室
13~14	13~14	13~14.5	卧室1
12~13	12~13	12.5~14	卧室2
—	11~12	11~12	书房
14~16	14~16	13~16	厨房
—	5.5~6.5	7~8.5	阳台
3.2~3.7	3.2~3.7	3.7~4.5	浴室/卫生间1（主卧室）
2.7~3.2	3.2~3.7	3.7~4.5	浴室/卫生间2（普通）
—	—	1.4~2.0	卫生间3（共管组屋）
1.8~2.2	1.8~2.2	1.8~2.2	仓库
97~99	112~114	—	共计
105±0.5	123±0.5	145±1.0	与标准房屋面积偏差

10.3　住房发展管理体制

新加坡住房相关管理机构有国家发展部（Ministry of National Development，MND）、市区重建局（Urban Renewal Authority, URA）、建设局（Building and construction Authority, BCA）、建屋发展局（Housing Development Board, HDB）、中央公积金局（Central Provident Fund Board, CPF）、金融管理局（Monetary Authority of Singapore）等。各机构职能、权限与关系如表2-10-16、图2-10-10所示。

房地产开发法定机构的职能、权限、关系　　　　表2-10-16

机构	职能	主要权限
国家发展部	规划和指导土地利用、基础设施建设的相关政策制定和实施和保护自然环境	制订国家政策；城市建设与维护；资质管理；环境监管
市区重建局	城市规划与土地利用；保护建筑遗产；出售政府土地	制定概念图与总体规划图，为新加坡的土地资源的使用进行战略性规划等
建设局	建筑设计、建造维修监管；发放建筑商执照；游乐设施安全监管	审批建筑与结构图；定期检查现有建筑结构，以及负责对挖掘工程、违例建筑工程、民防避难所、建筑的外观和户外广告招牌的规管
建屋发展局	城镇规划；建造组屋；负责住房的修缮、组屋区翻新；配合制定和实施住房政策等	建造、销售和管理组屋；提供HDB贷款
中央公积金局	管理公积金	
新加坡金融管理局	行使中央银行与金融监管职能	向建屋发展局提供政府贷款

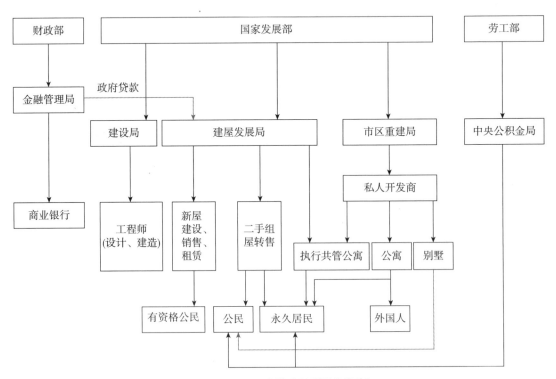

图2-10-10　房地产管理体制框架

10.4 住房政策与立法

19世纪40、50年代,新加坡面临着严重的住屋短缺的问题,接近1/3的人口居住在非法木屋和贫民窟中。对此,英国房屋委员会曾抨击:"新加坡有'一个世界上最糟糕的贫民窟,是文明社会的耻辱'"。住房短缺导致了严重的社会不稳定,新加坡建国之初,总理李光耀便提出了"居者有其屋"的治国纲领。从口号诞生到今天,快一个甲子的时间,新加坡的住房环境发生了质的飞跃。这得益于新加坡行之有效的住房保障政策,组屋政策正是当中的中流砥柱。

新加坡住房政策的经历了一系列的发展(图2-10-11)。1960年,新加坡政府颁布了《住房与发展法令》并成立建屋发展局,连续制定多个"公共住房建设五年计划"。第一个五年计划(1961-1965年)以满足中低收入者租赁为主要目标,大规模兴建小户型的公租房,以低价租给中低收入群体。该时期,新加坡建设了5.5万套公租房,解决了25万人的住房问题[1]。第二个五年计划(1966-1970年)期间,新加坡住房政策转向鼓励自有住房。建屋发展局向买主提供低息贷款,还款期为15年。由于全款20%的首付款难以凑齐,该计划推行之初并不顺利,直到1968年《中央公积金修改法令》出台。修订后的中央公积金法令允许使用公积金缴纳首付款和住房贷款。该时期,新加坡建设了6.7万套住房,解决了30万人的住房问题[2]。此后的10年,组屋政策开始逐渐覆盖中等收入者。1971年政府允许转售组屋获得资产

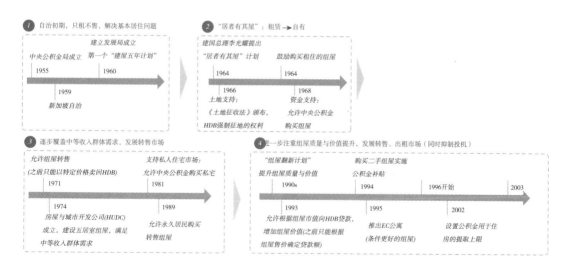

图2-10-11 组屋政策发展历程
资料来源:HDB,Singapore Management University,广发证券发展研究中心

---

[1] 徐国冲《"组屋"的政治学密码》,中国行政管理,2017(3):145-150。
[2] 徐国冲《"组屋"的政治学密码》,中国行政管理,2017(3):145-150。

升值变现,在条件放宽之前,只能以特定价格回售给建屋发展局。1974年政府成立了住房与城市开发公司,建造低成本的大户型住房,房屋的质量也得以提升。此后,新加坡政府又开放了永久居民购买转售组屋的权利,公共住房市场趋于成熟。1990年以后,随着全球化的发展和可持续发展的需求,新加坡政府开始支持私人住宅市场的发展,组屋供给上更加多元化,进一步注重组屋质量与价值的提升。1995年,建屋发展局(HDB)首次以公开招标的形式将私人开发商引入公共住房市场,为公共住房设计和建造注入多样化的元素。通过转售市场和出租市场的形成,组屋不仅解决了居住问题,更成为资产退出、积累储蓄的方式。

10.4.1 住房保障政策

1)促进公共房屋的土地储备政策

1966年,新加坡还颁布了影响深远的《土地征用法》(Land Acquisition Act),授权建屋发展局(HDB)强制征地的权利,允许其以远低于私人购地的价格获取土地。政府以廉价成本获取大量土地,降低了组屋建造成本,为"居者有其屋"初期的成功实施奠定了坚实的基础。而后《土地征用法》经过多次修订(图2-10-12),逐步收回了建屋发展局(HDB)在征用土地上的特殊权利,压缩了政府在征用土地上的成本优势。到了2007年,新加坡政府修订《土地征用法》,规定政府必须以现行市值对所收回的土地作出赔偿。总体而言,《土地征用法》(Land Acquisition Act)是新加坡政府用以建立土地储备的有效工具,令其拥有的土地总面积由1960年的大约40%的新加坡国土总面积增至现时的87%。新加坡土地出让收益纳入国家储备金,由议会而非政府决定使用范围——土地收益和政府预算脱钩,有效抵制了政

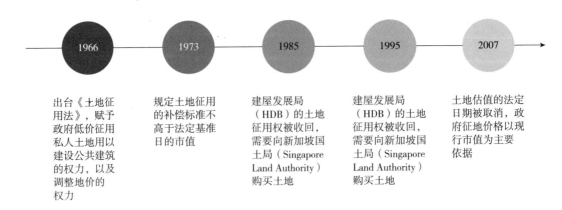

图2-10-12 新加坡土地征用制度的修订历程

府高价卖地的冲动，避免了地方政府对土地的依赖，防止了地方政府的财政风险[①]。

此外，政府采取多项措施以善用土地。该等措施包括：①兴建多层及高密度的房屋，②把未尽其用的土地改划作其他更具效益的用途，③重建破旧的地区。例如，新加坡政府在1995年推出的选择性整体重建计划（Selective EnBloc Redevelopment Scheme），务求更充分善用土地。在该计划下，获挑选的建屋局已售单位所在的旧大厦会被拆卸，而所腾出的空置土地会重新发展，发展密度会远远超过以前的发展密度。

2）组屋销售制度

组屋的销售方式主要分为3种，分别是预购模式（Build-to-Order, BTO）、剩余组屋销售（Sale of Balance Flats, SBF）和剩余组屋再销售（Re-Offer of Balance Flats, ROF）。预购模式是（BTO）"先预定后建设"的模式，而后两种模式针对已经建成或者正在建设中的组屋。剩余组屋再销售（ROF）是集中前次SBF未出售的房源再次销售的模式。三种模式购买流程对比如图2-10-13所示。

目前，组屋销售仍以预购组屋模式为主导（BTO）。该模式下，建屋局会邀请市民提出申请，预购在拟发展的土地上兴建的组屋。有兴趣的买家可在申请期内，申请预购有关土地上的组屋。申请期届满后会进行计算机抽签，以拟定谁人符合资格预购组屋的购买人。建屋局会评估需求，以决定是否兴建组屋。若大部分组屋已获预购，兴建新组屋的招标工作便会展开。其后，买家须在签订租赁协议时支付首期。当组屋的建造工程完成，买家将可在缴付楼

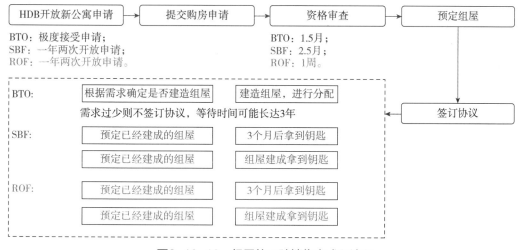

图2-10-13　组屋的三种销售方式和流程

[①] 黄程栋，朱丽，刘端怡. 新加坡住房体系建设的经验[J]. 上海房地，2017（4）：46-51.

价余额后拥有自己的组屋。

根据组屋预购制度，建屋局可按实际需求调整建屋计划。一方面，建屋局作为新加坡最大的土地拥有人，可透过推行更多组屋预购项目，增加房屋供应量，以应付上升的房屋需求。另一方面，当房屋需求放缓，建屋局可将发展项目的规模缩减，以免发生未售出组屋囤积的现象。组屋预购制度亦有另一好处，就是让买家可确定组屋的地点和单位类型，令他们获得更大保障。

3）组屋的申购权限

作为保障性住房，组屋的申购也受到了一系列的限制。

首先组屋的申购优先考虑家庭，而针对不同的人群，新加坡政府也推出了不同的计划，包括公共计划（Public Scheme）、未婚夫妻计划（Fiance/Fiancee Scheme）、单身公民计划（Single Singapore Citizens）、非居民配偶计划（Singapore Citizen + 非居民配偶）、非居民家庭计划（Singapore Citizen+ 非居民父母／子女）和孤儿计划（Orphans Scheme）。新加坡政府规定，新的组屋，即预购组屋项目（BTO）只开放给新加坡公民（Singpore Citizens, SC）购买，申购家庭的主申请人必须是新加坡公民，且年龄不小于21岁。针对个人申请者的单身公民计划规定，申请者的年龄必须达到35岁且是第一次申请。新加坡公民一生可以购买两次组屋，购买新的组屋满5之后才可以转售，年老时也可以大房换小房，增值部分可以补充个人公积金。拥有永久居住证的外国人（Perminant Resident, PR）则只能购买在公开市场上转售的二手组屋，且夫妻二人的永久居住证都满3年。没有永久居住证的外国人则只能购买私人公寓或产业。

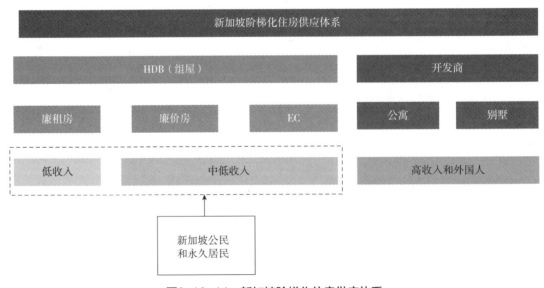

图2-10-14 新加坡阶梯化住房供应体系

资料来源：新加坡统计局，兴业证券研究所

其次，新加坡政府对申请组屋家庭的家庭收入也进行了规定。当家庭月收入超过8000新加坡币，则不具备购买组屋的资格。如果是几代同堂的家庭，则家庭收入不得超过12000新加坡币。而已经拥有私人产业的公民也不具备申请新组屋的资格。

最后，作为一个多民族和受移民青睐的国家，为了促进各民族的交往和融合，新加坡政府于1989年通过了"种族融合政策"的种族合居计划①。该计划规定了每个组屋区内的种族比例——华族比例不得超过84%，马来族比例不超过22%，印度和欧亚及其他种族的比例不得超过12%——并按比例抽签分配组屋。

4）住房津贴和财政支持

新加坡政府推出了多项财政资助计划，协助准置业人士、低收入住户及现有组屋业主。包括准许市民使用中央公积金（下称"公积金"）购置居所、建屋局房屋贷款及中央公积金购屋津贴。新经加坡政府亦向首次置业的低收入住户提供额外中央公积金购屋津贴及特别中央公积金购屋津贴。此外，新加坡政府制订了多项经济援助措施，协助面对经济困难的现有组屋业主偿还建屋局的贷款。

5）组屋的产权及退出机制

新加坡居民取得组屋的产权从一开始就是受到限制的。新组屋的地契有99年的权限，到期后土地由国家回收，房子则返还给建屋发展局。居民相当于拥有一定年限的使用权。组屋的转卖受到了严格的限制。为了避免投机行为，屋组居住在组屋至少达5年，缴纳10%~15%的附加费后，可在市场公开转售组屋。如果不满5年时卖掉组屋，政府规定屋主必须获得政府建屋发展局同意，或支付高昂的政府税费。

同时，组屋居住5年之内不可出租，5年之后出租也受到了严格限制。组屋的出租需要建屋发展局的批准。为了避免市场投机行为，1房和2房不允许出租，其他房型整套出租只能获批1年，此后必须要提出合理的出租申请理由。为了保障住户的权利，新加坡政府还规定短租房屋出租期最短要达到6个月。此外，二房东被严格禁止。

6）不同类型的公共房屋计划

针对不同人群的需求，新加坡政府推出了多种公共租住房屋计划，包括廉租房、育儿短期住屋计划、自置居所计划、执行共管公寓、设计/兴建和销售计划及小型公寓计划等。廉租房，租金极低，解决最低收入家庭的居住需求。根据建屋发展局（HDB）年报显示，2016年在管组屋中，5.6%是租赁，整体占比较低。目前廉租房只有1房和2房两种户型。新加坡约有77%的家庭住在廉价房里，即购买组屋解决居住需求。组屋大小从2房到5房不等，还有多代同居的3Gen（三代人同居）类型和设施更加完善的EC（执行共管公寓），满足不同家庭的需

---

① 徐国冲."组屋"的政治学密码——来自新加坡住房政策的启示[J]. 中国行政管理，2017（3）.

要，在组屋内部实现阶梯供给。

新加坡与许多已发展国家一样，正面对人口急速老化的问题。在1998年推出的小型公寓计划为55岁及以上人士提供另一住屋选择。小型公寓的面积分为两种：$35m^2$ 及 $45m^2$。此类单位专为独立生活的长者而设，契约期较短（只有30年）及附有适合长者居住的设施。近年来，新加坡政府利用各项房屋计划，令长者在退休后获得一笔现金及／或稳定的收入。该等计划包括协助年长业主迁往面积较小的单位，以及提供逆按揭，让"资产充裕但缺乏现金"的长者将物业资产套现。援助包括：原地养老优先计划、乐龄安居花红、屋契回购计划、小型公寓优先计划、二房式灵活计划等。

7）组屋的组织和管理模式

组屋不仅仅是新加坡人的栖身之所，也是实现社会建设的枢纽。大部分组屋的规划符合传统的"邻里、邻区、新镇"的模式，另外一部分则构成了的"街坊、新镇"的新模式。一个典型的新镇由5~7个邻区组成，每个邻区包括至少6个邻里，每个邻里又包含4~8座组屋[①]。

建屋发展局分局和市镇理事会负责对组屋进行管理，组屋区的居民委员会则是居民参与管理的重要途径。建屋发展局分局协助居民处理屋内设施相关事宜，如漏水维修。市镇理事会则负责维护和管理公共区域的物业，如电梯维护。居民委员会则负责集中民意讨论组屋区的公共事务并作出决定，如决定组屋外墙的粉刷颜色等。同时，其他的专业小组也为组屋的管理提供了支持，入社区调解中心负责调解邻里纠纷。此外，在社区的安全管理上，从"邻里守望计划"到"民众脚踏车巡逻队"，居民的广泛参与和邻里合作的机制提供了强有力的保障。

10.4.2　住房立法[②]

内容详见《国外住房发展报告2017第5辑》第297~298页。

10.5　住房金融与税制

10.5.1　金融体系

新加坡的住房金融体系由政策性金融机构、邮政储蓄银行和私人商业银行等多种机构组成。其中，商业性住房金融占比很小，政策性金融机构对住房建设和消费的支持占绝对主导优势，占比高达85%。

新加坡的政策性金融体系由两大核心机构组成：中央公积金局和建屋发展局。中央公积

---

① 徐国冲."组屋"的政治学密码——来自新加坡住房政策的启示[J]. 中国行政管理，2017（3）.

② http://statutes.agc.gov.sg/aol/browse/browse.w3p;resUrl=http%3A%2F%2Fstatutes.agc.gov.sg%2Faol%2Fbrowse%2FyearResults.w3p%3BpNum%3D1%3Btype%3DactsSup%3Byear%3D1999

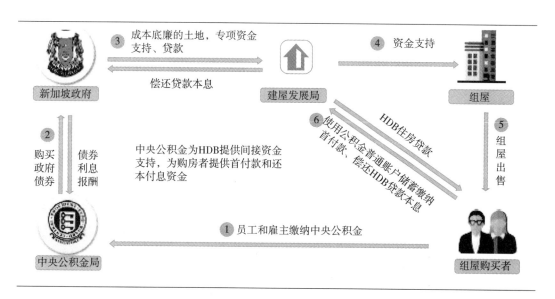

图2-10-15 新加坡中央公积金制度流程图

数据来源：新加坡中央公积金局，广发证券发展研究中心

金局成立于1955年，负责公积金的归集、管理和运营工作。其中大约20%的住房公积金用作百姓提取储备，另外约80%的公积金用于住房开发和消费。建屋发展局的职能不仅仅是为购房人融通资金，还肩负着新加坡组屋的建设、分配和管理的重任。该机构不是严格意义上的金融机构。建屋发展局的资金主要来源于中央政府，中央政府的这些资金则是出自中央公积金局。中央公积金局通过购买中央政府债券而将公积金归集款转给中央政府。这些归集款再以建房贷款、购房贷款和津贴的形式进入建屋发展局的账户，其中的购房贷款以优惠组屋抵押贷款的方式发放给符合条件的购房者（图2-10-15）。

商业银行主要通过储蓄、发行银行债券融资。

10.5.2 税制

内容详见《国外住房报告2017第5辑》第299页。

10.5.3 住房融资保障模式

内容详见《国外住房报告2017第5辑》第299~301页。

10.6 新加坡住房可持续发展

10.6.1 应对气候变化——绿色建筑

在2016年发布的《气候行动方案》中，新加坡承诺：2030年，新加坡碳排放强度将在2005年的基础上减少36%，且排放总量将被控制在稳定水平（图2-10-16）。排放量占比约为15%的建筑行业，在其中承担了重要角色。

1) 建设局绿色标志建筑标志认证计划 (BCA Green Mark Scheme)

为了提高建筑行业能源和碳效率，保障建筑行业绿色科技的健康发展，新加坡将持续推动以建设局绿色建筑标志认证计划为核心的战略措施，并以此来引领新加坡建筑行业在绿色建筑领域的全球领军地位。

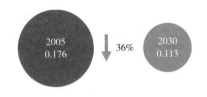

（排放强度（单位：千克二氧化碳排放量）/GDP（单位：新加坡元）

图2-10-16　新加坡2030年减排目标
来源：《2016年新加坡气候行动方案》

诞生于2005年的绿色建筑标志认证计划是一套由国家可持续发展部长级委员会提出的，由新加坡建设局（BCA）主导的，针对热带和亚热带地区建筑项目的评价体系。其评价范围涉及建筑的设计、建造和运营等多个环节，涵盖建筑的绿化程度、建筑材料、室内环境、碳排放量、水资源利用效率和能耗效率等多个方面，以评估建筑物对环境的负面影响并奖励其可持续发展性能。区别于其他绿色建筑评价体系，绿色建筑标志认证计划着眼新加坡生态实际，为热带和亚热带气候量身定制，强调建筑物的能源效率，并针对空调制冷系统制定了高检验标准。

绿色建筑标志认证计划自推出以来不断被修改完善。多元化的建筑种类和空间、被动式设计、对可持续建筑材料的使用以及对性能化设计和系统的开发被逐渐囊括其中。建筑用户的需求和健康也越来越多地受到关注。2015年，新加坡建设局再次修订了绿色建筑标志认证计划的评价标准，强化了关于建筑能源利用效率和可再生能源使用方面的评价指标。未来版本的绿色建筑标志认证计划将会继续注重整体建筑的能源消耗，同时更加重视内部环境质量和健康、生命周期与环境影响以及居住者的消耗和行为。

截至2016年，新加坡获得BCA绿色认证的建筑项目从最初的17个增加到2700个，覆盖超过31%的新加坡建筑。至2030年，新加坡计划推动80%的新加坡建筑完成BCA绿色认证（表2-10-17、图2-10-17、表2-10-18）。

建设局绿色建筑标志认证计划体系　　　　表2-10-17

建设局绿色建筑标志认证计划体系			
新建筑	老建筑	外围建筑	建筑室内
非住宅	非住宅	公园（新建和现存）	办公室室内设计
住宅	住宅	基础设施	餐厅
别墅	现有学校	捷运系统（联合路交局）	零售商铺

续表

建设局绿色建筑标志认证计划体系			
		地区	超级市场
			数据中心（联合资信局）
			医疗机构

来源：建设局网站，第三版新加坡绿色建筑总蓝图

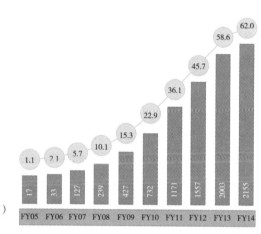

图2-10-17　新加坡绿色建筑标注认证建筑数量及总房屋面积（2014年7月）
来源：建设局网站，第三版新加坡绿色建筑总蓝图

建设局绿色建筑标志认证计划评级标准　　　表2-10-18

绿色建筑标识评分	绿色建筑标识评级
70分及以上	铂金级（Green Mark Platinum）
60~70分	超金级（Green Mark Gold^{PLUS}）
50~60分	黄金级（Green Mark Gold）

2）绿色建筑总蓝图（Green Building Masterplan）

为加快绿色建筑行业的发展，保障绿色建筑标志认证计划的有效实施，自2006年起新加坡建设局出台了一系列绿色建筑总蓝图（图2-10-18）。

（1）2006年的第一版绿色建筑总蓝图以新建筑绿化为着力点，汇集了财政激励措施、立法、行业培训课程以及公共宣传活动，以将绿色建筑推向行业和消费者意识前沿。其实行期间，新加坡先后推出了：①总值2千万新币的绿色建筑标注激励方案（Green Mark Incentive

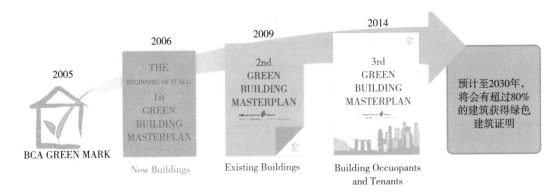

图2-10-18 绿色建筑总蓝图
来源：建设局网站，2016年新加坡绿色建筑发展里程报告

Scheme for New Buildings）[1]；②总值5千万新币的发展部建筑研究基金（Ministry of National Development（MND）Research Fund for the Built Environment）。同时，在加速新加坡绿色建筑进程中最早也最重要的一步是在2008年对《建筑管制法令》的修订——该项修订让绿色建筑标志认证成为所有新建项目和一些正在翻新的现有建筑的法定程序[2]。2008年底，第一版绿色建筑总蓝图实施末期，新加坡绿色建筑标志认证的建筑项目达到了239个，累计总建筑面积达1000万m^2。

（2）2009年，新加坡推出第二版绿色建筑总蓝图，专注于绿化现有建筑。为此，第二版总蓝图确立了6个战略要点：公共服务部门牵头、进一步研发更新绿色建筑技术、激励私营部门、通过培训建立行业能力、提高公众意识及树立国际形象和法定最低标准。自2009年起，新加坡境内所有拥有空调系统占地面积超过5000m^2的公共服务部门建筑必须达到绿色建筑标志白金奖级别标准。另外，所有现有的拥有空调面积超过10000m^2的建筑，必须在2020年前进行重新翻修以达到绿色建筑标志超金奖。为了帮助实现这一目标，有关当局拟定了一项专为公共服务部门机构制定的合约，名为"保证节能绩效"。同时，新加坡政府推出了四项鼓励及融资激励计划：①总值一亿新币的现有建筑绿色标志鼓励计划（Green Mark Incentive Scheme for Existing Buildings）[3]，②绿色标志建筑总面积鼓励计划（Green Mark Gross Floor Area Incentive Scheme, GM GFA）[4]，③总值5百万新币的

---

[1] 为在设计或者建造新建筑方面至少获得了绿色建筑标志金奖或更高的开发商、业主、建筑项目设计师以及机电工程师提供现金奖励。

[2] 来源：建设局网站，《新加坡——引领绿色热带建筑》

[3] 旨在为购买节能器械以及对空调系统的制冷机组进行能源审计提供现金股利。

[4] 由建设局和市区重建局共同推出，旨在让绿色建筑标志白金或超金级建筑的业主能够申请额外的建筑面积。本机制实施时间为2009年4月29日~2014年4月28日，实施期限为5年。

绿色建筑原创设计鼓励计划（Green Mark Incentive Scheme for Design Prototype）[①]，④建筑能效改造融资计划（Building Retrofit Energy Efficiency Financing Scheme, BREEF）[②]。在立法层面，《建筑管制法令修正案》出台后，建筑翻新的能效要求有了明确的规定：①更换或升级制冷机系统时，需取得现有建筑最低绿色标志认证评级；②业主需每3年提交建筑制冷系统能效审计报告并遵守制冷设备能效标准；③业主需每年提交能耗数据和其他建筑相关信息。在第二版总蓝图实施期间，建设局联合有关部门和机构，大力发展绿色建筑技术创新，并推出了一系列旗舰项目，包括布莱德路的建设局零能耗建筑和榜鹅绿馨苑（treelodge）的公共房屋生态区[③]。

建设局零能耗建筑技术要点　　　　　　　　　　表2-10-19

基本信息	技术要点	
2009年，建设局旗舰研发项目，连续3年零能耗建筑。蒂博建筑师事务所设计，贝科公司指导建造。	低辐射玻璃和遮阳装置	以降低从窗户处吸收的太阳能热量
	使用自然照明、运动传感器以及高效节能照明	以降低照明所需能耗
	先进的制冷和通风系统	包括单卷双山河被动置换通风系统以降低空调所消耗的能源
	置光伏体系	为建筑内所有用电装置及照明系统供电
	先进的建筑管理体系	以控制、检测和管理建筑哪所安装的设备从而优化能源分配使用

来源：建设局网站，《新加坡——引领热带绿色建筑》

（3）2014年，第三版绿色建筑总蓝图推出，其愿景是将新加坡打造成"绿色建筑业的全球领导者，拥有热带和亚热带地区的专业知识，力图永续发展和品质生活"。这版最新的总蓝图确立了三个战略目标：延续领导地位、展示现实可行的永续措施和与利益相关

[①] 该资金专为委托环境永续设计顾问进行共同协作设计专题研讨和协助仿真研究以优化绿色建筑设计提供资助。

[②] 该计划旨在为商用建筑业主、管理公司以及能源服务公司在能源管理合约的安排下开展节能改造而提供信贷。共同参与的财务机构将会和建设局一起为购买及安装节能设备提供借贷，以及承担一半贷款违约的风险。这项计划原本于2016年4月1日结束，而后延长至2018年3月31日。

[③] 首个公共房屋生态区——榜鹅绿馨苑于2010年竣工并赢得了绿色建筑标志白金奖。该生态区被用作住宅区环保功能的测试点，这些功能包括带运动传感器的LED照明、电梯能源再生系统（其中电梯产生的多余能量被转化为可重复使用的电力），以及可回收废弃物的集中收集槽等。后期在榜鹅新建的公共房屋开发项目已实施这些功能。

方密切合作。针对不同的战略目标,又推出了一系列的措施以支撑总蓝图的落地。可以看出,最新版的总蓝图延续了前两版的部分理念和措施[如公共部门牵头、绿色标志建筑总面积鼓励计划(GM GFA)],并加强了部分措施的实施力度。比如,在新的建筑能效改造融资计划下,共同参与的财务机构将会和建设局一起为购买及安装节能承担贷款违约的风险的比率从原来的50%提高到了60%;现有建筑能耗数据和其他信息从每3年提交变为每年提交,建设局将根据这些数据进行建筑能耗研究,并将研究结果发布在的《建设局建筑能耗基准报告中》(BCA Building Energy Benchmark Report)。同时,第三版总蓝图加大了对绿色建筑科技创新和发展的扶持力度,从创新中心到各类基金、津贴的设立及投放的资金量可见一斑。

与前两版不同的是,第三版总蓝图开始致力于营造绿色建筑发展的软环境——有目的地努力培养建筑使用者和居民的环保意识和绿色消费行为,且处处以居住者的福祉为重[①]。

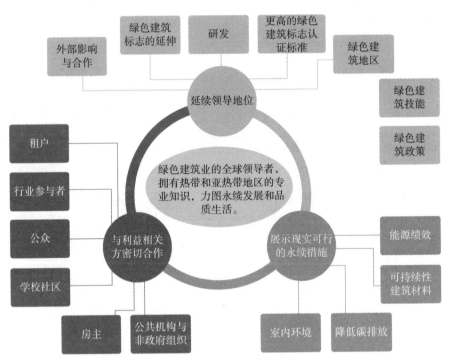

图2-10-19　第三版绿色建筑总蓝图的战略目标
来源:建设局网站,《新加坡——引领热带绿色建筑》

①《新加坡——引领热带绿色建筑》

第三版绿色建筑总蓝图主要措施　　　　　　　表2-10-20

延续领导地位	与利益相关方密切合作	展示现实可行的永续措施
打造建设局可旋转测试设备	针对现有建筑，推行总值五千万的绿色标志奖励计划（GMIS-EBP）	强制性措施：现有建筑业主需每年提交建筑能耗数据和其他建筑信息
公共部门牵头（PSELES）	建筑能效改造融资计划（BREEF）	强制性措施：现有建筑环境永续水平达标
推动绿色建筑认证成为热带和亚热带的绿色建设评价标杆	绿色标志建筑总面积鼓励计划（GM GFA）	强制性措施：建筑制冷系统能耗需定期审计并满足最低标准
扩展可持续建筑的评价标准	呼吁建筑业主和使用者参与	优化室内环境质量、加强使用状况评价
培养绿色建筑人才	绿化学校和社区以提高广泛的公众意识	
投资5 200万创建绿色建筑创新中心（GBIC）		
发起500万的绿色建筑原创设计鼓励计划		
投资1 500万创立可持续建设能力发展基金		
设立五百万的创新津贴		

（4）《可持续发展蓝图》和《气候行动方案》

2015年新加坡《可持续发展蓝图》（Sustainable Singapore Blueprint 2015）同样对营造可持续发展软环境提出了思考，提出经由各项措施调整企业与人民生活习惯，以应对未来气候变迁、都市化、资源减耗与污染等重大挑战，并为新加坡创造绿色模范城市之商机。该发展蓝图调整了2009年首版蓝图，制定新加坡未来15年永续发展目标，并在5年内拨款15亿新元。该蓝图包含了五大愿景，其各自目标分列如下：①建设"生态智慧"的宜居市镇，②减少用车与打造更多"少车区"，③推广"零浪费"文化，④全民动员，⑤开拓新绿色经济。

2016年发布的新加坡《气候行动方案》同样将推动绿色建筑健康发展纳入其战略措施当中。除了一以贯之地推行绿色建筑标志认证计划外，建设局还推出了绿色租赁工具包[①]（Green Lease Toolkit）和以使用者为中心的绿色标志计划（User-Centric Green Mark Schemes）[②]来引导业主和居住者更换节能设备，如节能照明装置。针对现有建筑的绿化改

---

① 绿色租赁工具包（The Green Lease Toolkit）帮助房东和租户共同推动环境可持续发展。例如：双方协议约定遵守环境友好的程序。
② 用户为中心的绿色标志计划涵盖了办公室内部空间、饭店、超市和零售商店。

造，2016年5月，建设局和新加坡绿色建筑委员会（Singapore Green Building Council, SGBC）合力推出了"零资本合作计划"（Zero Capital Partnership Scheme）[①]。该计划旨在为现有建筑业主提供"零资本"的建筑能效改造方案。

此外，新加坡作为东南亚的数据中心（Data Centre Hub），拥有区域内60%以上的数据中心（Data Centre）。这些数据中心由于自身大量的能耗特性，被列为重点建筑绿色改造项目之一。根据新加坡资信局估算，新加坡最大的10个数据中心消耗的能源和130 000户家庭相当。而这些数据中心的绿化改造将在2030年比改造前有效节省50%以上的能耗。为此，新加坡资信局采取了一系列措施来推动研发和推广，包括：绿色数据中心标准（Green Data Centre Standard（Singapore Standard 564））、建设局—资信局数据中心绿色建筑标志（BCA-IDA Green Mark for Data Centres）、绿色数据中心项目（Green Data Centre Programme（GDCP））。目前，绿色数据中心项目具有全球第一个热带数据中心改造试点项目并能有效减少40%的建筑能耗。热带数据中心的测试将在38℃的高温和90%的高湿润度环境中进行。

（5）绿色建筑科研创新与应用

随着绿色建筑标志计划的推广和绿色建筑总蓝图的稳健实施，新加坡的绿色建筑科研迅速发展，特别是针对热带和亚热带环境相关的能耗等领域。目前，新加坡形成了绿色建筑科研的良好生态，政策引导、研发测试、落地支撑到项目推广环环相扣。

10.6.2 助力老龄化

20世纪70年代的婴儿潮为新加坡人口增长铸就了一个高峰。此后，伴随着出生率的下降，新加坡65岁以上老人的人口比例将持续增长：新加坡即将步入老龄化社会。为此，2016年新加坡健康部发布了《幸福老年行动方案》（Action Plan for Successful Aging）积极应对新老龄化的到来（图2-10-20）。行动方案中，建屋发展局和卫生部就"老人友好住房"联合推出了多项举措，为老人宜居提供了重要的保障。

2013年，建屋发展局推出了"三代同堂（Three-Generation, or 3Gen）"的新房型来鼓励几代同堂的家庭相互照料。2015年，建屋发展局推出"两居灵活计划"（2-room Flexi Scheme），更换和合并了一居室公寓和两居室公寓，这让老人可以灵活选择租赁长度和装修配置。

近年来建屋发展局推动了一系列住房硬件升级。自1985年起，建屋发展局颁布了系列

[①] 零资本合作计划于2016年5月发起。按照该计划，新加坡绿色建筑协会任命的能耗签约企业将展开能耗水平审计和设备改造，同时，可以提交融资和相关奖励计划申请。该计划旨在帮助楼宇业主达到预期的能耗的水平和获得绿色建筑标识。

针对邻里、邻区和公寓街区的无障碍设计规定。1990推出的"电梯升级计划"（Lift Upgrading Programme）为改善组屋的电梯设施提供了大量的补贴。自2001年以来，约有5 000个街区已经安装了新的电梯和/或升级了现有的电梯。2012年，建屋发展局又推出了"乐活老人计划"（Enhancement for Active Seniors，EASE），旨在为设施翻新提供高额补贴（如扶手加固，对现有浴室瓷砖的防滑处理等），使老年人的组屋更安全。自推出以来，建屋局收到了更多EASE（直接申请）的申请超过269 005件，大约130 006个家庭选择了乐活老人计划和家庭改善计划（该计划解决了老式公寓面临的常见维护问题，如剥落混凝土）。

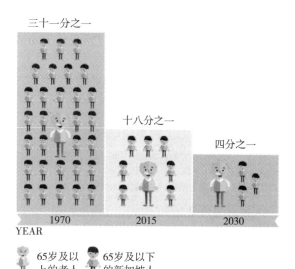

图2-10-20　1970~2030年新加坡人口年龄结构变化趋势预测
来源：2016年新加坡幸福老年行动方案

建屋局和卫生部（MOH）将在新的住房开发项目中创建"持续保健区（Continuing Care Precincts）"。在某些新的公共住房区域，我们正在试验将养老院和辅助生活设施与同一个分区内的建屋发展局组屋一起进行试验，以达到从独立生活、辅助生活到住宅护理功能上的连续。前两个试点项目是伍德蘭和淡滨尼北部。

卫生部计划在2020年前为老年人设立另外40天的中心，为老年人提供综合性的健康和社会护理服务。大约四分之一的这些中心将是大型"活力老龄化中心（Active Ageing Hubs，AAH）"，将为活跃老年人和流浪老人提供积极的老龄化计划，以及为虚弱的老年人提供日间护理、日间康复和辅助生活服务（如家务和杂货购物）。这些中心也可以是所有年龄段社交和学习活动的场所。

此外，建屋发展局将为老年人建造"更智能"的家园。建屋发展局正在与行业伙伴合作，探索适合的老年人监测和预警系统，以监测老年组屋的安全和福祉。

10.6.3　经济高效便捷的居住方式——组屋配套和通用性可持续设计[①]

内容详见《国外住房发展报告2017第5辑》第303~304页。

---

① http://www.hdb.gov.sg/cs/infoweb/residential/buying-a-flat/new/design-features

10.6.4 住房产业工业化

建设局（BCA）和建屋发展局（HDB）主要从鼓励生产应用和提升装配式建筑住宅市场需求两个方面推动住房工业化发展。

1）可建性立法与评分

2001年，为了提高建筑环境部门的生产力及减少对外来劳工的依赖，新加坡建设局（BCA）通过了可建设性立法（Buildability Legislation），推出可见性评价系统（Buildable Design Appraisal System, BDAS），引入可建造设计得分（Buildable Design Score），并实施到所有建设项目当中。

为了进一步提高建筑工业化发展水平，2017年4月，新加坡建设局发布了对2011版建筑管理法规的修订（Amendments to Building Control（Buildability and Productivity）Regulations 2011）和对可建性实施规程的修订（Revisions to Code of Practice on Buildability t Raise Productivity in the Built Environment Sector），并于2017年5月1日启用。修改的内容包括：

（1）根据政府工业土地出售计划（IGLS），提高开发的预制系统的最低使用水平；

（2）强化加强可建性设计评估系统（Buildable Design Appraisal System）和制造和装配设计（Design for Manufacturing and Assembly technologies, DfMA）技术的融合；

（3）区分地下室和地面建筑工程的最低可建性设计评分。

对比2013年和2017年的可建性实施规程（Code of Practice on Buildability），2017年的可建性实施规程的可建性设计评分考查内容明确地将制造和装配技术（DfMA）作为评分考查的第三个方面，并列举了装配式预制体积结构（Prefabricated Prefinished Volumetric Construction, PPVC）、大规模工程木材（mass engineered timber, MET）、结构钢、预制浴室单元（Prefabricated bathroom units, PBU）、预制电器和管道模块（Prefabricated mechanical, electrical & plumbing modules）以及预制混凝土组件（precast concrete components）等加分的技术点。同时，这一部分的得分比例也小幅上调。

2）建筑工业化在组屋中的推行

为提高组屋建设的工业化程度，建设局对于户型设计、模数设计、尺寸设计、标准接头设计等都做出了规定。目前，新建组屋的装配率达到70%以上[1]，部分组屋装配率达到90%以上（如达士岭组屋，装配率达到94%）。长成控股集团（Robin Village Development）承接了建屋发展局（HDB）大量的组屋项目（如傍鹅社区），并提供预制构件和装配服务。在

---

[1] 高阳《新加坡装配式建筑发展研究》载自《住宅产业》2016年06期。

长成预制中心,平均每年生产2 000个组屋单位,每天生产300个预制构件和9个组屋单位[①]。

3)住房产业工业化规范和标准

2014年,建屋发展局出版了《建屋发展局预制图形指南》(《HDB Precast Pictorial Guide》)[②],对HDB房屋的预制构件的节点、连接做法进行了说明,部分要点摘要如下:

(1)为了安全和耐用,建筑线外围的元件应进行预制。对于二层独立梁,应采用现浇法施工。预制梁与K1F等预制立面结合时应采用预制梁。

(2)所有部件和起重架(如果需要)不得超过8t。顾问还应该检查这个重量是否与尖端负载和起重设备的规格相符。

(3)预制组件分为3类:可在所有项目中完全标准化的预制组件;预制可在所有项目中部分标准化的组件;预制可在单个项目中标准化的组件。

该指南还针对房屋单元、公共空间、连接细节和预制构件等分别进行了详细的说明。

---

① 发现频道纪录片《走进新加坡》(Singapore Revealed)访谈片段。
② https://www.bca.gov.sg/publications/BuildabilitySeries/others/HDB_Precast_pictorial_guide_BCA.pdf

11 南非

GDP：2 608.29亿美元（2017年[①]）

人均GDP：4 671美元（2016年）

国土面积：122.1万平方公里

人　　口：5 517.6万（2016年）

人口密度：45.2人/km^2（2016年）

城市化率：65.4%（2016年）

11.1 基本情况

11.1.1 人口数量

根据南非国家统计局数据显示，截至2016年底，已登记的南非9省总人口数量约为5 517.7万人，比2015年增长了约74.4万人。应用人口模型预计2017年底南非人口数量达到5 600.6万人。南非最大的城市约翰内斯堡所在的豪登省是南非地理面积最小的省份，但它同时是人口第一大省，其次是夸祖鲁—纳塔尔省和东开普省；北开普省一直是南非人口最少的省份（表2-11-1、图2-11-1）。

南非人口数量统计表（2009~2016年）（单位：千人）　　表2-11-1

省份	2009	2010	2011	2012	2013	2014	2015	2016
西开普	5 573	5 682	5 792	5 904	6 017	6 131	6 246	6 362
东开普	6 491	6 522	6 554	6 586	6 620	6 656	6 693	6 731
北开普	1 124	1 134	1 143	1 153	1 163	1 173	1 182	1 192
自由邦	2 737	2 740	2 744	2 749	2 753	2 758	2 763	2 769

[①] 数据来源：GDP：STATS SA，Statistical Release P0441：Gross Domestic Product Fourth Quarter 2017；人口、国土面积、城市化率：STATS SA，Statistical Release P0318：General Household Survey 2016

续表

省份	2009	2010	2011	2012	2013	2014	2015	2016
夸祖鲁纳塔尔	10 023	10 129	10 237	10 346	10 457	10 571	10 688	10 807
西北	3 401	3 448	3 497	3 547	3 598	3 650	3 703	3 758
豪登	11 694	11 946	12 202	12 464	12 728	12 996	13 268	13 543
姆普马兰加	3 917	3 970	4 022	4 075	4 128	4 182	4 236	4 290
林波波	5 262	5 325	5 388	5 452	5 518	5 585	5 654	5 724
全南非	50 223	50 896	51 580	52 275	52 982	53 701	54 432	55 176

数据来源：STATS SA，Statistical Release P0318：General Household Survey 2016

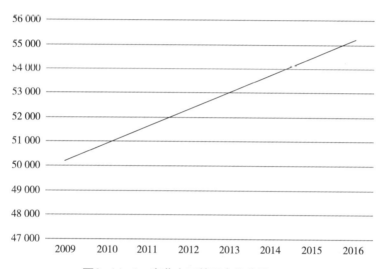

图2-11-1 南非人口数量变化曲线

数据来源：STATS SA，Statistical Release P0318：General Household Survey 2016

南非并没有面临着人口不足的问题，是一个不缺劳动力的国家。也没有出现人口老龄化的趋势。相反因为南非出生率高、人口基数大、移民人口多而带来的失业等社会问题十分严重。

根据南非国家统计局数据显示，截至2016年底，南非家庭数量总计约1 666.2万户，比2015年增加约54万户，平均每户3.31人（表2-11-2）。

南非家庭户数（单位：千户）　　　　　　　　表2-11-2

省份	2009	2010	2011	2012	2013	2014	2015	2016
西开普	1 477	1 524	1 571	1 619	1 669	1 720	1 775	1 831
东开普	1 549	1 573	1 600	1 631	1 663	1 695	1 727	1 759

续表

省份	2009	2010	2011	2012	2013	2014	2015	2016
北开普	275	282	289	296	304	312	320	329
自由邦	790	806	823	843	863	883	906	929
夸祖鲁纳塔尔	2 290	2 358	2 428	2 504	2 583	2 663	2 747	2 831
西北	1010	1 040	1 071	1 105	1 140	1 177	1 215	1 256
豪登	3 661	3 823	3 990	4 153	4 323	4 501	4 690	4 888
姆普马兰加	981	1 015	1 051	1 088	1 127	1 168	1 211	1 256
林波波	1 270	1 309	1 350	1 392	1 436	1 483	1 532	1 583
全南非	13 303	13 731	14 173	14 631	15 107	15 602	16 122	16 662

数据来源：STATS SA，Statistical Release P0318：General Household Survey 2016

11.1.2 住宅套数

截至2016年底，南非住房总量为1692.1万套。比2015年增加约88.8万套（表2-11-3）。

南非住房总量（单位：千套）　　表2-11-3

	2009	2010	2011	2012	2013	2014	2015	2016
住房总量	13 295	13 726	14 028	14 481	15 101	15 598	16 033	16 921
住房增量		431	302	453	620	497	435	888

2016年南非各省住房数量统计（单位：千套）　　表2-11-4

省份	正式住房	非正式居所	其他	传统住宅	合计
西开普	1 594	320	10	9	1 934
东开普	1 155	130	16	472	1 773
北开普	295	45	5	8	354
自由邦	791	132	7	16	947
夸祖鲁纳塔尔	2 090	245	20	520	2 876
西北	977	230	19	23	1 249

续表

省份	正式住房	非正式居所	其他	传统住宅	合计
豪登	4 029	878	32	11	4 950
姆普马兰加	1 049	135	15	40	1 239
林波波	1 424	77	18	82	1 601
合计	13 404	2 194	142	1 181	16 921

数据来源：STATS SA P031: Community Survey 2016

2016年南非RDP住房[①]或政府补贴住房数量统计（单位：千套）　　表2-11-5

省份	RDP或政府补贴住房	非RDP或政府补贴住房	不能确定	合计
西开普	572	1 335	25	1 932
东开普	386	1 372	13	1 772
北开普	105	244	2	353
自由邦	289	652	3	946
夸祖鲁纳塔尔	559	2 300	14	2 874
西北	261	976	9	1 247
豪登	1 227	3 641	77	4 946
姆普马兰加	241	987	9	1 238
林波波	260	1 331	7	1 599
合计	3 905	12 842	162	16 921

数据来源：STATS SA P031: Community Survey 2016

11.1.3　住房条件

由于历史遗留等原因，南非居民的居住条件根据人种的不同仍然有着很大差异。在占南非人口总数80%以上的非洲黑人中，仅有35%达到了家庭住宅中拥有6个或以上房间（房间数量包括卧室、客厅、卫生间、浴室等）的住房条件，这一比例相较2015年的36.7%有了一定下降，究其原因是南非出生率较高、人口增长（图2-11-2）。

[①] RDP：20世纪90年代，新南非政府制定了"重建与发展计划"（Reconstruction and Development Programme），强调提高穷人的社会和经济地位。之后的几十年间，RDP制定了一系列的计划来解决主要的社会问题，其中包括在政府的补贴下建造住房。

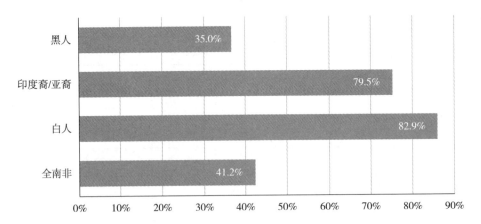

图2-11-2 按人种划分南非家庭住宅中拥有6个以上房间数量的比例（2016年）
数据来源：Statistic Release: Community Survey 2016 南非统计部门

11.2 住房构成

11.2.1 住房产权

截至2016年底，南非住房产权普查数据显示，有54.3%的南非家庭拥有至少一处住房的所有权，8.8%的南非家庭有部分产权，23.4%的家庭为租赁住房无产权（图2-11-3）。

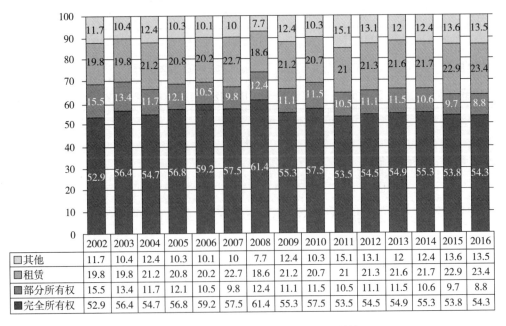

图2-11-3 南非家庭住房所有权情况（2002~2016年）
数据来源：Statistic Release: General Household Survey 2016 南非统计部门

11.2.2 住房结构与类型

南非统计部门将住房的存在形式分为：独立砖/混凝土结构带院落住宅、公寓式住宅、多层联排住宅、半独立联排住宅、复合集聚式住宅、(多为以商业建筑为基础加盖的)工人宿舍、规范化"后院棚屋"、非正式"后院棚屋"、非正式零散棚屋、传统非洲茅屋和其他类型住所（房车、篷车、帐篷等）共11类居住场所，它们可以被归纳梳理为4类：

（1）正式住房：包括独立砖/混凝土结构带院落住宅、公寓式住宅、多层联排住宅、半独立联排住宅、复合集聚式住宅、工人宿舍、规的范化"后院棚屋"；

（2）非正式棚屋：非正式"后院棚屋"、非正式零散棚屋；

（3）传统房屋：非洲茅屋；

（4）其他：房车、篷车、帐篷等（表2-11-6~表2-11-8）。

2016年南非住房类型比例　　表2-11-6

	西开普	东开普	北开普	自由邦	夸祖鲁纳塔尔	西北	豪登	姆普马兰加	林波波	全南非
正式住房	82.7	64.5	83.6	83.9	74.9	78	78.7	88.3	93.5	79.9
非正式棚屋	14.6	7.6	10.8	14.3	8	21	19.1	7.6	3.9	12.8
传统房屋	0.1	27.8	1.9	1.7	16.9	0.9	0.5	4	2.5	6.3
其他	2.6	0.1	3.7	0.1	0.3	0.1	1.8	0.1	0.1	1

数据来源：Statistic Release: Community Survey 2016 南非统计部门

南非住房结构表　　表2-11-7

类别 \ 年份	2010	2011	2012	2013	2014	2015	2016
独立砖混凝土结构带院住宅	63.6%	64.6%	61.7%	62.4%	63.5%	63.7%	64.1%
公寓式住宅	4.6%	4.5%	4.4%	4.5%	4.6%	4.6%	4.5%
多层联排住宅	1.6%	1.4%	2%	1.4%	1.5%	1.7%	1.5%
半独立联排住宅	1.1%	1.3%	1.4%	1.3%	1.5%	1.3%	1.4%
复合集聚式住宅	0.8%	0.5%	0.8%	1%	0.9%	1%	0.9%
员工宿舍	2.9%	2.6%	3.2%	3.7%	4%	2.9%	3.5%
规范化"后院棚屋"	2.8%	3.5%	3.5%	3.2%	3.5%	3.3%	3.4%

续表

类别 \ 年份	2010	2011	2012	2013	2014	2015	2016
非正式"后院棚屋"	5.4%	4.7%	5.1%	4.6%	4.8%	4.7%	4.8%
非正式零散棚屋	7.7%	7.3%	9%	9%	8%	8.7%	8.7%
传统非洲茅屋	8.9%	9.2%	8%	7.8%	6.8%	8.1%	7.2%

数据来源：Statistic Release: Community Survey 2016 南非统计部门

南非住房类型表　　　　　表2-11-8

家庭主住房	1996年		2001年		2011年		2016年	
	数值	比例（%）	数值	比例（%）	数值	比例（%）	数值	比例（%）
正式住宅	5 834 819	65.1	7 680 421	68.5	11 219 247	77.6	13 404 199	79.2
传统住宅	1 644 388	18.3	1 654 787	14.8	1 139 916	7.9	1 180 745	7.0
非正式住宅	1 453 015	16.2	1 836 231	16.4	1 962 732	13.6	2 193 968	13.0
其他	35 290	0.4	46 628	0.4	128 266	0.9	142 271	0.8
合计	8 967 512	100	11 218 067	100	14 450 161	100	16 921 183	100

数据来源：Statistic Release: Community Survey 2016 南非统计部门

11.3 住房建设情况

11.3.1 住房历年建设量

南非住房建设总体情况（2009~2016年）　　　　　表2-11-9

年份	2009	2010	2011	2012	2013	2014	2015	2016
新建量（套）	537 960	395 520	406 560	428 760	445 470	451 870	434 960	433 220
新建面积（万m^2）	6 816	4 944	4 872	4 848	5 044	5 108	4 960	4 923
套均面积（m^2）	126.7	125	119.8	113.1	113.2	113	114	113.6

数据来源：Statistic Release: Community Survey 2016 南非统计部门

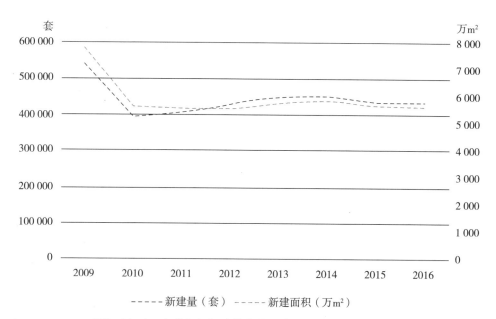

图2-11-4 南非历年新建住房情况（2009~2016年）

数据来源：Statistic Release: Community Survey 2016 南非统计部门

11.3.2 房地产业发展情况和居住标准

由于南非中低收入群体占比较大，有相当一部分人群还生活在南非国家最低住房标准以下，未经改造的棚户区仍然大量存在。最低住房标准以上的南非住房类型有独立别墅（Free Standing House）、别墅小区（Cluster House）、连排别墅（Town House）、经济住房（Economic House）和低成本房（Low Cost House）等形式。独立别墅和别墅小区一般在1~2层，占地面积从几百到几千平方米不等，属于中高档住房；连排别墅一般为2~3层的小区，属于中档及中档以下住宅；经济住房一般为1~2层的简单房屋，属于中档以下住房；而低成本房一般由政府为当地贫困家庭提供的38~50m²的单层单间简易住房。

1）低成本经济房

南非的低成本经济房代表着南非最低住房标准。这类住房一般都是由政府实行住房重建与发展计划（Reconstruction and Development Programme）以来，大量依赖国家财政为低收入群体提供的住房。这些简易住房多为单层单间，面积38~50m²不等，但水电等基础设施俱全，有的住宅区还安装着统一的太阳能热水器。

2）中档住房

中档住房的价格范围比较大，成本大约在40万~100万兰特（约15万~40万人民币），代表着南非住房的平均水平。购买者多为收入比较稳定的中等收入家庭或个人。南非的住房信贷系统非常发达，住房贷款相对比较容易获得，加之新增中等收入人群越来越多，和近年南非住房贷款利率再创新低，南非中档住房的总体市场需求量正在持续稳步的扩大。

3）高档住房

高档住房主要分布在南非沿海地区和大城市，如开普敦、约翰内斯堡、布隆方丹。购买者多为中高收入人群和外籍投资者。很多社会名流和富商选择在这类高档居住区购置房产，因此这类住房的需求量也在持续提升。

11.4 国家住房政策与法规

11.4.1 专门住房法律政策

南非通过专门立法予以保障公民的住房权。现行主要法律主要有《住房法》《住房租赁法》《社会住房法》等。

社会公平是南非住房立法的最主要考量。《住房法》明确规定政府在所有领域必须优先考虑穷人在住房方面的需求，同时建立了全国住房发展委员会和省级住房委员，为国家住房计划筹集资金。这部法不仅是对国家住房政策的确认，同时还明确了各级政府在住房保障制度方面的责任，为各级政府从事住房保障工作提供了行动指南。

《房屋租赁法》旨在建立合理的租赁机制，它规定了政府规范房屋租赁市场的责任，建立了房屋租金补贴的制度，明确规定了业主与租户的关系，对双方的权利和义务进行了详细的规定，明确指出了业主不能因承租人的种族、性别、年龄、婚姻状况、性取向、信仰等而歧视租户，为解决房屋租赁过程中产生的纠纷提供了法律依据。

《社会住房法》明确规定了各级政府在住房方面的责任和角色分工，改善和促进了整个住房部门的运作机制，该法还特别注重对住房的配套设施和公共设施的建设，设立了专门的社会住房保障机构，赋予法律承认的社会住房机构来管理社会住房的建设和分配等相关事项，同时设立社会住房监管机构来监督和管理社会住房机构的运行。

11.4.2 住房政策历史沿革

内容详见《国外住房发展报告2017第5辑》第314~316页。

11.4.3 住房相关法律法规

住房政策的实施需要有金融部门的智齿，因此南非政府也颁布了相应的法律。2000年颁布了《房屋贷款和抵押贷款披露法》，该法旨在促进公平放贷，要求金融机构提供家庭贷款的信息，以及拒绝提供住房贷款或抵押贷款给中低收入者的原因。这种建立在相对公平的基础上设立的规定，为广大南非中低收入公民获得住房贷款提供了一定的法律保障。

在2003年颁布的《抵押贷款和低收入家庭社区再投资法》中，要求所有的金融机构参与提供住房贷款，使住房金融准入门槛进一步降低到低端住房市场。

2004年的《国家信贷法》和《国家信贷管理规定》的颁布，是为了保护消费者免受不正当的信贷提供者的欺诈，同时告知住房消费者关于住房信贷的知识和他们拥有的权利。同年，南非政府还制定了《住房消费者保护措施法》，这是一部为了保护购房者利益的法律，设立了全国住房建筑商委员会，明确规定了其职能。这部法律对于南非住房市场的作用在于全国住房建筑商委员会对参与住房开发计划的住房建筑商进行登记，明确建筑商提供服务的技术标准，并对其建造的房屋质量进行监督，在新房交付时提供质量担保。

2008年颁布了《房屋发展局法》，这部法律的制定主要是为了促进土地的征用和房屋发展服务，弥补南非政府在土地和住房服务方面的缺失。

这些与住房相关的法律政策也在住房金融、住房建设、土地供给等方面，为南非住房法律的落实、保障制度的实施提供了法律依据。

11.5 国家住房发展管理体制

南非住房发展和管理的直接对口部门是南非共和国人居部（Department of Human Settlement）。南非共和国人居部（DHS），是1994年成立的南非中央部委之一，是南非负责住房发展的主要政府部门，现任部长琳迪韦·西苏鲁。人居部行政职能的根本目标是提高南非国民人居生活水平和创建可持续的人居环境，通过进行财政支持、提供沟通平台和实施有效监管等手段，推动南非住房供给和居住条件改善的相关项目。其组织结构如图2-11-5。

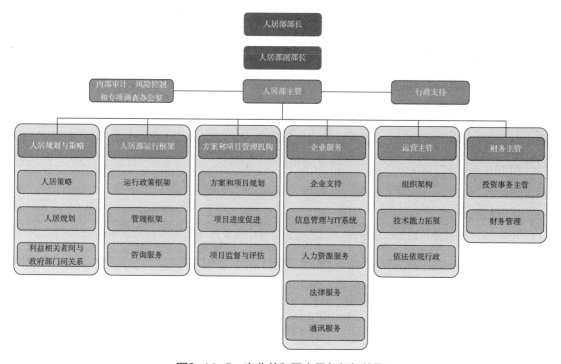

图2-11-5　南非共和国人居部组织结构

人居部的工作原理主要是人居部与省级政府和市级政府的住房部门共同合作。同时，人居部指导省市级政府的住房工作。人居部和各级政府都有着明确的分工和职能，能更好地避免在制度实施过程中会出现权责不清的现象。另外，设立的其他住房保障相关机构都必须是在人居部制定的住房政策框架内行使其职权，并向人居部报告工作。

人居部组织设立的住房保障相关下属机构：

房地产中介事务董事会（EAAB-Estate Agency Affairs Board）、社区计划监督服务机构（CSOS-Community Schemes Ombud Services）、国家住房金融集团（NHFC-National Housing Finance Corporation）、乡村住房供给借贷基金会（RHLF-Rural Housing Loan Fund）、社会住房供给管理机构（SHRA-Social Housing Regulatory Authority）

在人居部的框架之外，南非还设立了多层次的住房保障机构，以保障各项住房政策的顺利实施。其中比较重要的有：

1）全国城市重建与发展局

全国城市重建与发展局（National Urban Reconstruction and Housing Agency），成立于1995年，是在1994年重建和发展计划指导下设立的一个政府机构。旨在扩大住房市场、对房屋及相关基础设施的建设进行最大化融资，促进公共部门和私营机构之间的协同合作。

该机构主要负责加快保障性住房的交付；进行保障性住房风险评估；与住房市场参与者建立合作伙伴关系，致力于发展和改善人居环境，为可持续居住社区的建设和发展作出贡献。

全国城市重建与发展局成立初期的工作主要是为承包商和开发商提供过渡性融资贷款来建造保障住房，或者当开发商无法从银行等金融机构获得贷款时，与金融机构达成贷款协议，提供担保，促使金融机构为其提供住房建设的资金，以加快保障住房的建设，同时加强公共部门和私营公司之间的合作。全国城市重建与发展局被认为是过渡性融资方案的首选合作伙伴。现在该局主要采取项目与资金管理的投资组合模式（Programme and Fund Management Portfolio）来协助住房建设和财务的管理工作。主要进行住房建设的规划与预算、采购与承包、合同的管理与监控、受益人管理、住房交付等。

2）住房供给发展局

住房供给发展局（Housing Development Agency）是于2008年成立的全国性的住房机构，根据人居部的授权开展工作，以创造可持续的居住规划和建筑为主要目标。

该机构主要负责对居住用地进行确权、获取、持有、开发；对国家、公有、私有的土地进行注重可持续发展的社区和住房建设；在优化社区和住宅发展的过程中，创造就业机会，进行基础设施设置规划，提出资金方案；该机构的成员大多在住房领域方面拥有较高专业技术和知识水平，可以为切实住房项目提供管理和技术支持；住房供给发展局会就地方住房发展计划与各省市政府进行磋商,并将最终计划报人居署批准,协助国家机关升级改造非正式居住区。

3)全国住宅开发商注册委员会

全国住宅开发商注册委员会(National Builders Registration Council)是由1998年《住房消费者权益保护法》提出并设立的一个独立的非营利性的法人机构。

该机构是为了保护住房消费者的权益,避免有安全隐患或质量问题的房屋交付给消费者,并对开发商的行为进行管理使其遵守义务。

4)低成本社会住房开发管理机构

低成本住房开发管理机构是从2008年《社会住房法》实行以来开始设立的,提供或经营低成本住房给中低收入家庭的机构,并对该房屋进行质量保障和长期管理。简而言之,它是为中低收入群体提供住房的半官方机构,它兼顾低成本房的开发商和管理者的身份。

5)低成本社会住房监管机构

低成本住房监管机构是根据《社会住房法》设立的,对低成本住房建设管理工作进行监督的政府机构。它的主要职责包括:支持低成本住房开发管理机构执行有关政策,促进全国住房建设方案的落实;向低成本住房开发管理机构提供财政援助,对其工作进行指导;采取合理的措施和手段确保低成本住房开发管理机构的良好治理和可持续发展,促进其能力建设;根据低成本住房开发管理机构的工作报告,及时提供监管信息并做出分析研究,总结发展趋势,对人居署提出可行的建议;当低成本住房开发管理机构的行为失当时,采取必要的措施予以纠正。

11.6 金融与税制

11.6.1 住房消费情况

内容详见《国外住房发展报告2017第5辑》第318~319页。

11.6.2 住房财政金融情况

1)住房税制历史沿革

南非曾经一度成为英国的殖民地,自1836年以来就开始征收现代意义上的英式房地产税,属于财产税范畴。南非1944年南非公民政府建立,进行了一系列政治体系、财政体制的改革,其中很重要的一部分就是住房财政金融体制的改革。1948年之前,南非黑人不能合法拥有土地。

非国大党上台之后,进行了财产税的改革,出台了4部财产税相关的法律,在不同的地区根据不同的财产税法律进行财产税的征收。在一些地区实行单一财产税率征收方法,另外还有占国土面积约三分之一的地区是根据具体的地点制定不同的税率，根据所在土地改良情况进行综合财产税率的制定。

1996年南非对宪法进行修订，宪法也提到可以对财产征收相应的费用和税收，最主要就是财产税。针对地方政府的第二轮改革是2000年12月份实施的，其最为重要的改革特点是，将各个城市边界扩大，覆盖所有的国土。

2005年，南非推出了国家财产税法案，这个法案趋向于建立更高的政府透明度，尤其是地方政府在财产税的政策方面有更高的透明度；另外还推出了财产的重新的估计值。

2）住房金融体系

南非的住房保障制度的资金来源方式是多样化的，既有政府直接投入财政资金，有专门的政府性住房金融机构，还有鼓励和引导银行参与到住房保障进程中，通过提供住房抵押贷款和小额住房贷款等方式来提供住房资金，并制定了住房贷款风险降低措施。政府采取多种途径筹措住房资金，为南非实施住房保障制度提供了坚实后盾。这些政府性住房金融机构最有代表性的是全国住房金融公司。在1994年的重建与发展计划中，南非政府提出并建立了"国家住房银行"来负责住房信贷事务，后在1996年4月改称为全国住房金融公司（National Housing Finance Corporation），旨在为住房建设提供资金保障。

全国住房金融公司为中低收入群体提供大量的住房信贷，协助政府开展住房保障工作，并在实施国家住房计划过程中，通过与政府部门、社会住房机构以及有关部门批准的住房项目的开发商签订贷款合同，为他们提供资金支持，从而确保住房建设的顺利进行，以促进大幅度增加保障性住房的供应量。同时，全国住房金融公司通过提供住房贷款担保，促使银行等金融机构为住房建设提供贷款，与金融机构共同合作，为住房问题找到必要可行的解决方法，以确保每个有合理收入的南非人都有机会获得住房。

除政府性金融机构外，南非住房保障体系中还有第三方金融机构的参与。来自国家层面的住房资金是有限的，因此政府在颁布的《抵押贷款和低收入家庭社区再投资》中，要求国内金融机构提供住房贷款参与保障性住房的建设。在很大程度上，住房贷款的资金主要来源于银行。目前，住房抵押贷款是除了住房补贴外，能大量解决中低收入群体住房保障问题的方法。抵押贷款为固定利率贷款，偿还期最长25~30年。

3）现行住房税制

南非曾经一度成为英国的殖民地，自1836年以来就开始征收现代意义上的英式房地产税。这也是最为常见的境外房地产税税制。这种模式的主要特征是房地产税实行分税制，直接为基层地方政府公共服务筹集收入，以市场评估价值作为税基，税制较为稳定。通过征收房地产税，地方政府拥有了自主收入，因此南非地方政府财力较强，可以根据当地的需要来安排公共服务支出，并负担本地80%以上的支出，中央政府和省级政府没有住房房地产税的课税权，多依赖于中央财政拨款（表2-11-10）。

南非的房地产税长期以来仅将城市的土地、房屋、公共服务设施列入征税范围。2005年实施的地方财产税法案将农村土地纳入征税范围。纳税人为住房所有权者，当住房产权属于政府时，承租人为纳税人。征税对象为南非境内所有的土地和建筑物，采用从价计税的方式，统一采用评估值作为计税依据。税率由当地政府确定，每年公开，不同类别房地产税率有所不同，中央政府确定税率年增长上限，并确定不同类别房地产税率之间的比率。

南非地方财政平均收入情况（单位：%）　　　　表2-11-10

	2011	2012	2013	2014	2015	2016
房地产税	18.2	18.6	17.5	18.1	18.5	18.7
服务费	41	44.3	41.9	41.6	45.3	44.2
上级拨款	24.7	22.4	25.7	23.5	21.9	21.2
投资	2.9	2.8	3.1	3.2	3	2.9
其他收入	13.2	11.9	11.8	13.6	11.3	13
总计	100	100	100	100	100	100

数据来源：General Household Survey: Selected Development, 2016 南非统计部门

11.7 国家住房保障体系

11.7.1 住房保障制度的演变

南非住房保障制度的建立是深受其历史和现实目的影响的。由于南非曾经长期实行种族隔离制度，当时的政府把南非社会严格划分为白人区和黑人区，规定黑人不得越过白人居住区的界限生活、工作和学习等，这使黑人群体在城市居住成为不可能的奢望，黑人居住区大多严重缺乏基础设施，房屋简陋且拥挤，也成为棚户区、贫民窟的代名词。随着城市化的推进和加速，人们对住房需求的不断增大，曾导致了南非社会严峻的住房需求危机。

1994年南非新政府的成立，标志着种族隔离制度的完全废除，但其带来的历史遗留问题至今对南非社会都有着深远的影响。新政府为了减少因种族隔离制度造成的住房问题，以及满足公民日益增长的住房需求，他们的做法是：在1994年1月颁布住房白皮书，规定住房权是公民的一项基本权利，政府有责任采取措施，创造条件来实现公民享有适当住房的权利，提出了建立全国住房保障制度的设想。这是南非政府开始探索建立住房保障制度的标志。在此后南非的住房保障制度随着经济和社会的发展不断调整，逐步形成了相对完善的住房保障制度。

南非的住房保障制度经历了两个历史阶段：注重房屋产权的单一补贴阶段，以及多重保障模式并存的多元保障阶段。

11.7.2 单一补贴阶段——产权住房

南非住房保障制度的每项措施都是根据当时的住房现状来制定的。在1994年的住房白皮书中南非政府预计，到1995年南非的人口将达到4 280万人，830万户家庭，并以2.27%的年平均增长率不断递增，每年增加20万新住户。而且，1994年南非90%的家庭月收入在3 500兰特以下，月收入1 500兰特以下的家庭占比将近80%，这说明广大南非家庭并没有足够的能力去购买或者建造属于自己的住房。

对于当时面临的此种情况，南非政府在1994年11月制定住房重建与发展计划（RDP）。这是南非政府制定的第一个满足公民住房需求的经济和社会建设行动纲领。依据该计划，政府承诺在未来5年在全国建造100万套住宅，并筹集375亿兰特用于建造水电设施和基础医疗设施。在计划实施过程中，南非政府又推出了《住房法》和住房补贴计划，共同为满足公民基本住房需求而努力。公有住房租赁市场实行优惠福利政策（Discount Benefit Scheme），把公有房屋折价出售给房屋的租赁者，当该租赁房的出售价格或者房屋未支付的贷款余额，等于或者少于政府提供的折扣价时，该出租房的所有权无偿直接转移给租赁者。在这个时期，南非政府的政策导向是协助居民和其他人获得国家租赁住房的所有权。

这些计划主要有以下特点：首先，这些计划都是政府直接提供资金进行住房建设或者由政府直接提供住房给居民，具有福利性质。其次，居民不需要承担房屋建设的责任，这些房屋的建造都是由政府通过规划安排房屋承建商建造的。再次，这些计划中的房屋通过交付或者所有权转让，其产权是属于私人所有的。也就是说在这一时期的南非政府，比较注重有产权住房的发展，但是这一时期的福利性住房保障政策不断加重政府的财政负担，政府采取直接提供住房或者住房补贴的措施逐渐陷入困境。

11.7.3 多元保障阶段——租赁住房

随着财政压力日益增大，南非政府认识到仅仅发展有产权住房不足以满足南非公民巨大的住房需求，因而开始探索寻求其他方式来缓解住房问题，一直被忽视的房屋租赁方式逐渐得到重视，但其发展颇为曲折。在1996年，议会住房委员会曾经提出要求住房部立即"大规模地建造出租住房"以便尽快交付使用的建议，但是政府未给予足够的重视。直到1998年南非政府发现虽然政府提供的补贴住房的数量不断增加，但登记等待住房的人却越来越多，住房缺口却越来越大，这才意识到提供有产权住房无法快速且有效地解决巨大的住房短缺问题，才开始注重发展租赁住房。住房部在1998年的年度报告中宣布："现在已经到了政府考虑扩大住房援助来满足全国各类住房需求的时候了。本着可承受可持续发展的原则，政府为租赁住房的发展提供援助将是接下来一段时间住房工作的重点"。

随后，南非政府在1999年颁布了《住房租赁法》，为南非住房租赁市场提供一个全国性的法律框架，促使省级政府在此基础上制定地方房屋租赁法律。南非的租赁住房一般建立在离城市中心相对比较接近的地方，而且能面向不同收入水平的消费群体，让居民依据自身条件来选择租赁住房的位置。正是由于租赁住房的实用性和灵活性，选择租赁住房的南非家庭数量与日俱增。在2001年，大约有超过百万户家庭租住在南非的大都市地区，到2006年升至150万户，2011年增加到220万户，2016年增加到330万户。另外，对于南非普遍存在的棚户区，南非政府承诺各级政府承担责任，为每一个居住在棚户区的居民减免租金，逐步实现他们的住房权，尽快消除棚户区的存在。政府意识到租赁住房可以迅速地满足住房需求，对住房租赁市场的发展越发重视。

11.7.4 可持续发展阶段——社会住房

随着住房保障制度在实践中的不断发展，南非政府意识到不仅要为居民提供住房以满足其住房需求，同时应当创造一个可持续发展的人类居住区。为此，在2004年推出了"开拓新领域"（Breaking New Ground）住房政策。这项政策是对1994年RDP的延续和发展，旨在加快住房交付，解决因殖民统治时期和种族隔离时期造成的空间规划问题，通过对南非社会、经济的发展和地理空间上的充足，建立一个全面的可持续发展，且有质量的人类住宅区。

这个政策是一个创新型的举措，是政府实施住房保障的理念发生变化的标志，即不仅要为公民提供适当的住房，还应该为公民提供舒适的住房。曾在2001年住房法修正案中提出的社会住房计划，恰好符合"开拓新领域"政策的理念和目的。在该政策的指导下，南非政府扩大了全国范围内实施社会住房计划。

社会住房计划有两个主要目标：首先，国家优先充足社会住房结构，对指定地区的社会、经济和地理空间进行规划，以促进政府实现无种族歧视的可持续发展的人类定居点的建设。其次，要改善和促进住房部门的整体运作机制，尤其是作为社会住房组成部分的住房租赁制度。

在2008年，南非政府颁布了《社会住房法》，为社会住房的运作提供了法律保障。该法指出社会住房主要是在指定的区域内，由社会住房机构或者经认可的代理商提供住房，通过合作住房或者出租住房的方式来解决居民的住房问题。在政府推行社会住房计划的过程中，社会住房建造后主要是通过合作住房和租赁的方式进行，在实践中，社会住房大部分都是以租赁的方式来运作。

因此，到目前为止，南非政府建立了以补贴住房、租赁住房和社会住房为主体的住房保障体系。从其历史沿革可以看出，政府在制度实施初期采取的是以发展有产权住房为主，政府出资提供住房补贴给公民或直接提供住房以满足其住房需求。当政府发展财政负担无力承担后，开始寻求更多的住房保障方式来解决住房问题，形成了多元住房保障体系。换句话说，南非的住房保障制度从"居者有其产"转变为了"居者有其居"。另外，南非政府制定住房保障制度时，采取的是先政策引导、再进行相关立法的工作，共同促进住房保障制度的实施，以满足公民的基本住房需求。

11.7.5 金融危机的影响

美国的次贷危机引发了一场严重的经济危机，对世界经济造成了极大的破坏，引发了空前的衰退，南非作为经济开放程度较高、资本市场较为发达的国家，受金融危机冲击较为严重。

2008年之前，南非房价同比涨幅维持在20%~25%的水平。危机全面爆发之时，南非基础设施建设项目出现了大面积的萎缩，房地产业下滑严重，房价直跌落到2006年底的价格水平，与2008年3月份相比，2009年的房价下跌了10.2%。与此同时，因无法偿还房屋贷款而市区住房的人群的数量急剧攀升，2009年1月南非人的抵押贷款总额超过140亿兰特，每个月申请负债重申的人数超过5.1万，与2008年3月份之前相比增加了7 000人。

危机以来，南非政府积极应对。应对的措施不仅是应对金融危机的举措，也是深化自身改革的举措，即在通过已在推行的改革，促进经济增长的同时，实现经济的转型，提高自身经济能力。一方面，南非政府通过出台一些积极的经济手段，如降低利息、扩大政府投资等手段来促进经济增长。另一方面，南非政府加强自身经济能力建设，包括基础行业的投资、住房保障、规范市场秩序、治理经济环境等。

但危机带来的影响还是巨大的，2008年以后，南非的住房平均成交价格涨幅从未突破10%的大关。政府提振经济的举措仍在持续并适当加大力度。

11.8 住房可持续发展

11.8.1 绿色建筑

1）评价体系

南非绿色建筑评价体系——绿色之星（以下简称"Green Star SA"）是从环境友好和人体健康角度出发，利用绿色建筑评价工具，对不同类型建筑的设计和运行进行系统评估的评价体系（图2-11-6）。

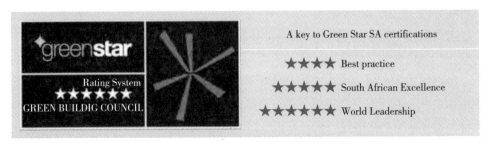

图2-11-6 南非绿色之星评价体系标识

Green Star SA 评价体系基于澳大利亚绿色建筑评价体系,并结合南非的气候环境特点而建立,旨在通过对绿色建筑的客观评价,从而认可和奖励商业地产行业在协调建筑与环境的相互关系中所作出的贡献。该评价体系可分别针对办公建筑(Office)、商业中心(Retail Centre)、多单元住宅(Multi-Unit Residential)、公共建筑和教育建筑(Public & Education Building)进行评价。根据每个建筑的最终评价得分,Green Star SA 由低到高共分为六级,最低为一星级,最高为六星级,但仅对达到四星级、五星级及六星级的建筑进行官方认证,而一星级、二星级及三星级的建筑仅作为参照工具(表2-11-11)。Green Star SA 分为设计水平评价和运行水平评价。设计水平在建筑设计结束后进行评价,运行水平通常在建筑投入运行使用3年后进行评价。

南非绿色之星评价分级　　　　表2-11-11

分级(Rating)	得分(Score)	含义(Represents)	标识(Labeling)
一星	10	最低水平(Minimum Practice)	★☆☆☆☆☆
二星	20	平均水平(Average Practice)	★★☆☆☆☆
三星	30	良好水平(Good Practice)	★★★☆☆☆
四星	45	较高水平(Best Practice)	★★★★☆☆
五星	60	国内优秀(South Africa Excellence)	★★★★★☆
六星	75	世界领先(World Leadership)	★★★★★★

数据来源:Energy Efficiency In Buildings:SANS204 南非人居部

2)组织管理

南非绿色建筑委员会(The Green Building Council of South Africa,以下简称"GBCSA")成立于2007年,是一个独立的、非营利组织。GBCSA 作为南非官方认可的国家绿色建筑委员会,负责组织商业地产行业内所有专业的企业单位、评价机构开展绿色建筑评价工作,并组织建立南非绿色建筑评价体系。GBCSA 实行会员制,成员由南非商业地产行业的所有专业领域的单位或机构组成。尽管GBCSA 是一个独立的组织,但该组织由政府予以支持,同时该组织也向政府提供政策支持。GBCSA 的核心功能是促进南非绿色建筑的发展,同时,向社会提供有关绿色建筑建设和管理方面的政策建议、行业知识和专业培训等。GBCSA 不参与绿色建筑项目的咨询工作,并且不会向开发商提供有关绿色建筑的设计建议。

3)评价工具

南非绿色建筑评价工具由GBCSA 组织相关领域的专家进行编写,针对办公建筑、商业建筑、居住建筑、公共建筑和教育建筑分别建立评价方法(图2-11-7)。

与国际上其他绿色建筑评价体系相似,南非绿色建筑评价体系分为八类指标,包括:管

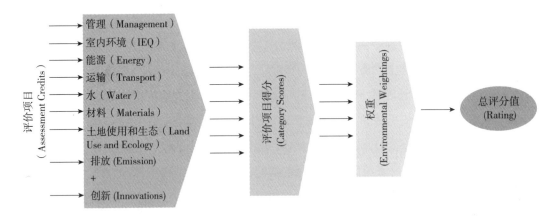

图2-11-7 南非绿色之星评价方法示意

数据来源：Energy Efficiency In Buildings：SANS204 南非人居部

理（Management）、室内环境质量（Indoor Environment Quality）、能源（Energy）、运输（Transport）、水（Water）、材料（Materials）、土地使用和生态（Land Use and Ecology）、排放（Emission）。此外，还包括一个创新项（Innovations），以鼓励在建筑中采用适宜的、创新的解决方案。每类评价项目对应一个权重值，不同类型的建筑权重值有所区别，同时，对于环境的影响程度越大的评价项目，相应的权重值也就越高。每类评价项目与对应评价项目的权重值相乘后，将所有评价项目的分值相加，最终得到该建筑的总评分值。

4）评价程序

南非绿色之星评价程序包括项目注册、文档收集、项目预评估、评估审查和颁发证书等环节。设计标识和运行标识的评价程序一致，只是所提交的评估资料有所区别，具体如下：

①参评项目通过GBCSA官方网站进行注册，并提交有关的项目资料；②根据每类评价项目的要求，参评项目在设计或运行过程中收集相关证明和文档材料；③GBCSA技术团队在收到参评项目资料后，组织评审小组进行预评估；④预评估一般在建筑设计阶段进行，这不仅有助于从设计方案阶段就贯彻绿色建筑思想，还有利于最大限度降低由此带来的增量成本，同时也有利于督促参评项目全面反应评价的要求；⑤预评估结束后，参评项目可以根据预评估意见补充相关材料，解决预评估意见中所提到的问题，并再次提交评估审查。正式评估审查在GBCSA技术团队将有关的项目资料和技术文档提交评审员后进行，评审员不去施工现场，仅对文档资料进行审核。GBCSA根据项目的最终总评分值所对应的认证星级，正式授予参评项目南非绿色之星（图2-11-8）。

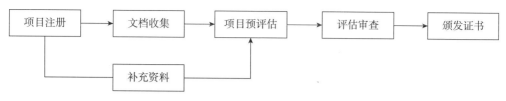

图2-11-8　南非绿色之星评价程序

11.8.2　住房环境管理系统

南非在2013年由人居部负责起草并通过了南非人居发展规划。这份规划的提出意味着南非在今后一段时期的住房保障政策的制定和实施、住房的建设和管理过程中，开始更加注重土地和人居环境的可持续性。

在这之前，为了顺应国际趋势，南非标准局（SABS）在1993年公布了《环境管理系统实践规范》。这份规范在一定程度上量化了国内建筑标准，并结合国际标准组织（ISO）在1995年制定的环境管理系统（EMS），为南非国内建筑提供了综合性的核查清单，构筑了基本的可持续建筑原则，以改善建筑业的环境管理实践。这一原则在南非住房建设方面，主要体现在可持续性的社会属性、经济属性、生物物理属性和技术属性上。迄今为止，南非实现可持续建筑的大多数重点是评估备选地点以避免敏感环境和建筑期间工地环境的管理，尽管许多可持续建筑原则还没有在南非系统地加以运用，但南非在建筑尤其是住房的可持续性上已经做出了很大的努力。

在南非，迄今为止已实行的正式环境管理系统（EMS）大多数是由大型工业或商业组织实施的。在少数几个南非重大建设项目中已经实施的环境管理，大多数情况下，起初并没有使用EMS规定作为指导，1993年的环境管理系统实践规范出台以来，南非才逐渐应用了这种以综合性核查清单的方式，改善建筑业的环境管理实践。

环境管理系统作为实现可持续建筑的框架的组成部分，其实施于一个住房建筑组织内部采用的EMS。当住房建筑建成后，一个新组织通常接管该建筑的管理，而且还可能制定另一个EMS来运行该设施；而当建筑使用超过使用年限时，可能为此制定一个最终的EMS。

南非多应用一种面向过程的可持续建筑原则，它是指出对一个特定项目评估四个大方面的适用性、重要性及其相关原则时要遵循的方法的中心原则，它将住房建设的可持续发展归纳为四方面，即社会可持续性、经济可持续性、技术可持续性和生物物理可持续性。这四方面在南非的环境管理系统中被称为四大"支柱"。每个支柱被细分为若干小类，构成南非住房建设环境管理系统的指标体系。

第 3 部分　｜　统计篇

1　经济与社会发展
2　住房建设投资与建设量
3　现有住房状况与标准
4　社会住房发展
5　住房家庭负担能力与市场
6　住房金融
7　住房能耗与住房管理

1 经济与社会发展

1.1 国内生产总值

1.1.1 世界11国和中国港澳地区国内生产总值（GDP）（1990~2016年）

世界11国和中国港澳地区GDP（单位：亿美元）　　　表3-1-1

国家和地区	1990年	2000年	2010年	2014年	2015年	2016年
法国	12 442	13 263	25 490	28 291.92	24 188.40	24 655
德国	17 145	18 864	32 589	38 682.91	33 634.50	34 688
俄罗斯	5 168	2 597	14 875	18 605.98	13 312	12 832
英国	10 126	14 772	22 519	29 888.93	28 580	26 189
巴西	4 620	6 447	21 430	23 460.76	17 747.20	17 962
美国	57 508	98 988	144 471	174 190	180 366.50	185 691
印度	3 266	4 747	16 843	20 485.17	20 954	22 635
日本	31 037	47 312	54 884	46 014.61	43 831	49 394
新加坡	361	959	2 132	3 078.60	2 927.0	2 970
南非	1 120	1 329	3 635	35 008.50	31 457	2 948
韩国	2 638	5 334	10 149	14 103.83	13 778.70	14 112
中国香港	769	1 691	2 245	2 908.96	3 092	3 209
中国澳门	30	61	283	555.02	462	448
世界	219 769	323 293	631 360	778 688	741 525	756 416
高收入国家	182 734	264 422	431 195	529 067	474 115	484 076
中等收入国家	35 622	57 201	196 554	245 973	263 700	268 358

续表

国家和地区	1990年	2000年	2010年	2014年	2015年	2016年
中低收入国家	37 029	58 886	201 014	249 968	265 451	271 907
低收入国家	1 452	1 667	4 251	3 974	3 943	4 055

资料来源：1990年、2000年、2010年、2011年数据来源于《国际统计年鉴2013》；世界、高收入国家、中等收入国家、中低收入国家、低收入国家的2014年数据，中国香港2014年数据，中国澳门2014年数据来源于《国际统计年鉴2015》；其他2014年数据来源于世界银行WDI数据库；2015年数据来源于世界银行WDI数据库；中低收入国家2015年数据来源于《国际统计年鉴2016》；2016年数据来源于世界银行WDI数据库；

1.1.2 世界11国和中国港澳地区人均国内生产总值（GDP）（1990～2016年）

世界11国和中国港澳地区人均GDP（单位：美元）　　表3-1-2

国家和地区	1990年	2000年	2010年	2014年	2015年	2016年
法国	21 384	21 775	39 170	42 732.6	36 352.5	36 855
德国	21 584	22 946	39 852	47 821.9	41 178.5	41 936
俄罗斯	3 485	1 775	10 481	12 735.9	9 092.6	8 748
英国	17 688	25 083	36 186	46 332.0	43 929.7	39 899
巴西	3 087	3 696	10 993	11 384.4	8 667.8	8 650
美国	23 038	35 082	46 702	54 629.5	56 115.7	57 467
印度	363	450	1 375	1 581.5	1 593.3	1 709
日本	24 754	37 292	43 063	36 194.4	34 523.7	38 895
新加坡	11 845	23 815	41 987	56 284.6	52 888.7	52 961
南非	3 182	3 020	7 272	6 482.8	5 718.2	5 274
韩国	6 153	11 347	20 540	27 970.5	27 221.5	27 539
中国香港	13 478	25 374	31 758	40 169.5	42 327.8	43 681
中国澳门	8 313	14 129	51 999	96 038.1	78 585.9	73 187
世界	4 221	5 405	9 377	10 804	9 996	10 164
高收入国家	16 761	22 501	35 563	37 897	39 577	40 678

续表

国家和地区	1990年	2000年	2010年	2014年	2015年	2016年
中等收入国家	832	1 307	3 830	4 732	4 668	4 798
中低收入国家	765	1 173	3 365	4 301	4 245	4 352
低收入国家	281	281	538	648	616	615

资料来源：1990年、2000年、2010年、2011年、2014年、2015年、2016年世界数据来源于《国际统计年鉴2013》；2015年、2016年、2017年、2014年、2015年、2016年数据来源于世界银行WDI数据库。

1.2 国民收入与生活消费水平

1.2.1 世界11国和中国港澳地区人均国民总收入（1991~2016年）

世界11国和中国港澳地区人均国民总收入（单位：美元）　　表3-1-3

国家和地区	1990年	2000年	2010年	2014年	2015年	2016年
法国	20 160	24 270	42 190	42 960	40 710	38 950
德国	20 630	25 300	42 970	47 640	45 790	43 660
俄罗斯	—	1 710	9 880	13 220	11 450	9 720
英国	16 600	26 010	38 140	43 430	43 700	42 390
巴西	2 700	3 860	9 540	11 530	9 990	8 840
美国	23 260	34 890	47 350	55 200	55 980	56 180
印度	390	450	1 260	1 570	1 590	1 680
日本	27 090	35 040	42 050	42 000	38 840	38 000
新加坡	11 450	24 500	39 410	55 150	52 090	51 880
南非	3 390	3 050	6 090	6 800	6 080	5 480
韩国	6 000	9 910	19 720	27 090	27 450	27 600
中国香港	12 660	26 570	32 780	40 320	41 000	43 240
中国澳门	8 530	14 640	45 460	76 270	67 180	—
世界	4 080	5 278	9 067	10 858	10 552	10 302

续表

国家和地区	1990年	2000年	2010年	2014年	2015年	2016年
高收入国家	18 375	25 324	38 765	38 392	41 932	41 046
中等收入国家	892	1 252	3 722	4 690	4 866	4 909
中低收入国家	820	1 127	3 283	4 263	4 423	4 451
低收入国家	287	267	534	635	620	612

注：人均国民总收入（GNI）是国民总收入（用世界银行图表集法换算为美元）除以年中人口数。国民总收入（GNI）是指所有居民生产者创造的增加值的总和，加上未统计在估计产值中的任何产品税（减去补贴），再加上境外原始收入的净收益（雇员薪酬和财产收入）。国民总收入以本国货币计算，为便于经济体之间的比较分析，通常会按照官方汇率转换为美元。但如有理由认定官方汇率大幅偏离了国际交易中实际应用的汇率，则可采用替代汇率。为熨平价格和汇率波动，世界银行采用了图表集法，用一种转换系数求出给定年及此前两年汇率的平均值，根据该国G-5国家（法国、德国、日本、英国和美国）之间在2000年期间的通胀率差异进行调整。自2001年起，涉及面扩展到欧元区、日本、英国和美国。

资料来源：1990年、2000年、2010年、2011年数据来源于《国际统计年鉴2013》；中国澳门2011年数据，其他2014年、2015年、2016年数据来源于世界银行WDI数据库；2016年中等收入国家、中低收入国家、低收入国家数据来源于《国际统计年鉴2017》。

1.2.2　欧盟28国贫困率及临界值（2015年）

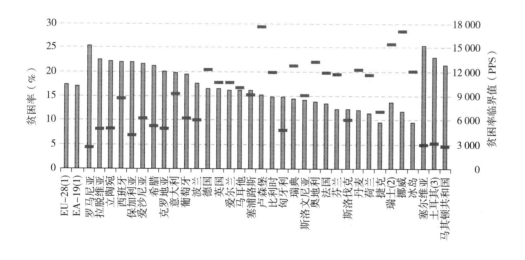

图3-1-1　欧盟28国贫困率及临界值（2015年）

注：（1）无贫困率临界值；（2）2014年数据；（3）2013年数据

多国、地区贫困人口　　　　　　　　　表3-1-4

国家	贫困人口占总人口百分比（单位：%）			贫困人口（单位：千人）		
	2009*	2013	2014	2009	2013	2014
EU28	23.3	24.6	24.5.	—	122884	122320
EA18	21.6	23.1	23.5	70323	75745	77019
德国	20.0	20.3	20.6	16217	16212	16508
法国	18.5	18.1	18.5	11200	11245	11540
瑞典	15.9	16.4	16.9	1459	1602	1636
英国	22.0	24.8	24.1	13389	15586	15188

注：*表示无法获得EU-28的数据，用EU-27的数据代替；

贫困率指家庭可支配收入低于全国平均水平60%的家庭比率；临界值指全国平均可支配收入中位值的60%，考虑到不同国家生活成本的差异。

资料来源：Key figures on Europe 2017 edition

1.2.3　欧盟28国处于贫困或社会排斥状态的人口比例（2010年、2015年）

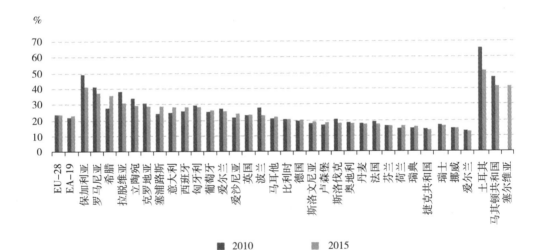

图3-1-2　欧盟28国处于贫困或社会排斥状态人口比例

注：（1）数据暂停；（2）2014年数据；（3）2013年数据；（4）无2010年数据。

资料来源：Key figures on Europe 2017 edition

1.2.4 世界11国和中国港澳地区居民消费价格指数水平（CPI）

世界11国和中国港澳地区CPI（以2010=100）　　　表3-1-5

国家和地区	2013年	2014年	2015年	2016年
法国	105.0	105.6	105.6	105.8
德国	105.7	106.7	106.9	107.4
俄罗斯	121.6	131.2	151.5	162.2
英国	110.2	111.8	111.9	112.6
巴西	119.4	126.9	138.4	150.4
美国	106.8	108.6	108.7	110.1
印度	132.0	140.4	147.7	155.0
日本	100.0	102.8	103.6	99.9
新加坡	112.6	113.8	113.2	112.6
南非	117.3	124.4	130.1	138.9
韩国	107.7	109.0	109.8	—
中国香港	114.3	119.4	123.0	125.9
中国澳门	118.4	125.6	131.3	134.4

资料来源：《中国统计年鉴2015》；国际货币基金组织数据库；2015年数据来自《国际统计年鉴2016》；2016年数据来源《国际统计年鉴2017》；联合国统计月报数据库。

1.2.5 欧盟成员国贫困人口及社会排斥人群比例（按照城市、城镇郊区及农村地区划分）（2015年）

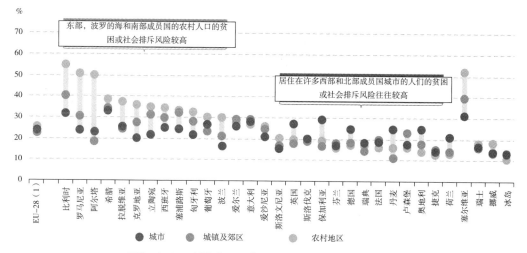

图3-1-3　欧盟成员国贫困人口及社会排斥人群比例

资料来源：Eurostat regional yearbook 2017

1.2.6 世界多国人口贫困率（2015年）

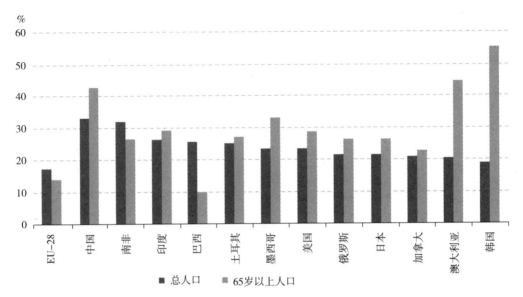

图3-1-4 世界多国人口贫困率

注：贫困率的定义为收入中位数的60%以下人口占比；中国、印度、俄罗斯的数据为2011年，日本为2012年数据。

资料来源：Eurostat

1.3 国土面积与人口

1.3.1 世界11国和中国港澳地区国土面积与人口密度

世界11国和中国港澳地区国土面积及人口密度　　　表3-1-6

国家和地区	国土面积 （万km^2）	年中人口 （万人）	人口密度 （人/km^2）		
	2016年	2016年	2005年	2010年	2016年
法国	54.9	6 689.6	155.4	118.8	122.2
德国	35.7	8 266.8	236.5	234.6	236.9
俄罗斯	1 709.8	14 434.2	8.8	8.7	8.8
英国	24.4	6 563.7	249.7	259.4	271.3
巴西	851.6	20 765.3	22.6	23.8	24.8
美国	983.2	32 312.8	32.3	33.8	35.3
印度	298.0	132 417.1	384.9	414.0	445.4

续表

国家和地区	国土面积（万km²）	年中人口（万人）	人口密度（人/km²）		
	2016年	2016年	2005年	2010年	2016年
日本	37.8	12 699.5	350.5	351.3	248.4
韩国	10.0	5 124.6	497.0	508.2	525.7
新加坡	0.1	560.7	6 191.2	7 231.8	7 908.7
南非	121.9	5 590.9	39.0	41.9	46.1
中国香港	0.1	734.7	6 488.8	6 689.7	6 996.9
中国澳门	—	61.2	16 719.6	18 000.9	20 203.5

资料来源：《国际统计年鉴2017》；世界银行WIND数据库。

1.3.2 欧盟成员国毛出生率（2015年）

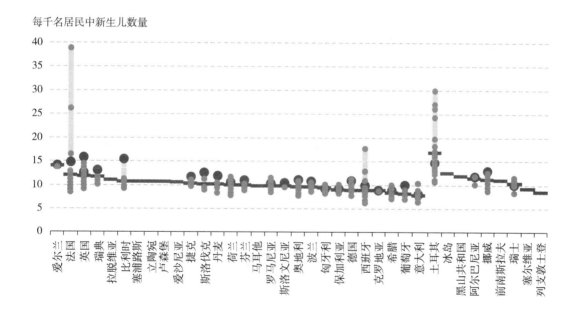

图3-1-5 欧盟成员国毛出生率

注：毛出生率指在一定时期内（通常为一年）平均每千人所出生的人数的比率，一般用千分率表示。

资料来源：Eurostat regional yearbook 2017.

1.3.3　2015年欧盟28国人口数量及2060年预测值

2015年欧盟28国人口及2060年预测值　　　　　　表3-1-7

国家	2015年人口（百万）	2060年人口预测值（百万）
欧盟28国	508.5	522.9
世界	7349.5	10184.3
加拿大	35.9	45.5
印度	1311.1	1745.2
日本	126.6	101.4
俄罗斯	143.5	124.6
韩国	50.3	47.9
美国	321.8	403.5

资料来源：http://ec.europa.eu/eurostat/statistics-explained/index.php?title=File:Population and population density, 1960, 2015 and 2060.png

1.3.4　欧盟各国城市中预计人口变化比率（2015年）

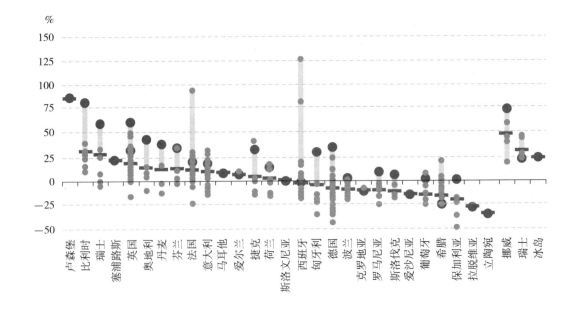

图3-1-6　欧盟各国城市预计人口变化率

资料来源：Eurostat regional yearbook 2016

1.3.5 欧盟28国2016~2080年人口结构

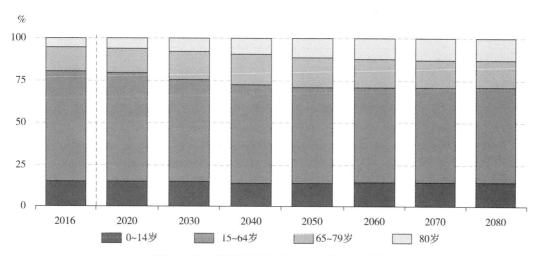

图3-1-7 欧盟28国2016~2080年人口结构

资料来源：Eurostat regional yearbook 2017

1.4 城市化与人口老龄化

1.4.1 世界11国城市人口占总人口比率（2000~2015年）

世界11国城市人口占比（单位：%） 表3-1-8

国家和地区	2000年	2005年	2010年	2013年	2014年	2015年
法国	76.9	81.6	85.2	86.8	79	79.5
德国	73.1	73.4	73.8	74.2	75	75.3
俄罗斯	73.4	72.9	73.7	74.2	74	74.0
英国	78.7	79.0	79.5	79.9	82	82.6
巴西	81.2	82.8	84.3	85.1	85	85.7
美国	79.1	80.7	82.1	82.9	81	81.6
印度	27.7	29.2	30.9	32.0	32	32.7
日本	78.7	86.0	90.5	92.3	93	93.5
新加坡	100	100	100	100	100	100.0
南非	56.9	59.3	61.6	62.9	64	64.8
韩国	79.6	81.4	82.9	83.7	82	82.5
世界	46.6	49.1	51.5	53.0	53.6	53.9

资料来源：法国2013年数据来源于UNDP；其他数据来源于世界银行WDI数据库；世界2014年数据来源于The State of Asian and Pacific Cities 2015。

1.4.2 世界及地区各年段人口占比（2017年）

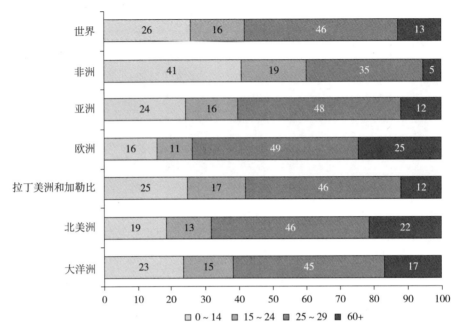

图3-1-8 世界各年段人口占比

资料来源：World Population Prospects: The 2017 Revision

1.4.3 世界城市和农村人口

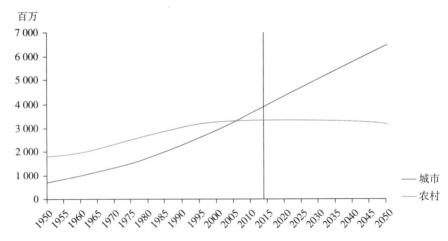

图3-1-9 世界城市和农村人口

资料来源：World Urbanization Prospects, 2014。

1.4.4　1950~2050年世界城市、农村和总人口年平均变化率

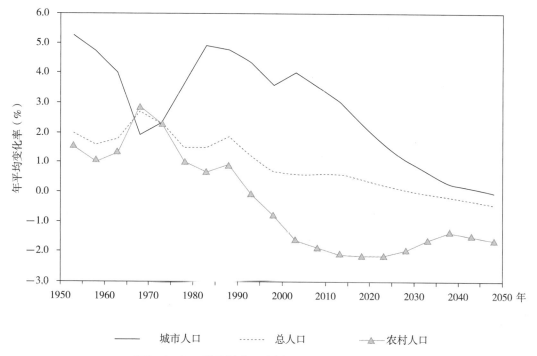

图3-1-10　世界城市、农村和总人口年平均变化率

资料来源：World Urbanization Prospects, 2014.

1.4.5　地区城市化趋势（2010~2050年）

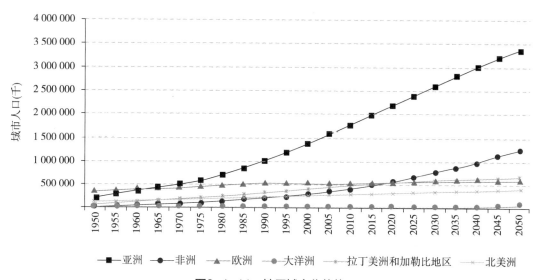

图3-1-11　地区城市化趋势

资料来源：联合国经济社会事务部（UNDESA）

1950~2010年各地区总城市人口增长和2010-2050年预计增长。亚洲总城市人口的增长较为显著，尤其是相对其他地区而言。

1.4.6 欧盟28国及主要国家平均家庭规模（2006年、2016年）

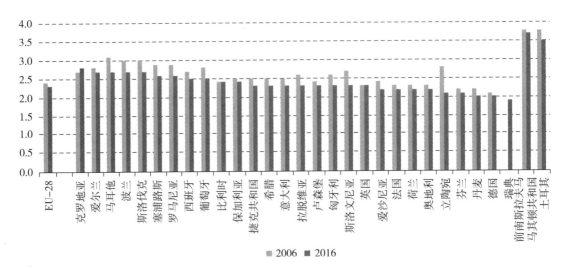

图3-1-12　欧盟多国平均家庭规模

资料来源：Eurostat statistics explained 2017

1.4.7 欧盟28国2006~2016年家庭规模情况

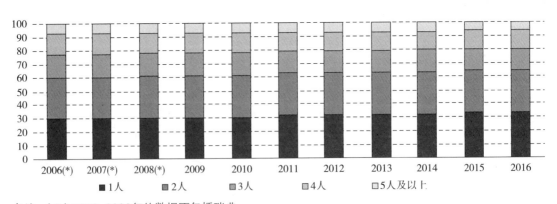

备注：（*）2006~2008年的数据不包括瑞典。

图3-1-13　欧盟28国家庭规模

资料来源：Eurostat statistics explained 2017

2 住房建设投资与建设量

2.1 住房投资情况

2.1.1 法德英美日5国住房投资（1980~2015年）

5国住房投资情况（单位：%）　　　表3-2-1

国家		1980年	1982年	1984年	1986年	1988年	1990年
法国	A	6.1	5.5	4.9	5.2	5.2	5.1
	B	21.9	20.8	19.0	19.2	20.5	21.4
	C	28.0	26.3	25.8	27.1	25.6	24.0
德国	A	6.7	6.2	6.4	5.3	5.2	5.6
	B	22.7	20.5	20.0	19.5	19.6	21.0
	C	29.6	30.3	31.7	27.3	26.5	26.6
英国	A	2.8	3.4	3.7	3.5	4.0	3.6
	B	17.2	16.4	17.1	16.9	19.0	19.3
	C	16.2	20.4	21.3	21.0	21.2	18.8
美国	A	3.9	3.0	4.8	5.1	4.8	3.9
	B	18.5	16.5	18.1	17.7	17.1	14.6
	C	21.2	17.9	26.7	28.9	27.9	26.9
日本	A	6.7	5.9	5.0	5.0	6.2	6.2
	B	31.6	29.5	27.7	27.3	29.9	32.2
	C	21.4	20.0	18.0	18.1	20.6	19.1
国家		1998年	2001年	2007年	2009年	2012年	2015年
法国	A	4.1	4.2	6.9	6.4	6.1	5.8
	B	18.4	20.0	22	20.5	19.7	22.8
	C	22.2	20.8	31.3	31.2	30.9	25.4

续表

国家		1998年	2001年	2007年	2009年	2012年	2015年
德国	A	7.4	6.3	5.6	5.6	5.8	5.7
	B	21.4	20.1	18.2	17.5	17.6	19.0
	C	34.5	31.5	30.7	32.0	32.9	30.0
英国	A	2.9	2.8	4.1	2.7	3.3	3.6
	B	17.6	16.5	18.6	14.8	14.3	17.1
	C	16.7	16.8	22.1	18.2	23.0	21.1
美国	A	4.2	4.4	4.8	2.5	2.7	3.6
	B	19.4	19.2	19.2	15	18.6	20.7
	C	21.4	22.9	25.0	16.7	14.5	17.4
日本	A	4.2	3.9	3.5	3.0	3.0	3.1
	B	26.8	25.6	24.3	21	21.1	23.1
	C	15.7	15.4	14.4	14.3	14.2	13.4

注：A：住房投资/国内生产总值；B：固定资产形成总值/国内生产总值；C：住房投资/固定资产形成总值；2007年、2009年、2012年、2015年的B值是由A/C计算得出。

资料来源：日本 住宅建筑手册 1997，2003；日本 住宅经济数据集 2009，2011，2014，2017

2.1.2 法德英美日5国住房投资（名义）（2015年）

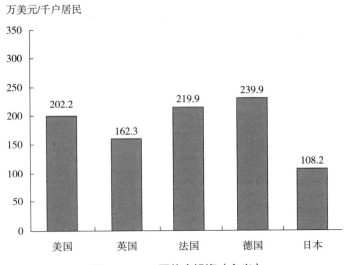

图3-2-1 5国住房投资（名义）

资料来源：日本住宅经济数据集2017

2.1.3 世界5国住房投资占GDP的比率（名义）（2015年）

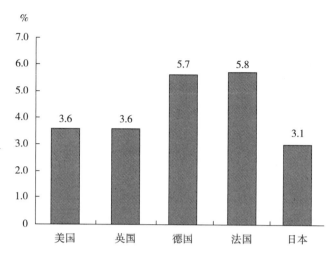

图3-2-2 5国住房投资占GDP比例（名义）

资料来源：日本住宅经济数据集2017

2.1.4 法德英美日5国住房投资占国内固定资产总值的比率（名义）（2015年）

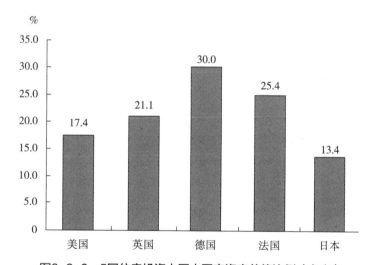

图3-2-3 5国住房投资占国内固定资产总值比例（名义）

资料来源：日本住宅经济数据集2017

2.1.5 法德英美4国住房投资年变化率（2006~2015年）

4国及欧盟28国住房投资年变化率（单位：%）　　　表3-2-2

国家	2006	2007	2008	2009	2010	2011	2012	2013	2014	2015	2016
法国	6.4	4.8	-2.8	-11.5	-0.7	1.8	-0.2	-2.8	-4.2	-1.0	2.6

续表

国家	2006	2007	2008	2009	2010	2011	2012	2013	2014	2015	2016
德国	6.0	-1.8	-3.5	-2.6	4.6	8.9	1.1	0.5	3.8	1.6	4
英国	15.8	-5.0	-15.0	-26.6	14.0	2.5	-6.0	4.4	14.2	4.1	2.6
美国	-7.6	-18.8	-24.0	-21.2	-2.5	0.5	12.9	12.2	1.6	6.9	n/a
EU28	7.1	1.7	-6.3	-13.8	-1.6	0.1	-3.7	-2.5	0.0	2.4	3.7

资料来源：Hypostat 2017: A review of europe's mortgage and housing markets；European Mortgage Federation National Experts, European Central Bank, National Central Banks, Federal Reserve

2.1.6 欧盟多国政府对住房和社区基础设施投资占GDP比重（2016年）

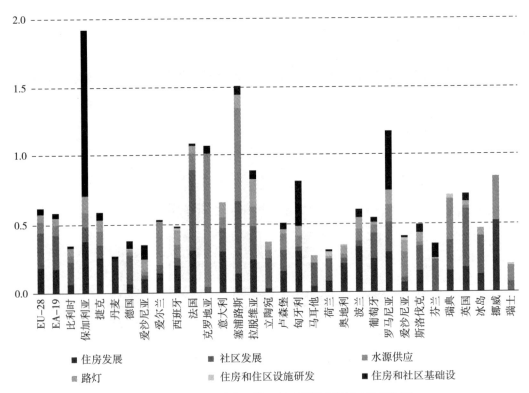

图3-2-4 多国对住房和社区基础设施投资占GDP比重

资料来源：Eurostat Statistic Explained

2.2 住宅相关产业的生产诱发效果（以2015年日本为例）

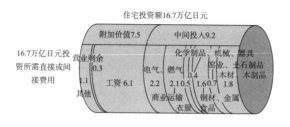

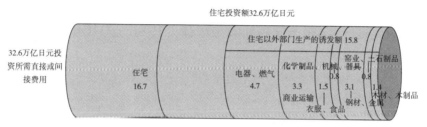

图3-2-5 住宅相关产业生产诱发效果

资料来源：日本住宅经济数据集 2017

2.3 住房建设量

2.3.1 世界9国和中国香港地区月均新建住房量（2005~2015年）

世界9国和中国香港地区月均新建住房（单位：套/月） 表3-2-3

国家	项目	2005年	2010年	2013年	2014年	2015年
法国	住房开工量	37 016	28 831	27 656	29 400	28 267
德国	规划建设量	17 942	13 982	19 773▲	23 594	25 465
俄罗斯	新建住房	42 942	59 510	76 009	93 160	99 587
英国	新建住房	17 465	11 438	11 500	12 082	14 223
美国	私有住房竣工量	161 000	54 000	64 000	73 833	80 750
日本	住房开工量[①]▲	104 083	68 250	82 250	74 355	75 692
南非	新建住房量	5 885	3 296	2 822	3 214	3 306
韩国▲	住房建设量	—	32 212	32 965	8 491	10 399
瑞典	新建住房量	1 912	1 387	2 128	2 349	2 523

续表

国家	项目	2005年	2010年	2013年	2014年	2015年
中国香港	新建公共住房量	3 501	625	1 742	470	846
	新建私有住房量	1 382[②]	1 117	688	1 310	940
	新建私有住房量	59	51	29	54	51

注：①Data excludes capital repairs；②2006年数据。

▲依据各国及地区统计年鉴进行了调整

资料来源：http://unstats.un.org/

2.3.2 法英美日4国每千居民新建住房量（1996~2016年）

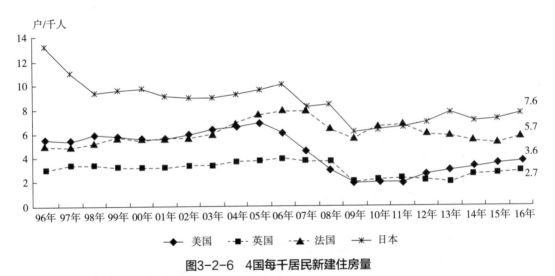

图3-2-6 4国每千居民新建住房量

资料来源：日本 住宅经济数据集 2017

2.3.3 法英美3国住房年开工总量（2005~2016年）

3国住房年开工总量（单位：套） 表3-2-4

国家	2005年	2010年	2012年	2013年	2014年	2015年	2016年
法国	403 721	346 000	346 500	332 100	356 300	350 800	372 200
英国	223 910	138 470	127 450	149 210	164 630	177 290	—
美国	2 068 000	587 000	780 000	925 000	1 003 000	1 112 000	1 174 000

资料来源：Hypostat 2017: A review of europe's mortgage and housing markets；European Mortgage Federation National Experts, European Central Bank, National Central Banks, Federal Reserve.

2.3.4 世界5国住房竣工总量（2005~2016年）

5国住房竣工总量（单位：套）　　　　　　　表3-2-5

国家	2005年	2010年	2012年	2013年	2014年	2015年	2016年
德国	242 316	159 832	176 617▲	214 817	245 325	247 724	277 691
俄罗斯	515 000	717 000	838 000	929 000	1 124 000	1 195 000	1 167 000
英国	214 000	137 450	135 510	140 930	144 970	170 990	—
美国	1 932 000	651 000	649 000	764 000	884 000	968 000	1 059 000
南非	—	39 552	42 876	33 864	—	—	—

资料来源：Hypostat 2017: A review of europe's mortgage and housing markets；European Mortgage Federation National Experts, European Central Bank, National Central Banks, Federal Reserve.

2.3.5 世界31国住房竣工量占住房存量的比例（2000年、2015年）

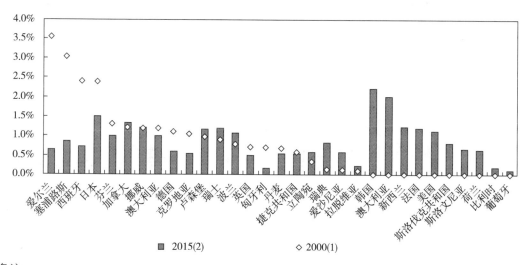

备注：
①2000年的数据：日本为1998年数据;奥地利，加拿大，克罗地亚，捷克共和国，匈牙利，卢森堡，挪威和西班牙为2001年数据;塞浦路斯为2003年数据。
②2015年的数据：拉脱维亚和立陶宛为2011年的数据;捷克共和国，爱沙尼亚，爱尔兰，斯洛文尼亚和西班牙为2013年;澳大利亚，丹麦和波兰为2014年。

图3-2-7　31国住房竣工量占住房存量比例

资料来源：OECD Questionnaire on Affordable and Social Housing.

2.3.6 美国与欧盟住房规划建设量、竣工量和开工量历年变化

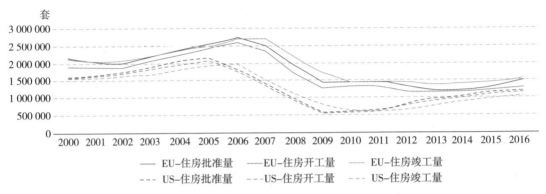

图3-2-8 美国与欧盟住房规划、竣工、开工数量

资料来源：Hypostat 2017: A review of europe's mortgage and housing markets; European Mortgage Federation.

2.3.7 欧盟平均住房规划建设量

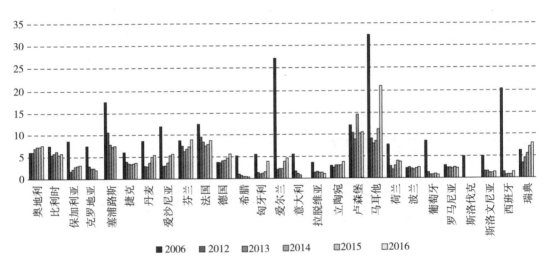

注：针对18岁以上人口。

图3-2-9 欧盟平均住房规划建设量

资料来源：Hypostat 2017: A review of europe's mortgage and housing markets; European Mortgage Federation.

3 现有住房状况与标准

3.1 住房存量、空置率和自有率

3.1.1 法德俄英美5国总住房存量（2005~2016年）（单位：千套）

5国总住房存量　　　　　　　　　　　　　　　表3-3-1

国家	2005年	2010年	2011年	2012年	2013年	2014年	2015年	2016年
法国	31 582	33 497	33 842	34 200	34 600	34 944	34 204	34 537
德国	39 551	40 479	40 630	40 806	40 995	41 200	41 400	41 700
俄罗斯	57 425	60 126	60 807	61 500	61 300	62 900	64 000	—
英国	26 197	27 448	27 614	27 767	26 414	28 073	—	—
美国	123 925	130 599	132 292	132 778	132 799	133 270	134 758	135 660

资料来源：Hypostat 2017: A review of europe's mortgage and housing markets；European Mortgage Federation National Experts, European Central Bank, National Central Banks, Federal Reserve；英国2013年数据来源于Office for National Statistics, Families and Households, 2013。

3.1.2 法德英美日5国住房存量结构（按所有权划分）

5国住房存量结构　　　　　　　　　　　　　　表3-3-2

国家	总计	自有住房	出租住房	其中	
				民间出租	公营出租
美国（2013）	100.0%	65.3%	34.7%	29.9%	4.8%
英国（2013）	100.0%	64.4%	35.6%	18.1%	17.5%
德国（2010）	100.0%	45.7%	54.3%	—	—
法国（2013）	100.0%	57.9%	37.1%	20.7%	16.4%
日本（2013）	100.0%	61.7%	35.5%	28.0%	5.4%

资料来源：日本住宅经济数据集 2017

3.1.3 世界21国住房空置率（2015年）

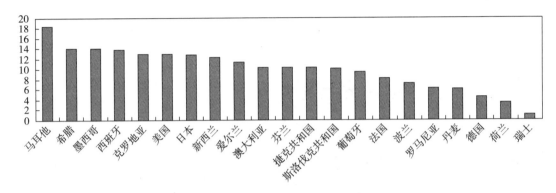

图3-3-1　世界21国住房空置率

备注：
（1）墨西哥为2010年数据；澳大利亚，捷克共和国，德国，希腊，马耳他，波兰，罗马尼亚，斯洛伐克共和国和西班牙为2011年数据；克罗地亚，爱尔兰，日本和新西兰为2014年；法国和瑞士为2013年数据。
（2）数据中不包括奥地利，保加利亚，加拿大，智利，塞浦路斯，韩国，立陶宛，卢森堡，挪威和英国的信息。
（3）这里的空置率是指没有投入使用，处于待出售或待出租的状态。
资料来源：OECD Questionnaire on Affordable and Social Housing.

3.1.4 世界6国城市和农村空置住房的比例（2015年）

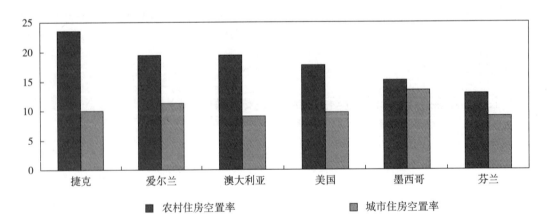

图3-3-2　6国城市和农村空置住房比例

注：美国和墨西哥为2010年数据；澳大利亚，捷克共和国和爱尔兰为2011年数据。
资料来源：OECD Questionnaire on Affordable and Social Housing

3.1.5 欧盟多国住房自有率（2017年）

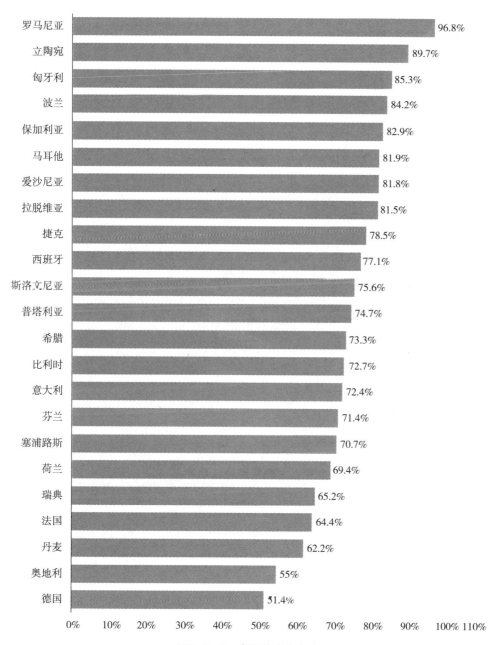

图3-3-3　多国住房自有率

注：住房自有率是指居住在自己拥有产权住房的家庭占整个国家住房家庭户数的比例。

资料来源：The Statistics Protal

3.1.6 欧盟成员国住房使用情况（2016年）

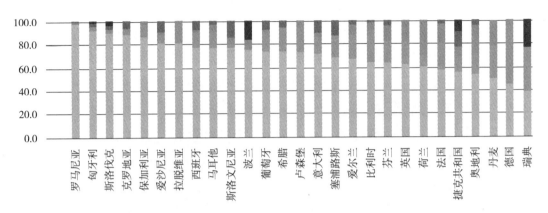

图3-3-4 欧盟成员国住房使用情况（2016年）

注：德国：在"私人出租"中，包含了按市场价格出租的租赁住房的份额。

荷兰：在"社会出租"中，包括住房公司的所有出租房屋。

瑞典：在"私人出租"中，包括私人提供商出租的住房（19%）和市政住房公司出租的住房（19%）。

英国：在"社会出租"中，包括房屋协会和地方当局的所有租赁

资料来源：The state of housing in the EU 2017

3.1.7 欧盟国家住房短缺人口占比（2015年、2016年）

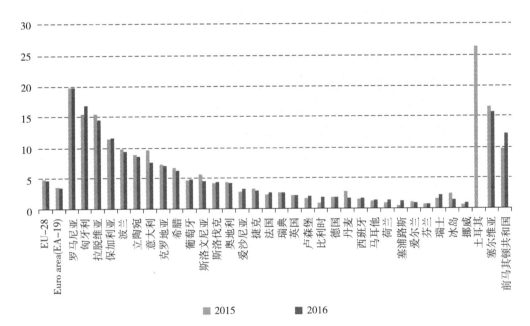

图3-3-5 欧盟国家住房短缺人口占比

资料来源：Eurosta.

3.2 住房面积

3.2.1 法德英美日5国每套住房平均面积（按墙体中—中计算）

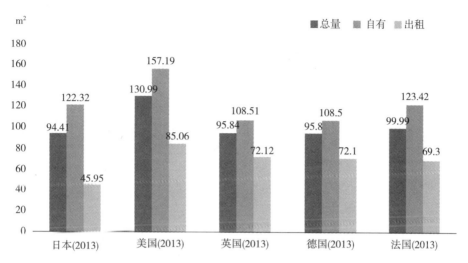

图3-3-6　5国每套住房平均面积

资料来源：日本 住宅经济数据集 2017.

3.2.2 法德英美日俄6国人均住房建筑面积（按墙体中—中计算）

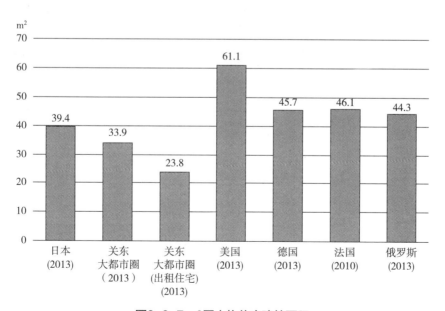

图3-3-7　6国人均住房建筑面积

资料来源：日本住宅经济数据集 2017

3.3 住房使用与满意度

3.3.1 欧盟各国居住在不同建筑类型房屋的人口比例

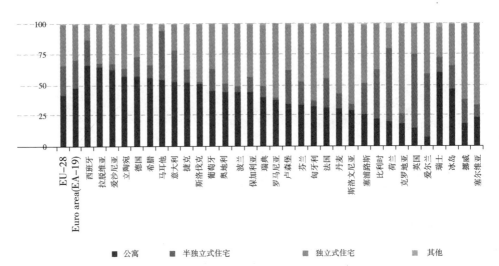

图3-3-8 欧盟各国居住在不同建筑类型房屋人口比例

资料来源：European Social Statistic 2017

3.3.2 欧洲30国居住在不同住房所有权类型住房人口比率（2015年）

表3-3-3 欧洲30国居住在不同住房所有权住房人口比率（单位：%）

国家	自有（无未偿还抵押或贷款）	自有（有住房抵押或贷款）	租赁（按市场价）	租赁（低于市场价或免费）
EU-28	42.5	26.9	19.7	10.9
EA-19	38.3	28.1	23.0	10.5
罗马尼亚	95.6	0.9	1.2	2.4
克罗地亚	85.2	5.3	2.0	7.6
保加利亚	79.5	2.8	3.1	14.6
立陶宛	81.3	8.1	1.4	9.2
斯洛伐克	77.9	11.3	9.2	1.5
波兰	72.8	10.9	4.5	11.8
拉脱维亚	70.4	9.8	8.7	11.2
匈牙利	67.6	18.7	4.8	8.9
斯洛文尼亚	65.4	10.8	4.8	19.0
爱沙尼亚	62.1	19.4	3.7	14.7

续表

国家	自有（无未偿还抵押或贷款）	自有（有住房抵押或贷款）	租赁（按市场价）	租赁（低于市场价或免费）
马耳他	60.3	20.4	2.4	16.8
捷克	59.8	18.2	16.4	5.6
希腊	61.0	14.1	19.8	5.1
意大利	56.1	16.8	15.4	11.7
塞浦路斯	52.9	20.1	12.7	14.3
西班牙	47.0	31.2	12.7	9.1
葡萄牙	38.3	36.5	12.7	12.5
法国	33.0	31.1	19.8	16.1
芬兰	30.3	42.4	12.0	15.3
奥地利	30.0	25.7	29.6	14.7
比利时	29.0	42.4	19.7	8.9
英国	27.5	36.1	18.2	18.3
卢森堡	30.4	42.8	21.7	5.1
德国	25.6	26.2	39.9	8.2
丹麦	14.1	48.6	37.3	0.1
荷兰(1)	7.7	60.1	31.7	0.5
瑞典	7.2	63.4	29.1	0.3
挪威	20.9	61.9	10.0	7.2
冰岛	15.0	62.8	11.1	11.1
瑞士(2)	4.6	39.9	49.2	6.3

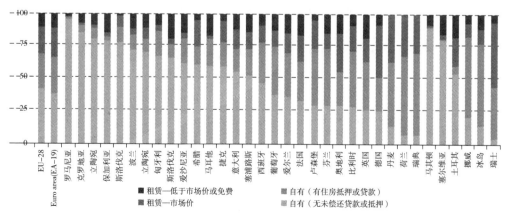

图3-3-9　居住在不同住房所有权住房人口比率

注：（1）临时数据；（2）2014年数据。

资料来源：European Social Statistic 2016

3.3.3 欧盟28国按居住类型划分的人口情况（2015年）

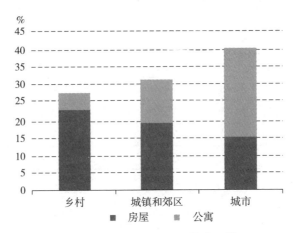

图3-3-10 居住类型划分的人口情况

注：所提供的信息不包括其他类别（居住在房屋或公寓以外的住宅）。

资料来源：Eurostat regional yearbook 2017

3.3.4 欧盟各国过度拥挤住房人口比例（2016年）

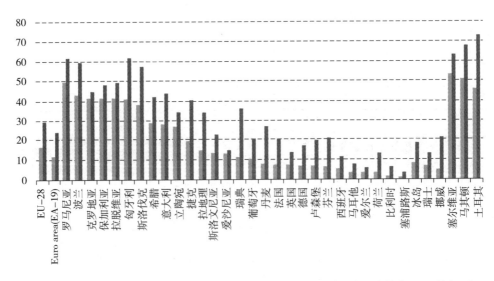

图3-3-11 欧盟各国过度拥挤住房人口比例

注：过度拥挤率描述了居住在过度拥挤的住宅中的人口比例，由家庭可用房间的数量、家庭大小以及家庭成员的年龄和家庭状况来决定。

资料来源：Eurostat 2017

3.3.5 欧洲住房匮乏比率（不足率）(2014~2015年)

欧洲住房匮乏比率（单位：%）　　　　　　　　表3-3-4

国家	2014年	2015年	国家	2014年	2015年
EU-28[1]	5.0	4.9	法国	2.3	2.3
EA-18[1]	3.7	3.7	卢森堡	1.6	1.7
罗马尼亚	20.6	19.8	丹麦	2.3	2.8
匈牙利	17.3	15.5	英国	2.4	2.2
拉脱维亚	16.6	15.5	德国	1.9	1.8
保加利亚	12.9	11.4	瑞典	1.6	2.0
波兰	9.1	9.8	西班牙	1.7	1.5
克罗地亚	7.8	7.3	塞浦路斯	1.5	0.5
意大利	9.5	9.6	马耳他	1.3	1.3
斯洛文尼亚	6.5	5.6	荷兰	0.6	1.0
立陶宛	10.1	8.9	芬兰	0.7	0.7
希腊	6.0	6.7	比利时	0.9	0.9
斯洛伐克	4.3	4.2	爱尔兰	1.2	1.1
爱沙尼亚	3.9	2.8	冰岛	2.2	2.5
葡萄牙	5.5	4.7	瑞士	1.4	:
捷克	3.5	3.3	挪威	0.7	0.7
奥地利	3.7	4.3			

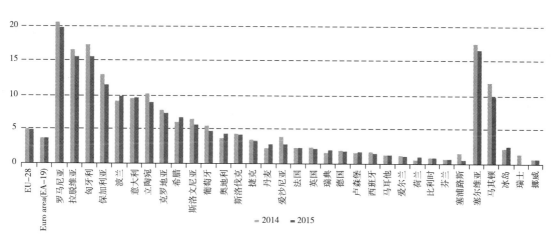

图3-3-12　欧洲住房不足率

注：住房不足率指住在过度拥挤住房（至少一间住房，没有淋浴或洗手间，或屋顶漏水或室内太黑暗等）的人口比重。

资料来源：European Social Statistic 2016

3.3.6 欧盟主要国家住房中水、电、天然气和其他燃料支出占比（2015年）

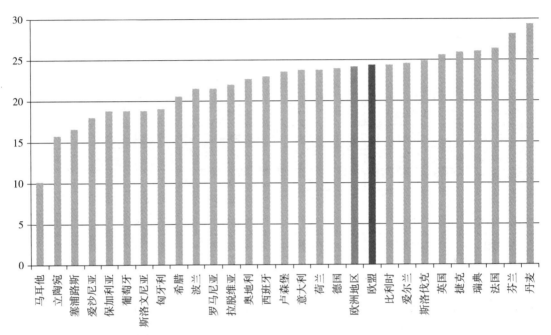

图3-3-13 住房中水、电、天然气和其他燃料支出占比

资料来源：European Social Statistic 2016

3.3.7 多国家住房与环境满意度比较（60岁以上人群）

多国住房与环境满意度（单位：%）　　　　表3-3-5

（1）住房	德国	美国	日本	韩国	瑞典
满意	78.1	74.9	33.3	24.7	84.0
基本满意	18.7	19.2	49.0	52.4	14.4
稍有不满	2.9	4.4	15.4	19.1	1.5
非常不满	0.3	1.5	2.2	3.8	0.1
（2）环境	德国	美国	日本	韩国	瑞典
满意	71.5	75.2	35.0	29.6	86.8
基本满意	25.5	19.2	54.8	58.0	12.3
稍有不满	2.4	4.2	9.5	11.7	0.8
非常不满	0.4	1.4	0.8	0.7	0.1

资料来源：日本住宅经济数据集 2017.

3.3.8 欧盟成员国房屋成本上涨负担率（2015年）

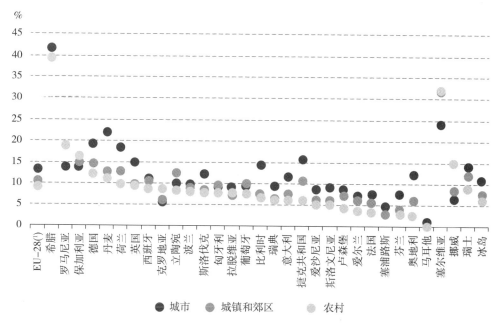

图3-3-14　欧盟成员国房屋成本上涨负担率

资料来源：Eurostat regional yearbook 2017

3.3.9 欧盟主要成员国居民对空气质量的满意度（2015年）

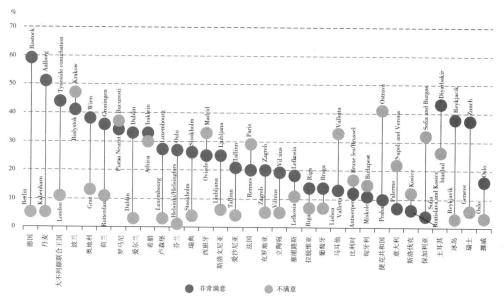

图3-3-15　居民空气质量满意度

资料来源：Eurostat regional yearbook 2017

3.4 住房标准

日本第八个住房建设五年计划的居住水准（2001~2005年）

1）一般诱导居住水准

一般诱导居住水准（单位：m²）　　　　表3-3-6

家庭人数	居住室面积（净面积）	住户专用面积（墙体中到中的面积）
1人	27.5	50
1人（单身中年人或老年人）	30.5	55
2人	43.0	72
3人	58.5	98
4人	77.0	123
5人	89.5	141
5人（包括1位老年人）	99.5	158
6人	92.5	147
6人（包括老年夫妇）	102.5	164

2）城市诱导居住水准

城市诱导居住水准（单位：m²）　　　　表3-3-7

家庭人数	居住室面积（净面积）	住户专用面积（墙体中到中的面积）
1人	20.0	37
1人（单身中年人或老年人）	23.0	43
2人	33.0	55
3人	46.0	75
4人	59.0	91
5人	69.0	104
5人（包括1位老年人）	79.0	122
6人	74.5	112
6人（包括老年夫妇）	84.5	129

3）最低居住水准

最低居住水准（单位：m²）　　　　　　　　表3-3-8

家庭人数	居住室面积（净面积）	住户专用面积（墙体中到中的面积）
1人	7.5	18
1人（单身中年人或老年人）	15.0	25
2人	17.5	29
3人	25.0	39
4人	32.5	50
5人	37.5	56
6人	45.0	66

注：标准的家庭构成指3人以上家庭且有需要与夫妇分居的小孩；居住室面积包括卧室及餐室兼厨房。住户专用面积包括卧室、餐室兼厨房、厕所、浴室、贮藏空间等，但不包括阳台。

资料来源：日本住宅经济数据集2014.

4 社会住房发展

4.1 社会住房量

4.1.1 世界37国每千人居民的住房量（2015年）

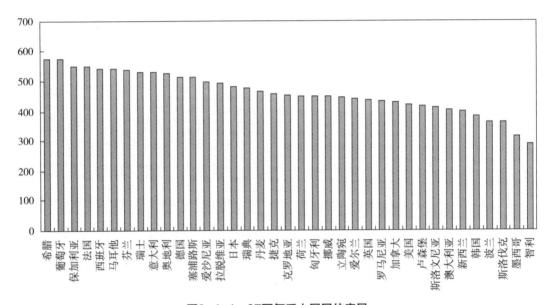

图3-4-1　37国每千人居民住房量

注：数据中不包括比利时，冰岛，以色列和土耳其。

资料来源：OECD Questionnaire on Affordable and Social Housing

4.1.2 世界城市和农村地区社会住房存量占比（2015年）

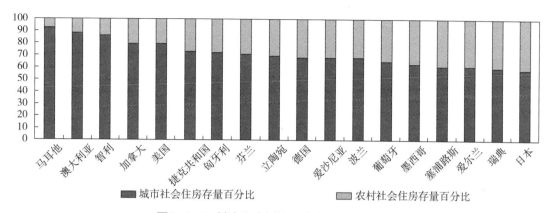

图3-4-2 城市和农村地区社会住房存量占比

注：

（1）美国和墨西哥为2010年数据；澳大利亚，加拿大，捷克共和国，爱沙尼亚，爱尔兰，马耳他和葡萄牙为2011年数据；智利，塞浦路斯和日本为2013年数据；德国、立陶宛和波兰为2014年数据。

（2）数据不包括奥地利，保加利亚，克罗地亚，丹麦，法国，德国，希腊，意大利，拉脱维亚，卢森堡，荷兰，新西兰，罗马尼亚，斯洛伐克共和国，斯洛文尼亚，西班牙，瑞士和英国。

资料来源：OECD Questionnaire on Affordable and Social Housing

4.1.3 欧盟成员国社会租赁住房比重情况（2000年、2013年、2015年）

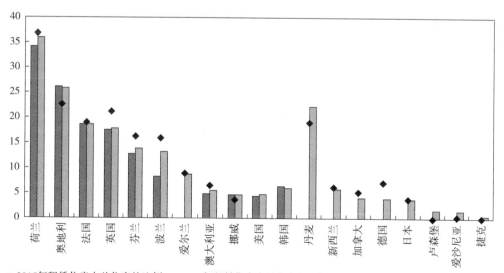

图3-4-3 社会租赁住房比重情况

注：2013年的数据实际上是指2011年的加拿大，匈牙利，爱尔兰，卢森堡和马耳他；2012年为德国。2015年的数据指的是2014年的澳大利亚，奥地利，法国，挪威和英国。2000年的数据指的是2001年的澳大利亚，奥地利和芬兰，2002年的德国和1998年的日本。

资料来源：OECD QuASH 2016

4.1.4 欧盟成员国社会租赁住房比重情况（2015年）

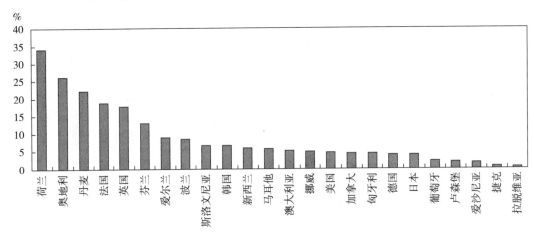

图3-4-4 社会租赁住房占住房总量比重

注：(1) 智利，希腊，墨西哥，罗马尼亚，瑞典和土耳其没有社会出租房。比利时，保加利亚，克罗地亚，塞浦路斯，冰岛，以色列，意大利，立陶宛，斯洛伐克共和国，西班牙和瑞士缺少关于该部门规模的信息。

(2) 数据是指2011年的加拿大，匈牙利，爱尔兰，卢森堡和马耳他；2012年为德国；2013年丹麦，爱沙尼亚，日本和波兰；2014年为澳大利亚，奥地利，法国，挪威和英国。

资料来源：OECD QuASH 2016

4.1.5 欧盟6国社会租赁住房占各类住房的比重

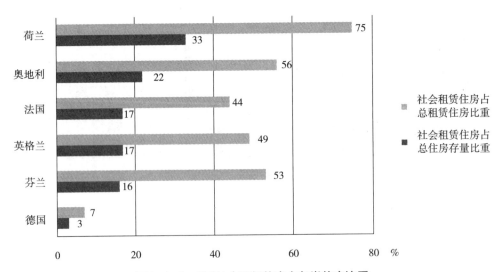

图3-4-5 6国社会租赁住房占各类住房比重

4.2 社会住房支出与租金

4.2.1 欧盟国家不同社会住房福利模型的租金收益占GDP比重

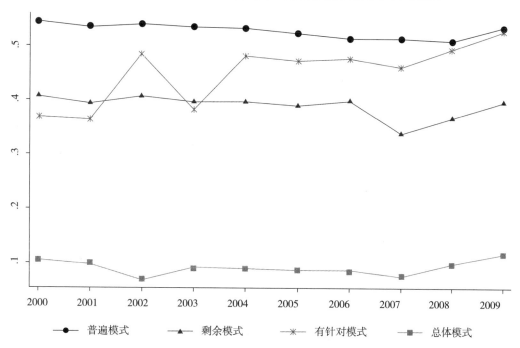

图3-4-6 不同社会福利模型租金收益占GDP比重

资料来源：Eurostat

4.2.2 金融危机对社会住房领域的影响（2008/2009年与2003/2004年比较）

金融危机对社会住房领域影响　　　　表3-4-1

国家	社会租赁住宅占所有租赁住房存量的比率		社会租赁住房占所有住房存量比率		社会租赁住房占新建住房竣工量比率		享受社会补贴家庭比率（2008年）		住房补贴（百万欧元）		住房补贴需求量（百万欧元）	
奥地利	59	↑	23	=	—		—		—		—	
比利时	24	=	7	=	6	=	—		—		—	
捷克	—		—		—		—		22	↓	538	↑
丹麦	51	↑	19	↓	22	↓	21	↓	362	↓	1602	↑
爱沙尼亚	46	↑	1	↓	—		—		15	↑	—	
芬兰	53		16	↓	13	↓	20	↓	280	↓	1661	↑
法国	—		—		—		20	↓	2800	↑	15	↓
德国	9	↓	5	↓	12	↑	11	↑	—		—	

续表

国家	社会租赁住宅占所有租赁住房存量的比率		社会租赁住房占所有住房存量比率		社会租赁住房占新建住房竣工量比率		享受社会补贴家庭比率（2008年）		住房补贴（百万欧元）		住房补贴需求量（百万欧元）	
希腊	0	=	0	=	1	↑						
匈牙利	38	↓	3	=								
意大利	19	↓	4	↓	—	—	6	↑	3506	↑		
拉脱维亚	2	=	0	↓	1	↑	4	↓				
卢森堡	—	—	—	—	—	—					15	↓
荷兰	75	↓	32	↓	19	↑	15	↑				
波兰					7	↑	3	↓				
葡萄牙											18	↓
罗马尼亚					4	↓						
斯洛文尼亚					12	↓	2	↑	57	↑	67	↓
西班牙					16	↑						
瑞典	46	=	17	↓	15	↓	4	↓	173	↓	1397	↓

资料来源：Social Housing in the EU 2013

4.2.3 欧盟27国社会住房支出占GDP比重（2000~2009年）

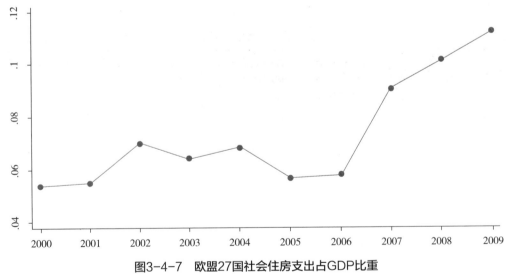

图3-4-7 欧盟27国社会住房支出占GDP比重

注：欧盟平均值

资料来源：Social Housing in the EU 2013

4.2.4 世界19国政府补贴支出占GDP的比重（2015年）

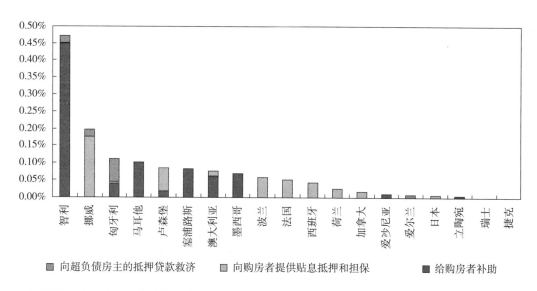

图3-4-8　19国政府补贴支出占GDP比重
资料来源：OECD Questionnaire on Affordable and Social Housing（2016）

4.2.5 世界部分城市及国家社会住房建造费用

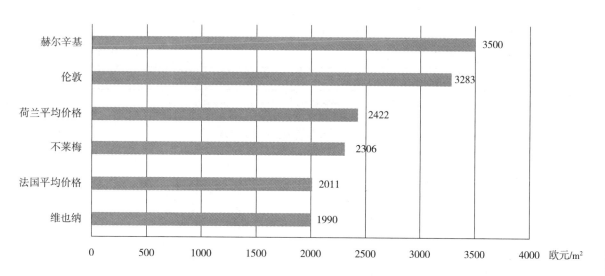

图3-4-9　社会住房建造费用（单位：欧元/m²）
资料来源：Study on financing of social housing in 6 European countries

4.2.6 世界部分城市及国家房租比较(单位:欧元/m²)

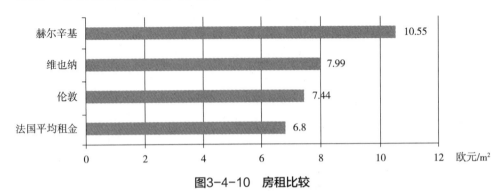

图3-4-10 房租比较

资料来源:Study on financing of social housing in 6 European countries

4.2.7 欧盟6国(城市)社会住房资金来源及占总支出比率

6国社会住房资金来源及占总支出比率　　　表3-4-2

项目	维也纳（奥地利）	伦敦（英国）	荷兰（平均）	不莱梅（德国）	赫尔辛基（芬兰）	法国（平均）
住房供应商自有资金	14	—	20-30	38	—	15
银行贷款	42	35	70-80	37	95	75
其中:有利息补贴有担保	间接—	——	—部分	——	是是	间接是
公共贷款	34	—	—	25	5	—
公共拨款	—	65	—	—	—	10
租金收益	10	—	—	—	—	—
合计	100	100	100	100	100	100

资料来源:Financing of Social Housing in Selected European Countries.2014.

4.2.8 欧盟28国不同收入人群住房情况(2016年)

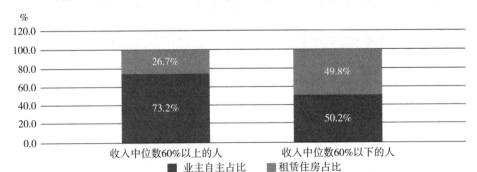

图3-4-11 28国不同收入人群住房情况

资料来源:the state of housing in eu 2017

4.2.9 部分经合组织国家社会租赁住房的投资者占比（2016年）

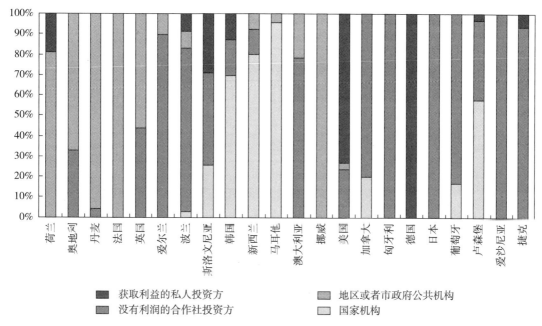

图3-4-12 部分经合组织国家社会租住房投资者占比

资料来源：OECD QuASH2016

4.2.10 经合组织部分国家关于社会租赁住房的公共支出占GDP比重（2015年）

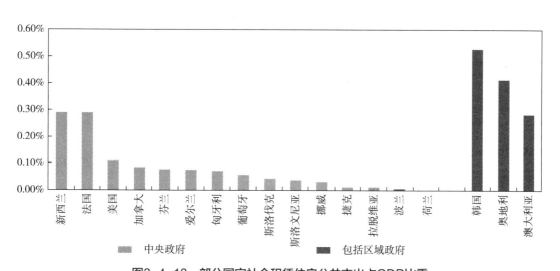

图3-4-13 部分国家社会租赁住房公共支出占GDP比重

资料来源：OECD Questionnaire on Affordable and Social Housing（2014, 2016）

4.3 社会住房评价

欧盟12国社会住房服务质量评分（2012年）

12国社会住房服务质量评分　　　　　　表3-4-3

国家	得分（总分10分）	国家	得分（总分10分）
奥地利	7.2	法国	5.6
丹麦	6.7	欧盟	5.5
芬兰	6.7	西班牙	5.5
荷兰	6.5	英国	5.5
瑞典	6.4	意大利	5.1
德国	6.2	希腊	3.8

资料来源：OECD

5 住房家庭负担能力与市场

5.1 住房负担能力

5.1.1 第十四届国际住房支付能力调查92个大城市房价收入比（2017年）

92个大城市房价收入比　　　　　　　表3-5-1

国家	3.0和以下	3.1~4.0	4.1-5.0	5.1及以上	城市数量	房价收入比
澳大利亚	0	0	0	5	5	6.6
加拿大	0	2	2	2	6	4.3
爱尔兰	0	0	1	0	1	4.8
日本	0	1	1	0	2	4.2
新西兰	0	0	0	1	1	8.8
新加坡	0	0	1	0	1	4.8
英国	0	1	14	6	21	4.6
美国	10	20	11	13	54	3.8
中国香港	0	0	0	1	1	19.4
总计	10	24	30	28	92	4.2

注：（1）房价收入比指用房价中位数除以家庭税前年收入的中位数。（2）这92个大城市人口均超过100万；这项调查的组织者将住房支付能力分为四类：①房价为收入的3倍及以下为"可负担"；②4倍或以下为"中度不可负担"；③5倍或以下为"较严重不可负担"；④超过5倍为"严重不可负担"。

资料来源：14th Annual Demographia International Housing Affordability Survey: 2017.

5.1.2　世界多国（地区）住房可支付能力（2014~2017年）

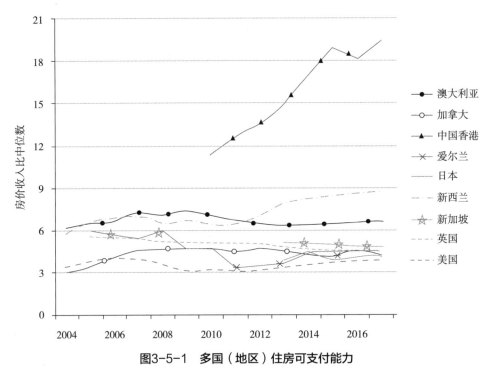

图3-5-1　多国（地区）住房可支付能力

资料来源：14th Annual Demographia International Housing Affordability Survey: 2017.

5.1.3　历届国际住房支付能力年度调查各国房价收入比（2010~2017年）

历届调查各国房价收入比　　　　表3-5-2

项目	调查城市数量	澳大利亚	加拿大	爱尔兰	新西兰	英国	美国
2010第六届	272	6.8	3.7	3.7	5.7	5.1	2.9
2011第七届	324	6.1	3.4	4.0	5.3	5.2	3.0
2012第八届	324	5.6	3.5	3.3	5.2	5.1	3.0
2013第九届	337	5.6	3.6	3.2	5.3	5.1	3.1
2014第十届	360	5.5	3.9	2.8	5.5	4.9	3.4
2015第十一届	378	5.5	3.9	3.0	5.2	5.0	3.4
2016第十三届	406	5.5	3.9	3.4	5.9	4.6	3.6
2017第十四届	292	5.9	3.9	3.7	5.8	4.5	3.7

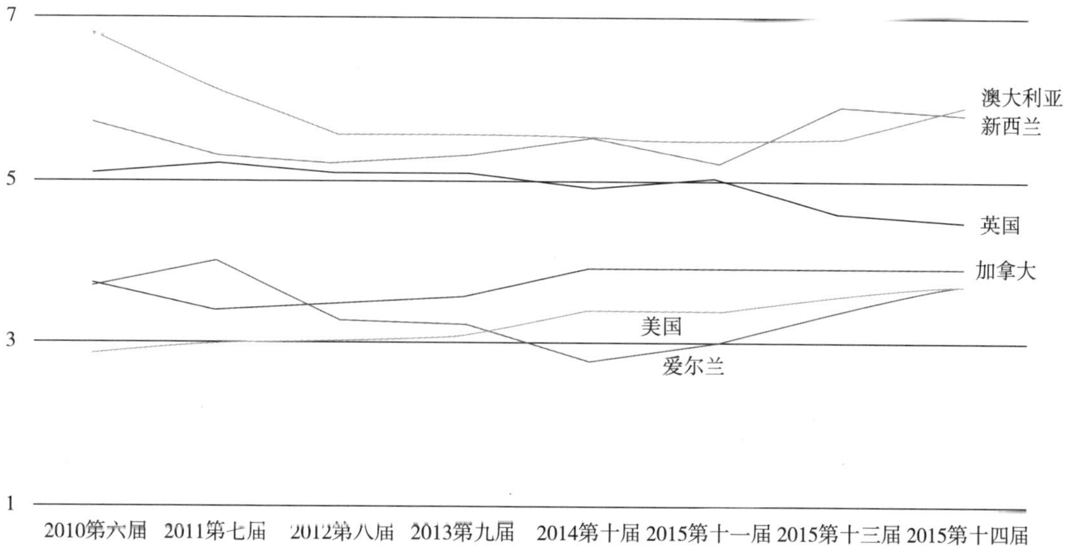

图3-5-2 多国房价收入比

资料来源：Annual Demographia International Housing Affordability Survey:2010~2017.

5.1.4 世界8国城市住房支付能力比较（2017年）

8国城市住房支付能力比较　　　　　　表3-5-3

具备住房支付能力的20个主要城市/都市圈					
排位	城市（国家）	房价收入比	排位	城市（国家）	房价收入比
1	罗契斯特市（美国）	2.6	11	哥伦布（美国）	3.1
2	辛辛那提（美国）	2.7	11	堪萨斯城（美国）	3.1
2	克利夫兰（美国）	2.7	11	路易斯维尔（美国）	3.1
4	布法罗（美国）	2.8	14	亚特兰大（美国）	3.2
4	俄克拉荷马城（美国）	2.8	14	哈特福特（美国）	3.2
4	匹兹堡（美国）	2.8	16	巴尔的摩（美国）	3.4
7	底特律（美国）	2.9	16	孟菲斯（美国）	3.4
7	圣路易斯（美国）	2.9	16	明尼阿波利斯（美国）	3.4
9	大急流市（美国）	3.0	19	京阪神大都市圈（日本）	3.5
9	印第安纳波利斯（美国）	3.0	19	费城（美国）	3.5

续表

	严重不具有住房支付能力的20个城市/都市圈				
排位	城市（国家）	房价收入比	排位	城市（国家）	房价收入比
1	香港（中国）	19.4	11	圣地亚哥（美国）	8.4
2	悉尼（澳大利亚）	12.9	12	多伦多（加拿大）	7.9
3	温哥华（加拿大）	12.6	13	伯恩茅斯和多塞特郡（英国）	7.3
4	圣何塞（美国）	10.3	14	伦敦远郊（英国）	6.9
5	墨尔本（澳大利亚）	9.9	15	布里斯托尔-巴斯（英国）	6.8
6	洛杉矶（美国）	9.4	16	阿德莱德（澳大利亚）	6.6
7	檀香山（美国）	9.2	17	迈阿密（美国）	6.5
8	旧金山（美国）	9.1	18	布里斯班（澳大利亚）	6.3
9	奥克兰（新西兰）	8.8	19	普利茅斯和德文郡（英国）	6.1
10	大伦敦地区（英国）	8.5	20	西雅图（美国） 珀斯（澳大利亚）	5.9

注：通过2017年第三季度对澳大利亚、加拿大、中国香港、爱尔兰、日本、新西兰、英国和美国等9个国家和地区的293个城市住房市场数据的调查，表3-5-3选取了其中具备住房支付能力的前20个人口超过百万的城市，最不具备住房支付能力的20个人口超过百万的城市，报告原文还提供了这293个城市的房价中位数值和家庭收入中位数值。

资料来源：14th Annual Demographia International Housing Affordability Survey:2017.

5.1.5 欧盟国家部分城市居民购房满意度调查（2012年）

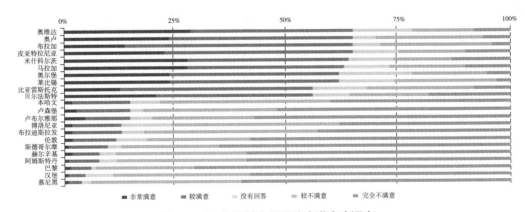

图3-5-3 部分城市居民购房满意度调查

注：2012年年底，欧洲国家对79个城市进行了一个调研，了解城市居民认为在这些城市里是否容易以合理的价格买到好房子，根据调研结果，选取了满意度最高的10个城市和满意度最低的12个城市的调研数据。

资料来源：Eurostat regional yearbook 2014

5.1.6 美英德日4国房价收入比

4国房价收入比　　　　　　　　　　　　　　　　　表3-5-4

国家	年份	新建住宅价格	单位	家庭年收入	新建住宅价格/家庭年收入
美国	2015	299000	美元	55775	5.36
英国	2016	236000	英镑	41545	5.68
德国	2006	145688	欧元	41868	3.48
日本	2015	4618	万日元	709	6.51

资料来源：日本住宅经济数据集2017

5.1.7 欧盟成员国住房负担过重人口比重（按住房所有权）（2016年）

欧盟成员国住房负担过重人口比重　　　　　　　　　表3-5-5

国家	占总人口比重（%）	自有（有抵押或贷款）（%）	自有（无未偿还抵押贷款或有住房贷款）（%）	租赁（以市场价）（%）	租赁（低于市场价或免费）（%）
EU-28	11.1	5.4	6.4	28.0	13.0
EA-19	11	5.5	5.2	27.1	11.8
比利时	9.5	2.4	1.3	35.4	11.9
保加利亚	20.7	23.2	19.6	50.4	20.3
捷克	9.5	6.0	5.2	29.3	10.6
丹麦	15	5.2	4.3	31.1	—
德国	15.8	10.3	9.2	23.0	19.1
爱沙尼亚	4.9	3.0	3.6	28.5	6.4
爱尔兰	4.6	2.2	1.5	19.6	4.2
希腊	40.5	28.5	30.6	84.6	10.4
西班牙	10.2	6.7	2.8	43.0	10.6
法国	5.2	1.1	0.9	16.5	8.9
克罗地亚	6.4	1.8	5.9	45.2	7.7
意大利	9.6	4.6	3.6	32.2	12.7
塞浦路斯	3.1	2.5	0.2	18.1	0.6
拉脱维亚	7.0	9.3	5.8	13.0	8.0
立陶宛	7.8	3.3	7.3	48.3	12.2
卢森堡	9.5	1.6	1.6	33.8	22.3
匈牙利	8.8	11.2	5.1	36.6	19.6

续表

国家	占总人口比重（%）	自有（有抵押或贷款）（%）	自有（无未偿还抵押贷款或有住房贷款）（%）	租赁（以市场价）（%）	租赁（低于市场价或免费）（%）
马耳他	1.4	1.2	0.6	22.1	0.9
荷兰	10.7	3.1	3.2	28.0	16.4
奥地利	7.2	2.1	1.7	15.6	10.2
波兰	7.7	11.9	5.9	24.5	11.5
葡萄牙	7.5	4.4	2.9	31.9	5.4
罗马尼亚	14.4	32.5	13.7	36.3	19.2
斯洛文尼亚	5.7	7.7	2.8	29.0	7.7
斯洛伐克	7.7	15.1	5.7	13.9	17.6
芬兰	4.4	1.4	2.1	14.6	8.2
瑞典	8.5	2.8	7.5	18.0	5.6
英国	12.3	4.8	4.3	35.4	16.2
冰岛	6.3	4.6	2.1	16.9	12.8
挪威	9.7	6.7	4.3	34.0	18.6
瑞士	12	4.4	7.9	18.2	12.2
马其顿共和国	12.5	3.8	11.9	29.0	18.6
塞尔维亚共和国	28.2	31.4	25.7	68.3	33.8
土耳其	—	14.1	1.5	36.1	1.9

注：通过EU-SILC数据库，住房支出超过家庭可支配收入的40%被认为是住房负担过重。

资料来源：Eurostat

5.1.8 美国住房超负担家庭个数（按照居住权和收入来划分）（2015年）

美国住房超负担家庭个数　　　　　表3-5-6

	项目	中等负担	严重负担	总计
房主	低于15 000美元	813	3 269	4 865
	15 000~29 999美元	2 102	2 220	8 322
	30 000~44 999美元	2 324	1 151	9 268
	45 000~74 999美元	2 895	729	16 800
	75 000美元及以上	2 088	282	35 383
	总计	10 222	7 615	74 638

续表

项目		中等负担	严重负担	总计
租户	低于15 000美元	1 133	6 531	9 084
	15 000~29 999美元	3 728	3 534	9 407
	30 000~44 999美元	2 912	815	7 520
	45 000~74 999美元	1 778	240	9 063
	75 000美元及以上	438	19	8 495
	总计	9 889	11 139	43 570
合计	低于15 000美元	1 846	9 799	13 949
	15 000~29 999美元	5 830	5 753	17 729
	30 000~44 999美元	5 236	1 931	16 788
	45 000~74 999美元	4 673	969	25 863
	75 000美元及以上	2 526	301	43 879
	总计	20 111	18 754	118 208

注：中等负担：指住房支出占家庭收入的30%~50%，超过50%为严重负担。家庭零收入或者负收入的被认为是严重负担，支付房租不用现金被认为是没有负担。收入截止点按照2015年美国消费价格指数（CPI-U）进行调整。

资料来源：The State of the Nation's Housing 2017

5.1.9 欧盟成员国住房成本与收入比（2015年）

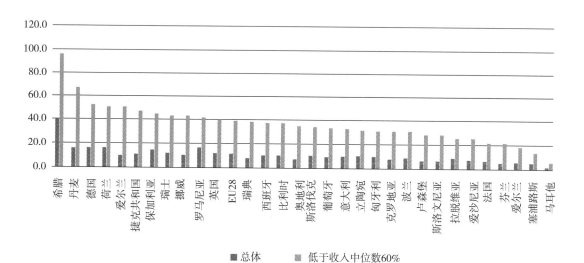

图3-5-4 欧盟成员国住房成本与收入比

资料来源：The state of housing in the EU 2017

5.1.10 法德英美4国未偿还住房贷款占家庭可支配收入比率（2005~2016年）

4国未偿还住房贷款占家庭可支配收入比率（单位：%） 表3-5-7

国家	2005年	2010年	2011年	2012年	2013年	2014年	2015年	2016年
法国	44.1	59.7	61.6	62.9	64.6	66.4	67.5	69.9
德国	75.2	67.9	66.0	65.6	65.5	66.0	66.7	66.9
英国	117.6	123.6	126.1	117.5	119.2	116.4	104.2	98.9
美国	110.1	97.5	98.8	84.6	82.1	89.3	73.9	74.6
欧盟28国	70.3	79.1	79.3	79.2	78.7	77.9	77.6	—

资料来源：Hypostat 2017 A review of Europe's mortgage and housing markets；European Mortgage Federation National Experts, European Central Bank, National Central Banks, Federal Reserve

5.2 住房市场

5.2.1 世界5国住房交易量（2005~2016年）

5国住房交易量（单位：套） 表3-5-8

国家	2005年	2010年	2011年	2012年	2013年	2014年	2015年	2016年
法国	1 028 500	1 056 000	1 079 000	931 000	928 000	895 000	1 053 000	1 126 700
德国	503 000	525 000	570 000	575 000	559 000	573 000	596 000	58 700
英国	1 535 000	885 770	884 790	932 480	1 073 560	1 218 500	1 229 080	1 234 740
俄罗斯	1 864 310	3 081 526	3 867 324	4 194 451	4 088 947	4 492 775	3 851 909	3 869 078
美国	8 359 000	4 513 000	4 566 000	5 090 000	5 519 000	5 377 000	5 751 000	6 011 000

资料来源：Hypostat 2017 A review of europe's mortgage and housing markets；European Mortgage Federation National Experts, European Central Bank, National Central Banks, Federal Reserve.

5.2.2 法德俄英美5国住房价格指数（2005~2016年）

5国住房价格指数（以2006=100） 表3-5-9

国家	2005年	2010年	2011年	2012年	2013年	2014年	2015年	2016年
法国	91.0	104.6	108.6	106.4	104.3	102.0	101.5	103.0
德国	99.8	102.9	105.5	108.7	112.2	115.7	120.9	128.1

续表

国家	2005年	2010年	2011年	2012年	2013年	2014年	2015年	2016年
俄罗斯	64.8	125.4	136.4	143.8	136.7	144.8	161.7	159.0
英国	94.1	108.6	107.6	109.3	113.2	124.6	132.2	126.1
美国	94.3	84.4	80.9	83.6	90.0	95.0	99.5	104.7
欧盟	—	104.3	103.6	102.5	100.9	105.7	102.3	111.7

资料来源：Hypostat 2017 A review of europe's mortgage and housing markets；European Mortgage Federation National Experts, European Central Bank, National Central Banks, Federal Reserve

5.2.3 世界5国住房价格指数（2010~2016年）

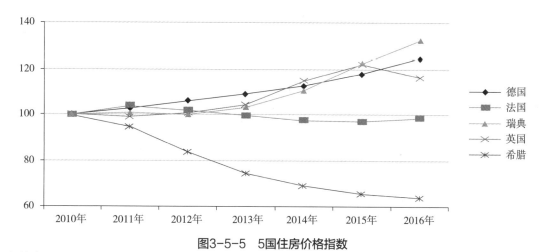

图3-5-5　5国住房价格指数

资料来源：Eurostat 2017

5.2.4 世界9国典型城市房价（2017年）

9国典型城市房价　　　　　　　　　　表3-5-10

国家	典型城市	住房价格中位数（美元）	家庭收入中位数（美元）
澳大利亚	阿德莱德	450 000	68 500
	悉尼	1 177 600	91 600
加拿大	卡尔加里	420 100	101 600
	温哥华	927 300	73 400
爱尔兰	都柏林	300 000[1]	63 000[1]
日本	大阪-神户-东京	20 814 000[2]	5 988 000[2]
	东京-横滨	32 668 000[2]	6 841 000[2]

续表

国家	典型城市	住房价格中位数（美元）	家庭收入中位数（美元）
新西兰	奥克兰	836 700	94 800
新加坡	新加坡	413 700	85 400
英国	德比郡	158 000[3]	37 000[3]
	伦敦（大伦敦地区）	463 000[3]	54 200[3]
美国	大急流城	182 400	61 700
	旧金山	900 000	99 000
中国	香港	6 192 000	319 000

注：（1）欧元；（2）日元；（3）英镑。

资料来源：14th Annual Demographia International Housing Affordability Survey:2018.

5.2.5 欧盟住房价格总体走势（2005~2017年）

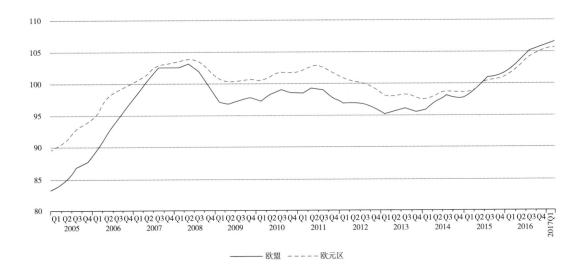

图3-5-6 欧盟住房价格总体趋势

资料来源：The state of housing in the EU 2017

5.2.6 美英法日4国住房市场流通比例

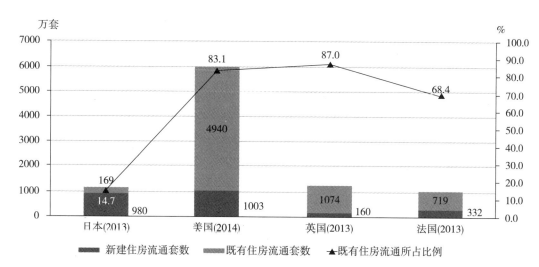

图3-5-7 4国住房市场流通比例

资料来源：日本住宅经济数据集，2017.

5.2.7 不同大洲家庭债务中位数占GDP比重

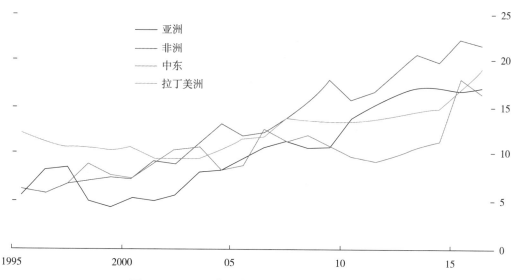

图3-5-8 不同大洲家庭债务中位数占GDP比重

资料来源：Bank for International Settlements；

5.2.8 美国与加拿大家庭债务分类占比

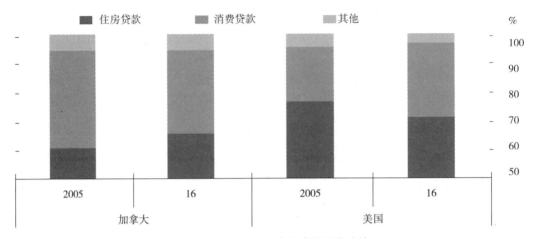

图3-5-9 美国与加拿大家庭债务占比

资料来源：IMF staff calculations

5.2.9 欧盟各国住房负担过重人口占比

多国住房负担过重人口占比　　　　　表3-5-11

	2010	2011	2012	2013	2014	2015	2016	2017
欧盟地区	10.8	11.4	11.0	11.1	11.6	11.4	11.1	—
比利时	8.9	10.6	11.0	9.6	10.4	9.4	9.5	9.1
保加利亚	5.9	8.7	14.5	14.3	12.9	14.8	20.7	18.9
捷克	9.7	9.5	10.0	11.7	10.5	10.4	9.5	8.7
丹麦	21.9	18.5	16.7	17.9	15.6	15.1	15.1	15.7
德国	14.5	16.1	16.6	16.4	15.9	15.6	15.8	—
爱沙尼亚	6.0	7.4	7.9	7.2	8.3	6.8	4.9	4.8
爱尔兰	4.9	6.1	6.3	4.6	6.2	4.6	4.6	—
希腊	18.1	24.2	33.1	36.9	44.9	45.5	40.5	39.6
西班牙	9.7	10.0	10.7	10.3	10.9	10.3	10.2	9.8
法国	5.1	5.2	5.2	5.2	5.1	5.7	5.2	—

续表

	2010	2011	2012	2013	2014	2015	2016	2017
克罗地亚	14.1	8.0	6.8	8.4	7.5	7.2	6.4	—
意大利	7.7	8.7	8.1	8.9	8.5	8.6	9.6	—
塞浦路斯	3.1	3.1	3.3	3.3	4.0	3.9	3.1	—
拉脱维亚	9.8	12.5	11.2	11.4	9.6	8.1	7.0	6.9
立陶宛	10.6	11.1	8.9	8.2	7.1	9.1	7.8	—
卢森堡	4.7	4.2	4.9	5.6	6.8	6.0	9.5	—
匈牙利	11.3	13.0	14.7	14.3	12.8	8.5	8.8	10.7
马耳他	3.7	3.0	2.6	2.6	1.6	1.1	1.4	1.4
荷兰	14.0	14.5	14.4	15.7	15.4	14.9	10.7	—
奥地利	7.5	7.8	7.0	7.2	6.6	6.4	7.2	7.1
波兰	9.1	10.2	10.5	10.3	9.6	8.7	7.7	—
葡萄牙	4.2	7.2	8.3	8.3	9.2	9.1	7.5	—
罗马尼亚	15.8	10.5	18.4	16.9	16.2	15.9	14.4	12.5
斯洛文尼亚	4.3	4.7	5.2	6.0	6.4	6.1	5.7	5.2
斯洛伐克	7.6	8.4	8.4	8.3	9.0	9.1	7.7	—
芬兰	4.2	4.4	4.5	4.9	5.1	4.9	4.4	4.3
瑞典	7.8	9.3	8.7	9.0	8.6	8.7	8.5	—
英国	16.5	16.4	7.3	7.9	12.5	12.4	12.3	—
冰岛	9.6	11.3	9.0	8.8	8.1	8.2	6.3	—
挪威	9.1	10.4	9.7	9.6	8.2	9.4	9.7	9.1
瑞士	14.1	13.1	12.1	10.6	11.7	11.7	12.0	—
马其顿	—	19.5	20.1	17.6	15.6	12.3	12.5	—
塞尔维亚	—	—	—	28.0	32.6	29.1	28.2	—
土耳其	11.0	10.7	9.8	11.7	10.3	10.5	—	—

资料来源：Eurostat

5.2.10 欧盟28国住房平均价格（2018年第一季度）

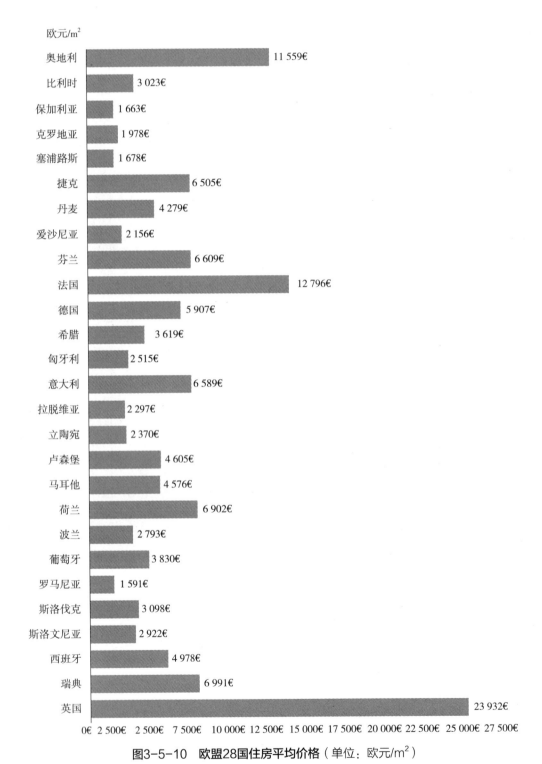

图3-5-10 欧盟28国住房平均价格（单位：欧元/m²）

资料来源：Statistic 2018.

6 住房金融

6.1 住房贷款

6.1.1 法德英俄美5国未偿还住房贷款占GDP比率

5国未偿还住房贷款占GDP比率　　　　表3-6-1

国家	2005年	2010年	2011年	2012年	2013年	2014年	2015年	2016年
法国	29.3	41.1	42.1	42.8	43.8	43.3	43.6	44.8
德国	52.3	46.2	44.6	44.4	44.2	42.4	42.3	42.3
英国	75.6	83.2	84.2	80.8	80.6	75.0	67.6	65.3
俄罗斯	0.2	2.4	2.4	3.2	3.2	3.5	4.1	5.7
美国	80.8	74.9	76.7	65.5	62.1	67.6	62.9	55.4
欧盟28国	45.6	51.7	51.6	51.6	51.1	49.6	48.1	47.1

注：欧盟平均住房贷款占GDP比重由2008年的32%增加到2012年的52%。
资料来源：（1）Hypostat 2017 :A review of europe's mortgage and housing markets；European Mortgage Federation National Experts, European Central Bank, National Central Banks, Federal Reserve；（2）Housing Europe.

6.1.2 亚洲多国和地区房贷占GDP比率（2012年）

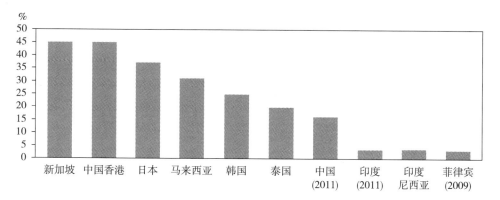

图3-6-1　多国、地区房贷占GDP比率

资料来源：Housing and Housing Finance—A Review of the Linksto Economic Development and Poverty Reduction. ADB Economics Working Paper Series 2013.

6.1.3 世界多国人均住房贷款金额（2016）

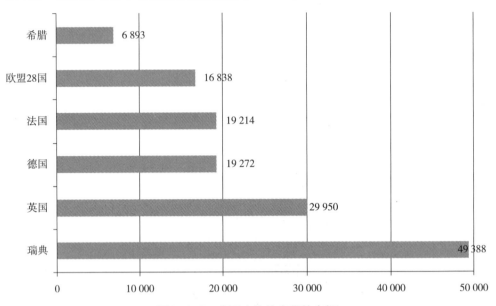

图3-6-2 多国人均住房贷款金额

资料来源：Hypostat 2017 : A review of europe's mortgage and housing markets

6.1.4 法德英俄美5国未偿还住房贷款总额（2005~2016年）

5国未偿还住房贷款总额（单位：百万欧元）　　　　表3-6-2

国家（地区）	2005年	2010年	2012年	2013年	2014年	2015年	2016年
法国	503 600	795 200	870 040	902 640	924 327	949 900	997 8
德国	1 162 588	1 152 195	1 184 853	1 208 822	1 237 410	1 278 909	1 326 9
英国	1 411 090	1 440 258	1 553 837	1 531 585	1 666 902	1 741 369	1 544 729
俄罗斯	1 558	27 667	49 522	58 442	48 777	49 362	69 878
美国	8 508 858	8 453 076	8 241 246	7 843 666	8 882 794	10 178 194	9 754 767
欧盟28国	5 073 002	6 382 360	6 690 501	6 679 807	6 909 057	7 040 804	6 981 540

资料来源：Hypostat 2017 : A review of europe's mortgage and housing markets

6.1.5 世界多国住房贷款占家庭可支配收入比率（2016年）

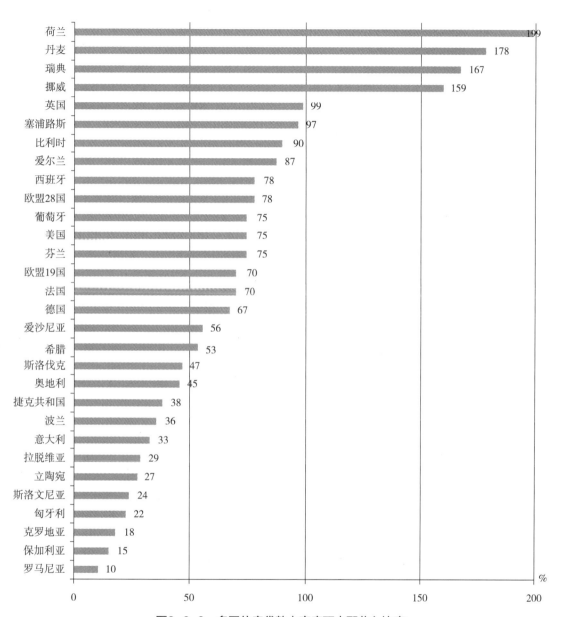

图3-6-3　多国住房贷款占家庭可支配收入比率

资料来源：Hypostat 2017 : A review of europe's mortgage and housing markets

6.1.6 全球房价与股价趋势（2016年）

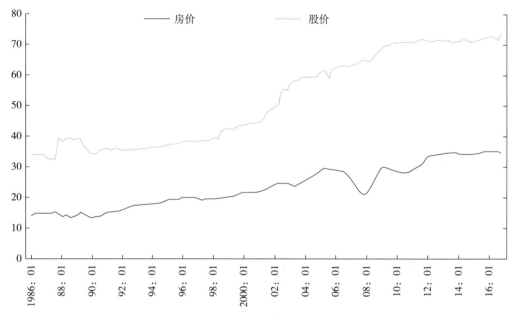

图3-6-4　全国房价、股价趋势

资料来源：International Monetary Fund 2018（04）

6.1.7 欧盟多国住房按揭利率变化（2012~2017年）

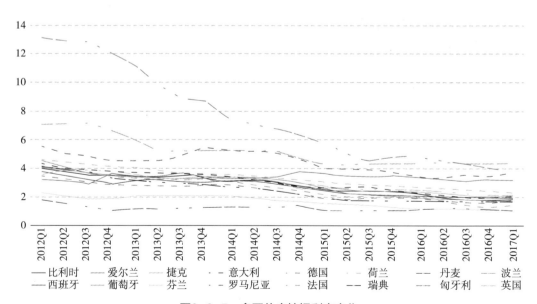

图3-6-5　多国住房按揭利率变化

资料来源：European Mortgage Federation

6.2 住房财税政策

欧洲国家不动产税和其他财产税占GDP比重（2014年）

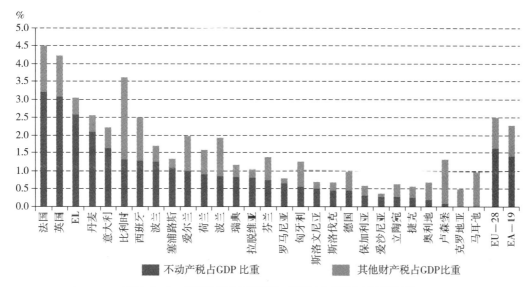

图3-6-6 欧洲国家不动产税、其他财产税占GDP比重

资料来源：Taxation trends in the European Union 2016 Edition

7 住房能耗与住房管理

7.1 住宅能源消耗

7.1.1 欧盟住宅能源消耗

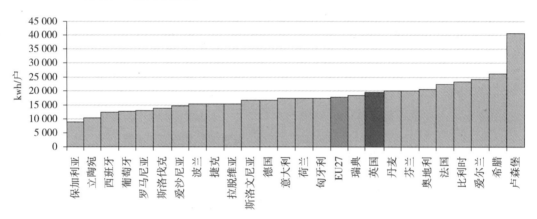

图3-7-1 欧盟住宅能源消耗

资料来源：Housing investments supported by the European Regional Development Fund 2007—2013 Housing in sustainable urban regeneration

7.1.2 欧盟主要国家家庭消费中电价的变化（2016年下半年）

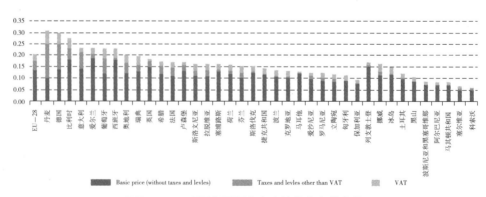

图3-7-2 欧盟主要国家家庭消费中电价变化

注：年消耗量：2 500kWh<消耗<5 000kWh

资料来源：Key figures on Europe 2017

7.1.3 欧盟主要国家中家庭消费中天然气的变化（2016年下半年）

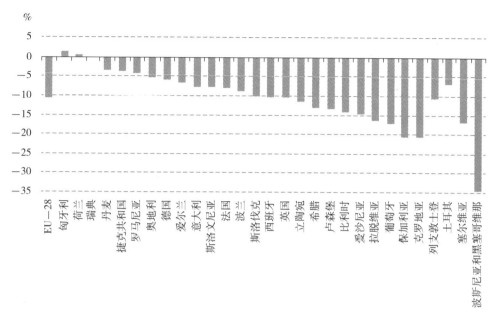

图3-7-3　欧盟国家家庭消费中天然气变化

资料来源：Key figures on Europe 2017

7.2 住宅寿命

日美英3国拆除住宅的使用年限

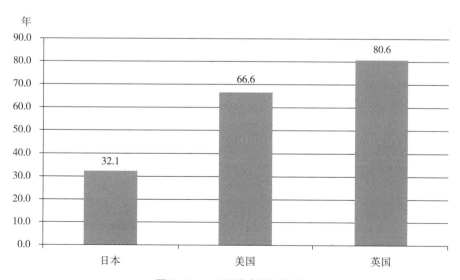

图3-7-4　3国住宅使用年限

资料来源：日本住宅经济数据集 2017